编委会成员

白　鹏　张云华　桑启源　李　烨　周　磊
吴柳雪　宁　凯　彭嘉淇　杨　彬　王汾雁
蒋良宵　徐慧媛　熊　欣　冯玘瑄　高　莉
林家如　李彦红　曹　薇　董贞贞　张　婧
曹真明

脱贫攻坚与乡村振兴的理论与实践

TUOPIN GONGJIAN YU XIANGCUN ZHENXING DE LILUN YU SHIJIAN

主　编／王智猛
副主编／管清贵
　　　　范　瑾
　　　　贾秀娥

四川大学出版社

项目策划：张 晶 刘 畅
责任编辑：刘 畅
责任校对：于 俊
封面设计：璞信文化
责任印制：王 炜

图书在版编目（CIP）数据

脱贫攻坚与乡村振兴的理论与实践 / 王智猛主编. — 成都：四川大学出版社，2021.4
ISBN 978-7-5690-3568-1

Ⅰ．①脱… Ⅱ．①王… Ⅲ．①扶贫－研究－中国②农村－社会主义建设－研究－中国 Ⅳ．①F126②F320.3

中国版本图书馆CIP数据核字（2021）第059227号

书　名	脱贫攻坚与乡村振兴的理论与实践
主　编	王智猛
出　版	四川大学出版社
地　址	成都市一环路南一段24号（610065）
发　行	四川大学出版社
书　号	ISBN 978-7-5690-3568-1
印前制作	四川胜翔数码印务设计有限公司
印　刷	郫县犀浦印刷厂
成品尺寸	170 mm×240 mm
插　页	2
印　张	26
字　数	467千字
版　次	2021年6月第1版
印　次	2021年6月第1次印刷
定　价	98.00元

◆ 版权所有 ◆ 侵权必究

◆ 读者邮购本书，请与本社发行科联系。
  电话：(028)85408408/(028)85401670/(028)86408023　邮政编码：610065
◆ 本社图书如有印装质量问题，请寄回出版社调换。
◆ 网址：http://press.scu.edu.cn

四川大学出版社
微信公众号

前　言

党的十八大以来，以习近平同志为核心的党中央把脱贫攻坚摆在治国理政的突出位置，并作为全面建成小康社会的底线任务，打响了一场声势浩大的脱贫攻坚人民战争，以实际行动践行以人民为中心的发展理念，迎来了历史性的跨越和巨变。2021年2月25日，习近平总书记在全国脱贫攻坚总结表彰大会上庄严宣告，经过全党全国各族人民共同努力，在迎来中国共产党成立一百周年的重要时刻，我国脱贫攻坚战取得了全面胜利。在胜利的背后，凝结着上下同心、团结攻坚的磅礴力量，彰显着精准务实、开拓创新的时代精神。

作为汇聚人才、教育与科技资源的智力高地，高校积极响应时代召唤、充分履行政治责任，成为打赢脱贫攻坚战不可或缺的重要力量之一。八年来，四川大学全面贯彻落实中央的决策部署和习近平总书记关于脱贫攻坚的重要战略思想，以高度的政治使命感和强烈的社会责任感，紧密结合凉山州甘洛县（中央定点扶贫任务）、广安市岳池县（四川省定点扶贫任务）的脱贫攻坚实际需要，坚持"百姓所需、政府所急、川大所能"，充分整合学校的各方面资源，创新构建教育、人才、智力、科技、健康、消费等精准帮扶模式，推动脱贫攻坚工作创特色、上水平、出实效，为帮扶县打赢脱贫攻坚战、实现区域经济社会可持续发展做出了积极贡献。学校多次荣获四川省定点扶贫先进单位、脱贫攻坚先进集体等称号，多名扶贫干部获得四川省脱贫攻坚先进个人、四川省优秀第一书记等称号。

为更好地总结四川大学在脱贫攻坚方面的经验和成果，并为深入推进乡村振兴战略下的持续帮扶工作打好基础、做好衔接、推广经验,四川大学党委组织部联合定点帮扶工作领导小组办公室在面向相关领域的专家学者、扶贫干部,以及从事脱贫攻坚工作的工作人员等广泛征稿的基础上,组织评审专家对征集论文进行评审,共评选出43篇优秀文章,其中,理论研究10篇、实践探索19篇、工作案例14篇,现编辑出版《脱贫攻坚与乡村振兴的理论与实践》一书,以供学习交流。

目 录

理论研究

习近平总书记关于扶贫工作的四大理论创新成果 …… 蒋永穆　周宇晗（003）
习近平"扶贫""扶志""扶智"重要论述研究 … 龚勤林　邹冬寒　李江一（012）
习近平关于扶贫开发重要论述的五大特质 ………… 王彬彬　朱丽花（025）
习近平关于精准扶贫重要论述彰显的中国特色社会主义政治经济学
　　理论特色 ……………………………………………………… 杜黎明（036）
习近平关于党建引领脱贫攻坚重要论述的鲜明特色 ………… 张仁枫（042）
巩固贫困地区精准脱贫的内生动力研究 …… 纪志耿　唐华琼　游　玲（050）
脱贫攻坚与乡村振兴有机衔接：逻辑关系、基本思路与实施路径
　　……………………………………………………… 张晓磊　李俊霖（064）
深度贫困地区健康扶贫发展研究：来自西藏和四省涉藏州县的实践
　　与经验 ………………………………………………………… 黄国武（075）
新中国成立初期乡村文化建设的基本经验 … 张云华　陈家玲　韩亚伟（090）
建立解决多维贫困视角下相对贫困治理的长效机制 ………… 高　莉（102）

实践探索

凉山彝族深度贫困地区集体经济发展的内生动力机制研究
　　——基于甘洛县村级调研数据 … 龚　驰　刘泽君　幸亚林　肖华林（117）
乡村振兴背景下凉山州脱贫户增收长效机制研究 …… 吴永超　吴先国（136）

破解胡焕庸线视角下甘洛机场对脱贫攻坚促进甘洛旅游产业发展的支撑
　　……………………………………… 董凯宁　朱　禹　罗　骏（145）
甘洛县特色农产品品牌价值提升研究 ………… 甄伟丽　杨　彬（160）
"以购代捐"扶贫新模式探析…………………… 李彦红　杨晚霞（176）
高校定点扶贫国家深度贫困县工作的总结与思考
　　——以四川大学定点帮扶甘洛县为例 ……… 陈炳周　原秀云（182）
四川大学定点帮扶岳池县扶贫工作调研报告 ………… 何　琪（190）
提升民族地区引才育才精准度和实效性问题研究
　　——以甘洛县人才工作为例 …………………………… 周　娓（200）
凉山彝族自治州青少年基础教育问题浅谈
　　——以凉山州甘洛县为例
　　…………………… 赵邱越　朱　莉　李方洪　席旸玺　耿天玉（208）
脱贫攻坚形势下农村住房政策实施与建议 …………… 刘东昭（215）
凉山州甘洛县农村饮水安全工程管护现状及对策研究 ………… 刘怀忠（220）
4P营销理论视角下甘洛县旅游发展策略研究 ………… 王兴伦　淳　姣（233）
川东北农村三产融合发展路径研究
　　——以岳池县为例 ……………………………………… 龚　驰（240）
提升甘洛县村文化室建设质量面临的困难与对策 …… 原秀云　陈炳周（250）
加强西藏自治区内高校外语师资建设的调研报告
　　——以西藏大学外语学科的师资为例 ……… 苏德华　强巴央金（256）
对"高校对口支援"实践中存在问题的一点思考 …… 胡朝浪　代振东（265）
大数据战略助力安顺市产业扶贫成绩、问题与对策浅析
　　——贵州省安顺市挂职实践纪实 ……………………… 李　川（273）
高校援疆工作的粗浅分析与思考
　　——以新疆师范大学援疆工作为例 …………………… 宁　芊（286）
临潭县高原中药材产业升级路径与具体对策 ………… 张俊然（294）

工作案例

践行使命担当　助力脱贫攻坚 ………………… 魏　忠　彭嘉淇（309）
夯实乡村振兴基础　助推彝区脱贫攻坚
　　——四川大学扎实推进脱贫攻坚与乡村振兴有效衔接，谱写格布村彝家

新画卷 …………………………………… 魏　忠　彭嘉淇　周　宁 (318)
压实扶贫责任，发挥人才优势，为决战决胜脱贫攻坚提供坚强组织保证
　　…………………………………………………… 王智猛　管清贵 (323)
以扶贫干部人才为支点，创新探索构建高校"1+N"干部人才精准
　　扶贫模式 ……………………………………… 范　瑾　张云华 (327)
深研学理经新世小康　躬身践行济彝民脱贫
　　——四川大学经济学院智力扶贫工作案例 ……… 龚勤林　余川江 (332)
甘洛县斯觉镇格布村多功能活动室建设项目工作案例 ………… 李沄璋 (342)
海纳才智汇甘洛　吉日坡上百花开
　　——四川大学商学院智力援助凉山州甘洛县精准脱贫美丽实践
　　………………………………………………………………… 巫　科 (349)
坚持需求导向　多措并举　扎实开展教育扶贫，决战精准脱贫攻坚
　　——四川大学成人继续教育学院坚守扶贫第一线
　　………………………………………… 张婧怡　刘禹池　杨富坤 (356)
助力健康中国，勇于责任担当，精准健康扶贫的华西实践
　　………………………… 杜　晨　曾利辉　唐绍军　张茜惠　曾　锐 (361)
发挥华西口腔医疗服务优势　助力四川三州贫困地区口腔医疗跨越式
　　发展 ………………………………………… 赵少峰　杨　征 (367)
文化扶贫助力脱贫攻坚
　　——四川大学定点扶贫甘洛、岳池工作案例 ……… 陈　森　冉红艳 (373)
探索扶贫新模式"艺术+"助力脱贫攻坚
　　——四川省大学艺术学院开展艺术扶贫工作案例
　　……………………………………… 熊　伟　吕志刚　赵　怡 (380)
扛责任　勇担当　精准扶贫路上的后勤人 …………… 陈　琼　陈　锜 (389)
脱贫攻坚　服务社会
　　——以四川大学教育基金会为例探索高校教育基金会扶贫模式
　　………………………………………… 王汾雁　蒋良宵　贾秀娥 (399)
后　记……………………………………………………………………… (406)

01 理论研究

习近平总书记关于扶贫工作的四大理论创新成果[①]

蒋永穆 周宇晗

摘 要: 进入精准扶贫精准脱贫阶段后,以习近平同志为代表的中国共产党人站在新的历史方位对扶贫工作进行了全面创新,形成了四大理论创新成果,即在马克思、恩格斯反贫困思想基础上丰富和发展了消除绝对贫困的基本内涵、基本方略、基本力量和基本方案。

关键词: 习近平;精准扶贫;精准脱贫;反贫困思想

新中国成立以来,中国共产党人将马克思、恩格斯的反贫困思想运用于解决中国的贫困问题,形成了一系列创新成果。如农村改革反贫困思想、开发式扶贫方针、区域开发反贫困思想等。进入精准扶贫精准脱贫阶段后,以习近平同志为代表的中国共产党人站在新的历史方位对扶贫工作进行了全面创新,形成了重要的理论创新成果。

一、 消除绝对贫困基本内涵的丰富和发展

绝对贫困指基本生存条件得不到满足的贫困现象,涉及贫困人口的生存权

[①] 作者简介:蒋永穆,四川大学经济学院院长、教授,研究方向为中国特色社会主义政治经济学;周宇晗,电子科技大学马克思主义学院,讲师,研究方向为马克思主义反贫困思想。

利,是反贫困事业关注的首要问题。马克思和恩格斯曾经使用"绝对贫困""赤贫""极度贫困"等概念来描述贫困人口基本生存条件得不到满足的情况。各类国际组织和世界主要国家也依据维持生存所需的基本商品和服务划定了贫困线。我国一直高度关注极度贫困者的生存问题,并在 1986 年明确了人均年纯收入 205 元的绝对贫困标准。这之后,我国的绝对贫困线根据居民消费指数和最低热量摄入标准的变化而不断更新。精准扶贫精准脱贫方略产生以来,习近平总书记对消除绝对贫困基本内涵涉及的一些主要方面,包括绝对贫困的最新标准、消除绝对贫困的历史任务等有关问题进行了论述。

第一,明确了新的绝对贫困标准。精准扶贫精准脱贫方略确立了新的贫困线,并将其作为消除绝对贫困目标中的贫困标准。习近平总书记一直坚持消除绝对贫困首先要确立适宜的贫困标准,并在这一贫困标准下对目标人群进行精准识别。进入新时代后,习近平总书记更是多次提出贫困标准需要与全面建成小康社会的目标相统一,在解决温饱问题的基础上进行提升。具体而言,他于 2015 年对美国进行国事访问时提到,中国建立起了最新的贫困标准,按照这一新的标准,"中国还有 7000 多万贫困人口"(习近平,2017:30)。习近平总书记首肯的这一最新的贫困标准,即国务院确定的 2011—2020 年的农村贫困标准——"按 2010 年价格水平每人每年 2300 元"(王萍萍,徐鑫,郝彦宏,2015:3)。精准扶贫精准脱贫方略诞生后,这一贫困线在我国理论界得到普遍认可。新的绝对贫困标准较之前的标准有明显改进。一是科学考察了贫困人口的营养需要。之前贫困标准的主要依据是人类维持基本生存的最低热量摄入,这一标准忽略了贫困人口健康生活的必需营养,新的贫困标准则在满足热量需要的基础上,提出满足贫困人口蛋白质摄入的需求。二是考虑了贫困人口生活的综合需求。新标准规定了食物对贫困标准的占比,保障了贫困人口一定数量的非食品支出(王萍萍,徐鑫,郝彦宏,2015:3)。三是实现了与国际贫困标准接轨。新贫困标准与世界银行每日 1.25 美元的贫困标准相符。

第二,提出了消除绝对贫困的历史任务。精准脱贫方略诞生以来,习近平总书记从多个层面对消除绝对贫困这一任务进行了充分研判。首先,分析了在这一历史节点完成消除绝对贫困任务的重要意义。一直以来,中国共产党人都将提升人民的生活水平作为重要使命,并提出了在中国共产党成立 100 年时全面建成小康社会的目标。而消除绝对贫困是全面建成小康社会的前提,正如习近平总书记所说,"农村贫困人口如期脱贫、贫困县全部摘帽、解决区域性整体贫困，是全面建成小康社会的底线任务，是我们作出的庄严承诺"（中共中央党史和文献研究院，2018：19）。这体现出中国共产党人对当前阶段我国解决绝对贫困问题的历史意义具有明确认识。其次，分析了消除绝对贫困的困难程度。2011年底新的贫困标准确定后，我国当年贫困人口规模从2688万扩大到1.66亿（汪三贵，2019：10）。习近平总书记提到这1.66亿贫困人口大都来自自然条件差、经济基础弱、贫困程度深的地区，其发展基础差、致贫原因复杂，教育、医疗、住房安全等的保障难度较大，这说明党中央对消除绝对贫困的艰巨程度具有清醒认识。第三，分析了我国解决绝对贫困问题的基础和条件。习近平总书记指出，我国已经摆脱了全国性贫困的面貌，全国范围内的温饱问题基本得到解决。就群众收入结构而言，"我国大部分群众生活水平有了很大提高，出现了中等收入群体，也出现了高收入群体……"（中共中央党史和文献研究院，2018：3）从区域性的脱贫情况而言，习近平总书记指出，我国东部和中部地区尽管存在一些难点，但总体上如期脱贫不成问题（中共中央党史和文献研究院，2018：18）。西部地区、少数民族地区、边疆地区等成为今后反贫困工作的重点。可见，我国跨过了居民生活总体水平较低的发展阶段，同时多维贫困、深度贫困问题开始突显，但我国已经具备集中力量解决这些短板问题的能力。在此基础上，我国在多个场合明确了要在精准扶贫精准脱贫阶段完成消除绝对贫困的历史任务。

二、消除绝对贫困基本方略的丰富和发展

基本方略是马克思主义理论成果的一种重要形式，能够作为一段时间内实践的纲领和遵循。如果说马克思和恩格斯在其所处时代反贫困的基本方略是通过无产阶级革命夺取生产资料来维护无产阶级的共同利益，那么当前阶段，我国反贫困的基本方略则是通过精准扶贫和精准脱贫保证每一个贫困人口摆脱绝对贫困。这一基本方略的创新改变了贫困的测度方式和反贫困的实践方式。具体表现为：

第一，提出将全部贫困个体作为反贫困的直接对象。马克思和恩格斯在考察资本主义社会的贫困问题时，认为贫困现象实际是无产阶级的阶级利益在剥削的生产关系中受到损害的表现。因此他们更加注重在阶级的对抗中维护无产

阶级的整体利益。在社会主义社会中，阶级间的剥削和对抗已经被消除，这使得中国共产党能够思考掌握生产资料后全体人民内部的财富分配问题，即整体的阶级利益实现后，逐步确保个人利益实现的问题，其中最基本的就是每个贫困个体的脱贫问题。因此，社会主义制度建立以来，我国的反贫困对象经历了一个从粗到细的发展过程，从最初的全国性发展生产到解决区域性扶贫，再到以贫困县和贫困村为扶贫对象。在这一过程中不乏对贫困户和贫困人口的持续关注，但贫困户尚未完全成为反贫困的最基本单元。直到精准脱贫方略产生后，我国形成了以贫困发生的最小社会单元——贫困人口——为反贫困实践的直接对象的有关思想。2012年，习近平总书记在河北阜平考察时就提出"要一家一户摸情况"（中共中央党史和文献研究院，2018：58），提出了扶贫精确到人、精确到户的思想：要在全国范围内建立贫困户、贫困村、贫困县和连片特困地区电子信息档案，构建以个人为最小单位的全国扶贫信息网络系统。这一思想创新彻底改变了反贫困实践的思路和形态。在此基础上，我国提出了"六个精准"的基本要求，为反贫困达到"最后一公里"、反贫困不落下一户一人提供了思想基础。

第二，提出要将精准理念和贫困地区发展进行有效结合。马克思、恩格斯反贫困思想和我国反贫困的早期思想都十分重视产业发展对反贫困的重要作用。恩格斯在《共产主义原理》中就提出贫困问题产生的条件之一就是生产的规模不能满足所有人的需要，马克思和恩格斯在《共产党宣言》中对夺取资本和生产工具进行表述时，也专门强调了要"尽可能快地增加生产力的总量"（中共中央马克思恩格斯列宁斯大林著作编译局，2012：421）。中国共产党也一直注重通过物质资料生产的发展来解决贫困问题，将开发式扶贫作为我国反贫困的方针。但在精准脱贫方略产生前，我国尚未针对不同贫困地区甚至不同贫困个体的贫困原因和发展优势，对其发展方式进行精准的系统设计。精准脱贫方略继承了我国重视产业发展的理论观点，同时进行了重要创新，以精准思维考察贫困地区和贫困人口的发展问题，将精准与发展进行了创新结合。习近平总书记在2015年的中央扶贫开发工作会议上就曾提出贫困地区发展要"宜农则农、宜林则林、宜牧则牧、宜商则商、宜游则游"（中共中央党史和文献研究院，2018：66），体现出精准理念与开发式扶贫方针的结合。后来在思想的发展过程中，这种结合得到了进一步的发展和强化，主要体现在两个方面。一是形成了产业帮扶举措精准到人的思想，即针对贫困人群的具体情况，为贫困村甚至贫困户量身定做精细化的产业帮扶措施。对此，习近平总书记就多次指出，扶贫开发政策要"因户施策、因人施策"（中共中央党史和文献研究院，2018：61）。二是形成了因地制宜差异发展的思想，即提出要根据不同贫困地区的发展优势，提供多样化、差异化的产业帮扶。习近平总书记曾在多个场合指出，要在贫困地区的产业发展过程中精准安排项目，实行精准化扶持（中共中央党史和文献研究院，2018：58）。

第三，提出要构建精准扶贫精准脱贫的工作机制。精准扶贫精准脱贫的实现，需要扶贫工作各环节中制定科学稳定的工作流程和运行规则，这种工作流程和运行规则集中体现为精准扶贫精准脱贫的工作机制。习近平总书记对精准扶贫精准脱贫工作机制的构建高度重视。首先，提出了"识别—退出—评估"的精准脱贫"三步论"，提出精准脱贫的总体流程和方法，在每一个具体环节中，又提出要构建细化的工作机制的观点。习近平总书记在谈及贫困的识别环节时，就提出要构建建档立卡的工作机制，通过进村入户的调查，摸清扶贫对象的具体情况，并且"通过建档立卡，对扶贫对象实行规范化管理"（中共中央党史和文献研究院，2018：59）。在贫困户退出环节，习近平总书记又提出要形成逐户销号、动态管理等工作机制（中共中央党史和文献研究院，2018：72），实现贫困户的精准退出。在评估环节，习近平总书记则提出可以实行能起到实效的多种评估方式，如对此提出可以进行群众自己评价，也可以进行第三方评估（中共中央党史和文献研究院，2018：72）。这些观点体现出加强反贫困社会监督、严格脱贫验收的有关思想。这一系列观点的提出，为精准扶贫精准脱贫体制机制的建立健全奠定了基础，使我国精准扶贫精准脱贫的具体工作实现了有章可循和协调运行。

第四，形成设定消除绝对贫困的时间表。2012年以来，习近平总书记站在新的历史关口对我国的反贫困事业进行了审视，提出了不让一户百姓掉队，同步进入全面小康社会的目标。这标志着我国从"建设小康"阶段进入"建成小康"阶段，开启了以消除贫困为明确目标的反贫困工作。对此，党中央从多个方面对脱贫进行了倒排工期。习近平总书记在2015年关于贫困退出的论述中就明确体现了设立时间表的有关思想，他指出，解决"如何退"的问题首先就要设定时间表，让脱贫进程与全面建成小康社会的进程相适应，"每年退出多少要心中有数"（中共中央党史和文献研究院，2018：77）。具体来说，习近平总书记在深度贫困地区攻坚座谈会上提出，"从总量上看，二〇一六年底,全国农村贫困人口还有四千三百多万人。如期实现脱贫攻坚目标,平均每年需要减少贫困人口近一千一百万人"(中共中央党史和文献研究院,2018:20)。再比如习近平总书记曾针对脱贫的投入问题,提出"未来五年每年平均需投入二千四百亿元左右"(中共中央党史和文献研究院,2018:15)的规划。

三、 消除绝对贫困基本力量的丰富和发展

马克思主义经典作家在论及反贫困的主体时曾对无产阶级政权和贫困人口自身的重要性进行了强调。马克思和恩格斯既明确了无产阶级政权在夺取生产资料和发展社会生产中的作用,又强调了贫困人口之间的内部帮助与救济。在其所处的历史场域中,他们难以就其他社会主体参与反贫困的问题提出更多见解。但我国在改革开放后,尤其是国务院贫困地区经济开发领导小组成立以来,多种社会力量越来越充分地注意到反贫困的重要作用。如在"八七扶贫"阶段,我国就提出要动员企事业单位、各民主党派、社会组织以及民间扶贫团体参与扶贫。进入21世纪后,国内产生了"动员社会各界帮助贫困地区的开发建设"(中共中央文献研究室,2003:1885)的观点,中国共产党人已经认识到社会扶贫可以成为反贫困实践中的重要补充力量。精准扶贫精准脱贫思想产生后,以习近平同志为代表的中国共产党人则正式提出构建全社会参与的大扶贫格局的观点,明确了全体社会力量参与扶贫的价值、责任和权利,使社会扶贫成为我国反贫困实践的一种主要方式。其思想创新可以归纳为"三个结合"。

第一,提出政府和社会力量的深度结合。在强调政府主导的基础上,习近平总书记进一步强调了政府和社会力量的深度结合。在主体方面提出"全员参与",在军队、各民主党派、社会组织等的基础上,强调了组织民营企业、科研院所、社会各界爱心人士等参与扶贫的重要作用,使得反贫困的参与主体基本覆盖全社会。在政府和社会力量结合的机制和方式方面,习近平总书记提出通过完善工作机制来增强其结合,如提出要建立健全制定帮扶规划、建立考核评价机制等,并形成了通过分层次定点扶贫、专项扶贫、行业扶贫等方式实现社会力量与政府扶贫机构的深度结合的有关观点(中共中央党史和文献研究院,2018:99-100)。

第二，提出社会动员和政策支持相结合。长期以来，我国反贫困思想将推动社会力量参与扶贫的方式归为动员和引导。在此基础上，精准脱贫思想提出要形成鼓励参与扶贫的社会氛围，同时加强对帮扶主体的政策支持。一方面，精准扶贫精准脱贫思想提出要将扶贫济困的传统美德和社会主义核心价值观等与反贫困实践进行结合，通过设立"扶贫日"、全国脱贫攻坚奖等方式，树立人人积极参与扶贫的价值取向。另一方面，精准脱贫思想体现了加强对帮扶主体政策支持的观点。习近平总书记在2016年的东西部扶贫协作座谈会上就曾提出："中央出台了一系列关于企业参与脱贫攻坚的支持政策，如吸纳农村贫困人口就业的企业按规定享受税收优惠、职业培训补贴等支持政策……"（中共中央党史和文献研究院，2018：104）。这种政策的支持，对社会扶贫主体形成了有效的激励，推动了社会力量对反贫困实践的参与。

第三，提出帮扶方与被帮扶方二者发展相结合。长期以来，帮扶方在反贫困工作中都扮演单纯支持者的角色，进入精准扶贫精准脱贫阶段后，习近平总书记创新提出了帮扶方与被帮扶方互利共赢、共同发展的思想。在"造血式"精准脱贫的条件下，中国共产党人深化了对贫困地区个性化发展潜力的研究，提出了发达地区利用贫困地区的自然资源和消费市场等在帮扶中实现自身发展的观点。习近平总书记在2016年的东西部扶贫协作座谈会上对此进行了专门说明，他认为"西部地区资源富集、投资需求旺盛、消费增长潜力巨大、市场广阔，这对东部地区发展来说是重要机遇"（中共中央党史和文献研究院，2018：103—104）。这一观点改变了贫困地区帮扶接受者的角色定位，使发达地区在扶贫中实现自身发展成为可能，不仅增强了全社会参与脱贫攻坚的动力，也创新了社会力量参与扶贫的形式。

四、消除绝对贫困基本方案的丰富和发展

马克思和恩格斯把产生绝对贫困的原因首先归结为资本主义制度，但同时也认为还有其他原因，呈现多维性特征。如教育的缺失，恩格斯指出当时英国的教育设施就庞大的人口而言相对较少，难以满足无产阶级提升自身科学文化素养的需求（中共中央马克思恩格斯列宁斯大林著作编译局，2009a：423）；如人身安全得不到保障，表现为为资产阶级服务的司法者可以肆无忌惮地侵害

穷人的人身安全，"警察可以直接闯进他家里，逮捕他，粗暴地对待他"（中共中央马克思恩格斯列宁斯大林著作编译局，2009a：482）；再比如生活习惯的落后，马克思在《资本论》中提到，就贫困的雇佣工人而言，他们难以养成健康科学的生活习惯，"他们通常都是非常粗野的、反常的人"（中共中央马克思恩格斯列宁斯大林著作编译局，2009b：558）。这一系列论述表明马克思主义经典作家早就对贫困问题形成的多维性进行了研究。然而，马克思和恩格斯的反贫困思想未能从理论上提出多维贫困的评价体系和解决思路。精准扶贫精准脱贫方略则在前人思想的基础上就这两个方面进行了创新，丰富和发展了消除绝对贫困的基本方案。

第一，提出创新多维贫困的评价体系。精准脱贫方略创新提出要对多维贫困进行科学评价，明确了创新多维贫困评价体系的意义。习近平总书记在2015年的部分省区市扶贫攻坚与"十三五"时期经济社会发展座谈会上的讲话中就提到，精准扶贫首要把扶贫对象"搞清摸准"（中共中央党史和文献研究院，2018：59），对其贫困状况进行多维评价。评价指标应涵盖贫困的诸多方面，既包括贫困人口的基本生活条件，如"房"和"粮"的基本情况，也包括其自身发展的条件保障状况，即劳动力强不强，有无读书郎（中共中央党史和文献研究院，2018：59）。在这一思想的指导下，我国在贫困户的识别中，具体形成了"以农户收入为基本依据，综合考虑住房、教育、健康等情况"[①]的有关观点，提出对贫困户的收支状况进行测算的同时，还要对其健康状况、劳动能力、住房安全、子女教育、就医水平、生产生活设施、产业发展基础、文化生活丰富程度等进行评价。在这一观点的指导下，我国反贫困实践构建起了多维贫困的评价体系，为多维贫困的识别、测度和消除奠定了理论基础。

第二，提出要形成化解多维贫困的分类施策方案。在形成创新多维贫困评价体系有关思想的基础上，精准脱贫方略还创新提出要形成化解多维贫困的分类施策方案。在这一问题上，以习近平同志为代表的中国共产党人形成了分类分批消除多维贫困的有关观点，并在2015年的减贫与发展高层论坛上对这一观点进行了阐述。习近平总书记在高层论坛上首次提出脱贫攻坚需要完成"五个一批"，即发展生产脱贫一批、易地搬迁脱贫一批、生态补偿脱贫一批、发

[①] 《国务院扶贫办关于印发〈扶贫开发建档立卡工作方案〉的通知》，国务院开发领导小组办公室网站，2014-04-11. http://www.cpad.gov.cn/art/2014/4/11/art_50_23761.html.

展教育脱贫一批、社会保障兜底一批。"五个一批"的提出，使我国面对物质贫困、能力贫困、居住安全贫困、智力贫困、精神贫困等问题时具备了针对性施策的理论基础。在"五个一批"的基础上，中国共产党人进一步形成了通过分类施策化解多维贫困的观点。如习近平总书记就在多个场合阐述了"分类施策""因贫困原因施策""因贫困来源施策"等观点。除此之外，习近平总书记还提出要针对特殊时期、特殊来源的贫困问题实行专门对策，如面对2020年的新冠肺炎疫情，习近平总书记专门提出要"分类施策"，在疫情严重地区"统筹推进疫情防控和脱贫攻坚"①。

参考文献：

国务院开发领导小组办公室网站. 国务院扶贫办关于印发《扶贫开发建档立卡工作方案》的通知［EB/OL］. http://www.cpad.gov.cn/art/2014/4/11/art_50_23761.html. 2014-04-11.

汪三贵，2019. 当代中国扶贫［M］. 北京：中国人民大学出版社.

王萍萍，徐鑫，郝彦宏，2015. 中国农村贫困标准问题研究［J］. 调研世界（08）：3.

习近平，2017. 习近平谈治国理政（第2卷）［M］. 北京：外文出版社.

新华网. 习近平在决战决胜脱贫攻坚座谈会上讲话［EB/OL］. http://dangjian.gmw.cn/2020-03/11/content_33638376.htm. 2020-03-11.

中共中央党史和文献研究院，2018. 习近平扶贫论述摘编［M］. 北京：中央文献出版社.

中共中央马克思恩格斯列宁斯大林著作编译局，2009a. 马克思恩格斯文集（第1卷）［M］. 北京：人民出版社.

中共中央马克思恩格斯列宁斯大林著作编译局，2009b. 马克思恩格斯文集（第5卷）［M］. 北京：人民出版社.

中共中央马克思恩格斯列宁斯大林著作编译局，2012. 马克思恩格斯选集（第1卷）［M］. 北京：人民出版社.

中共中央文献研究室，2003. 十五大以来重要文献选编（下）［M］. 北京：人民出版社.

---

① 《习近平在决战决胜脱贫攻坚座谈会上讲话》，新华网，2020-03-11. http://dangjian.gmw.cn/2020-03/11/content_33638376.htm.

习近平"扶贫""扶志""扶智"重要论述研究①

龚勤林 邹冬寒 李江一

摘 要：习近平针对"扶贫先扶志、扶贫必扶智"的阐述，揭示了"扶贫""扶志""扶智"这三者之间不可分割的内在联系。从三者的相互关系看，"扶贫"是目标，"扶志"是"扶智"的前提，"扶智"又可反作用于"扶志"。从三者的理论内涵看，通过"扶志"才能创造内生激励机制，有效防止返贫；通过"扶智"才能阻断贫困代际传递，彻底消除贫困。"扶贫""扶志""扶智"是一体多面的关系，三者作为"帮扶集合体"，是习近平精准扶贫方略的重要组成和核心内容。各地以习近平精准扶贫方略为指导，在精准扶贫实践中针对"扶贫""扶志"和"扶智"相互结合进行的有益探索，不仅是对习近平精准扶贫方略的生动诠释和有益实践，也是对习近平中国扶贫开发体系的丰富发展和合理创新，对坚决打赢脱贫攻坚战和实现精准脱贫与乡村振兴的有效衔接具有十分积极的参考价值。

关键词：习近平精准扶贫；扶贫；扶志；扶智

消除贫困，实现经济增长和可持续发展，走向小康，是各国政府也是中国共产党和中国政府的不懈追求。2011年，中共中央、国务院印发《中国农村扶贫开发纲要（2011—2020年）》，提出"分类施策"的脱贫政策（国家统计

---

① 作者简介：龚勤林，四川大学经济学院副院长，教授，博士生导师，研究方向为区域经济、城市经济、生态经济；邹冬寒，四川大学经济学院，博士研究生，研究方向为区域经济、城市经济、农业经济；李江一，四川大学经济学院，副教授，研究方向为劳动经济、产业经济、农村经济。

局住户调查办公室，2012）。2013年11月习近平在湖南湘西考察时，继续贯彻"分类施策"的扶贫方针，首次提出"精准扶贫"。2013年12月习近平在中央农村工作会议上发表重要讲话，强调要"坚持不懈推进扶贫开发，实行精准扶贫"[①]。2014年5月，习近平在第二次中央新疆工作座谈会上发表重要讲话，再次提出要"建立精准扶贫工作机制，扶到点上、扶到根上，扶贫扶到家"[②]。自此，以"精准扶贫"为核心的中国特色扶贫开发体系逐步形成并开始具象化。

习近平精准扶贫方略的理论内涵非常丰富，是党和国家治理贫困、指引贫困人口脱贫致富奔小康的重要指导方针（张瑞敏，2017；汪三贵，刘未，2016）。综观习近平有关精准扶贫的相关论述，其针对"扶贫先扶志、扶贫必扶智"的阐述揭示了"扶贫""扶志""扶智"之间存在内在不可分割的联系，可以说，坚持"扶贫""扶志""扶智"协同推进是理解习近平精准扶贫方略的钥匙。

一、习近平精准扶贫方略的形成历程及时代意义

（一）形成历程

历史唯物主义认为，社会的存在和发展由历史发展而来，社会的存在和发展离不开历史，社会与历史之间存在着必然的继承及发展关系。从历史唯物主义观看，习近平早期的人生经历是精准扶贫方略形成发展的源泉（杨宜勇，杨泽刊，2018），其形成发展可大致分为萌芽、实践、形成三个阶段（黄承伟，2018）。

1969—1975年为萌芽期。在此期间，习近平于梁家河度过了为期7年的插队生涯，由此深入了解了中国的贫困地区和贫困人民。习近平在《我的上山下乡经历》中说道："上山下乡的经历，使我增进了对基层群众的感情。对于

[①] 《中央农村工作会议在北京举行　习近平、李克强作重要讲话》，央视网，2013-12-24. http://news.cntv.cn/2013/12/24/ARTI1387891627734240.shtml.

[②] 《习近平在第二次中央新疆工作座谈会上发表重要讲话》，新华网，2014-05-29. http://www.xinhuanet.com/photo/2014-05/29/c_126564529.htm.

我们共产党人来说，老百姓是我们的衣食父母，我们必须牢记全心全意为人民服务的宗旨。"① 插队经历让他了解了中国农村、中国的贫困，产生了帮助中国摆脱贫困的信念和追求，促使了习近平精准扶贫方略的萌芽。

1982—2007 年为实践期。在此期间，习近平于河北省正定县、福建省宁德市、福建省、浙江省担任领导，并深入基层调研，开始提出自己的"扶贫观"。习近平在河北省正定县工作期间，跑遍了全县所有的村子，通过推行家庭联产承包责任制，带领正定县在三年内甩掉"高产穷县"的帽子。习近平在分析宁德市存在的贫困问题的基础上，针对宁德市内生发展动力不足等问题，提出"扶贫要先扶志"，要从思想上淡化"贫困意识"（习近平，2014），走"自力更生"的发展道路。习近平在福建省和浙江省担任领导期间，提出"因地制宜""东西部扶贫协作（闽宁模式）""干部驻村"等扶贫观，并落于实践。

2012 年至今为形成期。在此期间，习近平担任党的总书记，逐渐形成了以"精准扶贫"为核心的扶贫理念（黄承伟，2018）。习近平担任党的总书记之后，连续 5 年的新年国内首次考察均为扶贫调研，他基本走遍了 14 个集中连片特困地区，针对扶贫开发问题，多次发表重要讲话，多次主持或参加重要会议。2013 年 11 月，习近平在湖南湘西考察时，正式提出"精准扶贫"，要求"扶贫要实事求是，因地制宜"②。2015 年 6 月考察贵州时，提出扶贫工作的基本要求和主要途径——"六个精准"③。2015 年 10 月参加减贫与发展高层论坛时，提出扶贫工作的具体解决办法——"五个一批"④。至此，精准扶贫的基本方略得以形成。

（二）时代意义

随着我国扶贫工作的不断推进，贫困类型、贫困特征、脱贫需求不断发生变化，分类施策、精准施策迫在眉睫。基于现实需求的不断变化，以"精准扶

---

① 《习近平：我的上山下乡经历》，凤凰网，2012-06-02. http://news.ifeng.com/history/zhiqing/xiaohua/detail_2012_06/02/14998949_0.shtml.

② 《习近平赴湘西调研扶贫攻坚》，中国网，2013-11-03. http://news.china.com.cn/2013-11/03/content_30484698.htm.

③ 《贵州省委传达学习习近平视察贵州重要讲话精神》，中国新闻网，2015-06-20. http://www.chinanews.com/gn/2015/06-20/7357205.shtml.

④ 《习近平主席在2015减贫与发展高层论坛上的主旨演讲》，国家在线，2015-10-16. http://news.cri.cn/gb/42071/2015/10/16/3245s5135210.htm.

贫"为内核的习近平扶贫理念不断丰富和深化,具有重要的时代意义。

首先,习近平精准扶贫方略是指导我国脱贫攻坚的基本方略。随着我国扶贫开发工作的不断推进,我国尚未脱贫的地区多为"难啃的硬骨头","必须改革扶贫思路和方式,变大水漫灌为精准滴灌,变'输血'为'造血',变重GDP为重脱贫成效"①,将"精准扶贫""精准脱贫"作为我国扶贫攻坚的基本方略。

其次,习近平精准扶贫方略揭示了扶贫攻坚过程的基本特征和科学规律,是指导我国"分类施策,精准帮扶"的科学指南。习近平提出"因地因人施策",指出我国不同的贫困地区、贫困人口脱贫需求不同这一基本特征。为应对这一难题,习近平提出"六个精准"和"五个一批"的解决办法,这成为指导我国扶贫攻坚过程中"分类施策"的科学指南。

最后,习近平精准扶贫方略构成了以"精准扶贫"为内核的中国特色扶贫开发体系,为世界减贫事业提出了中国方案。2017年4月,联合国农发基金全球接触、知识和战略部主任阿什旺尼·穆图在全球减贫伙伴研讨会发言中表示:"中国精准扶贫的理论和实践表明,有良好的政治意愿、科学的扶贫战略、适宜的政策措施,实现整体脱贫是完全可能的。中国的成功实践对推进世界减贫事业具有重要启示。"② 这表明,"精准扶贫"模式在世界范围得到认可,并为世界扶贫工作提供了模式借鉴。

二、 习近平精准扶贫方略的主体内容及其科学内涵

习近平精准扶贫方略内容广博,内涵深邃,需要进行全面深入研究。其中不可忽视的是,习近平在开展精准扶贫实地调研的过程中多次对"扶贫""扶志""扶智"进行阐述。因此,聚焦"扶贫""扶志"和"扶智"是理解和践行习近平精准扶贫方略的关键。

---

① 《精准扶贫脱贫的基本方略是六个精准和五个一批》,国务院新闻办公室网站,2015-12-15. http://www.scio.gov.cn/xwfbh/xwbfbh/wqfbh/2015/33909/zy33913/Document/1459277/1459277.htm.

② 《[砥砺奋进的五年]精准脱贫为全球减贫治理提供中国方案》,中国网,2017-08-14. http://www.china.com.cn/news/cndg/2017-08/14/content_41407305.htm.

(一) 扶贫先扶志

扶贫先扶志是习近平对治理贫困问题多年工作经验的总结和重要论断。在习近平早年出版的个人专著《摆脱贫困》一书中就有对"扶志"的详细阐述（习近平，1992），比如著名的"先飞"理论和"滴水穿石"理论。"先飞"理论指出："弱鸟可望先飞，至贫可能先富，但能否实现'先飞''先富'，首先要看我们头脑里有无这种意识。""滴水穿石"理论指出："根本改变贫困、落后面貌，需要广大人民群众发扬'滴水穿石'般的韧劲和默默奉献的艰苦创业精神，进行长期不懈的努力，才能实现。"在担任党和国家领导人以后，习近平又在其精准扶贫方略中对"扶贫"和"扶志"的关系及理论内涵进行了深化。

第一，"扶志"的基础在于通过"物质帮扶"建立脱贫的物质保障。2017年10月18日，习近平在中国共产党第十九次全国代表大会上作报告，再次提出"注重扶贫同扶志相结合"，并明确要求"确保到二〇二〇年我国现行标准下农村贫困人口实现脱贫，贫困县全部摘帽"。[1] 这为现行的脱贫政策指出了明确的基本定位，就是要消灭"绝对"贫困。[2] 物质决定意识，经济基础决定上层建筑，要使贫困人口建立脱贫致富的信心，必须要为其建立摆脱贫困所必要的物质基础，因此，精准帮扶首先要从物质上进行"输血"，将"输血"和"造血"有机统一起来（洪名勇，洪霓，2016），比如，通过扶持生产和就业帮助贫困人口建立脱贫的原发动力（刘建生，陈鑫，曹佳慧，2017）。

第二，"扶志"的核心在于通过"精神帮扶"树立脱贫的坚强信心。2013年春节前夕，习近平到甘肃看望少数民族地区的贫困群众，他一方面郑重承诺政府会"给乡亲们更多支持和帮助"，另一方面也希望"乡亲们要发扬自强自立精神，找准发展路子、苦干实干，早日改变贫困面貌"。[3] 2013年11月3日，习近平在湖南湘西考察时语重心长地说"脱贫致富贵在立志，只要有志

---

[1] 《习近平在中国共产党第十九次全国代表大会上的报告》，人民网，2017-10-28. http://jhsjk.people.cn/article/29613660.

[2] 《脱贫攻坚要处理好"四种关系"》，人民网，2018-03-23. http://theory.people.com.cn/n1/2018/0323/c40531-29884279.html.

[3] 《习近平春节前夕赴甘肃看望各族干部群众》，中国青年报，2013-02-06. http://zqb.cyol.com/html/2013-02/06/nw.D110000zgqnb_20130206_1-01.htm.

气、有信心,就没有迈不过去的坎"①。不论贫困的原因是什么,精神贫困始终是主观上的首要根源。要通过"精神帮扶","帮助困难群众拔掉'思想穷根'""改变贫困群众的精神面貌""从思想上淡化贫困意识",从而达到使贫困人口"摆脱意识上的贫困"的目的,这既有助于短期内实现脱贫,又有助于在长期内防止贫困人口返贫。②

第三,"扶志"的关键在于通过"精准帮扶"创造内生激励机制。在2015年10月16日的减贫与发展高层论坛上,习近平明确阐述了扶志的重要性,指出"我们坚持开发式扶贫方针,把发展作为解决贫困的根本途径,既扶贫又扶志,调动扶贫对象的积极性,提高其发展能力,发挥其主体作用"③。在2018年5月31日的中共中央政治局会议上,习近平再次强调扶贫扶志的重要性:"开展扶贫扶志行动,树立脱贫光荣导向,弘扬自尊、自爱、自强精神,提高贫困群众自我发展能力。"④习近平对扶志的论述,不仅表明了扶志的重要性,更明确表示出扶志的关键在于打造贫困群众的内生发展动力。王丹(2017)认为:"驻村干部等广大基层扶贫干部,应密切关注困难群众的思想面貌和精神状况,精准识别,找准'志短'病灶,加强教育,因势利导,打开他们的'心结',不断增强其自我发展意识",这样才能"及早实现由'要我发展'到'我要发展'的转变"。⑤

(二) 扶贫必扶智

教育是人力资源开发和人力资本积累实现"起飞"的重要手段和先决条件,在扶贫开发中起着举足轻重的作用。绝大多数地区的贫困是由资源匮乏和教育落后造成的,通过大力发展教育来帮助贫困户脱贫致富是习近平对扶贫开发问题的又一重要论断。通过"教育扶贫",可达到"扶智"的目的,从而实

---

① 《加快转变经济发展方式 加快实施创新驱动发展战略》,中国青年报,2013-11-06. http://zqb.cyol.com/html/2013-02/06/nw.D110000zgqnb_20130206_1-01.htm.

② 《脱贫致富贵在立志》,光明网,2017-04-09. http://epaper.gmw.cn/gmrb/html/2017-04/09/nw.D110000gmrb_20170409_3-03.htm.

③ 《携手消除贫困,促进共同发展》,人民网,2015-10-16. http://politics.people.com.cn/n/2015/1017/c1024-27708352.html.

④ 《习近平主持中共中央政治局会议》,人民网,2018-06-01. http://cpc.people.com.cn/n1/2018/0601/c64094-30027019.html.

⑤ 《脱贫致富贵在立志》,光明网,2017-04-09. http://epaper.gmw.cn/gmrb/html/2017-04/09/nw.D110000gmrb_20170409_3-03.htm.

现短期和长期的双重脱贫效应。

第一，"扶智"的首要目标是让贫困户掌握脱贫的知识和技能。2015年2月，习近平主持召开陕甘宁革命老区脱贫致富座谈会时指出，"家有良田万顷，不如薄技在身"，强调"要为老区的贫困人口提供量身打造的、精准化的职业技能培训，授之以渔，使他们掌握一项就业本领"。[①] 2017年6月23日，习近平在太原主持召开深度贫困地区脱贫攻坚座谈会时强调"要注重培育贫困群众发展生产和务工经商的基本技能，注重激发贫困地区和贫困群众脱贫致富的内在活力，注重提高贫困地区和贫困群众自我发展能力"[②]。首先，职业培训有助于"培育新型职业农民，使扶贫成效可持续"[③]。其次，随着企业转型升级，企业对劳动者职业素质的要求越来越高，通过职业培训可使贫困劳动力的职业素质满足企业用工需求。[④] 通过扶持、引导和培训，提高贫困人口素质，增强其就业和创业能力，把人口压力转化为人力资源和人力资本优势，是加快脱贫致富步伐的有效途径（河北省扶贫办，2015）。

第二，"扶智"的长期目标是阻止贫困代际传递。2012年12月29日，习近平在河北省阜平县考察扶贫开发工作时指出"治贫先治愚。……特别是要注重山区贫困地区下一代的成长。……把贫困地区孩子培养出来，这才是根本的扶贫之策"。[⑤] 2015年4月2日，习近平在中央全面深化改革领导小组第十一次会议上强调："发展乡村教育，让每个乡村孩子都能接受公平、有质量的教育，增强贫困地区的自我发展能力，阻止贫困现象代际传递。"[⑥] 2015年10月16日，习近平在减贫与发展高层论坛上再次强调"扶贫必扶智，让贫困地区的孩子们接受良好教育，是扶贫开发的重要任务，也是阻断贫困代际传递的

---

① 《习近平：加强老区贫困人口职业技能培训》，央视网，2015-02-17日. http://news.cntv.cn/2015/02/17/VIDE1424103835220481.shtml.

② 《习近平：在深度贫困地区脱贫攻坚座谈会上的讲话》，人民网，2017-08-31. http://cpc.people.com.cn/n1/2017/0831/c64094-29507970.html.

③ 《[专家谈]新型职业农民培训：扶贫工作的发动机》，新华网，2016-10-20. http://www.xinhuanet.com/comments/2016-10/20/c_1119725792.htm.

④ 《"十三五"脱贫攻坚规划专家系列解读之一：产业发展和转移就业"双轮驱动"确保有劳动能力贫困人口实现增收脱贫》，中华人民共和国国家发展和改革委员会官网，2017-01-04. http://www.ndrc.gov.cn/fzgggz/dqjj/zhdt/201701/t20170104_834370.html.

⑤ 《习近平谈摆脱贫困：扶贫必扶智，治贫先治愚》，中国共产党新闻网，2018-10-09. http://cpc.people.com.cn/xuexi/n1/2018/1009/c385476-30329647.html.

⑥ 《习近平主持召开中央全面深化改革领导小组第十一次会议》，人民网，2015-04-02. http://cpc.people.com.cn/n/2015/0402/c64094-26786916.html.

重要途径"①。对此，有学者认为："贫困有一个代际锁定，因为父母贫困后可能没有精力给孩子的教育进行投资，孩子没有良好的教育，学不到技能，可能会继续贫困，打破这样一种代际阻隔最好的手段应该就是教育"；并且，"这个政策长远的效果对于打破代际锁定的恶性循环是有很大的帮助的"。② 这是因为，教育资源匮乏会让贫困家庭陷入"低人力资本投入—低就业—低收入—低人力资本投入"的贫困恶性循环陷阱，而与此同时，唯有加强对下一代的教育投入，才能从根本上阻断贫困的代际传递（杨新华，2016）。

（三）扶志与扶智

"扶志"和"扶智"既相互区别，又相互联系，这是习近平提出"扶贫先扶志"和"扶贫必扶智"两点重要论断的理论基石。

第一，"扶志"是"扶智"的先决条件。没有脱贫致富的骨气、志气和信心，没有学习的动力的贫困户，即便政府为其提供再多再好的教育资源，做出再多帮扶都是徒劳的。唯有在贫困户树立摆脱贫困的志向的前提下，"扶智"才可能产生效果。

第二，"扶智"是"扶志"的必要条件。"扶智"发生一定作用后又可反作用于"扶志"，"扶智"是人们战胜贫困的"武器"，可激发人们进一步增强战胜贫困的骨气、志气和信心。

（四）"扶贫""扶志""扶智"的辩证统一

在对贫困群众帮扶的过程中，"扶贫""扶志""扶智"虽然相互区别，但是又紧密地联系在一起，形成一个辩证统一的关系。

唯物辩证法认为，事物的发展变化是内因和外因共同作用的结果。为实现全面脱贫，我们不仅要为贫困地区和贫困群众脱贫致富奔小康提供外在保障，更重要的是要培育贫困地区和贫困群众的内生动力。培育贫困群众脱贫的内生动力，需从"扶志"和"扶智"两个方面着手。即应牢固树立"扶贫"是目标，"扶志"和"扶智"是实现该目标的必要手段这一信念。

---

① 《携手消除贫困，促进共同发展》，人民网，2015－10－16. http://politics.people.com.cn/n/2015/1017/c1024－27708352.html.

② 《专家：教育是阻断贫困代际传递最好手段》，央广网，2015－10－17. http://country.cnr.cn/focus/20151017/t20151017_520177617.shtml.

同时，全面脱贫不仅是要在2020年实现的暂时性的脱贫，更重要的是长期内实现可持续性的脱贫。为此，必须构建可持续脱贫机制。外源动力的供给仅能实现短期帮扶，内生动力的激发才能形成长效脱贫机制。通过"扶志"能够创造内生激励机制，有效防止返贫；通过"扶智"能够阻断贫困代际传递，彻底消除贫困。通过"扶志"和"扶智"激发贫困群众脱贫的内在动力，最终达到长效"脱贫"的目的。

实现2020年的全面脱贫，不论是从唯物辩证主义的角度看，还是从实现脱贫机制的可持续上看，"扶贫""扶志""扶智"是"帮扶集合体"，三者缺一不可且内在统一。

三、"扶贫""扶志""扶智"在实践中的探索与创新

在扶贫实践中深入贯彻落实"扶贫""扶志""扶智"是精准扶贫工作的难点，并没有成熟的模式可循，必须因地制宜地探索一套瞄准"扶志"和"扶智"的激励机制。笔者调研发现，四川乐山和甘洛等地在践行习近平"扶贫""扶志""扶智"相关论述的过程中解放思想、勇于创新，已出现一批"扶贫""扶志""扶智"结合的好项目、好做法，不仅值得在实践中借鉴和推广，也是对习近平精准扶贫方略的丰富和创新。

（一）"扶贫"与"扶志"相结合的实践探索与创新

"劳动收入奖励计划"[①]是目前正在四川省乐山市五通桥区实施的精准扶贫计划，扶助形式为对具有劳动能力的家庭"以奖代补"，鼓励其通过增加劳动供给来增加家庭收入。[②]该计划可在一定程度上解决在扶贫过程中政府"养懒汉"的问题，达到"扶志"的目的。

该项目随机地将抽样家庭划分为实验组和参照组，只对实验组家庭进行项目激励。通过对比参与项目前后的相关经济指标发现，该计划扶志的效果非常

[①] 资料来源于西南财经大学中国家庭金融调查与研究中心。
[②] 具体激励方案参见：西南财经大学中国家庭金融调查与研究中心《"贫困家庭振兴计划"研究项目汇报书》。

明显：(1) 就业率相对提高 13.5 个百分点；(2) 每月人均劳动时间相对提高 9 小时；(3) 劳动收入奖励每增加 1 元，平均劳动收入增加 0.55 元，平均消费支出增加 0.46 元。①

(二)"扶贫"与"扶智"相结合的实践探索与创新

"青少年教育促进计划"②是目前四川省乐山市马边彝族自治县正在实施的教育扶贫计划。其本质是针对教育的"有条件"现金转移支付制度，基本思想是对达到某项学习目标的学生或教师给予奖励，从而达到激励学生或老师的目的。该计划旨在设计合适的教育激励计划，增加贫困地区青少年的人力资本积累，以彻底摆脱贫困代际传递的恶果，真正达到扶智的目的。③

在学年初，项目组将目标班级随机划分为实验组和参照组，仅告知实验组班级的同学和老师项目奖励规则。该项目在一学年时间内以学期为界，实施了两轮评估。第一轮评估表明：相比于参照组学生，实验组学生语文、数学及平均成绩均有显著上升。第二轮评估的效果更加明显：(1) 数学和语文成绩上升幅度相比第一轮更大；(2) 初试成绩排名中等的学生，期末成绩的提高幅度最大；(3) 该项目使家长每周与老师沟通交流的时间显著提高。

(三) 四川大学对口帮扶工作中坚持"扶贫""扶志""扶智"的探索与创新

为了帮助甘洛县群众树立"扶贫先扶志，扶贫必扶智"的意识，并落实到具体行动上，四川大学在针对甘洛县的精准扶贫对口帮扶工作中，通过开展"以购代捐"活动淡化贫困群众的"等、靠、要"思想，通过开展教育、医疗、科技帮扶提升贫困群众的智力脱贫水平。

1. 志气帮扶方面的努力和创新

四川大学按照"以购代捐"理念，结合甘洛实际，探索了将甘洛县生态农特产品引入四川大学教育超市并鼓励全校师生购买的做法。四川大学师生通过

---

① 数据来源于西南财经大学中国家庭金融调查与研究中心。
② 资料来源于西南财经大学中国家庭金融调查与研究中心。
③ 具体奖励方案参见：西南财经大学中国家庭金融调查与研究中心《"贫困家庭振兴计划"研究项目汇报书》。

购买甘洛县生态特色农产品,有效地鼓励了甘洛县贫困群众发展生产,通过将脱贫攻坚的志向和劳动付出与生态资源有机结合,实现资源优势向经济优势的转化,甘洛县贫困群众探索出一条"绿水青山"向"金山银山"转化的有效路径。

2. 教育帮扶方面的努力与创新

阻断贫困恶性循环和贫困代际传递链条,实现脱贫奔小康,关键是智力帮扶,核心是师资力量的充实和培养。为此,四川大学开办了"四川大学对口支援贫困地区中小学校长培训班",设立了"四川大学研究生支教团"。还成立了四川大学梦想班,先后开展雏鹰成长计划和山鹰扶贫计划。

除了直接针对教育部门师资补充和提升的帮扶,四川大学特地联合当地政府实施了"甘洛县基层党政干部能力提升培训工程"。针对甘洛县领导干部开设了县域经济发展研究、领导艺术等课程,重点进行能力、个人综合素质提升方面的强化培训。目前,又创造性地构建了"1+N"干部人才精准扶贫模式,为帮扶县党政领导干部、村(社区)干部、教师队伍、医疗队伍开展各类培训,该模式得到了当地干部群众的认同。

3. 医疗帮扶方面的努力与创新

四川大学充分发挥华西医院在医疗方面的优势,通过调研,因地制宜,实施"华西医院定点扶贫甘洛县项目",制订了符合当地实情和切实可行的扶贫方案,比如,免费为甘洛县人民医院升级华西远程医学网络系统,免费为甘洛县人民医院培养放射科医生,捐赠医疗设备及药品,派出专家指导专科建设等。

4. 科技帮扶方面的努力与创新

贫困地区贫困的重要原因是发展理念落后,发展模式不当,发展手段欠缺。为此,四川大学发动相关学院对对口帮扶贫困县开展区域诊断,并结合专业特长开展以科学发展为中心的科技帮扶。四川大学经济学院从2015年开始,为甘洛县编制《甘洛县国民经济和社会发展第十三个五年规划》《甘洛县国民经济和社会发展第十四个五年规划》以及138个贫困村村级精准脱贫规划,同时帮助甘洛县成功申报"国家级电子商务进农村综合示范县"项目。此外,

2017年8月和2018年8月，四川大学经济学院聚焦民族地区精准扶贫的两次论坛在甘洛县举行，来自全国各地的专家学者、政府官员和知名企业家开展热烈讨论，提出了具有针对性的帮扶建议和方案，活动获得当地政府和人民网、新华网、光明网的好评。[①]

四、总　结

习近平有关"扶贫""扶志""扶智"的重要论述是当代中国扶贫开发实践的产物，是党和政府治理贫困问题，指引新时代扶贫攻坚工作的明灯。习近平在各地调研中对"扶贫""扶志"和"扶智"进行的系列阐述理论内涵丰富，深刻揭示了"扶贫""扶志""扶智"在扶贫攻坚工作中辩证统一的内在关系。从理论内涵来看，之所以要"扶贫先扶志"，是因为只有通过"扶志"才能创造内生激励机制，有效防止返贫；之所以要"扶贫必扶智"，是因为只有通过"扶智"才能阻断贫困代际传递，消除绝对贫困。从辩证关系来看，"扶志"和"扶智"是辩证统一的关系，"扶志"是"扶智"的前提，"扶智"又可反作用于"扶志"。

实践中各地针对"扶贫""扶志""扶智"的结合做了不少探索，四川省乐山市五通桥区的"劳动收入奖励计划"、马边彝族自治县的"青少年教育促进计划"、四川大学对口帮扶甘洛县和岳池县的"智力帮扶计划"都创新性地探索出了帮助贫困地区和贫困群众形成"扶志"和"扶智"相结合的内生激励机制的良好做法和路径，这是对习近平"扶贫""扶志""扶智"重要论述的生动诠释和生动实践，也是对习近平"扶贫""扶志""扶智"重要论述的丰富发展和合理创新，对坚决打赢脱贫攻坚战和实现精准脱贫与乡村振兴的有效衔接具有十分重大的参考价值。

---

① 人民网：http://society－people.com/html/GB/2017/0804/20184.html. http://m.people.cn/n4/2018/0825/c3770－11505278.html. 新华网：http://news－xinhuanet.com/politics/2017－08/04/c_15214.html?from=singlemessage&isappinstalled=0. 光明网：http://share.gmw.cn/local/sc/2017－08/13/content_25606433.htm?from=singlemessage&isappinstalled=0.

参考文献：

国家统计局住户调查办公室，2012. 2011中国农村贫困监测报告［M］. 北京：中国统计出版社.

河北省扶贫办，2015. 河北雨露计划让穷人真正受益［J］. 中国扶贫（07）：48－49.

洪名勇，洪霓，2016. 论习近平的精准扶贫思想［J］. 河北经贸大学学报，37（06）：1－5.

黄承伟，2018. 习近平扶贫思想论纲［J］. 福建论坛（人文社会科学版）（01）：54－64.

刘建生，陈鑫，曹佳慧，2017. 产业精准扶贫作用机制研究［J］. 中国人口·资源与环境，27（06）：127－135.

汪三贵，刘未，2016."六个精准"是精准扶贫的本质要求——习近平精准扶贫系列论述探析［J］. 毛泽东邓小平理论研究（01）：40－43，93.

习近平，1992. 摆脱贫困［M］. 福州：福建人民出版社.

杨新华，2016. 习近平精准扶贫基本方略阐析［J］. 长沙理工大学学报（社会科学版），31（05）：122－126.

杨宜勇，杨泽坤，2018. 习近平精准扶贫思想探究［J］. 武汉科技大学学报（社会科学版），20（01）：8－15.

张瑞敏，2017. 习近平精准扶贫思想探析［J］. 中南民族大学学报（人文社会科学版），37（04）：14－17.

习近平关于扶贫开发重要论述的五大特质[①]

王彬彬　朱丽花

摘　要：习近平总书记创造性地发展了马克思主义的反贫困理论，形成了关于扶贫开发一系列重要论述，该论述是习近平新时代中国特色社会主义思想的重要组成部分，也为打好精准脱贫攻坚战指明了方向，提供了理论遵循。习近平扶贫开发重要论述中内含新发展理念因子，具有创新特质、协调特质、绿色特质、开放特质和开放特质，深刻认识把握这五大特质，有利于促进扶贫开发工作的扎实推进，补齐全面建成小康社会的最后短板。

关键词：扶贫开发；创新；协调；绿色；开放；共享

贫困是人类社会的难题。近代以来，虽然人类社会的物质条件有了较大改善，但贫困并未得到消除，反而进一步扩大（邓小平，1993：84）。马克思、恩格斯正是从阶级的视角出发，阐明了资本主义制度下工人阶级极度贫困现象产生的来源，树立起了指引人类社会前行的理论丰碑。20世纪80年代初，联合国提出倡议，希望发达国家伸出慷慨援手，帮助贫困落后国家发展经济，以调节日益扩大的全球贫困与不平等，但收效甚微。与之形成鲜明对比的是，1994年《国家八七扶贫攻坚计划》出台和执行以来我国在反贫困方面所取得

---

① 本文是四川大学中央高校基本科研业务费研究专项项目（skqx2017-27）的阶段性研究成果。
作者简介：王彬彬，四川大学马克思主义学院，教授，博士生导师，研究方向为马克思主义中国化、社会主义经济理论、生态文明与区域可持续发展；朱丽花，四川大学马克思主义学院，硕士研究生，研究方向为马克思主义中国化。

的卓越成就。贫穷不是社会主义,但不可否认的是,作为全球最大的发展中国家,我国仍然存在大量的贫困现象。如何在社会主义制度下消灭贫困,这是一个需要马克思主义理论家回答的历史命题。习近平关于扶贫开发的重要论述思想在新形势新情况下有力回答了这一命题,创造性地发展了马克思主义的反贫困理论。这一战略思想是习近平同志基于下乡插队的生活阅历、基层主政的工作经历和对普通群众的朴实感情提出的。因此其既富含理论气质,又"接地气",从而"问题把得特别准、工作干得特别实、效果出得特别好"。本文从新发展理念的角度出发,分析习近平扶贫开发思想的五大特质。

一、扶贫开发重要论述的创新特质

习近平关于扶贫开发重要论述蕴含创新特质,注重以创新思维谋划全局,以创新精神更新扶贫理念、探索扶贫方法、完善工作机制,使扶贫路径由"大水漫灌"转变为"精准滴灌",增强扶贫工作精准性,使扶贫方式由偏重"输血"转变为注重"造血",充分激发贫困人口内生动力,进一步推动扶贫开发工作,为打赢脱贫攻坚战提供了有力保障。

(一)扶贫首要在创新理念

理念决定道路,思路决定出路。20世纪80年代中期以来,我国创造性地探索了以工代赈、易地扶贫、整村推进扶贫等多种扶贫模式,但是"扶贫对象是谁、谁贫困、谁又脱了贫"却是笔"糊涂账"。因为农村扶贫一直在区域层面"打转转",首先是贫困县,其次是15万个贫困村,再到后来的14个集中连片贫困区域,[1]却始终没有细化到"人"。这种"大水漫灌"式的扶贫在早期普遍贫困阶段发挥了作用,但贫困状况分化后出现了"该扶的没扶到"的现象,扶贫资金及项目识别尚不精、需求尚不明,导致社会资源浪费而没扶到"真贫"。2013年,习近平总书记在湖南湘西调研时首次做了关于"精准扶贫"的指示。2015年6月,习近平总书记在贵州考察时强调"扶贫开发推进到今天这样的程度,贵在精准,重在精准,成败之举在于精准"。随后提出了扶贫

---

[1] 刘永富.《以精准发力提高脱贫攻坚成效》,人民日报,2016-01-11.

工作的"四个切实",即切实落实领导责任、切实做到精准扶贫、切实强化社会合力、切实加强基层组织。贵州样本深刻点明了精准扶贫的精髓,为贫困地区精细化扶贫指明了努力的方向。要把"精准"二字贯通于扶贫工作全领域、全方位、全过程,对扶贫对象建档立卡①,为扶贫对象梳理对标需求,还要为扶贫对象设计脱贫方案,增强扶贫对象的"授渔"技能和"造血"功能。每个贫困村就是扶贫的最前线,每个贫困县就是一个桥头堡垒。习近平总书记在不同场合多次强调精准扶贫的重要性,"关键是要找准路子、构建好的体制机制,在精准施策上出实招、在精准推进上下实功、在精准落地上见实效"②。可以说,精准扶贫以"精准化"为手段,以"扶真贫、真扶贫"为目标,以提升贫困人口内生动力和发展潜力为导向,开创了中国特色反贫困理论的新境界。

(二)扶贫关键在创新方法

扶贫扶贫,产业是基础。习近平总书记在了解毕节扶贫经验时,一针见血地指出:"一个地方必须有产业,有劳动力,内外结合才能发展。"③ 这道出了一个朴实的真理,即有产业才能有就业,有就业才能有收入,有收入才能永久脱贫。相较于世界上普遍流行的人道主义救济式扶贫,中国式产业扶贫轻形式而重实质,轻短期而重长远,因此更科学,也更有持续性。在习近平总书记的号召下,各方力量群策群力,贡献智慧,不断将各种新技术、新方法应用到扶贫工作中来。一是结合贫困区域优势,重点培育特色农副产业,扩大对农村贫困劳动力的培训规模,有序开展贫困地区"一村一品"产业行动,建设成批农业生产基地,培植适宜当地发展的扶贫龙头企业。重拾民间非物质文化遗产,重视民间手艺品的大规模制作和市场化营销,创新特色农副产品深加工环节,创建"文化+生态"产业园区一站式服务。二是改变农村信息封闭状态,实施"互联网+扶贫"战略,在农村架设与外界联络的无形"宽带"。将电商作为精准扶贫的重要抓手,采取技能指导、资金融通、市场联通等形式(唐任伍,2015),让农村生产者及时准确了解关于产品的市场动态信息,掌握供需情况,合理规划生产,让贫困地区的特色农副产品有效对接全国乃至全球市场,行销

---

① 《绿水青山就是金山银山——关于大力推进生态文明建设》,人民日报,2014-7-11.
② 《谋划好"十三五"时期扶贫开发工作 确保农村贫困人口到2020年如期脱贫》,人民日报,2015-6-20(1).
③ 任担当.《精准扶贫需脚踏实地》,中国纪检监察报,2016-11-23(2).

世界各地。发挥产业扶持的带动效应,促进贫困人口创收致富。此外,习近平总书记作出了"五个一批"的综合施策指示,即发展生产脱贫一批、易地扶贫搬迁脱贫一批、生态补偿脱贫一批、发展教育脱贫一批、社会保障兜底一批。扶贫工作新在锁定贫困人口,重在全部脱贫不留锅底,贵在扶到"真贫"。

(三) 扶贫核心在创新机制

扶贫工作是否扶到位,关键在于其监督问责机制是否落到实处、激励机制是否发挥效用。针对如何检验扶贫工作的实际效果的问题,习近平总书记要求贫困地区"要把提高扶贫对象生活水平作为衡量政绩的主要考核指标"[①]。这表明,扶贫攻坚不在于"数字扶贫",不在于"被扶贫",而是要以是否切实改善扶贫对象生活水平为标准,要以扶贫对象的主观满意度和获得感为标准。扶贫对象是否已脱贫、是否不返贫、是否对扶贫工作满意、是否对脱贫效果满意,是扶贫工作的重要指向。而这一指向又责任到人,与扶贫干部的评优评先挂钩,与绩效考核挂钩,与干部使用挂钩。引导干部创新扶贫的新思路、新方法、新举措,动真格解决处理不作为、不善为、慢作为、乱作为行为,完善干部考核管理机制,与监督机制、问责机制形成"组合拳",拳拳中的,倒逼干部形成扶贫大担当意识。此外,扶贫工作的绩效考核还引入以高校、科研院所为主体的第三方评估监督机制。通过第三方主体的抽样调查、入户访问,听于民声、入乎民心、适乎民愿来健全扶贫政绩考核指标体系,助力精准识贫、科学治贫、持续减贫目标的实现。

二、 扶贫开发重要论述的协调特质

习近平关于扶贫开发的重要论述蕴含协调特质,区域协作扶贫是推动区域协调发展、协同发展、共同发展的战略需要,是实现先富带后富、最终实现共同富裕的重要举措;内外合力扶贫是广泛动员全社会力量,合力推进脱贫攻坚,打赢脱贫攻坚战的关键所在。

---

① 《习近平精准扶贫重要论述》,人民论坛网,2017-08-21. http://www.rmlt.com.cn/2017/0821/491115.shtml.

(一) 区域空间协调：实施区域协作扶贫

改革开放之后，国内长期优先开发开放沿海沿边城市，使得中西部地区在集中贫困的同时，与东部地区的发展差距还在日益扩大。区域间的发展不平衡、不协调造成中西部地区的劳动力、资金、资源等发展要素大量向东部沿海地区集中，高素质劳动力和优质资源的大量外流使中西部地区的经济起飞更为艰难。在我国的国民经济系统中，东部地区与中西部地区紧密地联接在一起，区域发展不平衡问题与区域贫困问题紧密地联接在一起。正如习近平总书记指出的，"东西部扶贫协作和对口支援，是推动区域协调发展、协同发展、共同发展的大战略……是实现先富帮后富、最终实现共同富裕目标的大举措"①。这一思想是对邓小平同志提到的"两个大局"战略的升华深化，是在更高水平上实现东部地区开放外向型发展的重大举措，其在更高要求上支持和帮助中西部地区激活后发潜质，迎头追赶发展大势。

(二) 内外动力协调：激发内生外生动力

扶贫先扶志，扶贫既需要国家、社会的"合力"，更要调动扶贫对象的主观能动性，形成内外动力、双管齐下的联动机制。一方面，打赢脱贫攻坚战，加强贫困地区的外部支持是脱贫致富的外在要求。应通过加大村级道路、水利、电力、宽带服务覆盖面来破除发展瓶颈桎梏，通过发展当地特色产业、依托"互联网＋电商扶贫"新业态来促进贫困农民创业就业，通过加快农村危房改造和乡镇环境整治来建设美丽生态乡村，通过加强义务教育和职业指导以提升劳动力素质和业务能力。另一方面，全部脱贫的内源动力是贫困群众的自身参与。对此，习近平总书记提出内源扶贫的相关论断，"贫困地区发展要靠内生动力，如果凭空救济出一个新村，简单改变村容村貌，内在活力不行，劳动力不能回流，没有经济上的持续来源，这个地方下一步发展还是有问题"(习近平，1992：89)。显然，激发扶贫内生动力，需要在思想引导上下气力。要把思想引导作为扶贫攻坚的先导性工作贯彻落实，进一步解放思想、提高觉悟。叠加和综合多种扶贫手段，加强贫困群众的主体意识和参与能力建设，在提高贫困群众参与经济发展能力的同时，增强其竞争参与意识、主体意识和文

---

① 《习近平主持召开东西部扶贫协作座谈会并发表重要讲话》，人民日报，2016-07-22。

化自觉。通过激发扶贫内生外生双动力,强化自觉参与式扶贫,使贫困群众真正成为摆脱自身贫困的主体。

三、 扶贫开发重要论述的绿色特质

习近平关于扶贫开发的重要论述蕴含绿色特质。习近平总书记指出,要正确处理好经济发展同生态环境保护的关系,牢固树立保护生态环境就是保护生产力,改善生态环境就是发展生产力的理念。绿色发展理念是习近平治国理政思想的重要内容之一,也是脱贫攻坚的方向指引。要坚持绿色高质量标准,贯彻绿色发展理念,践行"绿水青山就是金山银山"理念,将精准扶贫与生态保护结合起来,坚守发展和生态这两条底线,统筹经济效益、社会效益和生态效益,从而在贫困地区探索出一条脱贫攻坚和生态保护的"双赢"之路。

(一) 扶贫要坚持绿色高质量标准

顺应当今世界的发展主题,世界各国工业化势头迅猛,但显著经济成就的背后却是自然生态环境的恶化,人们对地球资源的大肆攫取和肆意剥夺使得地球生态环境愈发脆弱,气候变暖、荒漠化、水土流失等是生态危机的严重警告。工业化的下一篇是什么?显然先发展生产后综合治理的模式已不可行,发展绿色经济被提上重大议程。在此紧要关头,习近平总书记指出:"绿水青山就是金山银山"(习近平,2015:11)。我们不能单单为了留住"绿水青山",而穿越回"食不果腹、衣未蔽体"的农耕社会;也不能纯粹追逐"金山银山",而吞下肆意破坏自然引发的生态恶果。"两山理论"是对生态文明建设的浓缩归纳,也是对可持续发展理念的最好遵循,为贫困地区破解生态难题提供了崭新思路。由此,精准扶贫的顶层设计将绿色发展理念贯穿到精准扶贫的各方面和全过程,实现了精准扶贫与绿色发展的良性互动。一方面,应在顶层规划中纳入绿色发展因子,选好绿色扶贫的实施目标。例如,升级农业生态旅游精品项目,体味当地风情民俗,推动特色民宿建设再加速,让农村成为城市的后花园,结合现有资源打造生态休闲区景观设计,发挥良性互动效应。按照"两山理论"推行生态建设工程,精准审核扶贫项目是否契合绿色发展趋向,是否满足环保标准。另一方面,以绿色发展理念为目标导向,在总目标引领下划定重

要步骤，推进绿色扶贫常态化。

（二）扶贫要贯彻绿色发展理念

坚持"尊重自然、顺应自然、保护自然"的理念，是我们党对人与自然关系的新认识，是对过去粗放型发展方式的超越，是对未来中国经济发展方向的指引。然而，贫困地区由于区域交通不便、发展条件薄弱、信息闭塞不畅，以往常常只能引进一些高耗能、高污染、高排放的企业。西方发展经济学理论中有"污染天堂"一说，意即贫困地区往往降低环境标准来追求脱贫发展。习近平同志坚决否定这种发展方式，在他任浙江省委书记时，就妥善地解决了2005年浙江省东阳县画溪村农民将11家污染企业强行赶走的环境事件，对贫困地区的"黑色"GDP表明了态度。不仅如此，他还大力倡导贫困地区发展生态农业、生态加工业、生态旅游业，鼓励贫困地区将生态优势转化为经济优势、市场优势，将"绿水青山"变成"金山银山"。2016年习近平总书记在黑龙江伊春考察时反复指出，"生态就是资源、生态就是生产力"。贫困地区应利用生态资源的稀缺性，全面推行适合当地发展的高效益生态农业，推进"互联网＋电商扶贫"新战略，以流量转化突破地理条件限制。这既可以将原生态农产品卖出大山，又可以和城市人群消费需求精准对接，满足城市人群对食品安全的心理需求；既可以保护和改善农村生态环境，又可以得到市场回报，带动扶贫对象就地解决就业。

四、扶贫开发重要论述的开放特质

习近平关于扶贫开发的重要论述蕴含开放特质，注重解决发展内外联动问题。在新时代新形势下，面对脱贫攻坚中最难啃的"硬骨头"，必须凝聚起强大的扶贫工作合力，贯通区域内外，坚持域内外"双向开放"式扶贫，统筹政府、市场和社会等多方力量，构建大扶贫开发格局，这是巩固脱贫攻坚成果的正确选择，也是我国实现整体性脱贫的必然要求。

（一）贯通区域内外：坚持"双向开放"式扶贫

将开放发展理念贯穿到扶贫工作的各方面和全过程，实现精准扶贫与开放发展的良性互动，在顶层设计的层面上梳理开放式扶贫路径至关重要。开放式扶贫就是要充分发挥域内外两种资源和两个市场的作用，"广泛动员社会力量扶危济困"，形成内外互动、多方齐力、奋力脱贫的新阵势。习近平同志在《摆脱贫困》一书中提到，闽东畲族地区的发展要走出一条"双向开放""双向开发"的新路子（张岩，王小志，2016）。首先，要加强贫困地区的区内联系和区内交流，大力修建道路、通信等基础设施，打破经济孤岛、生活孤岛、信息孤岛，打通贫困地区的内部"筋脉"，让贫困地区自身能形成一个经济社会有机体。其次，要加强贫困地区与周边地区，特别是东部沿海地区的联系，推动贫困地区参与到本省乃至东部沿海地区的经济大循环之中，并从中分享经济回报、引进资金技术、提高人的能力，从我国经济的高速发展中分享更多经济成果。最后，应加强与国外的交流，既要获取国外反贫困的先进经验和可行做法，又要利用生态优势、文化特色，参与国际市场竞争，使贫困地区摆脱单一、闭塞的经济困境，促进商品经济发展。这是习近平总书记为贫困地区脱贫发展所开的一剂良方。

（二）统筹多方力量：构建大扶贫开发格局

习近平总书记多次强调："要坚持专项扶贫、行业扶贫、社会扶贫等多方力量、多种举措有机结合和互为支撑的'三位一体'大扶贫格局，健全东西部协作、党政机关定点扶贫机制，广泛调动社会各界参与扶贫开发积极性。"[①]在这里，习近平总书记明确了扶贫开发的中坚力量是党政机关，这既是由社会主义本质与中国共产党的根本属性所决定的，也是由政府所具有的收入分配职能所决定的。党在扶贫开发中郑重承诺，"确保贫困人口如期脱贫"。普通党员干部深入扶贫工作一线，与扶贫对象定点结对帮扶，发挥了扶贫带头人的核心作用。在党和政府的带领下，社会各界踊跃响应扶贫号召，助力脱贫发展。以国有大型企业为首，各类国有资本、非公有资本大量投资贫困地区，参与扶贫产业项目、基础设施项目、住房项目等建设，为贫困村、贫困户捐资捐物，提供创业小额贷款融资和大量就业岗位。高校、科研单位、医院向贫困地区提供智力扶贫和健康扶贫，帮助贫困地区改善农业生产技术和生产条件，提高医疗服务水平和扶贫对象健康水平，加强互联网信息技术和移动通信技术普及。各

[①] 《中共中央国务院关于打赢脱贫攻坚战的决定》，人民日报，2015-12-8（1）.

类社会组织依法向贫困地区提供各类扶贫公益服务,有效地弥补了贫困地区基本公共服务能力不足的"短板"。

五、 扶贫开发重要论述的共享特质

习近平关于扶贫开发的重要论述蕴含共享特质,扶贫开发是打通全面小康"最后一公里"的关键举措,要进一步挖潜力、补短板,牢牢守住减贫底线,确保全面小康路上不漏一户、不落一人,使全体人民特别是贫困地区人民在共建共享发展中有更多获得感,朝着共同富裕目标稳步前进。在推动自身减贫进程的同时,我们应向广大发展中国家分享减贫经验,提供积极帮助,为全球减贫事业提供中国智慧和中国方案,为实现 2030 年可持续发展议程中的减贫目标做出贡献。

(一) 对内共享发展成果

扶贫开发的近期目标是到 2020 年全面建成小康社会,远期目标是实现共同富裕,让全体人民共享发展成果。对此,习近平总书记多次强调:"消除贫困、改善民生、实现共同富裕,是社会主义的本质要求,是我们党的重要使命。"① 《关于打赢脱贫攻坚战的决定》也提出,"打赢脱贫攻坚战,是促进全体人民共享改革发展成果、实现共同富裕的重大举措,是体现中国特色社会主义制度优越性的重要标志……"② 共享发展成果,关键是"谁来共享""怎么共享""共享什么"。习近平总书记以精准扶贫的理念和方略科学回答了这一问题。通过精细筛查,他将需要扶贫、尚未共享发展成果的贫困对象找出来、锁定住,不脱贫不放手;他坚持目标导向、精准施策,通过中央和省两级财政资金支持、对口援助转移支付、企业直接投资、社会组织援助、社会保障兜底等多种方式,为贫困对象脱贫致富、共享成果建立了一张有效的安全网、保障网;他让贫困对象分享就业与收入增长的机会,分享就医、出行与通讯的便利,分享居住条件的改善,分享社会保障的福利,等等。通过共享发展成果,

---

① 中共中央国务院关于打赢脱贫攻坚战的决定,人民日报,2015-12-8 (1).
② 中共中央国务院关于打赢脱贫攻坚战的决定,人民日报,2015-12-8 (1).

他树立了贫困对象"我要发展"的观念,提升了贫困对象脱贫致富的信心,增强了贫困对象对社会主义制度和国家政策的认同。

(二) 对外共享中国扶贫经验

贫困是世界共有难题,消除贫困事关国家兴衰与人类的可持续发展。"中国在全球减贫方面起到了火车头的作用。"① 30 年来我国成功实现了减少全国七亿多贫困人口的可喜成绩,中国的减贫成就受到世界各国的瞩目,如何将中国的减贫经验引入到其他国家,特别是亚洲、非洲、拉美等地的发展中国家,让世界上更多的人口摆脱贫困、实现发展,是近年来全球反贫困事业的一个重要议题。2015 年,减贫与发展高层论坛在北京举行。论坛上习近平总书记推介了我国特色的扶贫道路、精准扶贫的战略理念,并向世界各国呼吁"为共建一个没有贫困、共同发展的人类命运共同体而不懈奋斗"②。这是世界舞台上首次发出的各国携起手来,实现平等、富裕的人类未来的倡议。习近平总书记的讲话为发展中国家脱贫致富和全球贫困治理提供了中国方案,展现了中国作为世界大国和"南方"国家的责任担当。不仅如此,共享中国扶贫经验不止于口头上,不限制在协议里,而是实实在在地表现在行动中。自"一带一路"倡议提出以来,丝路投资基金、亚洲基础设施投资银行等机构纷纷建立,通过在非洲和拉美投资制造业、援建基础设施,通过向东南亚贷款修建基础设施等多种措施,我国帮助非洲、拉美、亚洲等地的国家走上经济腾飞的道路,从而将中国的减贫事业推向全球。

参考文献:

邓小平,1993. 邓小平文选(第 3 卷)[M]. 北京:人民出版社.
皮凯蒂,2014. 21 世纪资本论[M]. 巴曙松,陈剑,余江,等译. 北京:中信出版社.
唐任伍,2015. 习近平精准扶贫思想阐释[J]. 人民论坛(30):28—30.
王晓霞,2014. 论道内生动力[J]. 中国扶贫(13):12—13.
习近平,1992. 摆脱贫困[M]. 福州:福建人民出版社.

---

① 《千年发展目标报告(2015)》,联合国 http://www.cn.undp.org/content/china/zh/home/library/mdg/mdg-report-2015.html,2015-7-7.
② 转引自《为没有贫困的人类命运共同体不懈奋斗——评习近平主席在 2015 年减贫与发展高层论坛的主旨演讲》,新华网,http://www.xinhuanet.com/politics/2015-10/16/c-128327265.htm,2015-10-16.

习近平，2015. 携手消除贫困　促进共同发展——在 2015 减贫与发展高层论坛的主旨演讲 [M]. 北京：人民出版社.

张岩，王小志，2016. 农村贫困地区实施电商扶贫的模式及对策研究 [J]. 农业经济 (10)：58-59.

习近平关于精准扶贫重要论述彰显的中国特色社会主义政治经济学理论特色[①]

杜黎明

摘　要：习近平关于精准扶贫重要论述从扶贫要求、脱贫标准、扶贫工作机制、扶贫格局等方面，明确了新时代打赢扶贫攻坚战的行动纲领和行为准则。习近平关于精准扶贫重要论述直观生动地体现了中国特色社会主义政治经济学超越西方经济学的三大理论特色：一是超越理性经济人假设的以人民为中心，二是超越两极分化的共同富裕，三是超越"政府－市场"二元对立的二元协同。

关键词：精准扶贫；新时代；中国特色社会主义政治经济学

精准扶贫重要论述是习近平新时代中国特色社会主义经济思想的重要组成部分，是新时代打赢扶贫攻坚战的行动纲领和行为准则。习近平总书记既明确提出精准扶贫"六个精准"的基本要求，也具体指出精准扶贫"五个一批"的脱贫路径，还明确了"两不愁三保障"脱贫标准，并具体设计了精准扶贫"两真三坚持"的工作机制。精准扶贫是复杂的系统工程。习近平总书记强调，精准扶贫要精细化管理、精确化配置、精准化扶持，坚持扶贫和扶志、扶智相结合，形成专项扶贫、行业扶贫、社会扶贫"三位一体"大扶贫格局。习近平关

[①] 作者简介：杜黎明，四川大学马克思主义学院，教授，研究方向为马克思主义基本原理、中国特色社会主义政治经济学。

于精准扶贫重要论述，直观生动地体现了中国特色社会主义政治经济学超越西方经济学的三大理论特色：一是超越理性经济人假设的以人民为中心，二是超越两极分化的共同富裕，三是超越"政府－市场"二元对立的二元协同。

一、精准扶贫重要论述彰显以人民为中心的理论特色

理性经济人追求利润最大化、成本最小化，这是西方市场经济学的理论特色。这为生产资料私有条件下的劳资对立、两极分化披上了一层合理的外衣，因此资本主义制度必然是以资本为中心的制度。不管资本主义制度有多么精美的自由、平等、民主的外包装，市场竞争、资本运动自然驱使以资本为中心的现实表现为以少数资本家为中心。资本主义制度下，生产资料所有者和自由得一无所有的劳动者同为"理性经济人"，在二者平等交换、自由参与经济活动的表象背后，是生产资料所有者凭借对生产资料"物"的占有，进而占有和掌控"人"与"物"结合的劳动过程以及劳动成果分配；生产资料所有者巨额获利和劳动者被剥夺形成鲜明的对比。中国特色社会主义坚持生产资料公有制为主体，劳动者同时也是生产资料所有者；中国特色社会主义经济学坚持以人民为中心的理论特色，致力探索让人民群众既在经济发展进程中获得自我发展的机会，又能够公平共享经济发展成果的内在规律和实现形式。中国共产党人的初心和使命就是为中国人民谋幸福，为中华民族谋复兴，人民立场是中国共产党的根本政治立场；以人民为中心，是党治国理政的出发点和落脚点。基于对贯彻落实全心全意为人民服务立党宗旨的实践经验的总结，党的十九大把坚持以人民为中心作为新时代坚持和发展中国特色社会主义的基本原则和重要内容，为体现和彰显以人民为中心的理论特色提供了全方位的制度保障。

以人民为中心，是以人民的总体利益、根本利益、长远利益为中心。以人民为中心，必然要摒弃"理性经济人"自私自利的追求，把分散的人民群众个体组织团结成一个有机整体。以人民为中心，必然要关注和回应占人口绝大多数的民众个体的利益诉求，但绝不是对个体利益诉求进行简单汇总。我国虽然消除了导致生产资料所有者和劳动者尖锐对立的制度性根源，但优胜劣汰的市场竞争、发展基础和发展条件的先天性欠缺、自身发展能力的不足依然会导致贫困现象的发生，坚持"理性经济人"的追求成本最小化和利润最大化的行为

决策原则，绝不可能根除贫困。以人民为中心，一方面要把人民群众的共同意愿和普遍诉求体现和融合到治国理政的一般性战略设计和政策安排中，另一方面要用特殊的战略设计和政策安排关爱社会弱势群体。习近平对困难群众的特别挂念，彰显了精准扶贫思想以人民为中心的特征。经济社会的发展绝不可能滋生、孕育出自动消除贫困的机制，减贫是一个世界性的难题。习近平同志心系人民群众，以党的总书记身份首次与中外记者见面时就强调，"人民对美好生活的向往就是我们的奋斗目标"，他始终"最牵挂的还是困难群众"；精准扶贫，正是保障人口占比很小的困难群众奔小康的特殊战略安排。以人民为中心，就要让人民群众能够拥有梦想成真、人生出彩的机会，让人民群众既有追求自我发展的实践机会，又要能够满足日益增长的美好生活需要。习近平精准扶贫思想一方面采用底线思维，提出不愁吃、不愁穿，保障义务教育、基本医疗、住房安全的"脱贫标准"，要求以不能突破的底线，把困难群众必须达到的生活水平明确下来。另一方面，为了确保困难群众在自我努力、自我奋斗中脱贫，习近平精准扶贫思想强调将扶贫与扶志、扶智相结合，积极创造条件，使困难群众在不断提高自我发展能力的过程中脱贫。以人民为中心，必须考虑人民群众在发展能力、发展条件、发展诉求等方面的个体差异。针对不同地区贫困人口脱贫的自然地理条件、经济社会发展基础差异突出的现实，习近平精准扶贫思想强调因地制宜、因人施策的脱贫路径和脱贫方式，明确提出体现"精细化管理、精确化配置、精准化扶持"特征的"五个一批工程"：发展生产脱贫一批、异地搬迁脱贫一批、生态补偿脱贫一批、发展教育脱贫一批、社会保障兜底一批。

二、精准扶贫重要论述彰显共同富裕的理论特色

共同富裕是社会主义的本质要求，也是中国特色社会主义政治经济学的理论特色。共同富裕有两大直观表现，一是全体社会成员富裕程度逐渐提高，群众个体拥有的财富随着社会总体财富增长而增长；二是社会弱势群体分配优先，财富占有较其他社会成员更快增长。社会保障、社会救济对保障困难群众、社会弱势群体基本生活条件、一定的生活水平有着不可忽视的积极意义，但社会保障、社会救济对缩小社会弱势群体、困难群众与普通群众之间的富裕

程度的差距的功效甚微,更别指望其能缩小低收入群体与高收入群体在财富拥有、富裕程度上的差距了。单纯依靠社会保障和社会救济,仅借助社会财富再分配,不可能实现共同富裕。共同富裕包含共同致富、劳动致富的要义,强调贫困人口在较其他社会成员更快的自我发展、更快的财富创造能力提升中缩小财富占有的差距。

实现共同富裕必须遏制导致两极分化的源动力。两极分化是生产资料私有的制度条件、"理性经济人"的成本最小化利润最大化行为选择和优胜劣汰的市场竞争综合作用的必然结果。生产资料私人所有者作为一个"理性经济人",为了避免市场竞争失败而淘汰出局的命运,具有尽可能压低劳动力商品价值以最大可能地追求剩余价值的内在冲动,劳动者和生产资料所有者在社会财富占有上的两极分化不可避免。实现共同富裕,一方面必须坚持和完善基本经济制度,巩固生产资料公有制的主体地位,使劳动者在凭借劳动力商品使用权转让参与社会财富分配的同时,还能以生产资料所有者的身份参与社会财富分配,以消除两极分化的制度性根源。另一方面,应采用专门的战略设计和政策安排,使低收入群众、社会弱势群体较普通民众有更多的创造财富的条件和机会,使其富裕程度得以更快的增长。

精准扶贫保障困难群众有更多的机会、更好的条件致富,彰显了共同富裕的理论特色。发展不平衡,城市、农村还存在部分困难群众,是实现共同富裕的最大短板制约。以习近平同志为核心的党中央谋划筹备脱贫攻坚战,部署指挥精准扶贫,把共同富裕的理论特色书写在全面建成小康社会、实现中华民族伟大复兴的实际行动中。精准扶贫一方面既强调扶志,又强调扶智,力图通过缩小困难群众、社会弱势群体与普通群众、社会精英之间的发展能力的差距,另一方面又通过专门的制度安排、特殊的政策支持,通过铸就专项扶贫、行业扶贫、社会扶贫"三位一体"的大扶贫格局,使困难群众、社会弱势群体获得比其他群众更多的发展机会,有更快的收入增长率。

三、精准扶贫重要论述彰显"政府-市场"二元协同理论特色

西方经济学认为,经济社会的发展中,政府和市场分别代表两种机制、两类主体。政府是消耗公共资源、遵从目标导向的主体,以政治动员、行政命令

的方式配置资源；市场是消耗私人资源、遵从盈利导向的主体，以自愿交换的方式配置资源。从亚当·斯密的市场万能的观点和守夜人政府论扬市场抑政府的观点，到凯恩斯主义国家干预论的扬政府抑市场观点，到新自由主义放松政府管制论的扬市场抑政府观点，再到2008国际金融危机后的政府干预，西方经济学总是将政府和市场看作两类不能兼容、此长彼消的机制和主体。无论是主张政府"守夜"以放任市场，还是政府弥补市场的不足，西方经济学的内在逻辑都是政府和市场作为两类独立主体，二者各安其分、各尽其责。

中国特色社会主义坚持政府和市场的协同。在改革开放的进程中，在不同发展阶段、不同时空条件下，我国对政府和市场的作用、功能的认识虽然存在差异，但在实践中始终坚持政府和市场协调的辩证思维。党的十八届三中全会强调市场在资源配置中起决定性作用和更好地发挥政府的作用，用市场在资源配置中决定性作用的发挥倒逼和检验政府职能改革，用政府更好地发挥作用为市场在资源配置中发挥决定性作用创造条件，这既是对我国改革开放中辩证对待政府和市场两种机制、两类主体实践经验的总结，也是对新时代有效市场和有为政府有机协同以实现两种机制、两类主体各展所长、优势叠加提出的更高要求。习近平总书记高度重视处理好政府和市场的关系，强调指出，发展社会主义市场经济，既要发挥市场作用，也要发挥政府作用，但市场作用和政府作用的职能是不同的；深化行政体制改革，重在明确哪些事应该由市场、社会、政府各自分担，哪些事应该由三者共同承担，他以简明扼要的方式，阐释了"政府－市场"二元协同的理论特色。

只有政府和市场协同发挥作用，才能使精准扶贫落到实处。切实解决好"扶持谁""谁来扶""怎么扶"的问题，精准施策才能出实招，精准推进才能下实功，精准落地才能见实效。政府引导、组织村民民主评议，并逐级上报、汇总贫困户和低保户，运用市场交易信息佐证、筛查扶贫对象，评估扶贫对象的贫困程度；透析扶贫对象参与市场交易的活动类型、内容、频率、频次，以识别致贫原因，精准定位"穷根"，明确扶贫靶向，有效集成了政府和市场的力量。坚持中央统筹、省负总责、市县抓落实的工作机制，党政一把手对精准扶贫负总责，专项扶贫、行业扶贫、社会扶贫三位一体协同推进，发达地区对口帮扶、东西部协作扶贫，党政机关、部队、人民团体、国有企业定点扶贫，把政府和市场协同的要求内化到对"谁来扶"的回答之中。坚持不低于"两不愁三保障"脱贫标准的底线思维，每一个贫困人口、困难家庭、困难户对位

"五个一批"工程,因时因地制宜、因人因户而异,精心选择发展生产、异地搬迁、生态补偿、发展教育、社会保障兜底的具体脱贫路径,把政府和市场协同的要求写在"怎么扶"的答卷上。

中国特色社会主义政治经济学是马克思主义政治经济学基本理论与中国具体实践相结合的最新理论成果,是当代中国马克思主义政治经济学的集中体现。中国特色社会主义政治经济学必须善于从中国改革实践中提炼理论范畴、总结理论观点,以讲好中国故事,揭示中国经济之谜。精准扶贫就是根植于中国实践的理论范畴,习近平精准扶贫思想就是反贫困理论的最新发展。

参考文献:

习近平,2017. 决胜全面建成小康社会 夺取新时代中国特色社会主义伟大胜利——在中国共产党第十九次全国代表大会上的报告[M]. 北京:人民出版社.
习近平,2014. 习近平谈治国理政(第1卷)[M]. 北京:外文出版社.
习近平,2017. 习近平谈治国理政(第2卷)[M]. 北京:外文出版社.

习近平关于党建引领脱贫攻坚重要论述的鲜明特色[①]

张仁枫

摘　要：习近平关于党建引领脱贫攻坚的重要论述具有与时俱进的理论品质和鲜明特征，彰显了新时代社会主义制度新的活力：一是基层党建与扶贫开发深度融合；二是以党建激活全社会资源，构建党内外扶贫新模式；三是完善基层治理配套，加强党建引领脱贫攻坚的顶层设计；四是以提升党组织力战斗力为重点，推动建设基层党建伟大工程；五是凸显党建引领的政治作用精准扶贫，促进党的政治优势转化为贫困治理效能。

关键词：新时代；党建引领脱贫攻坚；精准扶贫；全面建成小康

党建引领脱贫攻坚是中国特色社会主义制度下特有的一种扶贫开发模式，指以政党的意志主导的组织资源、人力资源配置组合的贫困治理实践过程，通常以"定点帮扶、一村一大、第一书记、扶贫工作队"等形式呈现。党建引领脱贫攻坚具有方向准、见效快、范围广、影响深等显著特征，体现了社会主

---

① 基金项目：国家社科基金项目"国有企业党委（党组）领导作用的实现方式和保障机制研究"（18CDJ015）、四川新农村乡风文明建设研究中心课题"健康老龄化背景下农村老年人健康生活方式研究"（SCXF2018-30）的阶段性研究成果。本文荣获由四川省脱贫攻坚领导小组办公室组织的"习近平总书记关于扶贫工作重要论述"征文活动一等奖。

作者简介：张仁枫，四川大学马克思主义学院，讲师，四川大学公共管理学院在站博士后，研究方向为党的建设、基层治理。

集中力量办大事的制度优势。

党的十八大以来，以习近平同志为核心的党中央以大手笔、大气魄构建大党建体系，科学回答了"如何通过精准扶贫实现全体人民共同富裕"这一重大命题，创造性地推动了中国特色社会主义扶贫新局面的形成，积累了许多具有可操作性、科学性的扶贫思想，真正激发了党建引领的巨大优势，将扶贫开发工作推向新高度。习近平关于党建引领脱贫攻坚的重要论述具有与时俱进的理论品质和鲜明特征，彰显了新时代社会主义中国特色思想的政治伟力和中国特色社会主义制度的独特优势。

一、基层党建与扶贫开发深度融合，避免党建与业务"两张皮"

"党政军民学，东西南北中，党是领导一切的。"历史和实践充分证明，中国共产党是组织和动员全社会物质资源与战略资源的有效主导力量，是发挥社会主义制度优势的坚强领导。基层是党的执政之基、力量之源。只有基层党组织坚强有力，党员发挥应有作用，党的根基才能牢固，党才能有战斗力。正如习近平所强调的，"农村要发展，农民要致富，关键靠支部"。从长远来看，"帮钱帮物，不如帮助建个好支部"。党建与脱贫攻坚工作的结合不仅可以通过党建体现社会主义的优越性和制度优势，实现扶贫效率最大化，而且还可以锻造基层党组织，巩固党的执政基础。

党建引领脱贫攻坚倡导党建与扶贫工作深度融合，避免党建工作虚化、弱化、淡化以及党建和业务"两张皮"的现象。只有真正把党的建设当成基层扶贫的重要组成部分，把扶贫开发当成党建的重大职责，才能切实消除长期累积的顽疾和病灶，才能如期实现党中央部署的战略目标。2012年，习近平在河北省阜平县考察扶贫开发工作时强调："要原原本本把党的政策落实好，大家拧成一股绳，心往一处想，汗往一处流，一定要想方设法尽快让乡亲们过上好日子。"此外，习近平还非常注重把扶贫同扶志、扶智结合起来，提高贫困地区和贫困群众的自我发展能力和脱贫致富内在动力，提出要引导贫困群众树立"宁愿苦干、不愿苦熬"的观念，改变"靠着墙根晒太阳，等着别人送小康"的观念，使其通过自力更生、艰苦奋斗实现脱贫致富。

脱贫攻坚贵在精准，重在精准。习近平告诫各级党员干部和党组织，要在精准施策上出实招，在精准推进上下实功，在精准落地上见实效。解决好"扶持谁"的问题，确保把真正的贫困人口弄清楚，把贫困程度、致贫原因等搞清楚，找对"穷根"，明确靶向，做到扶真贫、真扶贫，做到因户施策、因人施策。越是进行脱贫攻坚战，越是要加强和改善党的领导。各级党委和政府必须坚定信心、勇于担当，把脱贫职责扛在肩上，把脱贫任务抓在手上。特别是脱贫攻坚任务重的地区党委和政府，要把脱贫攻坚作为第一民生工程来抓。层层签订脱贫攻坚责任书、立下军令状，层层压实责任，级级传导压力。把脱贫攻坚实绩作为选拔任用干部的重要依据，在脱贫攻坚第一线考察识别干部，激励各级干部到脱贫攻坚战场上大显身手。

二、以党建激活全社会资源，构建多元参与的贫困治理新模式

内生动力是扶贫脱贫的根本，激发贫困人口脱贫致富的内生动力是建立扶贫长效机制的关键。习近平多次强调贫困群众既是脱贫攻坚的对象，更是脱贫致富的主体，并从自身的扶贫经历强调贫困群众改变"等、靠、要"等落后思想，要有"笨鸟先飞"的意识和行动。基层党组织要注重对贫困群众的思想引导和组织动员，积极调动群众的积极性、主动性、创造性，变"要我发展"为"我要发展"，注重培育贫困群众发展生产和务工经商的基本技能，注重激发贫困地区和贫困群众自我发展能力。教育和引导广大群众树立和践行勤俭持家、尊老爱幼、劳动致富等优良品行，实现扶贫与扶志扶智相结合，发挥内生动力脱贫的重要作用。

针对当前群众脱贫致富内生动力不足等问题，习近平认为其产生原因主要是激发内生动力的制度安排较为薄弱、基础设施匮乏的现状亟须改变、贫困人口自身发展能力需要提升等几方面因素。决战脱贫攻坚，要着眼于贫困地区、贫困人口长远、可持续发展，着重围绕激发内生动力，打出"强""帮""转""扶""合"一套组合拳，充分调动贫困群众的积极性和主动性，构建可持续脱贫、可持续致富的长效机制。

有效激发了内生动力后，更为重要的是要加强脱贫致富的外部保障。基层党组织无疑是扶贫攻坚的战斗堡垒和先锋战士。要发挥基层党组织的先锋模范

作用，为群众的脱贫工作提供坚强保障和有利条件。实现精准脱贫是一项长期艰巨的政治任务，不能仅仅用单一的手段和方法解决，必须立足地方实际，找准脱贫的关键口和突破口，坚持实施"五个一批"工程，积极调动党内外一切积极因素和扶贫资源，用好教育、医疗、社会保障、生态建设等资源和方法实现有效脱贫。应加大党对扶贫工作的领导作用，引导社会资源有序有效对接扶贫需求，防范扶贫过程中的各种风险，发挥社会主义国家集中力量办大事的制度优势和组织优势。

在组织保障上，要坚持党的领导，密切联系党内外优势资源，坚持专项扶贫、行业扶贫、社会扶贫等多方力量、多种举措的有机结合和互为支撑的"三位一体"大扶贫格局。在财政资金方面，要发挥政府投入的主体和主导作用，发挥金融资金的引导和协同作用；要加大东部地区和中央单位对深度贫困地区的帮扶力度，强化帮扶责任，对东西部扶贫协作和对口支援、中央单位定点帮扶的对象在深度贫困地区的，要在资金、项目、人员方面增加力度。东部经济发达县结对帮扶西部贫困县的"携手奔小康行动"和民营企业的"万企帮万村行动"，都要向深度贫困地区倾斜。要通过多种形式，积极引导社会力量广泛参与深度贫困地区脱贫攻坚。

三、完善基层治理配套举措，加强党建引领脱贫攻坚的顶层设计

新时期的党建引领脱贫攻坚与建设社会主义现代化强国、实现中华民族伟大复兴的历史使命紧密联系，必须注重全面治理的顶层设计。为实现2020年全面建成小康社会，实现全体人民脱贫摘帽的战略目标，党中央相继提出建设美丽中国、实施乡村振兴、推动基层社会治理等举措，并与党建引领脱贫攻坚相配合，迸发出基层党组织引领精准扶贫、产业发展和社会建设的强大合力。

"绿水青山就是金山银山。"在全面推进精准扶贫的征程中，要摒弃唯GDP的发展观和政绩观，树立正确的扶贫观念，坚持"宁要绿水青山，不要金山银山"的思想。因此，建设生态文明与扶贫开发并行不悖，相得益彰。党的十九大报告将社会主义现代化强化的目标形容为富强、民主、文明、和谐与美丽，充分体现了建设生态文明的战略高度。推动社会主义生态文明建设，既

要在脱贫攻坚的过程中坚守农村生态底线，也要勇于和善于用生态文明建设的方法推动贫困治理，以基层党建工作推动生态补偿脱贫一批的战略目标的实现。应加大贫困地区生态保护修复力度，增加重点生态功能区转移支付，扩大政策实施范围，让有劳动能力的贫困人口就地转成护林员等生态保护人员。

党的建设是维护乡村振兴和乡村治理的重要保证。农村基层的可持续繁荣发展，光靠脱贫攻坚战是不能实现的。要从根本上保障脱贫摘帽后的可持续生计，党和政府还要为农村提供源源不断的活力，让农村能够自己造血。全面从严治党能够增强党在基层的执政能力，确保乡村的发展活力。2018年两会期间，习近平参加内蒙古自治区代表团审议时指出，"要把脱贫攻坚同实施乡村振兴战略有机结合起来，推动农牧区产业兴旺、生态宜居、乡风文明、治理有效、生活富裕，把广大农牧民的生活家园全面建设好"。脱贫攻坚与乡村振兴战略相辅相成，相互作用。脱贫攻坚是实施乡村振兴的必要条件，为乡村振兴扫除必要的障碍；乡村振兴是实现脱贫致富的有效途径和实现可持续发展的稳定器。习近平总书记在中央农村工作会议上强调，推进乡村振兴，必须打好精准脱贫攻坚战，走中国特色减贫之路；不断拓宽农民就业增收渠道，大力推进农业产业精准扶贫，打赢脱贫攻坚战，使广大农民衣食住行无忧，生老病死无患。

基层腐败和黑恶势力是长期影响乡村治理的重要隐患。基层腐败离群众更近，人民群众的感受更加直接，因此，治理基层腐败显得更加必要。党的十八大以来，以习近平同志为核心的党中央推动全面从严治党纵向深入，相继提出"打虎""拍蝇""猎狐"等重拳行动。习近平在十九届中央纪委二次全会上指出："'老虎'要露头就打，'苍蝇'乱飞也要拍。要推动全面从严治党向基层延伸，严厉整治发生在群众身边的腐败问题。要把扫黑除恶同反腐败结合起来，既抓涉黑组织，也抓后面的'保护伞'。"[①]一些黑恶势力与基层腐败勾结，不仅极大地影响了反腐败成果，还欺压百姓，鱼肉群众，严重污染了基层的执政生态和政治生态。为此，推动乡村治理走向健康可持续的发展道路，就要推动全面从严治党向基层延伸，严厉整治发生在群众身边的腐败问题，稳固党的执政基础和促进人民群众共同富裕的政治基础。

---

① 《全面贯彻落实党的十九大精神 以永远在路上的执着把从严治党引向深入》，人民日报，2018—01—12（001）.

四、以提升党组织组织力战斗力为重点，推动建设基层党建伟大工程

党的十九大报告明确提出："以提升组织力为重点，突出政治功能，把企业、农村、机关、学校、科研院所、街道社区、社会组织等基层党组织建设成为宣传党的主张、贯彻党的决定、领导基层治理、团结动员群众、推动改革发展的坚强战斗堡垒。"党的组织力战斗力是党调动社会资源、发动各方力量的核心要素，是检验党执政基础和执政能力的核心指标。党在任何时候都能抵御风险和战胜困难，靠的就是党强大的组织力。新时代推进党建引领脱贫攻坚，就需要充分调动一切社会扶贫力量和资源，集全党全国之力完成历史使命。

为此，党中央强调各级领导干部要增强政治意识、大局意识、核心意识、看齐意识等"四个意识"，强调用实际行动代替政治口号。各级党委和政府要坚决落实党中央决策部署，坚定不移做好脱贫攻坚工作。县级党委要把脱贫攻坚作为"十三五"期间必须完成的头等政治任务来抓，县级党委是全县脱贫攻坚的指挥部，县委书记是第一责任人，要统筹做好进度安排、项目落地、资金使用、人力调配、推进实施等工作。坚强党的组织力建设，关键在于人才的有效选拔和使用。新时代党建引领脱贫攻坚以来，中央和地方都增派不同层次的扶贫干部参与脱贫攻坚，尤其在基层选派了第一书记、驻村工作队、帮扶干部等力量。要把基层党建与脱贫攻坚有机结合起来，选好一把手、配备领导班子，积极发挥好基层党组织的战斗堡垒作用。

加强基层党员干部的思想教育是提升党组织力战斗力的有力武器。习近平总书记多次告诫党员干部，要多读书，多学习，多实践，把党建设成学习型的马克思主义政党；要推动大学习、大调研、大改进的优良作风，以基层党组织建设成效助推精准扶贫，推动大走访、阳光扶贫活动落在实处、取得实效。

五、凸显党建引领的政治作用，促进党的政治优势转化为贫困治理效能

从政党属性来看，中国共产党是马克思主义的执政党，其执政地位决定了其能够在基层治理中具有独特的功能和作用。党自身巨大的组织优势和领导优势是可以通过体制机制转化为强大的政治优势，为精准扶贫提供坚强的政治保证。党建引领脱贫攻坚正是发挥了党自身的政治优势，以党建凸显政治作用，推动了政治资源和政治优势转为乡村贫困治理实施。

精准扶贫是以政治动员为基本形式的政治任务，不仅彰显了中国特色社会主义的制度优势，更凸显了"党的领导"这一最大的政治优势和最本质特征。通过发挥党的政治优势实现政治赋能精准扶贫是习近平总书记对贫困治理的重大贡献。纵观精准扶贫发展脉络，习近平总书记把乡村贫困作为政治工作对待，提出了打赢脱贫攻坚战、促进人民共同富裕的一系列重大举措。2012年12月，习近平总书记在河北阜平县考察扶贫开发工作时强调，"全面建成小康社会，最艰巨最繁重的任务在农村，特别是在贫困地区"；"农村要发展，农民要致富，关键靠支部"（习近平，2015）。2013年4月9日，习近平总书记到博后村考察时感慨道，"小康不小康，关键看老乡"，这生动体现了以习近平同志为核心的党中央强大的政治勇气和深厚的政治智慧。

扶贫工作推进到哪里，党的组织就建到哪里，党的工作就开展到哪里。为充分发挥党组织的领导作用、党支部的战斗堡垒作用和党员先锋模范作用，党中央围绕着党建引领脱贫攻坚进行了周密的部署和顶层设计，制定了大量的配套政策。2013年习近平总书记在湖南湘西考察时，首次提出"精准扶贫"一词。而后，"中办、国办出台了12个配套文件，各部门出台173个政策文件或实施方案，各地也相继出台和完善1+N的脱贫攻坚系列文件，涉及脱贫攻坚各个方面"（黄永伟，袁泉，2018）。此外，针对乡村振兴和贫困治理等问题，党中央还专门制定了乡村振兴和农村党组织相关的制度文件，如2015年《中共中央、国务院关于打赢脱贫攻坚战役的决定》、2018年中央政治局审议通过的《乡村振兴战略规划（2018—2022年）》和《关于打赢脱贫攻坚战三年行动的指导意见》、2018年审议通过的修改后的《中国共产党农村基层组织工作条

例》和2019年审议通过的《中国共产党农村工作条例》等。这些不仅是党建＋精准扶贫的重要的制度支撑，更是乡村可持续发展和贫困治理的政治保障，其为精准扶贫任务完成后的乡村振兴和相对贫困问题提供了有章可循的政治资源。

参考文献：

黄承伟，袁泉，2018. 论中国脱贫攻坚的理论与实践创新［J］. 河海大学学报（哲学社会科学版）(2)：14－21.

孙兆霞，张建，毛刚强，2016. 贵州省党建扶贫的源起演进与历史贡献［J］. 贵州社会科学（2）：11－16.

习近平，2014. 习近平谈治国理政［M］. 北京：外文出版社.

习近平，2015. 习近平在河北省阜平县考察扶贫开发工作时的讲话，做焦裕禄式的县委书记［M］. 北京：中央文献出版社.

习近平，2017. 习近平谈治国理政（第2卷）［M］. 北京：外文出版社.

习近平，2018. 习近平新时代中国特色社会主义思想三十讲［M］. 北京：学习出版社.

巩固贫困地区精准脱贫的内生动力研究[①]

纪志耿 唐华琼 游 玲

摘 要：2020年是我国脱贫攻坚的收官之年，精准扶贫工作在取得巨大成就的同时，仍面临诸多亟待解决的问题，如相对贫困仍然存在，需要防止返贫，巩固贫困地区精准脱贫的成果，而贫困群众脱贫内生动力不足的问题已成为制约反贫困可持续性发展、消除相对贫困最突出的短板。本文通过研究大量文献、数据和案例，总结出部分群众的主体作用发挥不足、"等、靠、要"思想严重、攀比之风盛行、陈规陋习较多、家庭美德观念减弱、贫困意识快速传染、法纪观念淡薄等七个方面已成为贫困地区贫困群众脱贫内生动力不足的主要表现形态。在此基础上，笔者以"贫困文化理论—多维贫困理论—公共选择理论—小农行为理论"为研究框架探析了贫困地区贫困群众内生动力不足的理论基础，揭示出能力贫困、文化贫困、政策贫困、理性贫困是脱贫内生动力不足的形成机理，并最终按照"宣传教育—能力自生—正向激励—负向约束"的递进结构有针对性地提出了增强内生动力的长效实现机制。

关键词：精神短板；理论基础；形成机理；对策建议

2020年是全面决胜脱贫攻坚的关键年份，脱贫攻坚取得重大成就，但当前我国仍面临贫困群众内生动力不足的问题及"富了口袋、穷了脑袋"的挑

[①] 作者简介：纪志耿，四川大学马克思主义学院，教授，博士生导师，研究方向为马克思主义中国化，农村经济；唐华琼、游玲，四川大学马克思主义学院，硕士研究生，研究方向为马克思主义中国化。

战,防止返贫、解决相对贫困问题亟须建立稳定长效脱贫机制,其核心和关键在于进一步增强贫困群众的内生动力,从而进一步巩固脱贫攻坚成果。本文深入研究了贫困地区群众在巩固精准脱贫过程中内生动力不足的表现、成因、机理、机制,对助推国家乡村振兴战略、巩固脱贫攻坚成果、确保农村精准扶贫可持续性具有一定的实践价值和应用价值。

一、增强贫困群众内生动力的理论基础

要巩固脱贫攻坚成果,使贫困地区精准脱贫实现可持续性发展,就必须首先解决内生动力不足这一最为突出的问题。科学分析并准确把握贫困地区群众脱贫内生动力不足的相关理论基础,有助于我们在巩固脱贫攻坚成果的基础上,解决相对贫困的问题,实现脱贫攻坚与乡村振兴和全面建成小康社会的有机衔接。

(一) 贫困文化理论

贫困文化是指贫困阶层所具有的一种独特的生活方式,它主要是指长期生活在贫困之中的群众的行为方式、习惯风俗、生活态度、价值观等非物质形式,其特征是低志向、政治漠然、无助感、无组织性等(刘易斯,2004)。一方面,社会发展给贫困人口施加了无形的价值规范,而由于自身能力有限,他们在这种巨大的压力下无法获得所期望的成就,由此被迫接受挫折和失败。另一方面,相当一部分贫困人口更倾向于安于现状,不愿意接受任何由外界力量引起的改变。在中国,贫困文化主要体现为严重的挫败感和消极被动的生活态度,如安土重迁、听天由命、不患寡而患不均等。

习近平《在解决"两不愁三保障"突出问题座谈会上的讲话》指出,"要加强扶贫同扶志扶智相结合,让脱贫具有可持续的内生动力"[①]。因此,在决胜脱贫攻坚之后,我们应重视贫困文化问题,采取相应政策,积极予以消除,从而更好地满足贫困人口对于美好生活的向往和需要。

---

① 习近平.《在解决"两不愁三保障"突出问题座谈会上的讲话》,新华网,2019-08-15. http://www.xinhuanet.com/politics/leaders/2019-08/15/c_1124879967.htm.

(二) 多维贫困理论

阿马蒂亚·森的能力贫困理论认为,贫困起因于市场经济竞争中弱势群体因各种主观或客观能力不足而无法参与社会融合,在反贫困中,真正重要的是个人面临的"能力集"或"选择集",而不是他实际作出的选择(森,2001)。在我国,农村地区社会认知能力、经济发展能力、文化教育能力社会参与能力等的不足造成了贫困群众的内生动力不足,并影响了精准脱贫的可持续性发展。当前,我国绝对贫困问题已经得到彻底解决,相对贫困问题还将长期存在。在社会发展过程中必然会出现许多新问题,我们在面对这些贫困问题时,要科学运用多维贫困理论,尽可能从多种维度来考虑个体或家庭的实际情况,从而正确衡量贫困人口的贫困程度,这有助于更好地激发脱贫内生动力,解决相对贫困问题。

(三) 公共选择理论

公共选择理论通常被称作"公共选择",公共选择就是指人们提供什么样的公共物品、如何提供和分配公共物品,以及设立怎样的规则制度与之相适应的公共行为与过程。麻省理工学院经济学家阿比吉特·班纳吉和埃斯特·迪弗洛认为,"贫穷陷阱"主要是由错误的政策造成的,这些政策并非来自不良动机或是腐败现象,而仅仅是因为某些政策制定者脑中的世界模式是错误而产生的(班纳吉,迪弗洛,2013)。在我国,一些地方扶贫工作还是老办法、老路子,只是简单地给钱给物,对群众的思想发动、宣传教育、情感沟通不到位,导致贫困群众脱贫攻坚的内生动力不足,贫困地区的贫困人口难以实现真正意义上的脱贫而走出贫困的境地。基于分析公共选择理论,我们要激发脱贫内生动力,就必须从扶贫政策的制定环节、实施过程、评价机制等方面全方位地推进扶贫工作科学合理地向前发展。

(四) 小农行为理论

小农行为就是指小农在小富即安、缺乏自律、宗派亲族等思想行为观念的指引下所作出的个体行为。主要观点为理性小农理论与生存小农理论。其中,所谓理性小农理论是指在进行资源配置和生产要素投资时,农民会遵循市场经济原则,将生产要素的使用推向最高效率的均衡(舒尔茨,2006)。而生存小农理论则是指小农的偏好是追求生存最大化，其一切经济活动都以生存为目标，追求生存的最大化（恰亚诺夫，1996）。

实际上，"理性小农""生存小农"反映的都是农民在历史和文化约束条件下的最优策略，展现了农民的理性参与、退却或抗争的行为方式。在我国农村精准扶贫实践中，农民在攀比思想、平均思想、机会主义思想和"官动民不动"的观念下采取的抵制行为，在某种程度上是小农出于"生存理性"而自觉采取的一种生计策略。贫困地区的农户具有"理性小农"和"道义小农"的双重特征，这种行为特征在农民的精神文化生活、村庄选举、返乡创业等各个方面都有所表现。因此，党和国家要充分了解贫困人口的思想与动机，科学引导小农作出理性行为。

二、贫困群众内生动力不足的主要表现

通过对国家统计局以及湖南、云南、四川凉山州等地区公布的贫困数据进行整理分析，我们将贫困地区群众脱贫内生动力不足的主要表现划分为以下七种类型：部分群众主体作用发挥不足、"等、靠、要"思想严重、攀比之风盛行、陈规陋习较多、家庭美德观念减弱、贫困意识快速传染、法纪观念淡薄。

（一）部分群众的主体作用发挥不足

贫困群众的主体作用发挥不足主要表现为三个方面：第一，部分贫困群众受传统落后思想的影响，表现出了强烈的"听天由命"的宿命感与消极的人生态度，大部分贫困群众的人生追求就是能娶上媳妇或者"不饿死"，对于脱贫致富的积极性不高；第二，部分贫困群众虽有一定的脱贫条件、也有摆脱贫困的愿望，但他们对国家的扶贫政策了解不足，缺乏行动上的积极响应，对精准脱贫更多持观望态度。第三，存在"干部干、群众看""干部着急、群众不急"的现象。具体而言就是一些地方政府在扶贫中扮演着全能的主体作用，包办了一切的扶贫工作。如贫困户的识别和认定，由基层政府完成，而未参考群众的意见；产业项目扶贫的决策、实施均由政府决定安排，群众未参与整个过程等。

（二）部分群众的"等、靠、要"思想严重

"等、靠、要"思想在贫困群众中广泛存在，已经成为"精神短板"的重要表现。所谓"等"就是安于现状，不思进取，等政策、等项目、等落实；"靠"就是依赖心理，靠政府、靠媒体、靠推动；"要"就是坐享其成，要资金、要条件、要头衔。据有关实地调研反映，某贫困地区有78.66%的贫困群众都将"靠政府扶贫政策以多给农民补助"作为提高农民收入的主要途径（朱锦华，2010），这部分人赋闲在家，不积极参与政府推行的产业扶贫项目，而是在家坐等政府救济兜底，从而形成了"靠着墙根晒太阳，等着别人送小康"的局面，甚至，部分地区还出现了贫困群众借着国家扶贫政策对村基层组织任务的规定"倚穷卖穷"，以"你和上头签订了脱贫军令状，到期完不成任务，上面拿你开刀"来要挟村帮驻干部给予政策优惠。由于这种思想的存在，贫困人群没有从根本上打破贫困的思想禁锢，难以形成自主脱贫、自我发展的意识。

（三）部分群众的攀比之风盛行

"以穷为荣""争做贫困户"的现象在贫困地区盛行，这种现象在贫困户、村干部以及贫困县三个主体层面上都得到了充分展现。第一；从贫困群众自身来看，占小便宜心理和真贫困却未评上贫困户的两类贫困群众成为争当贫困户的主力军，他们往往采取将父母的户口单列、贿赂村干部，使用言语威胁、个人或多人闹事的不当方式来争取获得贫困户待遇。第二，从村干部层面来看，部分村干部将扶贫资源看作自己谋取私利或拉拢人脉的手段，将自己的家人、朋友或利益相关的关系户优先评为贫困户，由此，群众的不公平感增加，出现争当"贫困户"的现象。第三，从村、县的层面来看，部分县级或者村级干部的思想观念保守落后，存在"不争先进争后进"的思想，意图努力带领自己村或县评上"贫困村/县"，由此获得项目资金。

（四）部分群众中陈规陋习较多

现目前，我国农村地区受地域环境及传统习俗的影响，仍存在较多陈规陋习，这在很大程度上影响了贫困群众参与精准脱贫的积极性与主动性，不利于激发贫困群众的脱贫内生动力。农村地区的陈规陋习主要表现为：大操大办现

象普遍，尤其是有些农户在婚丧嫁娶之事上讲求排场排面，盲目攀比，出现了"一婚穷十年"的现象；部分地区封建迷信思想盛行，有的百姓不信科学，只信"鬼神"，生病不去医院而选择偏方或者听信神汉、巫婆的安排，遇到难题就选择求仙、问卜和算命，此外，他们还将自己的血汗钱大量投在了庙堂馆的修建上，却在生产、子女教育等支出上十分节俭、不愿投入。

（五）部分群众的家庭美德观念减弱

近年来，贫困地区部分群众的家庭美德观念逐渐减弱，其主要表现为：首先，大部分青年劳动力为了增加经济收入选择进城务工，导致部分农村地区出现了许多"空巢老人"和留守儿童，他们的生活长期得不到照顾。其次，老人的很多子女长期在外务工，几乎很少有时间回家照顾老人和儿童，家人之间的沟通与关心减少，久而久之亲情逐渐淡化，甚至出现了"弃老""啃老"现象。最后，部分子女受依赖思想的影响，为争夺更多的扶贫资源，而选择将老人单列为户，再把赡养老人的责任推给政府，以此增加评为"贫困户"可能性。

（六）部分群众中贫困意识快速传染蔓延

其一，贫困人口父母的文化教育层次较低，其子女的文化程度与之具有较强的同质性，并且贫困人口与其父母的职业同质性高达86%（祝建华，2016），贫困子女从小就树立了"长大了我要当一名贫困户"的"人生理想"；其二，部分群众长期怀有依赖思想，自认自己为贫困户，时刻想着依靠国家和政府的补助和救济来生存下去；其三，部分贫困人口以自己是贫困户而自豪，在生活中经常向自己的亲戚朋友炫耀贫困户不劳动也会得到许多物质救助，久而久之在这一群体中就会产生贫困意识并不断蔓延，这不仅导致贫困人口的脱贫主动性大大减弱，也使其他非贫困人口对精准扶贫政策产生消极反应。

（七）部分群众法纪观念淡薄

贫困地区部分群众法纪观念淡薄主要表现在：一方面，扶贫领域的基层干部由于缺少法治纪律观念，或只是一味追求"数字脱贫"的面子工程，或将国家和政府用来补助贫困户的钱财等物质利益占为己有，某些扶贫领域存在严重的贪腐现象。另一方面，对大多数贫困人口而言，只要自身利益没有被触及，他们中的大多数对于基层干部的贪腐现象就忍气吞声，并且由于部分贫困群众的法纪观念薄弱，即使大多数农村群众利益受到侵犯，他们也倾向于利用非正常途径——如非法游行示威、非法集体信访、非法大规模集会等来维权，以此助长了部分基层干部的贪腐行为。

三、贫困群众内生动力不足的形成机理

贫困地区群众内生动力不足是一种由主客观等多种因素共同作用导致的结果。其中主观因素是造成脱贫内生动力不足的首要因素，而主观因素的形成又是内外力综合作用的结果。因而，本文以"文化贫困—能力贫困—政策贫困—理性贫困"为分析框架系统而全面地揭示了贫困群众脱贫内生动力不足的形成机理，从而有层次地将形成原因划分为直接、间接、主观、客观因素。

(一) 直接原因：文化贫困

文化贫困是某一群体、家庭或个人在知识水平、教育程度、科学技术修养、思想道德素质、价值观念、主体性、心理素质、思维方式、行为趋势上落后于当代经济社会发展，从而影响到自身生存与发展的落后状态（钱宁，1999）。其对贫困群众脱贫内生动力不足的影响主要体现在三个方面，即既定的思维模式、陈旧的价值观和传统落后的行为方式。

首先，既定的思维模式导致贫困户的内生动力不足。俗话说，一方水土养一方人。现阶段，我国的贫困地区多分布于较为偏远的中西部地区，具有土地贫瘠、资源缺乏、环境封闭的特征。因此，贫困人口的思维特质即为对事物缺乏本质认识。此外，他们还因长期受因果论、天命论及社会歧视、施舍的影响，自我认同和社会认同感极低，这极大地削弱了贫困人口在改善生活上的积极性、主动性。其次，贫困人口陈旧的价值观导致其内生动力不足。贫困群众受小农生产的影响，形成了安于现状、悲观"认命"的消极价值观，最终产生了对脱贫致富的消极态度；浓厚的封闭排外观念使得贫困群众本能地排斥市场经济；薄弱的受教育意识导致贫困观念的代际传递。最后，传统落后的生活方式固化了消极落后的贫困观念。受自给自足的自然经济影响，贫困户商品意识缺乏，这使得他们与外界发展相脱节，缺乏从事和更新经济活动的动力。

(二) 间接原因：能力贫困

所谓能力贫困，是指贫困人口作为独立的经济个体，缺乏依靠自身因素能获取维持和提高生产以摆脱贫困、获得发展的能力。具体表现为经济—政治—社交能力—政治参与四个层面的贫困，这构成了贫困群众脱贫内生动力不足的间接原因。

首先，经济能力和社交能力层面的贫困致使贫困群众缺乏市场意识。第一，贫困群众的生产决策能力较低。据相关数据统计，贫困地区居民小学文化程度比率和文盲率均高于全国平均水平，这就决定了贫困农民掌握市场信息的能力不足，致使他们对于市场变化信号不敏感，无法有效预测前景，逃避市场经营活动。第二，贫困群众经营管理和风险承担能力较弱。贫困群众自身素质低且缺乏组织支持，他们的生产活动多呈现出分散的状态，易遭受自然灾害和市场波动的影响，收入不稳定，抵御风险的能力低，这严重影响农民参与市场发展的积极性。其次，政治参与层面与社会交往层面的能力贫困致使贫困群众缺乏社会融合的意识与能力。一方面，贫困群众政治参与能力较弱；因受教育程度低且受无主体意识等传统文化的影响，贫困群众的政治素养、主动性和自觉性较低，参与能力不足，这使得他们在政治参与中往往处于无奈与冷漠状态。第二，社会交往能力较弱。从其与乡村社区内、外部人员的交往来看，他们的交际范围狭窄，交往的人群结构单一，数量有限，且在与人交往中自尊心过强，从而造成他们社会认可度较低，且无法接受新信息，进一步造成了贫困意识的代际传递。

(三) 客观原因：政策贫困

贫穷陷阱某种程度上是由政策失灵和政策扭曲造成的。我国部分地区的精准脱贫工作还存在简单地给钱给物，对群众的思想发动、宣传教育、情感沟通不到位的问题，这些问题导致贫困群众脱贫攻坚的内生动力不足。

首先，政府主导的扶贫治理在某种程度上削弱了贫困群众的主体意识。我国扶贫的开展是国家以其强制力自上而下进行的，政府主导是精准脱贫的显著特征。在精准脱贫的过程中，从贫困户的识别到扶贫效果的考核，都由政府大包大揽，缺乏贫困群众的参与。有实地调查数据显示，"在扶贫项目内容或对象确定前，73.13%的农户没有机会参与讨论、提出建议或意见。在扶贫项目的实施过程中,79.83%的农户没有机会参加扶贫项目组织实施方式的讨论"(徐勇,邓大才,2015),某些地区政府严重忽视了贫困群众在实现精准扶贫中的主体性作用,造成扶贫政策的积极性与扶贫对象的参与度难以匹配等问题(李武装,2017)。其次,重物质扶贫轻精神扶贫,造成贫困群众实现脱贫攻坚内生动力不足。一方面,存在过度重视物质扶贫的现象。某些贫困地区的政府部门为迅速提高扶贫成效,将捐款捐物作为主要扶贫手段。这种过度重视物质扶贫的做法使得部分贫困地区产生了严重的"等、靠、要"思想。另一方面,精神扶贫仍未受到重视且存在很大问题:存在公共产品的供给与贫困群众需求脱节、尚未建立统一的精神扶贫组织保障机制、贫困地区的系统教育机制尚未建立等现象,这就使得贫困地区的贫困文化未得到清除,这种文化仍然在对贫困群众的行为方式、价值观念等产生消极影响。

(四) 主观原因:理性贫困

农民的行动选择通常都遵循"生存小农—理性小农"这一理论框架,他们的行动受经济理性逻辑和伦理经济逻辑的双重影响。由此可见,小农"安全第一"的生存伦理观和有限理性是造成贫困群众内生动力不足的主观原因。

一方面,扶贫遭到小农"安全第一"的生存伦理观的无声抵抗。生存伦理观是指在"安全第一"的生存伦理的影响下,农民所追求的不是经济收入最大化,而是较低分配风险与较高的生存保障之间的平衡。在"安全第一"生存取向的影响下,小农宁愿选择收益低,但风险也低、相对稳定的生存策略(斯科特,2001),这是因为他们认为在市场化的社会经济环境之下,只要他们不放弃土地与小农生产,他们就能获得最基本的生存保障。这就使得贫困群众缺乏竞争精神,其安于天命等贫困意识、观念得到固化,难以形成积极主动的脱贫意识。另一方面,小农的有限理性导致了农户内生动力不足。由于受由人力资本贫乏、信息占有不足、信息甄别能力不够等内部因素及外部经济条件限制和信息搜寻成本较高的外部因素的双重作用,舒尔茨指出的既具有理性又富有效率的理性小农,必然会转化为现实中的有限理性农民(陈雪原,2014)。这使得他们在参与投资或者生产活动时,容易出现懈怠和冲动两种偏差(徐志明,2008),这意味着贫困农民会更趋向追求的是家庭生活效用的最大化(王晓艳,2015),而不是冒更大风险去获取利润的最大化。

四、构建增强贫困群众内生动力的体制机制

"文化贫困－能力贫困－政策贫困－理性贫困"是贫困群众脱贫内生动力不足的形成机理，因而，笔者认为要激发、增强贫困群众脱贫内生动力，巩固脱贫攻坚的成果，就必须对症下药，即构建以宣传教育为引领，以提升自生能力为中心，以激励和约束机制为保障的长效机制。

（一）构建宣传教育机制

文化贫困是贫困群众脱贫内生动力不足的直接原因。因此我们就必须通过构建完善且有效的宣传教育机制，消除文化贫困对贫困群众的负面影响，引导乡村社区形成健康绿色且符合时代发展的乡村文明风气，引导贫困群众树立正确积极的价值观，塑造现代型人格。

第一，进行社会主义核心价值观宣传教育。主要是指对贫困群众进行个人层面的价值观教育。首先，借助学习传统经典文化、讲述身边好人故事等形式来为加大社会主义核心价值观的宣传教育营造良好的浓厚氛围；此外，还可以提供夜班、扫盲班、素质提升班等多种通俗化形式对农民进行价值观教育。第二，进行感恩奋进宣传教育。在农民讲习所、农民夜校讲解国家的大政方针和扶贫政策；通过大力宣传精准扶贫、脱贫的成功案例，让贫困群众从身边人、身边事中切身感受到国家精准扶贫的有效性与真实性，营造"人人要脱贫"的良好氛围。第三，进行村规民约宣传教育。通过致富能手评选、道德模范评选、文明家庭创建等活动，弘扬农村社会新风，形成自治、法治、德治相结合的乡村治理体系，引导树立健康绿色的乡村文明风气和生活方式。第四，强化贫困家庭子女的成长成才教育。实现教育扶贫是阻断贫困观念代际传递的关键举措。为此，我们必须通过加大贫困地区的教育资金投入力度、加大师资队伍建设、率先落实建档立卡贫困户高中阶段免费义务教育、大力发展职业技术教育等措施不断提高贫困子女的受教育程度，使其既有摆脱贫困的愿望，又有摆脱贫困的能力。

（二）构建能力自生机制

贫困群众自我发展能力的缺失是造成贫困群众脱贫内生动力不足的间接原因，因而要通过建立与完善产业项目精准帮扶机制、扶贫对象精准瞄准机制、政策信息及时传递机制、贫困群众广泛参与机制来构建贫困群众的能力自生机制，以此不断提高贫困群众摆脱贫困的自生能力。

第一，完善产业项目精准帮扶机制。即要基于因地、因人、因村制宜的基本原则来选择适合的产业帮扶项目（梁栋，吴惠芳，2019）。为此，一方面要推进贫困地区走出符合各地实际的产业扶贫路子，宜农则农、宜工则工、宜商则商、宜游则游（全承相，贺丽君，全永海，2015）。另一方面针对不同致贫原因的贫困户也宜采取不同的产业帮扶项目，借助一地一策或一户一策来增强贫困群众的可持续性脱贫能力，以不断增强群众获得感。第二，完善扶贫对象精确瞄准机。一方面重点依托县、乡、村专职工作人员、驻村帮扶工作队等力量，精准识别扶贫对象。另一方面借助社会力量完成数据采集及统计工作，在摸清贫困底数的基础上，分析梳理贫困户的致贫原因，做到一户一台账。第三，构建政策信息及时传递机制。既要借助村干部召开村民大会、张贴政策文件等传统手段，又要充分运用电视、广播、政务微博等现代手段，还要加强科技扶贫，依托专业合作社（李培林，魏后凯，吴国宝，2017），确保第一时间把扶贫政策传递到贫困户手中，防止信息垄断和信息耗散。第四，构建贫困群众广泛参与机制。即要避免大水漫灌，而选择实行精准滴灌，扩大选择集。为此，要让贫困群众全程参与精准识别、精准帮扶、精准管理、精准考核的全流程，保障他们在此过程中的知情权、参与权、实施权与管理权，强化他们的主人翁意识，激发他们脱贫致富的创造性。

（三）构建选择性激励机制

应构建"以奖代补、以工代赈、以购代捐"的选择性激励机制，以此改变政府的扶贫方式，解决政策贫困问题，从而激发群众"我要脱贫"的内生动力。

第一，以奖代补。所谓以奖代补，具体而言就是，政府在扶贫政策的制定上实行生产多少奖励多少的办法，以此来调动贫困群众的生产积极性，改变贫困群众过去秉承"贫困有理有利"，等着政府帮助而不去从事生产的做法。第二，以购代捐。构建"以购代捐"双向循环扶贫模式。具体做法就是在贫困户和帮扶者签订"以购代捐"协议的基础上，由贫困户向帮扶者提供他们生产的农副产品，而帮扶者则以略高于市场价的价格向贫困户购买蔬菜、畜禽等农副产品。为完善此模式，政府应不断扩大参与"以购代捐"主体的范围，通过成立"以购代捐"专业合作社、成立扶贫协会、构建"以购代捐"电商平台等方式，建立二者之间更加广泛的联系（张千友，蔡光泽，陈瑶，2018）。第三，以工代赈。所谓以工代赈即是指政府通过组织贫困地区劳动力参加政府投资的公共基础设施工程建设来为贫困群众提供就业机会，使群众通过自己的劳动获得劳务报酬。以这种方式代替直接赈济，既能够加强农村基础设施建设，增强贫困群众的自我发展能力，又能够帮助他们改变依赖思想，增强贫困群众摆脱贫困的内生发展动力。为此，我们应该通过扩大以工代赈范围、拓宽扶贫对象、建立劳务雇佣的长效机制、强化项目后期管理等方式，做好异地扶贫搬迁工作等来进一步完善以工代赈模式，进一步发挥以工代赈模式对贫困群众摆脱贫困的重要作用。

（四）构建间歇性惩戒机制

间歇性惩戒机制既有助于促进扶贫信息的公开、透明，增进贫困群众对扶贫工作的信任感，又有助于在扶贫过程中监督贫困群众和扶贫人员的行为，确保扶贫工作的实施成效，帮助贫困群众提升他们的内生发展动力。

第一，完善信息公开机制。一方面，完善建档立卡贫困户的定期公示机制，即在按既定成效对贫困户建档立卡之后，实行定期的公示机制，以此保证群众的知情权与贫困户识别的准确性与真实性；另一方面，要对贫困人口实行动态管理，及时更新贫困人口的动态变化情况，并做到信息公开，以削弱一般群众的相对剥夺感和不公平感。

第二，建立风险预警机制。主要是指建档立卡贫困户的生产能力、脱贫意愿、配合程度的发现和预警机制。一方面，要明确不同贫困家庭致贫的不同原因，划分不同贫困类型家庭；另一方面则要利用基层村委班子的作用，对贫困家庭参与扶贫的配合程度进行统计，以此明确扶贫成效，有效降低扶贫风险。第三，建立负面清单机制和暂停帮扶机制。一方面，负面清单机制要作用于违反帮扶政策的群众，其通过声誉惩戒机制、道德约束机制来引导他们转变观念；另一方面，负面清单机制要作用于违反帮扶政策的基层干部等扶贫工作人员，要为基层干部制订清晰完备的负面清单和权责订单。此外，还应建立暂停帮扶机制，即在贫困户违反帮扶政策后"间歇性"的暂停对他们进行的帮扶工作，使其重视并遵循国家扶贫政策，待他们意识到并改正错误后，政府再重新启动帮扶政策。

参考文献：

班纳吉，迪弗洛，2013. 贫穷的本质 [M]. 景芳，译. 北京：中信出版社.

陈雪原，2014. 人力资本与农村内生经济增长——从农民有限理性的视角出发 [EB/OL]. (2014-07-20). https://wenku.baidu.com/view/d050a78a5022aaea988f0f33.html.

李培林，魏后凯，吴国宝，2017. 扶贫蓝皮书：中国扶贫开发报告（2017）[M]. 北京：社会科学文献出版社.

李武装，2019. 贫困问题与我国扶贫"困境突围"的实践探索 [J]. 甘肃社会科学（1）：43-50.

梁栋，吴惠芳，2019. 农业产业扶贫的实践困境、内在机理与可行路径——基于江西林镇及所辖李村的调查 [J]. 南京农业大学学报（社会科学版）（1）：49-57.

刘易斯，2004. 贫穷文化：墨西哥五个家庭一日生活的实录 [M]. 邱延亮，译. 高雄：巨流图书公司.

恰亚诺夫，1996. 农民经济组织 [M]. 萧正洪，译. 北京：中央编译出版社.

钱宁，1999. 贫困文化与西部的贫困问题——论西部民族贫困地区发展中的文化困扰及社会学的西部使命 [J]. 北京青年政治学院学报（2）：14-22.

全承相，贺丽君，全永海，2015. 产业扶贫精准化政策论析 [J]. 湖南财政经济学院学报，31（1）：118-123.

森，2001. 贫困与饥荒——论权利与剥夺 [M]. 王宇，王文玉，译. 北京：商务印书馆.

舒尔茨，2006. 改造传统农业 [M]. 梁小民，译. 北京：商务印书馆.

斯科特，2001. 农民的道义经济学：东南亚的反叛与生存 [M]. 程立显，译. 南京：译林出版社.

王晓艳，2015. 农民传统生存伦理与现代市场经济理性的调和——江城县土卡河村傣族的实践 [J]. 西南边疆民族研究（2）：158-164.

徐勇，邓大才，2015. 反贫困在行动：中国扶贫调查与实践 [M]. 北京：中国社会科学出版社.

徐志明，2008. 我国贫困农户产生的原因与产业化扶贫机制的建立 [J]. 农业现代化研究，29（6）：711-714.

许汉泽，李小云，2016. "精准扶贫"的地方实践困境及乡土逻辑——以云南玉村实地调查为讨论中心[J]. 河北学刊(6): 184-188.

杨珊, 2017. 精准扶贫的贫困标准与对象瞄准研究[J]. 甘肃社会科学(1): 95-100.

张千友, 蔡光泽, 陈瑶, 2018. 社会资本视角下"以购代捐"精准扶贫模式研究——基于凉山彝族自治州的实证分析[J]. 西昌学院学报(社会科学版)(2): 20-25.

中共中央组织部干部教育局, 国务院扶贫办行政人事司, 国家行政学院教务部, 2016. 精准扶贫精准脱贫: 打赢脱贫攻坚战辅导读本[M]. 北京: 党建读物出版社.

朱锦华, 2010. 粤西地区精准扶贫政策执行过程中的问题和对策研究——基于农户需求的问卷调查分析[D]. 兰州: 兰州大学.

祝建华, 2016. 贫困代际传递过程中的教育因素分析[J]. 教育发展研究, 36(3): 6-44.

脱贫攻坚与乡村振兴有机衔接：逻辑关系、基本思路与实施路径①

张晓磊　李俊霖

摘　要： 当前，我国正处在脱贫攻坚战的冲刺阶段与乡村振兴战略开篇阶段的交汇期。深入系统地研究脱贫攻坚与乡村振兴的有机衔接是打赢脱贫攻坚战的必然选择，是实施乡村振兴战略的必要支撑，是在新时代做好"三农"工作的必由之路。脱贫攻坚与乡村振兴存在一致性、递进性和联动性的逻辑关系。基于此，本文将明确脱贫攻坚与乡村振兴有机衔接的基本思路和总体框架，并提出"产业—机制—政策"三位一体的实施路径。

关键词： 脱贫攻坚；乡村振兴；有机衔接

当前，我国正处在脱贫攻坚战冲刺阶段与乡村振兴战略开篇阶段的交汇期。打赢脱贫攻坚战是乡村振兴的优先任务，实施乡村振兴战略是对脱贫攻坚成果的巩固和拓展。习近平总书记强调，"打好脱贫攻坚战是实施乡村振兴战略的优先任务""贫困村和所在县当前的工作重点就是脱贫攻坚，要保持目标不变、靶心不散、频道不换"（习近平，2020：260）。《中共中央、国务院关于实施乡村振兴的意见》《中共中央、国务院关于打赢脱贫攻坚战三年行动的指

---

① 本文是 2020 年度成都市哲学社会科学规划项目（YY0420200390）研究成果。
作者简介：张晓磊，四川大学马克思主义学院，副研究员，博士，研究方向为马克思主义中国化、"三农"问题；李俊霖，西华大学国际教育学院，研究实习员，硕士，研究方向为社会学。

导意见》《乡村振兴战略规划（2018—2022年)》等相继提出"做好实施乡村振兴战略与打好精准脱贫攻坚战有机衔接""统筹衔接脱贫攻坚与乡村振兴"的要求。在此背景下，以习近平新时代中国特色社会主义思想为指导，深入系统地研究脱贫攻坚与乡村振兴的有机衔接，具有重要的理论价值和现实意义。

一、脱贫攻坚和乡村振兴的逻辑关系

脱贫攻坚与乡村振兴，都是以习近平同志为核心的党中央在新时代做好"三农"工作的重要国家战略，二者之间既有紧密联系又有重大区别。具体而言，脱贫攻坚与乡村振兴存在一致性、递进性和联动性的逻辑关系。

（一）脱贫攻坚与乡村振兴的一致性

从时间安排的维度上看，脱贫攻坚与乡村振兴之间存在重叠和交叉关系。根据党中央的相关部署，2020年前必须打赢脱贫攻坚战，确保全国一道进入全面小康。党的十九大提出的实施乡村振兴战略，是一项长期而艰巨的历史任务。党中央根据全面建成小康社会和实现"第二个百年奋斗目标"的战略安排，为实施乡村振兴战略制定了"三步走"的时间表。其中，近期目标是"到2020年，乡村振兴取得重要进展，制度框架和政策体系基本形成"（中共中央党史和文献研究院，2019：159）。因此，2018—2020年就是打赢脱贫攻坚战与实施乡村振兴战略的重叠期和交叉期。时间上的交汇，决定了一定时期内两大战略的实施内容和任务目标高度契合。在贫困地区尤其是深度贫困地区，乡村振兴战略的优先任务、主要任务就是打赢脱贫攻坚战，聚焦解决绝对贫困问题。在其他地区，2020年前脱贫攻坚和乡村振兴都以如期高质量全面建成小康社会为核心任务。时间上的交叉和重叠，确保了脱贫攻坚与乡村振兴的实施要素具有连续性，确保了二者在实施过程中不产生脱节现象（朱启铭，2019）。

从空间布局的维度上看，脱贫攻坚与乡村振兴之间存在耦合和重合的关系。脱贫攻坚战主要聚焦贫困村和所在县，尤其是特困连片地区和深度贫困地区。乡村振兴战略则覆盖整个农村区域，要在城乡融合的原则上实现乡村的全面振兴。因此，脱贫攻坚的覆盖范围是乡村振兴覆盖范围的重要组成部分。现阶段，贫困村和所在县实施乡村振兴战略，优先任务是打赢脱贫攻坚战。2020

年后,绝对贫困被消除,但相对贫困将长期存在(习近平,2020:260)。实现脱贫摘帽后的地区,能否构建长效稳定的脱贫机制,能否增强内生发展动力,将深刻影响乡村振兴战略的实施进程(庄天慧,孙锦杨,杨浩,2018)。

从战略安排的维度上看,脱贫攻坚与乡村振兴之间存在共通和融合的关系。脱贫攻坚与乡村振兴,本质上都是党和政府主导下的干预行动和社会修复工程,二者在领导体制、工作机制和总体要求等方面具有共通性。在领导体制上,都以坚持党的领导作为根本政治保证,强调党政一把手负责制,要求省市县乡村五级书记一起抓;在工作机制上,均强调要落实好中央统筹、省负总责、市县抓落实的管理体制;在总体要求上,脱贫攻坚"五个一批"的总体要求和乡村振兴"二十个字"的总要求有较高的契合度,都强调乡村产业、乡村生态和乡村治理的重要性;在实施方法上,均要求把握不同乡村的差异性,因地制宜、因村施策。

(二)脱贫攻坚与乡村振兴的递进性

从战略目标的维度来看,脱贫攻坚与乡村振兴之间存在接续关系。打赢脱贫攻坚战,是实现"第一个百年奋斗目标"的底线任务,要求在2020年前彻底解决绝对贫困问题,具有紧迫性和阶段性。脱贫攻坚以解决"两不愁三保障"突出问题为基本要求和核心指标。习近平总书记多次强调:"要坚持现行脱贫标准,既不拔高,也不降低。"(习近平,2020:160)实施乡村振兴战略,则对标"第二个百年奋斗目标",贯穿全面建设社会主义现代化国家的全过程,具有长期性和艰巨性。实施乡村振兴战略,旨在通过乡村产业、人才、文化、生态、组织的全面振兴,解决"城乡发展不平衡,农村发展不充分"的问题。在目标层次上,乡村振兴战略要高于脱贫攻坚,其内容更全面,实现期限也更长。

从战略对象的维度来看,脱贫攻坚与乡村振兴之间存在扩大关系。就对象人群而言,脱贫攻坚的帮扶主体是建档立卡户,即现行标准下的农村贫困人口,重点解决贫困户的生存问题;乡村振兴战略涵盖的对象就更加广泛,包括全体农村居民,重点解决其发展问题(徐晓军,张楠楠,2019)。就对象区域而言,脱贫攻坚瞄准贫困地区,重点聚焦以"三州三区"为代表的集中连片特困地区和深度贫困地区,对其投入的人、财、物等资源要远大于非贫困地区。实施乡村振兴战略,则要实现所有乡村的全域覆盖,实现乡村全面振兴。在实施乡村振兴战略的过程中,要统筹好相对贫困人口与其他人口、脱贫地区与其他地区之间的关系。

从战略内容的维度来看,脱贫攻坚与乡村振兴之间存在升级关系。由于乡村振兴的战略目标层次更高,战略实施的持续时间更长,其战略内容的内涵更丰富、涵盖面更广。就内容属性而言,打赢脱贫攻坚战,强调在期限内彻底解决绝对贫困问题,以完成基本要求和达到核心指标为导向,属于治标之策;实施乡村振兴战略,旨在实现农民的共同富裕和乡村的全面振兴,着重解决农村居民和乡村的长远发展问题,属于治本之策(王春城,王帅,2020)。就内容特性而言,脱贫攻坚以帮扶为导向,通过外部资源对乡村的投入改变其生产生活环境;乡村振兴战略以增强农民和乡村的自我发展能力为导向,致力解决城乡发展不平衡的根源性问题。

(三)脱贫攻坚与乡村振兴的联动性

打赢脱贫攻坚战,为实施乡村振兴战略奠定坚实的基础和前提。习近平总书记强调,"打好脱贫攻坚战是实施乡村振兴战略的优先任务"(习近平,2020)。一是脱贫攻坚为乡村振兴打下了坚实的物质基础。党的十八大以来,为彻底解决绝对贫困问题,中央和地方政府出台了一系列扶贫的政策措施。在扶贫政策的帮扶下,贫困地区基础设施建设得到加强,乡村生产生活条件有了明显改善;通过因地制宜发展特色产业,贫困地区的发展能力得以提升。二是脱贫攻坚为乡村振兴提供了良好的发展环境。脱贫攻坚的相关举措提升了贫困地区的公共服务水平,通过对发展环境的改变,改善了贫困人口的生存条件,增强了贫困人口的基础发展能力(左停,徐加玉,李卓,2018)。三是脱贫攻坚为乡村振兴塑造了组织载体。脱贫攻坚的实施,促进了乡村治理体系的完善,尤其是使乡村治理的组织载体得到了夯实。向贫困村派驻"第一书记""驻村工作队"的扶贫方式,实现了国家治理重心的下沉;跨部门领导小组工作制的实行,形成了乡村治理协作框架(左停,金菁,李卓,2017)。

实施乡村振兴战略,有利于巩固拓展脱贫攻坚成果。根据党中央的部署,"2020年是全面建成小康社会目标实现之年,是全面打赢脱贫攻坚战收官之年"[①]。但对于脱贫人口和脱贫地区,尤其是农村低收入人口和欠发达地区而

---

① 《中共中央、国务院关于抓好"三农"领域重点工作,确保如期实现全面小康的意见》,新华网,2020-02-05. http://www.xinhuanet.com/.

言,由于产业基础薄弱、基础设施不完善、公共服务不到位等,仍然存在返贫风险。因此,全面建成小康社会后亟须尽快在脱贫地区建立脱贫长效机制,巩固拓展脱贫攻坚成果,增强脱贫地区内生发展动力。而乡村振兴战略的实施,将实现脱贫攻坚的纵深发展和可持续发展。一方面,在"农业农村优先发展"和"城乡融合"的原则下,配置型资源和政策,支持将大量下移,助力乡村发展;另一方面,乡村振兴战略的实施将增强权威型资源在乡村的供给,赋予乡村持续减贫以综合性内涵(豆书龙,叶敬忠,2019)。

二、 脱贫攻坚与乡村振兴有机衔接的基本思路和总体框架

本部分将研究脱贫攻坚与乡村振兴有机衔接的主要内容,提出脱贫攻坚与乡村振兴统筹衔接的基本思路,构建包括基本要求、参与主体、贯穿主线、实施路径等方面的框架体系。

(一) 脱贫攻坚与乡村振兴有机衔接的基本思路

习近平总书记在党的十九大报告中,提出了社会主义现代化强国建设的战略步骤:2020年是全面建成小康社会,实现"第一个百年奋斗目标"的收官之年;2020—2035年,我国将基本实现社会主义现代化;2035—2050年,我国将建成社会主义现代化强国,实现"第二个百年奋斗目标"(习近平,2020:21-23)。脱贫攻坚与乡村振兴统筹衔接的基本思路,要内嵌于新时代中国特色社会主义发展的战略安排,根据不同阶段的战略目标、战略梯次推进。

在全面建成小康社会阶段,要把脱贫攻坚作为乡村振兴的优先任务、特殊任务,把提高脱贫质量放在首位,聚焦深度贫困地区和特殊贫困群体,全面消除绝对贫困,解决"两不愁、三保障"的基本问题,让农民群众都有获得感、幸福感、安全感。在基本实现社会主义现代化阶段,要把巩固拓展脱贫攻坚成果作为乡村振兴的重点任务,着力解决相对贫困问题,以统筹兼顾、循序渐进、分类实施、因地制宜为原则,以"产业兴旺、生态宜居、治理有效、生活富裕"为目标,重点推进现代农业发展、就业增收、城乡基本公共服务均等化、乡风文明、乡村治理和生态环境,基本实现农业农村现代化。在建成社会主义现代化强国阶段,要继续深化缓解相对贫困的体制机制(张明皓,豆书

龙，2020），抑制贫困再生。与此同时，要以实现共同富裕和农民自由而全面发展为最终目标，实现乡村的全面振兴。

（二）脱贫攻坚与乡村振兴有机衔接的总体框架

将脱贫攻坚与乡村振兴有机衔接，基本要求是切实防止返贫，巩固拓展脱贫攻坚成果；参与主体是党委、政府、社会、农民，即党委负责、政府主导、社会协同、农民主体；贯穿主线是构建稳定脱贫长效机制，注重增强贫困地区自我发展能力和"造血机能"；实施路径是产业支撑、实现机制和政策保障。

如图1所示，脱贫攻坚与乡村振兴有机衔接的总体框架，包括四个层次、六个方面的内容。四个层次是指基本要求、参与主体、贯穿主线和实施路径，六个方面是指除开基本要求、参与主体和贯穿主线以外，可将实施路径具体分解为产业支撑、实现机制和政策保障三大路径，最终体现为目标、主体、主线、产业、机制和政策构成的"六大衔接"。

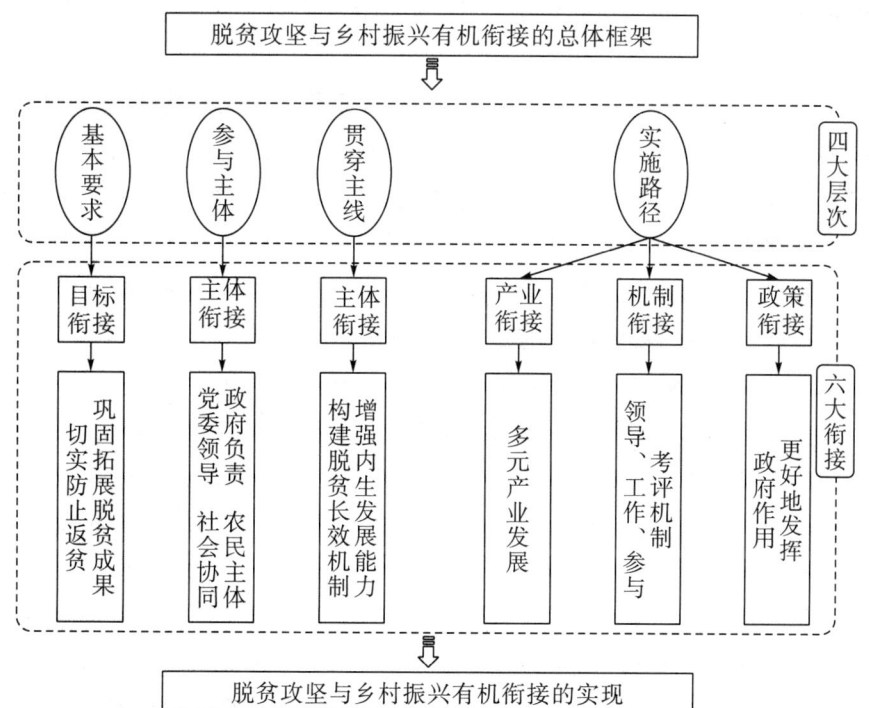

图1 脱贫攻坚与乡村振兴有机衔接总体框架

三、脱贫攻坚与乡村振兴有机衔接的实施路径

本部分在基本思路和总体框架的基础上,提出"三位一体"的实施路径:产业支撑、实现机制和政策保障。

(一)脱贫攻坚与乡村振兴有机衔接的产业支撑:多元产业发展

产业扶贫,即通过政府主导和帮扶的方式将贫困户带入市场,是促进贫困户实现增收的重要方式,是打赢脱贫攻坚战的核心和关键。产业兴旺在乡村振兴战略的总要求中居于首位,体现了发展乡村产业的重要性。然而,当前我国大部分地区的扶贫产业,主要是技术含量较低的特色种养产业和劳动密集型非农产业,且存在农民主体缺失、内生动力不足、可持续性差等问题。因此,实现产业升级、促进多元产业发展,是有机衔接脱贫攻坚与乡村振兴的核心与关键。

第一,在产业选择上,要以实现农民的长期稳定增收为最终目的,构建可持续的农民增收长效机制,不能主要依靠外在的城市产业支撑,而是要拥有坚实的当地乡村产业(魏后凯,2018)。因此,要立足于各地乡村独特的资源禀赋,发展能够充分利用当地资源、具有比较优势的特色乡村产业,提高市场竞争力。同时,要以社会主要矛盾的变化为依据,主动适应消费结构升级,注重提升乡村产业层次(高强,刘同山,沈贵银,2019)。

第二,在产业设计上,要以推进乡村一二三产业的深度融合为核心。在乡村发展狭义的农业,收益较低,不利于农民的长期稳定增收。因此,要注重挖掘农业的生产价值、生态价值、景观价值和文化价值等,促进农业产业链延伸,推动乡村一、二、三产业融合。就纵向延伸而言,要充分发挥农业的生产功能,着重发展农产品加工业,提升产品的综合效益。就横向融合而言,要拓展农业的多维功能,重点推进农业与休闲旅游、文化体育等产业的深度融合。

第三,在产业发展上,要以培育新型农业经营主体为方向。培育和壮大家庭农场、农民合作社、龙头企业等新型农业经营主体,是实现小农户与现代农业发展有机衔接的重要纽带。要通过新型农业经营主体的带动,发展多种形式,适度规模经营,提升农民的组织化程度。同时,要根据不同地区的产业特

点，构建有利于农户长期增收和能力提高的利益联结机制。如，四川邻水县盛世种植专业合作社开创的"三次分红"利益机制①，属于典型的农户导向型利益联结机制，有效解决了农民持续增收问题，极大增强了农民入户的积极性。

（二）脱贫攻坚与乡村振兴有机衔接的实现机制：构建科学有效机制

脱贫攻坚工作的开展，不仅有效降低了农村贫困发生率，实现了大规模减贫，还进一步完善了乡村治理体系，特别是促进了农村工作体制机制的创新（左停，刘文婧，李博，2019）。一方面，基于脱贫攻坚与乡村振兴的统一性，要全面总结脱贫攻坚的成功经验，充分借鉴在打赢脱贫攻坚战过程中形成的行之有效的体制机制；另一方面，基于脱贫攻坚与乡村振兴的差异性，要根据乡村振兴系统性、长期性、融合性等特征，在实施乡村振兴战略的过程中逐步探索新的体制机制。因此，统筹落实体制机制是实现脱贫攻坚与乡村振兴有机衔接的有力支撑。

第一，建立坚强有力的领导机制。在脱贫攻坚的实践中，各级党委和政府把打赢脱贫攻坚战作为重大政治任务，严格执行党政一把手负责制，形成省市县乡村五级书记一起抓的工作格局。脱贫攻坚取得的决定性进展和历史性成就充分证明，要顺利完成时间紧、任务重、难度大、要求高的工作，加强组织领导是根本保证。与脱贫攻坚相比，乡村振兴战略的覆盖面更广、持续时间更长、涉及领域更多，是一项更富长期性、复杂性和艰巨性的工作。因此，要沿用脱贫攻坚实践中形成的领导机制，为顺利实施乡村振兴战略提供坚强政治保证。

第二，构建权责明确的责任机制。要确保如期完成脱贫攻坚任务，层层压实责任是最管用的办法（凌经球，2019）。根据中央的相关规定，脱贫攻坚要按照中央统筹、省负总责、市县抓落实的工作机制，构建责任清晰、各负其责、合力攻坚的责任体系。习近平总书记指出："党的十八大以来，各省区市党政一把手向中央签订军令状的，只有脱贫攻坚这一项工作。"（习近平，

---

① 四川邻水县盛世种植专业合作的"三次分红"机制：合作社通过发展农业生产性服务业，为14个村庄提供托管服务，为贫困农户提供6 000公斤/公顷的保底产量；超出部分由贫困农户、村集体和合作社按50%、20%和30%的比例提成；合作社发展有机农业和粮油产业链，增值效益部分归贫困户所有。参见：豆书龙，叶敬忠，2019. 乡村振兴与脱贫攻坚的有机衔接及其机制构建［J］. 改革（1）：19-29.

2020：154）考虑到乡村振兴战略的长期性、复杂性和艰巨性，我们也需要借鉴脱贫攻坚的经验，层层压紧压实责任。但实施乡村振兴战略必须科学把握各地的差异性和特点，因村制宜，精准施策。因此，要进一步明晰各级政府的"权责利"，根据权责利相称的原则，将更多权力和资源下放至各行政村。

第三，形成多元主体参与的动员机制。在脱贫攻坚期间，各地通过向贫困村派驻"第一书记"和"驻村工作队"，既取得了显著的减贫成绩，也促进了乡村治理体系的完善和创新，为实现乡村振兴中"治理有效"的目标提供了优质"样本"和参考系（汪三贵，冯紫曦，2019）。实施乡村振兴战略，也可以借鉴"第一书记"和"驻村工作队"的模式，但要根据各地实际情况，探索适合的驻村方式、驻村时间和驻村要求等。与此同时，脱贫攻坚过程中形成的全社会广泛参与的扶贫格局，对乡村振兴战略也有一定的参考价值。

第四，落实系统全面的监督考评机制。为确保高质量打赢脱贫攻坚战，中央制定了严格的监督考评机制。一是监督考评的对象范围覆盖贫困县、贫困村和贫困户；二是监督考评的过程引入第三方评估，增强考核的客观性和公正性；三是将脱贫攻坚考核结果与基层干部的选拔挂钩（左停，刘文婧，李博，2019）。在实施乡村振兴战略时，要充分发挥监督考评的激励作用，但也要对考评范围、考评方式、考评内容进行相应调整。

（三）脱贫攻坚与乡村振兴有机衔接的政策保障：更好发挥政府作用

党的十八大以来，各级政府按照脱贫攻坚"五个一批"的总体要求，出台了一系列涉及产业、就业、易地搬迁、生态、健康、教育和综合保障等领域的政策措施，这对打赢脱贫攻坚战起到了重要保障作用。乡村振兴战略"产业兴旺、生态宜居、治理有效、生活富裕"的总要求，与脱贫攻坚"五个一批"总体要求存在一定的契合度，但内涵更广、标准更高、覆盖更多。实现二者的统筹衔接，需要在"保持现有政策总体稳定"的基础上，对现行扶贫政策进行梳理和研究，按照"退出、延续、转化"的分类方式，做好政策统筹（高强，2019）。因此，政策保障是有机衔接脱贫攻坚与乡村振兴的外源保障。

第一，建立巩固拓展脱贫攻坚成果的政策体系。一方面，要建立现行脱贫攻坚政策的适时延续机制。习近平总书记多次强调，贫困县摘帽后，要做到"摘帽不摘政策"。贫困县的摘帽，意味着绝对贫困的消除，意味着"两不愁、三保障"的基本问题得到解决，但产业短板、基础设施短板和精神短板等致贫根源还没有从根本上得到补足。为避免政策退出后脱贫成果的快速滑坡，要适当延续现行政策，为贫困县、贫困村、贫困户的发展留足缓冲期（刘焕，秦鹏，2020）。另一方面，基于乡村振兴战略出台的政策措施要有利于巩固拓展脱贫攻坚成果。在研究和制定乡村振兴专项政策时，要充分考虑防止返贫的相关要求，以构建长效脱贫机制为政策目标。同时，相关政策要体现对贫困边缘村、边缘户的倾斜（高强，2019）。

第二，研究制定2020年后的减贫政策。解决好贫困问题，是实施乡村振兴战略的前提和基础。在即将打赢脱贫攻坚战的重要关口，有必要及早谋划提早部署，研究制定2020年后相对贫困治理的政策。从政策对象的维度来看，要处理好特惠性政策与普惠性政策的关系。脱贫攻坚政策主要聚焦建档立卡贫困户和贫困地区，致力消除绝对贫困，属于特惠性政策。在相对贫困治理的过程中，既需要出台特惠性政策帮扶相对贫困人口，也需要制定系统性、普惠性的社会政策抑制贫困再生。从政策内容的维度来看，要处理好治标与治本的关系。脱贫攻坚政策致力在短时间内改变绝对贫困状况，属于治标之策。而相对贫困治理，既要进一步解决贫困问题，又要从根本上消除致贫的深层次矛盾，属于治标与治本相结合，更加重视治本的政策。

第三，研究制定乡村振兴战略的专项政策。要根据乡村振兴战略持续时间长、目标定位高、聚焦对象广的特点，制定有别于脱贫攻坚的乡村振兴专项政策。乡村振兴面向长期目标，制定和出台的政策要更具长期性和全局性，实现可持续的政策供给。乡村振兴战略强调农民主体性，相关政策要以增强自立能力为导向，增强乡村的内生发展动力。乡村振兴战略对标第二个百年奋斗目标，要结合社会主义现代化强国建设的"两步走"目标，梯次推进乡村振兴战略，逐步提高政策标准，适度扩大政策供给范围。

参考文献：

陈锡文，2018. 实施乡村振兴战略 推进农业农村现代化［J］. 中国农业大学学报（7）：5-12.

豆书龙，叶敬忠，2019. 乡村振兴与脱贫攻坚的有机衔接及其机制构建［J］. 改革（1）：19-29.

高强，2019. 脱贫攻坚与乡村振兴有机衔接的逻辑关系及政策安排［J］. 南京农业大学学报（社会科学版），19（5）：15-23.

高强，刘同山，沈贵银，2019. 2020 年后中国的减贫战略思路与政策转型［J］. 中州学刊（5）：31－36.

黄祖辉，2018. 准确把握中国乡村振兴战略［J］. 中国农村经济（4）：2－12.

凌经球，2019. 乡村振兴战略背景下中国贫困治理战略转型探析［J］. 中央民族大学学报（哲学社会科学版）（3）：5－14.

刘焕，秦鹏，2020. 脱贫攻坚与乡村振兴的有机衔接：逻辑、现状和对策［J］. 中国行政管理（1）：155－157.

汪三贵，冯紫曦，2019. 脱贫攻坚与乡村振兴有机衔接：逻辑关系、内涵与重点内容［J］. 南京农业大学学报（社会科学版）（5）：8－14.

王春城，王帅，2020. 促进脱贫攻坚与乡村振兴有效衔接［EB/OL］.（2020－10－28）. http://www.cssn.cn/zx/zx－bwyc/202010/t20201028－5202100.htm.

魏后凯，2018. 2020 年后中国减贫的新战略［J］. 中州学刊（9）：36－42.

习近平，2020. 习近平谈治国理政（第三卷）［M］. 北京：外文出版社.

徐晓军，张楠楠，2019. 乡村振兴与脱贫攻坚的对接：逻辑转换与实践路径［J］. 湖北民族学院学报（哲学社会科学版）（6）：101－108.

张明皓，豆书龙，2020. 2020 年后中国贫困性质的变化与贫困治理转型［J］. 改革（7）：98－107.

郑有贵，2018. 由脱贫向振兴转变的实现路径及制度选择［J］. 宁夏社会科学（1）：87－91.

中共中央党史和文献研究院，2019. 十九大以来重要文献选编（上）［M］. 北京：中央文献出版社.

中共中央国务院. 乡村振兴战略规划（2018－2022 年）［N］. 人民日报，2018－9－27（9－13）.

中共中央国务院关于打赢脱贫攻坚战三年行动的指导意见［N］. 人民日报，2018－8－20（5－6）.

中共中央国务院关于实施乡村振兴战略的意见［N］. 人民日报，2018－2－5（2，4）.

朱启铭，2019. 脱贫攻坚与乡村振兴：连续性、继起性的县域实践［J］. 江西财经大学学报（3）.

庄天慧，孙锦杨，杨浩，2018. 精准脱贫与乡村振兴的内在逻辑及有机衔接路径研究［J］. 西南民族大学学报（人文社科版）（12）：6－12.

左停，金菁，李卓，2017. 中国打赢脱贫攻坚战中反贫困治理体系的创新维度［J］. 河海大学学报（哲学社会科学版）（5）.

左停，刘文婧，李博，2019. 梯度推进与优化升级：脱贫攻坚与乡村振兴有效衔接研究［J］. 华中农业大学学报（社会科学版）（5）：21－28＋165.

左停，徐加玉，李卓，2018. 摆脱贫困之"困"：深度贫困地区基本公共服务减贫路径［J］. 南京农业大学学报（社会科学版）（2）：35－44.

深度贫困地区健康扶贫发展研究：来自西藏和四省涉藏州县的实践与经验[①]

黄国武

摘　要：扶贫改革40年西藏和涉藏地区健康扶贫取得了巨大的成就，促进了我国民族治理和国家治理的现代化以及健康中国的发展。从历史演进可以发现，西藏及涉藏地区医疗卫生发展和当地人民健康水平的提高受益于中央政府的援助与帮扶，并与国家医疗卫生改革发展具有内在一致性，是我国医疗卫生事业的重要组成部分。相关涉藏地区医疗卫生事业的快速发展得益于习近平总书记精准扶贫相关理论的指导、中央政府的大力支持、其他省市的全力帮扶，以及当地人民自身的不懈努力。总结西藏及涉藏地区健康扶贫的实践和经验，并进行经验推广，有利于深度贫困地区脱贫攻坚的发展。

关键词：深度贫困地区；健康扶贫；西藏及涉藏地区；精准扶贫

一、引　言

2017年11月中共中央办公厅、国务院办公厅印发了《关于支持深度贫困地区脱贫攻坚的实施意见》，指出"三区三州"，自然条件差、经济基础弱、贫困程度深，是脱贫攻坚中的硬骨头，补齐这些短板是脱贫攻坚决战决胜的关键

---

① 作者简介：黄国武，四川大学公共管理学院，副教授，研究方向为健康扶贫、社会保障。

之策，并明确提出建立健康扶贫保障机制、支持推进健康扶贫工程。2013年3月9日，习近平总书记参加十二届全国人大一次会议西藏代表团分组审议时强调："西藏是我国重要的国家安全屏障和生态安全屏障，在党和国家战略全局中居于重要地位。治国必治边、治边先稳藏。"长期以来中央和各级地方政府高度重视西藏和四省涉藏州县的经济、社会和文化等各方面的发展，尤其把保障和改善民生放在突出的位置。2015年8月25日，习近平总书记在中央第六次西藏工作座谈会上发表重要讲话提到，20年来先后有7批4496名优秀干部、1466名专业技术人才进藏工作，实施援藏项目7615个，投入援藏资金260亿元。今日的西藏正处在历史上最为辉煌的时期。1965年西藏地方财政收入仅为2239万元，2014年达到164.75亿元，增长725倍，年均增长高达14.46%。人均寿命从35.5岁提高到68.2岁。正是在多方的大力支持下西藏及涉藏地区医疗卫生事业实现跨越式发展，其健康水平的提升为经济社会文化发展奠定了坚实的基础。梳理西藏和四省涉藏州县健康扶贫的发展演变和总结实践经验，有助于我国深度贫困地区健康扶贫的发展和全球健康扶贫及健康治理中国方案的形成及其全球应用。

二、文献综述

经过三十多年反贫困实践，中国实现了7亿多人脱贫（黄承伟，2017），为全球减贫贡献率超过70%。随着中国反贫困进入脱贫攻坚阶段，实践和理论的关注点逐渐从单纯收入贫困向包括健康、教育等领域的多维贫困发展，研究也显示多维贫困治理的难度更大。而消除因病致贫、因病返贫，促进健康是解决贫困尤其是深度贫困的重要举措（周寿祺，1987；孟庆国，胡鞍钢，2000；林闽钢，2016）。西藏和四省涉藏州县是《中国农村扶贫开发纲要（2011—2020）》确定的全国扶贫攻坚主战场之一，是四川农村扶贫开发的重要组成部分（陈云霞，2017）。根据《2016中国农村贫困监测报告》显示，2014年西藏贫困人口为61万，2015年为48万，西藏通过建档立卡、"合作社＋能人＋贫困户"等"组合拳手段"，四年来精准减少贫困人口50余万人，比2010

年贫困人口减少一半。① 李敏、顾俊（2012）研究得出西藏医疗卫生事业发挥着较好的社会效益和社会责任。陈良兵、李秀铎（2017）对西藏和四省涉藏州县精准脱贫进行了多维度审视，从历史的维度、实践的维度、世界的维度和未来的维度对涉藏地区扶贫所取得的成绩进行了肯定，明确了涉藏地区精准脱贫的必然性、正确性、优越性和引领性。刘洪、唐曦、陈喆等（2016）采用社会调查法对高海拔涉藏地区贫困县医疗卫生现状进行了调研，总结了涉藏地区医疗卫生精准扶贫取得的较大成绩和经验。谢成范（1991）研究海拔 3000 米以上地区高原自然环境对人体产生的生理、病理变化影响等的高原医学的建立并完善，为涉藏地区人民诊疗地方病和高原病奠定了坚实的基础。进入 21 世纪以来，西藏逐步建立起以县为龙头、乡为枢纽、村为基础的三级卫生服务网络体系，农村医疗卫生条件和服务能力不断得到改善，农牧民健康水平逐步提高（方素梅，2016）。西藏医疗卫生的发展充分体现了共享型发展的特征，帮助西藏在经济欠发达的情况下极大提高人民的健康水平（李中锋，2011）。根据 2018 年健康扶贫监测数据显示，西藏因病致返贫户占建档立卡贫困户比例为 9.95%，青海为 19.91%（以涉藏地区为主），都远远低于全国平均水平的 42.6%。总之，实施精准扶贫精准脱贫基本方略以来，西藏和四省涉藏州县脱贫攻坚行动取得了一系列新成就新成效，增强了当地各族人民脱贫攻坚工程带来的获得感和幸福感（陈良兵，李秀铎，2017）。

三、西藏和四省涉藏州县健康扶贫发展演进

根据西藏和四省涉藏州县医疗卫生事业发展的不同特点，及中央和全国各地对这些地区援助和帮扶的整体特征，西藏和四省涉藏州县医疗卫生发展和健康扶贫可分为三个主要阶段。

（一）第一阶段，唐朝至清朝中期

中央政府对西藏的大规模援助，尤其是医疗卫生方面的帮扶，可以追溯到

---

① 《西藏精准扶贫"拔钉子"贫困人口减少 50 万》，中国政府网. 2014－12－22. http://www.gov.cn/xinwen/2014－12/22/con-tent_2795112.htm.

文成公主入藏时期。据《玛尼宝训》《吐蕃史世系明鉴》等记载，文成公主入藏带去的医药有"治疗四百零四种病之药物、八观察法及十五诊法，总为六十部，又有四部配药法等等"（祖拉陈瓦，2010），同时带去蔬菜、谷类等种子，改善西藏饮食结构，提高了当地人民营养和健康（赤烈曲扎，蔡贤盛，1981；尕藏才旦，2013）。随行的懂医药的人员，如文成公主随行的韩文海，金城公主随行的汉族医僧马哈耶那等不仅把唐朝先进的医学引入西藏，还积极将其与西藏传统治疗方式融合，逐渐形成和发展成传统藏医。进入清代中后期，张荫棠在西藏进行医疗改革，建立了近代医疗机构——卫生局，专门负责西藏的医疗卫生事业，并在随后对西藏的医疗卫生制度进行了改革，在个人卫生和公共卫生工作方面提出了具体的实施办法。可见，西藏卫生机构的设立紧跟中央政府的改革步伐（曾国庆，黄维忠，2012：227；许广智，2008：4）。

总之，在该时期，中央政府和西藏关系的紧密程度，与中央政府在医疗卫生及健康方面的帮扶强度呈正向的关系，在中央政府的帮助下西藏地区形成了传统藏医和疾病诊治体系，提高了当地人民的健康水平。

（二）第二阶段：清朝末期至西藏和平解放

进入近代，中央政府衰落，加之帝国主义侵略及阶级压迫等使西藏和四省涉藏州县卫生状况变得十分恶劣，传染病、地方病等各类疫病横行，人畜死亡率很高。1934—1937年因伤寒流行就死亡5000多人，各种疾病的流行严重影响了西藏社会经济发展，当地人口减少了五分之三，藏医药濒临绝境。这个阶段，虽然也有一些改善涉藏地区医疗卫生情况的举措，如1940年甘肃省卫生处在夏河等建卫生院，1944年重庆国民政府在夏河县修建省立医院（毛光远，2009）。但是整体来说医疗卫生机构规模小，覆盖范围有限，水平较低。1949年，四川涉藏地区仅有15个医疗机构，病床30张，医务人员不足百人（何朗，李全康，陈志严，等，2011）。西藏平均每万人不足4名医务人员（西藏自治区人民政府办公厅，2002），西藏人民预期寿命为35岁左右。西藏和平解放前，广大农牧区基本上处于无医无药的状态。这种状况出现的原因一方面是当时国家整体社会经济水平较低，另一方面是这些地区受到帝国主义侵略、阶级压迫等，人民群众面临巨大的生存困难。

在该阶段，中央对西藏和四省涉藏州县的医疗帮扶开始有了一定的制度架构，但是由于时代背景所带来的社会动荡，当地的医疗体系发展停滞不前甚至出现了倒退，老百姓的健康水平急剧下降。

（三）第三阶段：西藏和平解放后至今

西藏和平解放后，当地的经济社会文化发展进入全新时期，根据帮扶的特点和措施又可以分成四个小的阶段。

1. 和平解放至改革开放：点线型卫生机构援建与医疗人才培养

西藏和平解放后，为了帮助当地医疗卫生事业发展，改善当地人民健康水平，中央政府及各省市主要采取了以下帮扶措施：建卫生机构，派医护人员，引入先进医疗设备和器材，创办医学院，免费培养以藏族为主的民族卫生人才，实行全民免费医疗等。在随军进藏医疗队的帮助下，各地纷纷建立了医疗卫生机构，如1951年人民解放军第18军在昌都成立的第三办事处卫生所，是西藏成立的第一个卫生机构。为增强对农村居民的医疗服务，20世纪50年代开始甘孜藏族自治州组成巡回医疗队、医疗小组，深入村寨为藏胞治病，医疗队共治疗患者20多万人次，为近4万人接种??，对14万人进行卫生知识教育（四川省地方志编纂委员会，1996：305）。20世纪70年代，国务院卫生部组派由辽宁、山东等八个省市的医务人员组成的赴藏医疗队进藏。他们采取分片负责的方式，为西藏和四省涉藏州县人民提供医疗服务；同时带去先进的医疗设备和器材，改善当地医疗硬件。为解决当地医疗卫生人员短缺的问题，又进一步加强了对医务人员的培训和培养，一般通过当地医疗机构培养和周边省市异地代培的方式。大力发展传统藏医学，1964年在西藏民族学院成立医疗系，1959年自治区筹备委员会建立拉萨藏医院。实现医学院和医疗机构多元人才培养方式相结合，本地培养和外地引入培养相结合。正是在全国帮扶下，西藏和四省涉藏州县实现了在现代医疗卫生方面从无到有的大跨越，其基本医疗卫生网络初步形成，有效改善了当地人民看病就医情况，提高了人民的健康水平。但受到历史和现实条件限制，西藏和涉藏地区医疗卫生技术和水平整体相对较低。

2. 改革开放至2002年：制度化、市场化卫生援藏

改革开放后，中央通过召开全国卫生援藏会议和西藏工作座谈会将援藏作为一项制度确立下来。1983年建立责任更加明确、运行更加可持续的部门对

口支援机制，如四川防疫站对西藏自治区防疫站。在第一、二、三次中央西藏工作座谈会中，都明确把支持西藏和四省涉藏州县医疗卫生作为发展的重点，尤其在第二次西藏工作座谈会中把西藏地区医院建设纳入43项迫切需要的工程项目之一；并且为健康扶贫提供了相应的配套保障，将参加对口支援西藏的卫生技术人员的生活补助费用由多方承担转为由卫生部直接承担，如当时卫生部明确规定从1985年起，对参加对口支援西藏工作满1个月的卫生技术人员，由卫生部每人每月补助人民币100元。1984年11月卫生部在重庆召开卫生系统支援西藏协商会议，会议决定，卫生部直属单位和北京等15个省市的卫生部门将对西藏医疗卫生方面的人才培养、藏医藏药的发展、医疗防疫等工作进行大规模的对口支援（贺新元，2012）。不过受国家整体工作重心转移及以市场价值取向的影响，该阶段中央对西藏医疗方面的帮扶相对减弱。同时在20世纪80年代中期，合作医疗开始大面积解体（王延中，龙玉其，2017），国家改免费医疗为医药费补助，加之全国医疗费用普遍持续快速上涨，部分涉藏地区也出现"看病难、看病贵"的问题（谢惠萍，赵克彬，1998）。这个阶段全国对涉藏地区的医疗帮扶随着援藏制度的发展逐渐制度化和规范化，责任也更加明确，并且建立了较完善的协同保障机制，如增加援藏人员生活补助及解决援藏人员子女上学问题等相应配套制度。但是这个阶段医疗卫生事业发展也深受市场经济理念的影响下，西藏和四省涉藏州县医疗卫生事业和全国医疗卫生事业一样，发展相对缓慢，基层医疗卫生事业发展出现短暂的停滞。

3.2003年至2012年：侧重基层的标准化和服务能力医疗帮扶

2003年"非典"后，国家更加重视农村医疗卫生事业发展。"十一五"期间卫生共投入援藏资金4.6亿元。西藏和涉藏地区适应全国卫生政策调整，对薄弱基层进行重点投入。随着新农合制度的试点，面向广大涉藏地区农牧民的医保制度逐渐建立，在一定程度上减轻大病经济负担，缓解西藏和涉藏地区农牧民"看病难、看病贵"的情况，如青海涉藏地区因病致贫、返贫率比新农合试点前下降了24.2%（李增浩，李晓东，2008）。涉藏地区公立医疗机构开始回归公益性，着重解决"因病致贫、因病返贫"问题。为进一步降低农牧民，尤其是贫困户的医疗负担，又建立医疗救助、大病保险等作为补充，逐渐形成多层次的大病保障体系。

4. 2013年至今：精准、全面、协调的健康扶贫

进入全面深化改革和精准脱贫时期，以习近平同志为核心的党中央非常关心西藏和涉藏地区人民的身心健康，2015年习近平总书记在中央第六次西藏工作座谈会上提出，要"加快摘掉西藏缺医少药的帽子"，从此正式拉开了医疗人才组团式援藏工作的序幕，西藏医疗卫生事业加快了发展步伐。不到两年时间266种大病不出自治区，1726种中病不出市就能得到治疗（孙开远，2017）。为进一步把习近平总书记关于精准扶贫的思想融入实践，国家卫生计生委等15个中央部门于2016年6月20日联合发布了《关于实施健康扶贫工程的指导意见》，更加突出对西部连片特困地区（以西藏和四省涉藏州县为主）的健康扶贫，并纳入国家健康扶贫战略的重点任务，在资金、组织、政策多方面进行倾斜保障，涉藏地区健康扶贫全面进入攻坚阶段。在国家健康扶贫战略的指导下，西藏和涉藏地区各地纷纷出台具体的健康扶贫政策。如甘孜州通过实施"两保、三救助、三基金"医保扶持政策，使贫困患者县域内个人支付占比下降到4.9%[①]，有效减轻了贫困患者的医疗经济负担。为促进优质医疗服务对县域藏民的可及性，四川涉藏地区实施三级医院托管县级医院的帮扶举措（唐作垄，崔勇，曹毅，等，2015）。考虑到当地财政状况和负担能力，2016年青海藏区卫生专项资金取消了地方配套资金的要求。整体来看，这个阶段重点健康帮扶与精准健康扶贫相结合，外部健康帮扶和西藏及涉藏地区内部医疗卫生体制深化改革同时推进。

总之，受特殊的地理环境的影响，西藏及涉藏地区具有相对的封闭性，医疗卫生事业自我发展相对滞后。而高海拔的自然环境，以游牧为主的生产生活方式，促使疾病发生风险较高，人民群众的医疗需求较大，医疗卫生服务需求和供给存在较大失衡。因此，西藏及涉藏地区医疗卫生事业的发展和人民健康水平的提升依赖于外部的推动，尤其是中央政府的帮扶。西藏及涉藏地区健康扶贫与援藏工作紧密相连，同时整体上与国家医疗卫生改革路径一致。从当地的医疗卫生事业发展和健康扶贫的发展演进来看，其医疗卫生事业的发展与中央政府的强弱及中央政府与西藏及涉藏地区的互动密不可分，当地医疗卫生事

---

① 《我州深入推进健康扶贫工程》，甘孜藏族自治州卫生和计划生育委员会网站，2017-06-16。http://www.gzzwjw.gov.cn/preview/article/4540.jhtml。

业取得的重大突破和发展都出现在西藏与中央政府关系密切、交流频繁的时期。西藏和四省涉藏州县医疗卫生事业是我国医疗卫生事业的一个重要组成部分，我国医疗卫生事业的进步推动西藏及涉藏地区医疗卫生事业的快速发展，西藏及涉藏地区医疗卫生事业的发展也促进着我国整体医疗卫生事业的发展，为其他民族地区医疗卫生事业的发展提供了有益经验。

四、西藏和四省涉藏州县健康扶贫取得的成绩

实施各项健康扶贫措施以来，在中央政府、各省市和社会各界的合力帮助下，加之西藏和涉藏地区人民群众的共同奋斗，当地医疗卫生事业取得了一系列巨大的成绩。这些成就极大地提高了西藏和涉藏地区人民的健康水平，人民的安全感、获得感、幸福感和对党的认同感得到提升，证明了西藏和四省涉藏州县健康扶贫政策的正确性和前瞻性。

（一）基本医疗卫生服务逐步均等化

在中央健康扶贫战略的引导下，自2013年以来，西藏及涉藏地区各级政府高度重视扶贫工作，当地的医疗卫生水平有了很大的提升。国家卫生计生委主任李斌在2016年9月23日的全国卫生计生系统对口支援西藏工作会议上提到，在有关各方的共同努力下，西藏和四省涉藏州县城乡医疗卫生服务体系逐步健全，各族群健康水平不断提高。①

在健康扶贫的工作过程中，各地政府始终以习近平总书记"因地制宜"的扶贫思想为核心，在党中央大的方针背景下根据当地的具体情况制定适宜的健康扶贫政策。例如在西藏地区，鉴于当地农牧民劳动力素质不高、生存环境恶劣且贫困人口类型相当复杂等因素，西藏自治区政府出台"合作社＋"的相关项目以提升整村农牧民的医疗健康水平（刘晓桦，2016）。四川政府探索和尝试协同治理与多项减免政策，其中包括减免挂号费、就诊费和体检费等（陈云

---

① 《国家卫生计生委部署推进卫生健康援藏工作——全国卫生计生系统对口支援西藏工作会议在林芝召开》，中央政府门户网站，2016－09－27. http://www.gov.cn/xinwen/2016－09／27/content_5112792.htm.

霞，2017）。青海政府与中国人寿青海省分公司联合出台精准扶贫"健康保"项目，着力解决因意外事故、因病致贫返贫问题等。①

（二）基层医疗卫生服务能力持续提升

健康扶贫过程中基层医疗服务能力的提升主要体现在软件和硬件两个方面。其中，软件方面主要是指医疗医护人员数量和质量的不断上升，硬件方面则是指医疗服务基础设施的升级与改进。1959 年西藏每千人口床位数 0.4 张、医生数 0.37 人，2017 年上升至每千人口床位数 4.79 张、医生数 2.24 人，分别增长了近 11 倍和 5 倍。② 到 2016 年，四川涉藏地区有 10 067 个医疗机构，医生 3 900 人，卫生技术人员 18 695 人，基层医疗服务能力显著提升。③ 以四川省阿坝藏族羌族自治州为例。从表 1 可以看出在 2016 年阿坝藏族羌族自治州的医疗机构卫生人员水平虽然与全国平均水平仍有一定差距，但是已经和全省基本接近，每千人口卫生技术人员的数量甚至超过了全省的平均数量，这从根本上保证了阿坝藏族羌族自治州医疗卫生事业的不断发展。

表1　2016 年四川省部分地区医疗卫生机构卫生人员数

范围	每千人口卫生技术人员数	每千人口执业（助理）医师数	每千人口执业医师数
全国	6.13	2.32	1.99
全省	6.01	2.25	1.86
阿坝州	6.52	2.25	1.71

数据来源：四川省卫生统计年鉴 2016 年

在基础医疗设施方面，通过卫生基础设施建设项目的实施，西藏和四省涉藏州县医疗服务水平显著提高，业务用房紧缺、附属设施不配套的情况得到缓解，就医条件明显改善，医疗卫生服务体系实现全面覆盖。以青海为例。在"十二五"期间，青海省发展改革委共安排全省卫生基础设施建设资金 32.21 亿元（其中，中央预算内投资 24.96 亿元，省级资金 7.25 亿元），完善了基层医疗卫生服务体系、精神卫生防治体系、儿童医疗服务体系等 13 个体系，建

---

① http://www.qhwjw.gov.cn/ztbd/JKFP/GZDT/2018/04/08/1523154532224.html. 青海省卫生和计划生育委员会。
② 数据来源：根据历年西藏统计年鉴计算整理得到。
③ 数据来源：《中国统计年鉴 2017》和《四川省卫生和计划生育统计年鉴（2016）》。

设了数量众多的县级医院、专业医院业务用房、妇幼保健院、疾控中心实验室等，并建设了本省的全省卫生信息化、基本药物集中采购使用系统、基层医疗卫生机构管理信息系统项目（解丽娜，2016）。

（三）医疗保障水平稳步提高

随着多层次医疗保障体系不断完善，对深度贫困地区的政策倾斜，这些地区报销比例持续提高，个人自付医疗费实现了微支付，甚至零支付，使个人潜在的医疗需求被释放，医疗需求快速增长。如2012—2016年西藏医疗机构的诊疗人次数增长了37.72%，是同时期全国增长率（15.15%）的两倍有余。[①] 同时，四省涉藏州县的医疗保险参保率和报销比例有了一定的提高。从表2可以看出，四川省阿坝藏族羌族自治州医疗保险报销比例虽然在五年间呈现出小范围的波动，但总体呈现出上升趋势；医保参保率在经过一段时间的上升之后稳定在了97%的水平（如表3所示）。

表2 2011—2016年阿坝州基本医疗保险住院报销比例

年份	2016	2015	2014	2013	2012	2011
城镇职工	84.00%	77.70%	78.67%	78.52%	79.44%	76.8%
城镇居民	75.00%	75.00%	72.88%	75.34%	74.03%	70.50%

数据来源：据阿坝州统计年鉴整理

表3 2011—2016年阿坝州基本医疗保险参保率

年份	2016	2015	2013	2012	2011
参保率	97%	97%	98%	96%	95.50%

数据来源：据阿坝州统计年鉴整理

（四）健康水平持续改善

随着健康扶贫政策的不断推进，西藏和四省涉藏州县人民的健康水平得到极大改善。西藏地区人民的预期寿命从1949年的35岁左右上升到2016年的68.7岁。[②] 以青海省为例。从表4可以看出，2013年到2016年，青海省的婴

---

① 数据来源：《中国统计年鉴2017》。
② 数据来源：《中国统计年鉴2017》和《四川省卫生和计划生育统计年鉴2016》。

儿死亡率、5 岁以下儿童死亡率和孕产妇死亡率都在不断降低，并且在未来有继续下降的趋势直到趋于稳定，这表明随着健康扶贫政策的推进，青海省居民的健康水平正在稳步上升。

表 4　2013—2016 年青海省健康水平相关数据

年份	2016	2015	2014	2013
婴儿死亡率（‰）	10.29	11.5	12.21	12.58
5 岁以下儿童死亡率（‰）	12.73	14.42	15.19	15.24
孕产妇死亡率（‰₀）	31.95	33.29	44.02	36.15

数据来源：据青海省统计年鉴整理

五、西藏和四省涉藏州县健康扶贫的经验总结

（一）坚持党的领导和科学的指导思想

2011 年 7 月 19 日，在西藏和平解放 60 周年庆祝大会上，习近平总书记就曾经指出："要按照努力使全区各族群众学有所教、劳有所得、病有所医、老有所养、住有所居的要求……大力发展医疗卫生事业，加快建立和完善覆盖城乡居民的社会保障体系，加大扶贫开发力度。"2013 年 11 月，习近平总书记到湖南湘西考察时对扶贫工作作出重要指示，并首次提出了实事求是、因地制宜、分类指导、精准扶贫的扶贫指导原则。习近平总书记指出："扶贫开发贵在精准，重在精准，成败之举在于精准。各地都要在扶持对象精准、项目安排精准、资金使用精准、措施到户精准、因村派人（第一书记）精准、脱贫成效精准上想办法、出实招、见真效。"① 习近平总书记的扶贫开发思想，充分体现了社会主义的本质要求，是伟大中国梦理论的重要组成部分，对西藏和四省涉藏州县健康扶贫的全面发展具有指导意义。健康扶贫措施不仅结合了当今涉藏地区经济和社会发展的现状，即充分考虑了西藏和四省涉藏州县作为中国

---

① 《习近平：西藏进入全面建成小康社会决定性阶段》，人民网，2015－09－09. http://politics.people.com.cn/n/2015/0909/c1001－27562697.html.

特有的连片贫困区的具体实际,又充分吸收了改革开放以来中国反贫困事业中取得的成功经验。其在政策制定中,以健康为出发点,融入健康理念,形成全面改善人民健康的新格局,尤其是提出了加强健康教育、宣传和引导,有利于提升这些地区人民对健康的认识。

(二) 中央全力支持和其他省市及组织的有力帮扶

西藏和四省涉藏州县的健康扶贫工作具有一定的历史基础。中央对于西藏医疗卫生服务的大力支持可以追溯到唐朝。从文成公主入藏开始,中央对西藏医疗方面的扶贫力度在不断加大,随着扶贫经验的不断积累,这些地区的扶贫开发工作在不断加强。在国家卫生计生委在北京召开的全国卫生计生系统对口支援西藏工作会议上,中央明确"十二五"期间安排西藏和四省涉藏州县卫生计生建设项目资金共计23.7亿元,重点支持公共卫生服务体系、医疗服务体系以及藏医院等基础设施建设;各对口支援省市援藏规划确定了卫生计生援藏项目资金9.9亿元,重点支持基础设施建设、设备配置、人才培养等工作。例如,为贯彻落实习近平总书记提出的"精准扶贫"指示精神,中华慈善总会于2015年11月设立并积极开展了新的慈善项目"西藏和四省涉藏州县千名贫困家庭包虫病患者救助行动"①;天津市宁河区医院自从与西藏自治区昌都市江达县人民医院签署对口帮扶协议以来,先后多次派遣医务人员赴受援单位进行帮扶,并接收当地医务人员来宁河区医院进修学习;威海市从2015年开始对口支援青海省门源县中医院的医疗工作,对当地医院规范化管理、医护质量管理做出了贡献。

总之,经过中央政府的大力支持、各省市的对口帮扶和其他社会组织的通力合作、积极帮扶,西藏和四省涉藏州县贫困状况得到了很大程度的缓解,医疗卫生水平得到显著提升,人民健康状况得到有效改善。

(三) 西藏和四省涉藏州县政府和人民的不懈努力

西藏及涉藏地区的努力可分为健康理念转变和匹配健康服务供给改进两个方面。健康不仅限于疾病治疗、医疗卫生的范畴,而且已经扩展到与健康相关

---

① 《藏区千名贫困家庭肝包虫病患者救助行动启动》,新华网,2016-01-05. http://www.xinhuanet.com/mil/2016-01/05/c_128596708.htm.

的各方面，成为一个广义的概念。自 2013 年以来，这些地区的健康扶贫治理观念由被动的医疗费用保障向主动的健康干预和健康治理转变，多维度、多举措改善西藏及涉藏地区人民健康，力图真正消除该地区健康贫困问题。健康扶贫，要降低医疗费用，提高医疗服务质量，使人民能看得上病、看得好病、看得起病，消除人民疾病的痛苦和疾病带来的生产和生活的不便。西藏及涉藏地区引进了优秀的医务人才和先进的设备，提升了现代医疗服务技术水平；同时完善这些地区医疗服务传递的方式，使人民切身感受到医疗卫生改善带来的红利，获得"近距离"实惠。如基于地理环境、农牧民生产生活特点，探索建立了流动型公共服务供给模式，减少人们看病的间接成本。根据农牧民夏秋流动、冬季定居的生活生产习惯，夏秋季节建立流动卫生所，逐渐完善巡回医疗制度；在冬春定居点附近建立临时医疗机构，同时在农牧民集中参加宗教活动的场所附近建立医疗机构，提供免费或者低收费的检查和治疗。

六、小　结

从历史纵向可以看出西藏和四省涉藏州县医疗卫生事业发展与中央政府的帮扶有密切的关系，大规模的帮扶可以追溯到唐朝。西藏和平解放后，在中央和全国各地的帮助下，西藏及涉藏地区医疗卫生事业实现了从无到有的跨越式发展，整体医疗卫生服务水平有大幅度的提升，并逐步实现基本医疗卫生服务均等化，人民健康获得感明显提升。尤其是实施精准扶贫方略以来，西藏及涉藏地区医疗卫生事业的高速发展得益于习近平总书记精准扶贫理论的指导，充分尊重藏区经济社会文化现实和医疗卫生事业发展的客观规律，体现了中国特色、中国创新。

参考文献：

陈良兵，李秀铎，2017. 对实施"四省一区"藏区精准脱贫的多维审视 [J]. 西藏大学学报（社会科学版）(3)：172-176.

陈云霞，2017. 四川藏区精准扶贫实效调查研究 [J]. 民族学刊 (3)：19-24.

赤烈曲扎，蔡贤盛，1981. 略谈吐蕃迁都的原因及松赞干布、文成公主的历史功绩 [J]. 西藏民族学院学报 (1)：42-49.

方素梅，2016. 西藏农村的医疗卫生服务能力建设［J］. 西藏民族大学学报（哲学社会科学版）（5）：35—41.

尕藏才旦，2013. 再论文成公主进藏对汉藏文化交流的促进及其精神的延续［J］. 西藏大学学报（社会科学版）（04）：72—78.

何朗，李全康，陈志严，等，2011. 四川藏区的医疗现状及解决策略初探［J］. 西部医学（11）：2288—2290.

贺新元，2012. 中央援藏机制的形成、发展、完善与运用［J］. 西藏研究（06）：1—14.

黄承伟. 为全球贫困治理贡献中国方案［N］. 人民日报，2017—07—20（03）.

李敏，顾俊，2012. 中国医疗卫生效益分析之系列研究——2010年西藏、青海、宁夏三地医疗行业效益分析［J］. 价值工程（28）：322—323.

李增浩，李晓东，2008. 青海藏区卫生水平大幅提高［N］. 健康报，2008—04—02（01）.

李中锋，2011. 西藏共享型医疗卫生事业的发展［J］. 人权（4）：32—37.

林闽钢，2016. 在精准扶贫中构建"因病致贫返贫"治理体系［J］. 中国医疗保险（02）：20—22.

刘洪，唐曦，陈喆，等，2016. 医疗卫生精准扶贫高海拔藏区贫困县的思考与建议［J］. 中国农村卫生事业管理（06）：684—689.

刘晓桦，2016. 西藏牧区精准扶贫政策研究［D］. 拉萨：西藏大学.

毛光远，2009. 抗战时期甘南藏区医疗卫生建设研究［J］. 西藏大学学报（社会科学版）（04）：94—100.

孟庆国，胡鞍钢，2000. 消除健康贫困应成为农村卫生改革与发展的优先战略［J］. 中国卫生资源（06）：245—249.

四川省地方志编纂委员会，1996. 四川省志·医药卫生志［M］. 成都：四川辞书出版社.

孙开远，2017. 为了300万人民的健康——医疗人才组团式援藏工作纪实［N］. 西藏日报，2017—08—02（03）.

唐作垒，崔勇，曹毅，等，2015. 四川藏区三级医院托管县级医院的实践与思考［J］. 中国医院管理（10）：77—78.

王延中，龙玉其，2017. 民族地区社会保障反贫困研究［M］. 北京：经济管理出版社.

西藏自治区人民政府办公厅，2002. 全国支援西藏［M］. 拉萨：西藏人民出版社.

谢成范，1991. 西藏的医疗卫生事业和高原病研究的成就［J］. 中国藏学（2）：37—50.

谢惠萍，赵克彬，1998. 四川藏区的扶贫开发必须与疾病防治紧密结合［J］. 中国卫生经济（9）：25—27.

解丽娜，2016. 青海省"十二五"期间医疗服务能力全面提升［EB/OL］. （2016—01—24）［2020—12—19］. http://www.gov.cn/xinwen/2016-01/24/content_5035680.htm.

许广智，2008. 西藏地方革命史稿［M］. 北京：中国藏学出版社.

曾国庆，黄维忠，2012. 清代藏族历史［M］. 北京：中国藏学出版社.

周寿祺，1987. 扶贫必须扶病——贵州农村卫生见闻［J］. 中国卫生经济（04）：27-30.

祖拉陈瓦，2010. 贤者喜宴：吐蕃史译注［M］. 黄颢，周润年，译注. 北京：中央民族大学出版社.

新中国成立初期乡村文化建设的基本经验[①]

张云华　陈家玲　韩亚伟

摘　要：新中国成立初期，在经济、文化百废待兴的背景下，我国积极开展乡村文化建设，为今天的乡村文化建设奠定了基础，同时也丰富了我国乡村文化建设的思想认识。其基本经验如下：坚定立场，坚持乡村文化的社会主义方向；以人为本，积极培育乡村文化振兴主体；贯穿古今中外，学习借鉴优秀文化；政府有为，提升乡村公共文化建设水平。

关键词：中华人民共和国成立初期；乡村文化建设；基本经验

新中国成立初期，我国乡村百废待兴，如何建设符合社会主义中华人民共和国的乡村文化成为亟待解决的问题。刚解放的中国农村仅仅完成了制度的现代化，思想观念的更新还没有跟上。农村社会要从千余年的封建思想和传统观念中解放出来，面临诸多困难。新中国成立初期，我们党在马克思列宁主义、毛泽东思想的指导下，开展了乡村文化建设，取得一系列丰富的实践成果，为后来的乡村文化建设奠定了基础，也形成乡村文化建设的重要经验，给予新时代我国乡村文化振兴以宝贵的经验借鉴和现实启示。

[①] 作者简介：张云华，四川大学人才工作领导小组办公室副主任，助理研究员，研究方向为马克思主义中国化和党的建设；陈家玲，四川大学马克思主义学院，硕士研究生，研究方向为马克思主义中国化；韩亚伟，四川大学马克思主义学院，博士研究生，研究方向为马克思主义中国化。

一、坚定立场，坚持乡村文化的社会主义方向

马克思曾说："统治阶级的思想在每一时代都是占统治地位的思想。"（中共中央马克思恩格斯列宁斯大林著作编译局，2012：178）无产阶级成为统治阶级后，理应要求与之相适应的无产阶级思想占据思想文化的统治地位。我国乡村文化建设要始终坚持党的领导，确保马克思主义在乡村文化领域的主导地位，保证我国乡村文化符合社会主义性质，这是我国乡村文化建设的根本立场和方向。只有坚持中国共产党对乡村文化的领导，才能确保我国乡村的文化安全，避免农村群众在多元社会思潮的冲击中出现信仰迷失、价值混乱、精神萎靡等情况，进而威胁到我国乡村文化的生存和发展。新中国成立后，如何用马克思主义的思想、观点和方法武装农民的头脑成为当时文化建设的首要问题。这一时期中国共产党主要从确立马克思主义在农村文化中的主导地位、培育社会主义道德风尚等方面改造乡村文化的旧方向，将乡村文化建设转移到社会主义建设的正确轨道上来。

（一）确立和坚持马克思主义在乡村文化中的主导地位

毛泽东提出："领导我们事业的核心力量是中国共产党。指导我们思想的理论基础是马克思列宁主义。"（中共中央文献研究室，1990：554）我国是社会主义国家，乡村文化建设应当以马克思列宁主义为指导思想，这是共产党执政后对中华人民共和国文化建设的必然要求，也是无产阶级领导权在文化上的反映和表现。

新中国成立初期，我国在乡村文化建设中确立马克思主义主导地位的举措包括推动大量马克思主义图书下乡和改造农村旧式学堂。首先是马克思主义图书下乡活动。文化部在部署1955年文化工作任务时提出："出版工作应力求适合国家建设和人民的需要，着重发展马克思列宁主义基础理论、党的政策解释……的出版工作。"我国大量出版和编译马克思主义经典著作，并由宣传部、文化部等单位提供给农村俱乐部、农村图书室和文化室，通过图书下乡，为农民了解唯物主义知识提供条件。其次，改造农村旧式学堂。为实现乡村文化的现代化，新中国成立后我国着手改造封建社会遗留的以传授四书五经为主的私

塾，一方面对教师进行社会主义改造，另一方面将历史唯物主义和辩证唯物主义思想纳入教学，在农村确立现代化中小学教育制度。通过改造农村学校的教育形式和内容，为进一步促进马克思主义在农村的传播奠定了基础，促进确立马克思主义理论在农村文化建设中的主导地位。

坚持马克思主义的主导地位是我国乡村文化建设不变的主题，也是我国乡村文化振兴最根本的方向。在新时代新背景下，我们仍然要坚持乡村文化建设的社会主义立场。当今我国乡村社会面临着西方意识形态和价值观念的输入，特别表现在近年来西方宗教势力在农村的扩张，基督教、天主教深入村庄（欧阳雪梅，2018），试图冲击我国乡村社会主义先进文化的引领力。除此以外，多元社会思潮也涌入乡村社会，影响着村民的价值判断和选择。西方意识形态的冲击一定程度上影响了村民对传统文化、先进文化的文化自觉和文化认同，阻碍了我国的思想道德建设。因此，我国的乡村文化建设要推动辩证唯物主义和历史唯物主义思想与我国农村群众的结合，特别应重视"无神论"教育。坚持马克思主义主导地位是维护我国乡村文化安全的要求，也是实现我国乡村文化现代化的必然之路。

（二）破旧立新，树立社会主义道德风尚

乡村的社会主义文化建设并不是一帆风顺的，落后文化、腐朽文化是乡村文化建设道路上的绊脚石。与腐朽文化作斗争，消灭和改造落后文化，用社会主义新风尚引领乡风是党和国家文化建设的重要任务。20世纪50年代我国农村社会普遍形成团结一致、争当"中华人民共和国建设者"的良好风气（李长莉，2019）。当时人们积极向上的精神面貌和淳朴的民风至今让人津津乐道，值得我们从中汲取经验。总体来说，中华人民共和国成立初期，我们主要通过制定法律、创新思想政治教育传播载体和发挥先进模范引领作用等方法在农村破旧立新，用社会主义思想观念教育农民，促进我国农村良好的道德风尚和文明乡风的形成。

以法律的强制性破除恶习。新中国成立后，我国颁布了多项与社会风气有关的法令，对农村旧风气、旧道德产生巨大冲击。为肃清危害国民身心健康的鸦片，新中国成立初期我国就颁布了多项禁毒法令，包括《政务院关于严禁鸦片烟毒的通令》(1950)、《重申禁毒命令》(1951)、《关于肃清毒品流行的指示》(1952)等。这些举措彻底根除了旧中国鸦片泛滥的状况，防止鸦片继续

侵害我国国民身心，净化了当时的社会风气。另外，我国还在1950年颁布了《中华人民共和国婚姻法》，引导社会风俗转型。其中包括法定结婚年龄，禁止封建社会普遍存在的早婚、童养媳等陋俗；一夫一妻制；保障寡妇再嫁的权利和自由，使束缚和压迫妇女的封建"守节"思想遭受巨大冲击；倡导婚姻自由，改变以往包办婚姻的传统，使自主选择婚姻的意识在全社会广泛传播。《中华人民共和国婚姻法》的颁布极大地冲击了封建礼教对农民群众的思想束缚，为消除农村与婚姻相关的封建思想及恶习陋俗提供了法律支撑和引领。

创新思想政治教育的传播载体。新中国成立初期，中国共产党十分重视发挥广播、电影等当时快速和先进的传播手段的作用，以加强对农民的思想政治教育。1950年新闻总署就发布了《关于建立广播收音网的决定》，使广播成为当时传播速度最快、传播范围最广的载体。广播也成为宣传我们党的理论、政策，传播科学知识、文明生活方式的重要渠道，在农村布局广播收音网是党创新思想政治教育传播载体的重要表现。广播的广泛宣传，不仅告知农民新社会倡导的行为标准，还潜移默化地影响农民的行为，从而引领农村社会风尚朝着现代化方向迈进。另一方面，电影下乡也对农村社会风气变化产生了积极作用。观看电影是农民群众喜闻乐见的活动之一，群众的参与性、积极性都十分高。同时，电影也是有效的宣传手段，新中国成立初期，文化部每年文化工作的文件都将电影作为重要的一类单独阐述。文化部规定，选择下乡电影具体影片时要兼顾其政治水平和艺术水平，特别是要注意选择体现社会主义社会优越性、反映旧社会剥削和压迫的电影。这类电影批判了旧文化对人的禁锢，潜移默化地影响人们的思想观念，为树立先进的社会风尚贡献了力量。

发挥先进典型的榜样示范作用。一方面是发挥广大党员干部的示范引领作用。毛泽东总结新民主主义革命时期开展农村思想政治教育的经验时指出，广大党员干部应当对农民进行社会主义教育，用集体主义精神改造自私自利的资本主义的自发倾向，用大规模合作化的思想改造狭隘的小农意识。发挥基层党组织和党员的作用，对农民进行有效的思想政治教育，改造农民的旧有观念，引导农民形成与社会主义新社会相适应的观念。另一方面，开展榜样学习活动，新中国成立初期，学习雷锋和大寨精神是典型代表。20世纪60年代雷锋的事迹在全国流传广泛，他"把有限的生命投入到无限的为人民服务之中去"的精神使人们备受鼓舞，形成助人为乐的良好社会风气，在这样的大环境下推动乡村社会形成淳朴、善良的文明乡风。另外，"农业学大寨"的号召助力农村形成社会主义集体主义道德风尚。山西大寨人在该村党支部领导下,共同改造当地恶劣的自然环境,在全国因自然灾害而普遍歉收的情况下仍实现粮食丰收。这种团结一致、注重集体的大寨精神极大地冲击了传统的小农意识,是社会主义道德新风尚的题中之义。向模范人物、模范村庄学习的浪潮使农村逐渐形成良好的社会主义道德风尚,这也为社会主义建设初期人民始终艰苦奋斗、积极建设打下重要的思想基础。

新中国成立初期,在农村破旧立新、树立社会主义道德风尚的一系列举措,为新时代社会主义核心价值观在乡村文化建设中发挥引领作用提供了经验和借鉴。首先,发挥法律的价值引领作用和强制作用。完善立法,用法律的强制力约束诸如邪教传播等行为,用法律遏制腐朽文化的传播势头,为乡村社会营造清朗的文化生态。其次,利用新媒介,用新颖、多样的载体传播社会主义核心价值观。当今科学技术日新月异,有了更加多样、新颖和先进的传播方式与手段,我们更应该创新传播途径和载体,力图将社会主义核心价值观的宣传与村民日常生活相融合,使主流价值观的传播"润物细无声"。最后,坚持发挥典型的模范作用。树立先进典型、号召广泛学习是我国乡村文化建设的重要法宝之一。新时代开展先进评选活动,要注意以社会主义核心价值观的价值导向为评价标准,通过对先进模范的表彰,让农村群众知晓什么样的行为和观念是值得倡导和学习的,从而发挥主流价值观的引领和导向作用。

二、以人为本,积极培育乡村文化振兴主体

农民群众既是乡村文化振兴的服务对象,也是乡村文化振兴的创造主体和实践主体。人的因素贯穿乡村文化建设的始终,乡村文化能否振兴关键在人,其中本土农民是乡村文化振兴的主体力量和内生力量。新中国成立初期,中国共产党的乡村文化建设十分重视培育农民的科学文化素质和思想道德素质,这给予我们重要启示:乡村文化振兴要重视发挥农民的主体作用。

(一)重视教育,提升农民基本文化素质

新中国成立后,党中央十分重视提升农民的科学文化素质,重塑农民的思想道德观念,积极引导农民的思想观念与社会主义中国相适应。首先体现在如

火如荼的扫盲运动上,扫盲运动力图改变历史遗留的农村文化荒漠问题,为农村文化建设扫除障碍。新中国成立初期我国文盲率极高,在农村甚至达到了95%(何涛,2014),村民普遍低层次的文化水平制约着我国乡村经济、文化、社会治理等各方面的发展。党和国家领导人高度重视这一问题,20世纪50年代掀起了三次全国范围内的大型扫盲运动,劳动人民热情高涨,积极参与这场识字浪潮。在这场声势浩大的扫盲运动中,为克服师资不足的问题,党提出了"能者为师,以民教民"的原则,鼓励农民互帮互助、相互学习,先学的教后学的。同时,充分考虑农民的职业特点,充分利用农闲时间,开展多样化的教学方式,比如举办夜校、妇女补习班、冬学等,极大地调动农民学习积极性,取得了良好的效果。从1949到1960年大概有1.5亿人参加了各种形式的扫盲运动[1],扫盲运动真正调动了农民的积极性,发挥了农村在乡村文化建设中的主体作用。总之,新中国成立初期的三次扫盲运动覆盖范围广、成效显著,为提高农民文化素质和促进乡村文化建设作出了卓越贡献。

其次,结合乡村特色开展文化教育。新中国成立初期,党和国家领导人就强调乡村的教育事业要以农民需要为导向,即农村教育要以适合农村生产力的发展为根本要求,要以解决农民问题为着力点,要以培养出推动农村现代化发展的人才为关键。基于这一思想,我国的乡村文化教育在与生产劳动相结合的原则下顺利开展。内容上,除基本识字,还注重传授与农业生产劳动相关的科学知识,包括土壤学、植物学、农业化学,以及相关的农业生产技术,使农村教育契合农民生产需要。在形式上,除建立正规化的学校教育体制,还建立与城市不同的半工半读学制,以保证农民的生产劳动时间,这些都是乡村文化建设不可或缺的组成部分。

人才是乡村文化建设的关键,人才的培养离不开教育的发展。新中国成立以来,我国乡村文化建设十分重视农民教育,在中国特色社会主义进入新时代的今天,培育乡村本土文化人才,首先重视教育的发展。一方面,提升教育的水平和质量。教育是提升农民综合素质的关键,而教育与实现乡村文化振兴二者相互贯通。只有改造迷信愚昧的农民,才能够创造出更多优秀的乡土文化,也只有乡村文化振兴才能提升农民的基本素质、改变农民的精神面貌。同时,

---

[1] 《让更多的人识字——建国初期扫盲纪实》,中央政府门户网站,2009-08-20. http://www.gov.cn/jrzg/2009-08/20/content_1397146.htm.

教育的进步也能为乡村的发展培养和输送高质量人才，通过人才振兴助力文化振兴。另一方面，农村的文化教育要结合农村特色，这是当时乡村教育的亮点，也是今天乡村教育所要重点关注的问题。具体说来，可以在基础教育中适当加入乡土文化的内容，以乡土文化的传承和创新助力乡村文化建设。此外，除了在基础教育阶段加入乡土文化内容以外，还应当注重对乡村成年人的文化培训和教育，鼓励农民终身学习、积极进取，全面推动乡土文化教育。

（二）充分调动农民主体性、积极性

提升农民的基本素质是乡村文化振兴得以顺利实现的前提，而充分调动农民参与乡村文化建设工作的积极性和主动性则是关键。20世纪四五十年代，我国乡村基层群众性文化工作极具特色，不仅成立了若干乡村文化事业机构，还发展了农村俱乐部、农村剧团等群众业余文化艺术组织，在广泛的群众文化活动中开展各项农村文化建设工作，充分调动了农民的主体性、积极性。

乡村文化建设机构是乡村文化建设的主力军和主阵地，在党的文件中，文化馆、文化站定义为密切联系群众的、开展群众文化活动的事业机构（中华人民共和国文化部办公厅，1982：262），其基本功能包括满足当地农民的精神文化需求，开展爱国主义教育和宣传社会主义思想观念，鼓励农民投入本村的经济、文化等各方面的建设活动等。新中国成立初期，此类文化事业机构通过放电影、办讲座、剧团演出等方式开展了形式多样的群众性文化活动，极大地丰富了当地农民的文化生活。同时，文化馆、文化站在群众性的宣传教育上也发挥了重要作用，例如文化馆在开展文艺活动中融入了国家大政方针和政策的宣传，在电影、戏曲放映时注意内容先进性，在潜移默化中加强了对群众的思想政治教育。

农村俱乐部是具有自愿性和业余性的群众文化组织。1951年我国文化部颁发的工作要点文件就提出村镇要结合各地实际，在经济条件允许的村镇设立农村俱乐部。1956年出台的《关于配合农村合作化运动高潮开展农村文化工作的指示》（以下简称《指示》）中提出要把建立以俱乐部为中心的农村文化网作为农村文化工作的关键（中华人民共和国文化部办公厅，1982：280）。农村俱乐部是乡村开展文化活动的场所，也是对农民进行理论宣传的重要基地，在乡村文化建设中发挥了重要作用。《指示》中还强调，农村文化俱乐部的主要内容应包括宣传、教育、卫生等方面，形式则要求尽量活泼有趣，契合农民需

求。相比强制灌输的方式，农村俱乐部的自愿、业余的方式更能吸引农民自觉加入，充分调动农民的积极性和主动性。

实现农村文化现代化不能仅依靠知识分子下乡，更要发挥当地农民的主体作用，尊重农民的文化创造，农村文化现代化才能有持续不断的内生力量。农民是文化建设的服务对象，也是文化创造的主体，民间技艺、传统乡土文化就是农民文化创造性和自主性的充分见证。新时代乡村文化振兴更应当充分鼓动农民积极参与本村的文化建设，这不仅能够满足农民的精神文化需要，而且还能使农民在参加各类群众性文化活动中自觉或者不自觉地进行文化创造。为此，各地村委会不仅要建设、完善和充分利用文化站、文化馆等文化场所，为群众提供开展文化活动的基本场地和条件，还要借鉴 20 世纪四五十年代的农村俱乐部，支持本村农民组织业余文化团体和组织，鼓励农民进行文化创造，丰富乡土文化内容，以激发农民发挥主体力量，使其积极参与乡村文化振兴。

三、贯穿古今，学习借鉴优秀文化

中华优秀传统文化源远流长，是乡村文化建设可以汲取内容和精神力量的宝贵资源，其中的乡土文化更是乡村文化中最具特色的部分。新中国成立初期我国农村社会亟待建设社会主义新文化，如何对待古今中外文化成为一道难题。当时我国就确立了"古为今用、洋为中用"的方针，至今仍然具有深远的意义。

文化建设起步之时就面临如何对待悠久的中华文化和与本土风格迥异的外来文化的问题。20 世纪初的新文化运动期间，有人主张全盘西化，完全接受西方文化而摒弃中华文化，也有人提出要全面尊孔复古。在传统文化的存留与外来文化的冲击中，如何寻求平衡以形成有中国特色的现代性的乡村文化是近代以来我国乡村文化建设中值得审视和深思的主要课题。对此，毛泽东提出对待古今中外一切文化成果，要坚持"古为今用、洋为中用"的方针，即吸收古代文化和外来文化的优秀成分，为我国文化的发展所用，由此确立了对待传统文化、外来文化的科学态度。传统文化是我国乡村文化建设的根基，其中优秀的思想观念、人文精神和道德规范仍具有穿透时空的魅力，如尊孝崇义、家庭为本、谦恭友善等思想观念，已然成为一种文化基因代代传承，是我国乡村文化建设不能割舍的重要精神资源。但传统文化中亦存在封建迷信、三纲等糟粕，这些落后的思想观念、行为习惯与乡村现代化发展方向不符，甚至在一定程度上阻碍着乡村文化现代化的进程。同时，外来文化中既有先进的、现代的成分，可供借鉴和学习。正如《论十大关系》中毛泽东提到的："一切民族、一切国家的长处都要学，政治、经济、科学、技术、文学、艺术的一切真正好的东西都要学。"（毛泽东，1999：41）但这并不意味着全盘吸收外来文化，外来文化中也有与我国主流价值观相悖的内容和资产阶级腐朽文化的因素。需要警惕的是，一些涉及意识形态安全的西方价值观披着文化的外衣对我国进行文化渗透。因此，吸收外来文化时，必须坚持为我国文化建设服务的原则，善于剖析和研究，区分出精华和糟粕，从而批判性地吸收，有针对性地借鉴，才能为我国乡村文化发展提供历史借鉴和成功经验。

新时代的乡村文化建设仍然面临着如何正确对待古今中外文化的问题。随着现代化进程和全球化趋势的推进，当前我国乡村社会面临多元文化的冲击和价值选择。一方面，社会转型期中乡村社会传统价值观念面临与现代价值观念的冲突。当前乡村社会出现现代社会价值观与一些传统价值观念相冲突的情况，比如儒家"重义轻利""见利思义"的思想，与现代市场经济体制所倡导的"竞争观念""利益观念"相矛盾。农民的价值观念在传统和现代中拉扯，陷入价值选择的困境。另一方面，全球化潮流中我国乡村社会面临中国传统文化与西方现代文化的较量。与新中国成立初期相比，当今西方文化在我国乡村社会的传播范围更广、内容更丰富。在信息化高度发达的21世纪，西方思想观念和生活方式已经可以轻易、广泛地流入我国乡村地区，并深刻影响农民原有的思想观念和价值取向。多元文化思潮不断冲击和影响着农民原有的价值观念，给我国乡村地区社会主义文化建设带来了困难，这就迫切需要我们树立对待传统文化和外来文化的正确态度，以减轻西方文化对我国农村文化带来的冲击。中华人民共和国成立七十多年的经验证明，只有以正确的态度对待传统文化，发挥传统文化的优势，才能不断焕发出新的生命力，为我国乡村文化建设提供不竭的思想动力和源泉。实现新时代乡村文化振兴，既不能全盘否定也不能不加选择地全盘吸收，需要我们辩证地看待和取舍中华文化和西方外来文化。一方面，需要我们不忘本来，从传统文化中汲取力量；另一方面，也要借鉴外来文化中的优秀成分，做到"以我为主、为我所用"。只有以正确的态度对待古今中外的文化成果，才能集各家之所长，凝练和发展具有中国特色的、符合时代要求的、面向社会主义现代化方向的乡村文化。

四、政府有为，提升乡村公共文化建设水平

提供完善的公共文化服务是政府的职能之一。新中国成立伊始，我国就根据当时生产力发展水平和经济发展状况着手搭建乡村公共文化服务体系。第一，打造乡村公共文化服务网络。1950年我国颁发文件，要在全国范围内建立广泛的广播收音网，为在农村宣传党的理政策和普及先进思想观念提供了基本的物质载体。在当时的经济社会条件下，广播是最快捷、最先进的传播手段之一，因此广播成为当时乡村公共文化基础设施建设的重要内容。第二，将农村遗留的旧戏台等场所改造成文化站、文化室等，为人民群众的文化活动服务。对传统文化设施的改造有利于有效利用过去遗留的旧场所，充分利用现有的公共文化资源，减轻了乡村文化建设的经济负担。将封建的、传统的场所进行社会主义改造，使其从过去私人性的娱乐场所转变为服务人民大众的文化空间，充分保障人民群众文化享用的权利，彰显社会主义优越性。同时，戏台的改造充分考虑人民群众的需求，对人民群众使用率较高的场所进行了针对性地改造。第三，建立农村公共文化服务场所。文化部《1950年全国文化艺术工作报告与1951年计划要点》提出要在有条件的村镇设立图书室、发展农村图书网（中华人民共和国文化部办公厅，1982）。这些举措表明，从新中国成立伊始我们党就着力树立重视农村公共文化基础设施建设的思想观念，在建设中坚持从实际出发，注重结合实际情况开展乡村文化建设。

中华人民共和国成立初期乡村文化建设的历程给予我们重要启示，即政府要始终重视乡村公共文化服务建设，为乡村文化振兴的实现提供基本的物质保障和资金支持。尤其是要为以投入大、回报少为特点的文化基础设施提供充足的资金保障。新中国成立以来，我国乡村公共文化服务建设取得一系列卓越成效，但是仍然存在一些需要加强和改善的地方，如公共文化设施城乡差异大、利用率低、资金不足等问题始终是我国乡村文化建设的掣肘因素。我国一直强调要依靠建设公共文化服务网络推动乡村文化建设。当前，公共文化基础设施建设应当注重针对薄弱的地区和板块加快建设速度，补全公共文化服务网络的空缺。其次，公共文化基础设施的搭建和改造应当充分考虑农民的需求，避免

出现公共文化基础设施投入使用后利用率低，发挥不了应有的效果等现象。最后，加大财政支持力度，关键要发展本地经济，从而拓宽税收来源渠道，拓深公共文化财政资金的蓄水池，以保障对乡村公共文化服务资金的供给。同时，基层政府应结合本地的具体情况，明确农村公共文化的财政投入支出比例，确保专款专用。

新中国成立初期，在百废待兴、经济恢复的艰难时期就十分重视乡村公共文化基础设施。新时代乡村文化振兴，更应该持续完善和补齐乡村公共文化服务网络，提供丰富的文化基础设施和场所，举办更丰富的文化活动，满足村民的精神文化活动需要。同时，新时代的乡村公共文化服务应该有更高的水平和标准，让农民不仅感受到经济发展带来的物质满足，而且可以享受到精神文化层面的愉悦，不断提升农民的获得感、幸福感。

五、小　结

新中国成立初期，我国乡村文化建设困难重重，一方面是因为整个国家的一穷二白和百废待兴，另一方面是源于落后文化的残余和腐朽文化的侵蚀。在艰难的条件下，当时的乡村文化建设仍然取得了丰硕成果，不仅表现在公共文化基础设施的搭建上，更表现在马克思主义主导地位和社会主义道德风尚的形成，逐渐在乡村地区形成了淳朴、和谐的乡风民风以及广大群众积极投身中华人民共和国社会主义建设的良好风尚。新中国成立初期的乡村文化建设留下了许多宝贵经验，一是立场上，坚定社会主义建设方向，与落后文化、腐朽文化作斗争，树立社会主义道德风尚；二是主体上，提升农民素质并充分调动农民参与乡村文化建设的积极性，培育乡村振兴的内在力量；三是内容上，借鉴古今中外优秀文化，实现新时代乡村文化的创新发展；四是外部保障上，政府发挥职能，提升乡村公共文化建设水平。与新中国成立初期相比，新时代的乡村文化建设有更丰富的理论成果指导、更充分的物质保障，也有更高标准的目标要求。总结中华人民共和国成立初期乡村文化建设的基本经验，以史为鉴，汲取经验，使新时代乡村文化振兴沿着正确的轨道前行，同时也可从中汲取前人文化建设的精神力量，鼓励新时代的建设者在继承前人成果的基础上继续推进我国乡村文化建设，以实现新时代的乡村文化的全面振兴。

参考文献：

陈东辉，2001．中国共产党文化建设思想的历史嬗变与经验启示［J］．当代世界与社会主义（05）：93－97．

丁小芳，2019．中国共产党文化观的演进逻辑（1949－2019）［J］．求索（03）：39－46．

杜俊芳，2008．试论建国初期中国农村的教育实践——基于晋东南 N 村的调查与研究［J］．教育理论与实践（19）：28－30．

方海兴，2008．简评建国初期的农村冬学［J］．天府新论（05）：113－117．

冯子珈，张新，2019．新中国成立以来中国共产党文化思想的历史演进及其基本经验［J］．学术论坛，42（02）：127－135．

高旭，2012．新时期中国共产党文化建设的历史进程与经验启示［J］．求实（11）：16－19．

何涛，2014．档案见证建国初期的扫盲运动［J］．北京档案（08）：55－57．

李长莉，2019．社会风气与社会治理：建国初百年回望［J］．人民论坛（27）：142－144．

李少惠，张红娟，2010．建国以来我国公共文化政策的发展［J］．社会主义研究（02）：110－114．

罗志峰，2019．改革开放以来中国共产党乡村文化建设的基本经验［J］．云南行政学院学报，21（01）：35－42．

毛泽东，1999．毛泽东选集第七卷［M］北京：人民出版社．

毛泽东，1991．毛泽东选集第四卷［M］．北京：人民出版社．

欧阳雪梅，2016．中华人民共和国文化史 1949－2012［M］．北京：当代中国出版社：10．

欧阳雪梅，2018．振兴乡村文化面临的挑战及实践路径［J］．毛泽东邓小平理论研究（05）：30－36＋107．

申广斯，2010．论建国以来农村居民休闲方式变迁及启示［J］．学术论坛，33（05）：89－93．

习近平，2017．习近平谈治国理政（第二卷）［M］．北京：外文出版社．

肖地楚，廖义军，2015．试论建国初期新中国开展农村文化建设的必要性［J］．湖南社会科学（01）：188－191．

佚名，1951．关于开展农民业余教育的指示［J］．人民教育（01）：66－67．

张立梅，2010．建国以来党的农村政策演变及历史启示［J］．理论学刊（04）：31－34．

中共中央马克思恩格斯列宁斯大林著作编译局，2012．马克思恩格斯选集（第一卷）［M］．北京：人民出版社．

中共中央文献研究室，1990．建国以来毛泽东文稿（第四册）［M］．北京：中央文献出版社．

中共中央文献研究室，2002．毛泽东文艺论集［M］．北京：中央文献出版社．

中华人民共和国文化部办公厅，1982．文化工作文件资料汇编 1949—1959［G］．北京：中华人民共和国文化部办公厅．

建立解决多维贫困视角下相对贫困治理的长效机制[①]

高 莉

摘 要：我国始终重视反贫困治理工作。新中国成立以来，为消除绝对贫困，提升国民生活水平和质量，我国分阶段采取了一系列措施，立志打赢脱贫攻坚战。在党和国家的领导下，我国先后经历了小规模救济式扶贫阶段、体制改革推动扶贫阶段、大规模开发式扶贫阶段、整村推进式扶贫阶段和精准扶贫阶段，取得了令世界瞩目的扶贫成就。2020年，消除绝对贫困的工作进入尾声，2021年，中国已告别绝对贫困进入相对贫困的后脱贫时代。治理相对贫困成为2020年后我国反贫困治理的重点，为此，我国要建立解决相对贫困的长效机制，常态化缓解相对贫困问题。

关键词：绝对贫困；相对贫困；长效机制

一、引 言

贫困问题作为一个世界性难题，一直伴随着人类的生存与发展。我国也始终将反贫困治理视为社会主义初级阶段长期面临的重要任务，通过大量的脱贫

[①] 作者简介：高莉，四川大学对外联络办公室，研究方向为高校定点扶贫工作。

实践，党和国家带领全国人民逐渐实现温饱和总体小康，朝着共同富裕的目标迈进。按照中央的统一部署，2020年我国要打赢脱贫攻坚战，实现全面建成小康社会的奋斗目标。2020年底，我国已彻底消除绝对贫困，实现全民脱贫。但消除绝对贫困并不代表我国反贫困治理工作的结束，相对贫困在我国仍将长期存在。

党的十九届五中全会，是在我国即将全面建成小康社会、实现第一个百年奋斗目标，进而乘势而上开启全面建设社会主义现代化国家新征程、向第二个百年奋斗目标进军的关键时刻召开的一次重要会议。这次会议要研究巩固拓展脱贫攻坚成果的措施，编制"十四五"巩固拓展脱贫攻坚成果规划，做好与乡村振兴有效衔接。

二、概念界定

贫困是一种古老而普遍的社会现象，是人类面临的一个永恒话题，无论是发达国家还是发展中国家都难以回避，而要准确地界定"贫困"这个词的含义，却没那么容易。美国社会学家弗·斯卡皮蒂写道："贫穷，一眼看去，似乎是一个简单而具体的词汇，却是惊人地难以确定界限。"（斯卡皮蒂，1986：113）

准确界定贫困的概念对我国的反贫困实践具有启发意义。农业技术落后、人力资本单一和制度变迁使得部分农民陷于贫困之中，在这种情况下，国家对贫困人口不仅仅要提供一些物质上的扶持，更要在改造传统农业、增加农民收入作为反贫困的主要工作内容的同时，实施专门的社会、政治、科教等方面的政策措施。

（一）贫困

贫困往往与富足相对，是一种社会物质生活贫乏和精神生活贫乏的综合现象。学界对于贫困问题的研究由来已久，众多学者也曾从不同角度对贫困进行定义。1901年，英国经济学家朗特里在《贫困：关于乡村生活的研究》一书中提出，如果一个家庭的总收入不足以维持家庭人口最基本的生存活动要求，那么，这个家庭就基本陷入了贫困之中。1960年，美国学者奥尔辛斯基给出贫困线标准,并被美国官方统计机构采纳。她将贫困线设定为购买美国农业部食品计划所包含食物的费用的 3 倍,如果某人所在家庭的总收入低于贫困线,那此人就是贫困者(刘纯阳,蔡铨,2004)。

早期学界对于贫困的定义较为狭隘,大多将视野局限于物质层面,将贫困视为经济意义上的物质匮乏,以收入和物质的绝对数量为标准来测量个人(或家庭)是否贫困。随着时代的发展,学界对于贫困的定义由狭义逐渐向广义发展,广义上的贫困不仅包括经济上的贫困,还包括精神文化、公民权利、社会参与、个人能力等多层面上的贫困。1981 年,著名的印度经济学家阿马蒂亚·森在《贫困与饥荒:论权利与剥夺》中指出,贫困必须被视为是一种对基本能力和权利的剥夺,而不仅仅是收入低下(刘尧,2002)。其后,世界银行在以贫困问题为主题的《1990 年世界发展报告》中将贫困定义为缺少达到最低生活水准的能力。报告指出,对生活水准的衡量不仅要考虑到家庭收入和人均支出,还应考虑医疗卫生、预期寿命、公共资源的获取等社会福利方面的内容。近年来,学界普遍认同将贫困划分为绝对贫困和相对贫困,并针对两种类型的贫困展开了多样化研究。

(二)相对贫困

1979 年,英国经济学家彼得·汤森发表《英国的贫困:一项基于家庭资源和生活水平的调查》,首次系统地阐述了相对贫困理论。他认为贫困是相对的,只要收入差距存在,贫困就不可能被彻底消除;并从社会需求的角度出发,将相对贫困定义为个人(或家庭)因缺乏必要的社会资源,导致他们难以达到社会习俗或主流社会认定的中位生活水平,从而被排斥在正常生活方式和社会活动之外的一种状态(刘杰,李可可,2016)。相对贫困理论产生后,越来越多的学者开始就这一问题展开研究,在此基础上,逐渐发展出"能力贫困"和"多维贫困"等理论,不断丰富着相对贫困的内涵。

国内学者童星、林闽钢(2001)提出,个人(或家庭)能够基本解决温饱问题,维持简单再生产,但生活水平却低于社会公认的基本生活水平,扩大再生产能力不足,就属于相对贫困。秦建军、戎爱萍(2012)将相对贫困与收入分配不平等相关联,认为相对贫困是个人(或家庭)的收入低于社会平均收入水平一定程度的生活状况。随着研究的深入,学界开始更多地将相对贫困看作是一种具有脆弱性、无话语权、被社会排斥等社会层面的"相对剥夺感"。张琦、杨铭宇、孔梅（2020）认为相对贫困的内涵包括三个层面，其一是虽能满足基本生存需要，但生活状态低于特定环境下的平均水平；其二是因被体制排斥而缺乏安全感和话语权，遭受不公平的对待，社会参与的机会被剥夺；其三是难以进行有效的社会再生产。简言之，与绝对贫困人口相比，相对贫困人口虽然收入处于国家扶贫标准线以上，但他们仍处于社会中的"相对剥夺"地位。

三、我国消除绝对贫困的历程回顾

改革开放以来，我国经济持续快速增长让大多数人受益并摆脱贫困，党和国家始终将扶贫、减贫作为国家发展的重要目标和任务，并通过不断地实践与探索，逐渐走出了一条具有中国特色和时代烙印的扶贫道路。实施区域协调发展和统筹城乡发展战略为边远地区和农村提供了发展机会，政府主导的专项扶贫规划使涓滴效应难以惠及、包容性增长难以覆盖的人群得到有效帮助。政府主导的专项扶贫规划，发挥了不可替代的作用，是我国有效减贫的重要途径。总体来看，我国的扶贫事业先后经历了五个阶段。

（一）小规模救济式扶贫阶段（1949—1977年）

我国的扶贫事业，是在救灾工作和农村救济的基础上发展起来的。新中国成立初期，我国经济基础十分薄弱，民众的温饱需求无法得到基本满足。尤其是农村地区，由于生产力水平极为低下，农民的物质生活资料极度匮乏，整体上处于绝对贫困状况。为帮助农民摆脱贫困、改善生活，党在完成土地改革后，在全国范围内开展了农业合作化运动，将小农经济改造为社会主义集体经济。

1956年，党中央颁布的《1956年到1967年全国农业发展纲要》提出："农业合作社对于社内缺乏劳动力、生活没有依靠的鳏寡孤独的社员，应当统一筹划……在生活上给予适当照顾，做到保吃、保穿、保烧（燃料）、保教（儿童和少年）、保葬（简称'五保'）"，农村五保供养制度初具雏形。1964年，内务部党组报告第一次正式提出农村扶贫问题，在中共中央的统一领导下，各地开始扶贫试点工作，部分试点地区的贫困户生活水平获得了一定提升。虽然国家致力消除贫困,但受时代环境和生产力水平的影响,这一时期推行的小规模救济式扶贫措施只能在短期内满足部分农村贫困人口的基本生活需要,却难以从根本上解决贫困问题,农村的贫困发生率依然居高不下。

(二) 体制改革推动扶贫阶段 (1978—1985 年)

改革开放后,大规模、全国性的扶贫工作正式提出并开始实施。这一阶段,扶贫工作的重点依然在农村。根据 1978 年确定的贫困标准(人均年收入 100 元以下),当年农村贫困人口数达 2.5 亿人,农村贫困发生率高达 30.7%。为推动农村经济发展,提高农民生活水平,1978 年起,我国开始了以家庭联产承包责任制为主的农村经营体制改革,充分激发农民的劳动热情,解放农村生产力,极大地提高了土地产出率。1982 年,《关于认真做好扶助农村贫困户的通知》指出,各地要积极帮助贫困户发展生产、解决生活困难,并结合各地实际情况,采取多种措施,帮助贫困户克服单纯依赖救济的思想。此后,各部门和各地区对扶贫工作愈发重视,纷纷成立扶贫工作领导机构,定期部署和检查扶贫工作的开展情况。

改革开放初期,救济式"输血"扶贫仍然是主要的扶贫方式,国家民政部拨付大量财政资金用于救济贫困户,通过为其购置粮食、衣服或直接分配现金的方式帮助贫困户解决温饱,渡过难关。随着经济体制改革的平稳推进,国家的扶贫工作开始变"输血"为"造血",从单一的社会救济向多元化的扶贫模式转变。1985 年,《关于开展科技扶贫工作的通知》首次提出,应采取积极措施送科技上门,通过培训等方式帮助农民掌握科学的生产技术,让科技助力扶贫。

农业的快速发展对农村减贫起到了积极的推动作用,经过几年的努力,我国扶贫工作取得明显成效,到 1985 年末,我国尚未解决温饱问题的农村贫困人口数降至 1.25 亿人,以当时的农村贫困标准衡量,农村贫困发生率降至 14.8%,年均减贫 1786 万人。①

(三) 大规模开发式扶贫阶段 (1986—2000 年)

1986 年,国务院贫困地区经济开发领导小组成立,我国扶贫事业进入了

---

① 数据来源:2019 年 8 月 12 日国家统计局.《新中国成立 70 周年经济社会发展成就系列报告》之十五。

新的历史时期,即大规模开发式扶贫阶段。国家开始集中改革传统的救济式"输血"扶贫,在全国范围内有组织、有计划地进行开发式"造血"扶贫。20世纪80年代中后期,在政府的支持和帮扶下,各种形式的经济实体和经济联合体如雨后春笋般涌现,各类救灾扶贫基金会和群众互助储金会不断兴起,为贫困人口提供了大量就业机会,直接推动贫困人口不断减少。

1994年,国务院制定和发布《国家八七扶贫攻坚计划》,提出力争用7年左右的时间(1994—2000年)基本解决全国农村8000万贫困人口的温饱问题。该计划的发布,标志着我国扶贫事业正式进入攻坚阶段。为集中力量保证供给,防止扶贫资金的分散使用,我国于1986年首次确定了331个国家重点扶持贫困县,并以贫困县为瞄准单位开展扶贫工作。"八七扶贫攻坚计划"启动后,国家级贫困县的数量扩大至592个,覆盖了全国72%以上的农村贫困人口。1994—2000年间,国家每年投入10亿以工代赈资金、10亿扶贫专项贴息贷款,用于贫困地区尤其是国家重点扶持贫困县的经济建设。此外,"八七扶贫攻坚计划"还提出将沿海经济较发达地区的扶贫信贷资金集中用于中西部贫困状况更严重的地区。

为进一步推动实施"科教扶贫",助力农村贫困地区提升生产技术和培养技术人才,1996年,我国颁布《1996—2000年全国科技扶贫规划纲要》,将反贫困工作同提高农村地区科技水平相结合。各地区和各部门更加注重对科技扶贫的政策指导,加大对科技扶贫的资金支持,在农村范围内,通过开展科普宣传活动和技能培训,广泛推广现有的实用技术,帮助贫困农户真正实现增产、提效、增收。同时,科技特派员制度在这一时期开始萌芽,1999年,面对农民普遍反映的基层科技力量不足、科技服务缺位等问题,福建省南平市首次尝试将科技人才下派到农业生产一线,为农民提供最需要的科技服务。

为实现区域经济协调发展,缩小城乡差距,2000年,国务院成立西部地区开发领导小组,部署实施西部大开发战略,计划多种方式并举,协调推动中西部地区经济快速发展。通过完善中西部地区的基础设施,畅通其对外贸易和对外交往的渠道;通过改善和保护中西部地区的生态环境,帮助其实现资源的可持续利用和经济的可持续发展;通过提升教育水平和质量,为中西部经济建设提供高素质和现代化人才。

事实证明,我国扶贫事业在这一阶段取得了重大成效,贫困地区整体经济实力显著增长,农村居民的生活条件得到明显改善,一些集中连片地区和革命老区的群众温饱问题得到基本解决。国家统计局数据显示,以当时的贫困标准衡量,到 2000 年末,我国农村贫困人口减少至 3000 万人,农村贫困人口占农村总人口的比重下降为 10.8%,全国人民的生活总体上达到了小康水平。

(四)整村推进式扶贫阶段(2001—2013 年)

我国的贫困问题主要是农村贫困,进入 21 世纪,虽然我国农村贫困人口总数已大幅下降,但仍存在一定数量的贫困人口,如何解决这部分群体的温饱问题成为当时国家面临的严峻挑战。基于此,2001 年,国务院发布《中国农村扶贫开发纲要(2001—2010 年)》,提出要继续将扶贫开发放在国民经济和社会发展的重要位置,尽快解决少数贫困人口的温饱问题,并指出各地区制订扶贫规划时要以贫困乡村为基础。此后,国务院扶贫办开始将贫困村作为重点扶贫对象,在全国范围内开展整村推进扶贫工作,我国扶贫工作正式进入整村推进式扶贫阶段。

为帮助贫困人口早日实现脱贫致富,我国继续将扶贫资金、政策和项目向贫困地区倾斜,投入大量财政扶贫资金用于贫困村的基础设施建设和生活条件改善。仅 2001 年至 2010 年的十年间,中央财政累计投入扶贫资金已达1440.4 亿元。同时,为解决资金短缺问题,我国创新扶贫模式,自 2006 年起,开始在全国范围内启动贫困村互助资金试点工作,以财政扶贫资金为引导,由村民自愿缴纳互助金,在贫困村建立起"民有、民用、民管、民享、周转使用"的生产与发展资金。这一新型的财政扶贫资金使用和管理模式,较好地满足了贫困村与贫困户的资金需求,极大地提升了扶贫资金的使用效率。

2011 年,国务院印发《中国农村扶贫开发纲要(2011—2020 年)》,将"两不愁,三保障"(不愁吃、不愁穿,保障其义务教育、基本医疗和住房)作为全新的扶贫标准,并提出要采取措施,重点扶持连片特困地区、贫困县和贫困村,通过专项扶贫、行业扶贫、社会扶贫、国际合作、政策保障等方式提高贫困人口收入和生活水平。

(五)精准扶贫阶段(2013 年至今)

2013 年 11 月,习近平总书记在湖南湘西考察扶贫工作时,首次提出"精准扶贫"的重要理念。自此,我国扶贫事业开始从"粗放式扶贫"向"精准扶贫"转变。2014 年 3 月,习近平总书记在参加两会代表团审议时进一步阐释了精准扶贫理念，他强调，我国要实施精准扶贫，瞄准扶贫对象，进行重点施策。同年，在中央的统一部署下，各地全面开展贫困精准识别和建档立卡工作，最终全国共识别出12.8万个贫困村，2948万个贫困户，8862万贫困人口。

精准扶贫理念在我国扶贫事业实践过程中得以不断完善与发展。2015年6月，习近平总书记在贵州考察时提出"六个精准"[扶贫对象精准、项目安排精准、资金使用精准、措施到户精准、因村派人（第一书记）精准、脱贫成效精准]的基本扶贫要求。2015年10月，习近平总书记又提出"五个一批"（发展生产脱贫一批、易地搬迁脱贫一批、生态补偿脱贫一批、发展教育脱贫一批、社会保障兜底一批）的脱贫措施。2015年11月，《中共中央国务院关于打赢脱贫攻坚战的决定》颁布实施，精准扶贫和精准脱贫成为我国脱贫攻坚的基本方略。

从2013年至今，在精准扶贫理念的指导下，我国采取多种举措，确保如期打赢脱贫攻坚战。其中，机关企事业单位开展定点扶贫、东西协作扶贫、下派驻村干部联络群众以及选派第一书记深入基层治理是精准扶贫的关键举措。为帮助贫困地区发展经济，我国持续投入大量财政专项扶贫资金用于精准扶贫，2016年9月，农业部印发《关于加大贫困地区项目资金倾斜支持力度，促进特色产业精准扶贫的意见》，明确提出要加大农业项目资金向贫困地区倾斜支持力度，助推贫困地区发展特色产业。

事实证明，精准扶贫是我国打赢脱贫攻坚战，实现全面建成小康社会的必然选择，经过近7年的精准扶贫，我国脱贫攻坚战取得了决定性成绩，到2019年底，我国农村贫困人口减少了1109万人，贫困发生率降至0.6%。①

四、建立解决相对贫困的长效机制

2020年3月6日，习近平总书记在决战决胜脱贫攻坚座谈会上指出："脱贫摘帽不是终点，而是新生活、新奋斗的起点。"2020年，我国将历史性地解决绝对贫困问题，但相对贫困还将长期存在，并成为接续减贫的重点。要认识

---

① 数据来源：2020年《政府工作报告》。

到，2020年按照现行标准实现农村贫困人口全部脱贫、建立解决相对贫困的长效机制，以及做好返贫人口和新发生贫困人口的监测和帮扶，这些要求是有机统一的。及时探讨未来解决相对贫困问题的长效机制，同时也是当前巩固脱贫成果、打赢脱贫攻坚战的重要保障。针对形势的变化，我们要理清工作思路，推动减贫战略和工作体系平稳转型，统筹纳入乡村振兴战略，建立长短结合、标本兼治的体制机制，接续推进全面脱贫与乡村振兴有效衔接。如何构建解决相对贫困的长效机制，逐渐将精准扶贫转变为常规化扶贫，更好地满足人民群众对美好生活的向往，是党和政府需要重点关注的问题。笔者认为，我国建立解决相对贫困的长效机制，应重点关注以下几个方面。

（一）建立相对贫困人口的精准识别机制

精准地识别出相对贫困人口是解决相对贫困问题的前提和基础，这就要求我国必须综合考虑城乡发展差异、区域发展差异及相对贫困的致贫原因，探索并建立符合我国实际发展现状的相对贫困标准。国外学者普遍将全国居民收入中位数的40%～60%划定为相对贫困标准。近年来，我国部分经济较发达的省份和地区率先开展治理相对贫困的探索与实践。2011年，浙江省将本省相对贫困线标准确定为当年浙江省农民人均收入的45%。2013年，广东省将相对贫困线标准确定为2012年广东省农民人均收入的33%，即3300元；2016年，广东省将这一标准上调至4000元。2015年，成都市将2014年当地人均可支配收入的50%作为相对贫困线（邢成举，李小云，2019）。

在借鉴国际经验、总结本国已有实践经验的基础上，不难看出，我国不能"一刀切"地制定全国统一的相对贫困标准，而应针对不同区域、不同经济发展水平，制定出符合各地实际情况的相对贫困线。需要注意的是，在利用相对贫困标准识别相对贫困人口时，不仅要关注现有的相对贫困人口，还应关注潜在的相对贫困人口。同时，要善于利用互联网和大数据技术，建立相对贫困人口数据库。此外，相对贫困的认定标准不是一成不变的，各地要及时根据内外部经济和社会环境的变化，动态调整相对贫困标准。

（二）打造相对贫困人口的持续增收机制

缓解相对贫困的关键在于实现低收入群体的收入增长，缩小贫富差距。为此，国家要重视经济建设，打造相对贫困人口的持续增收机制。一是要继续推动实施乡村振兴战略，加快推进农业农村现代化。农村产业发展是实现乡村振兴的基础，也是提升村民收入水平的重要手段。为此，要盘活农村资源，继续加强农村地区基础设施和公共服务设施建设，因地制宜地发展农村特色产业，宜农则农，宜游则游，以产业发展带动农民就业致富，实现低收入群体持续增收。二是要拓宽农村居民的收入来源渠道。深化农村土地和集体产权制度改革，提高农村土地资源利用效率，增加农民的土地流转收入。大力发展村级集体经济，吸引外出务工农民回乡就业创业，增强农民抵御市场风险的能力，实现农民创收增收。三是要继续推进户籍制度改革，畅通城乡劳动力自由流通的渠道，增加相对贫困人口的就业与发展机会。四是重视提升农村居民的综合素质，通过宣传教育、培训等方式，帮助村民了解最新的国家方针与政策，掌握先进农业生产技术和便利的互联网销售模式，使其能更好地实现自我发展与收入提升。

（三）健全与完善社会保障制度

社会保障作为民生"安全网"，是我国缓解相对贫困状况的重要手段。在我国治理绝对贫困的过程中，社会保障兜底扶贫成效显著。2020年后，我国应不断健全完善社会保障制度，继续发挥社会保障制度助力缓解相对贫困的积极作用。一是要提高社会保障的参保率，将农民工群体、灵活就业人员等纳入社会保障覆盖范围，并逐步提高养老保险的待遇水平，提升老年群体收入水平，适当提高农村医疗保险报销比例，动态调整基本医疗保险封顶线，降低中低收入群体的医疗费用支出，防止因病致贫与因病返贫。二是要继续发挥社会保障的兜底作用，完善弱势群体救济制度，适当提高最低生活保障标准，解决相对贫困人口的燃眉之急。三是要完善住房保障制度，继续为相对贫困群体提供住房补贴、廉租房或经济适用房等，满足低收入群体的住房需求，改善其居住环境。四是要加快推进普惠性儿童福利建设，在儿童营养、幼儿教育等儿童福利领域，适当向低收入群体倾斜。

（四）完善社会协同扶贫机制

农村相对贫困的治理是一项长期的系统工程，需要全社会共同参与。要充分发挥政府和社会力量的作用，推动专项扶贫、行业扶贫、社会扶贫协同联动，调动各方面积极性，形成全社会广泛参与的大扶贫格局。要继续开展东西部扶贫协作和对口支援，促进东部地区各类要素更多向西部贫困地区流动，汇聚资金、人才、技术、项目等优势，为乡村振兴注入新动能，形成可持续的区域协调发展新格局。在发挥政府投入主体和主导作用的同时，鼓励支持更多企业到中西部贫困地区投资兴业，引导社会资本投向农业生产和加工领域，引导社会资本更多更快更好参与乡村振兴。充分发挥社会组织技术、资源等方面优势，大力支持非公企业、返乡创业者参与乡村产业发展，在培育优质农产品品牌、提升农村公共服务、促进农村经济增长、增加农民收入等方面为乡村振兴做贡献。

（五）构建脱贫致富内生动力机制

贫困群众既是脱贫攻坚的对象，更是脱贫致富的主体。要坚持扶贫同扶志、扶智、扶技相结合，激发贫困群众的积极性和主动性，增强脱贫致富的内生动力。在这一过程中，既要加强教育引导、典型示范，通过常态化宣讲和物质奖励、精神鼓励等形式，引导贫困群众树立脱贫致富主体意识，增强其战胜贫困的决心和信心，还要采取以工代赈、生产奖补、劳务补助等方式，组织动员贫困群众积极参与帮扶项目实施，摆正外部帮扶和自身努力的关系，激发他们依靠自己的辛勤劳动，改变贫穷落后面貌，创造美好幸福生活。要把教育作为阻断贫困代际传递的重要途径，从政策、资金、师资等方面加大对贫困地区义务教育的支持，确保贫困家庭子女能够接受系统教育。特别要加快发展中高等职业教育，组织实施农村实用技术、务工技能等培训，提高就业人口技术技能，提升其发展生产、务工经商的能力本领，推动扶贫逐步从外在帮扶向培育激发内生动力转变。

五、结 语

新中国成立以来，在"共同富裕"目标的指引下，我国始终将反贫困治理作为重要的战略任务，为打赢脱贫攻坚战投入了大量的人力、物力和财力。经过70余年的努力，我国扶贫事业取得了举世瞩目的成就，为世界扶贫工作贡献了宝贵的实践经验。如今，我国针对绝对贫困人口的精准扶贫工作也已接近尾声，数以亿计的人口摆脱贫困，我国居民的总体生活水平和质量显著提升。

但绝对贫困现象被消除,并不代表我国的扶贫工作彻底结束。相对贫困问题的长期存在,决定着我国要继续反贫困治理,建立解决相对贫困问题的长效机制,将扶贫工作重心转移到解决相对贫困问题上,缩小贫富差距,不断满足人民群众对美好生活的向往,而这也是社会主义的本质要求,需要依托全社会力量的共同参与。

参考文献:

蒋永穆,2020. 建立解决相对贫困的长效机制[J]. 政治经济学评论,11(02):28-34.

凌经球,2019. 乡村振兴战略背景下中国贫困治理战略转型探析[J]. 中央民族大学学报(哲学社会科学版),46(03):5-14.

刘纯阳,蔡铨,2004. 贫困含义的演进及贫困研究的层次论[J]. 经济问题(10):5-6+80.

刘杰,李可可,2016. 彼得·汤森的相对贫困理论及其在英国的实践[J]. 社会保障研究(北京),23(01):1-11.

刘尧,2002. 农村知识贫困与农村高等教育[J]. 清华大学教育研究(05):51-56.

讷克斯,1966. 不发达国家的资本形成问题[M]. 谨斋,译. 北京:商务印书馆.

秦建军,戎爱萍,2012. 财政支出结构对农村相对贫困的影响分析[J]. 经济问题(11):95-98.

斯卡皮蒂,1986. 美国社会问题[M]. 刘泰星,张世灏,译. 北京:中国社会科学出版社.

森,2001. 贫困与饥荒——论权利与剥夺[M]. 王宇,王文玉,译. 北京:商务印书馆.

孙久文,夏添,2019. 中国扶贫战略与2020年后相对贫困线划定——基于理论、政策和数据的分析[J]. 中国农村经济(10):98-113.

童星,林闽钢,2001. 我国农村贫困标准线研究[C]//中国扶贫基金会. 中国扶贫论文精粹. 北京:中国经济出版社:143-160.

王瑞芳,2009. 告别贫困:新中国成立以来的扶贫工作[J]. 党的文献(05):44-50.

邢成举,李小云,2019. 相对贫困与新时代贫困治理机制的构建[J]. 改革(12):16-25.

姚迈新,2017. 中国城市扶贫:经验分析与发展路向[J]. 广东行政学院学报,29(05):57-62.

张琦,杨铭宇,孔梅,2020. 2020后相对贫困群体发生机制的探索与思考[J]. 新视野(02):26-32+73.

02

实践探索

·实践探索·

凉山彝族深度贫困地区集体经济发展的内生动力机制研究[①]
——基于甘洛县村级调研数据

龚　驰　刘泽君　幸亚林　肖华林

摘　要：目前，我国脱贫攻坚的主要难点是深度贫困地区。本文认为四川凉山州深度贫困地区脱贫难度大，发展深度贫困地区农村集体经济是解决该系列问题的重要途径，是深度贫困地区脱贫奔康的必要环节。本文根据甘洛县的138个村的调研数据分析了凉山彝族深度贫困地区发展集体经济的制约因素，发现该地区村集体经济主要存在以下突出问题：一是产业结构单一，二是内生动力不足，三是资源未得到合理利用，四是缺乏组织运行和动态管理机制。最终得出结论：解决该地区集体经济发展问题需要从区域主体产业构建和营销两方面重点入手，并构建完善包含人才引进机制、引进外来资本以及土地流转机制的内生动力机制。

关键词：凉山深度贫困地区；农村集体经济；内生动力机制

[①]　本文获国家社科基金重点项目（项目编号：14AJL013）、国家社科基金项目（项目编号：16CJL042）、国家自然科学基金政策研究重点支持项目（项目编号：71742004）、国家自然科学基金项目（项目编号：71673194）、四川大学中央高校基本科研业务研究专项项目（项目编号：skyb201505, skqy201766）、四川大学2017年实验技术立项项目（项目编号：20170009）资助。

作者简介：龚驰，四川大学经济学院，副教授，研究方向为宏观经济学，2018年1月至2020年1月挂任岳池县发改局副局长；刘泽君，原任甘洛县副县长，现任金阳县纪委书记、监委主任，研究方向为发展经济学；幸亚林，四川大学经济学院，研究助理，研究方向为区域经济学；肖华林，四川大学经济学院，研究助理，研究方向为计量经济学。

一、前言

相较于东部沿海，西部地区，特别是"三区三州"，由于发展条件差、发展起步晚、致贫原因复杂，广大山区农村聚集着大量贫困人口，一直是国家扶贫攻坚的重点区域。据测算，2017年西部地区农村贫困人口1634万，贫困人口占了全国贫困人口总数的53.6%，比东部地区（9.8%）高43.8个百分点，西部地区贫困发生率为5.6%，比全国平均水平要高2.5个百分点。另一方面，"三区三州"大多属于少数民族地区，除了带有中西部地区的地理劣势，还有民族地区特有的发展障碍，一直以来经济发展迟缓，贫困人口比例大，是我国脱贫攻坚中的硬骨头，如何补齐发展中的短板是其脱贫攻坚决战决胜的关键。据统计，"三区三州"深度贫困地区占全国土面积的30.2%；人口2 587万，占全国总人口的1.9%，其中少数民族人口1 963.14万，占当地人口总量的75.88%，截至2017年末，"三区三州"共有建档立卡贫困人口308万人，约占全国贫困人口总量的10%，贫困发生率约为14.6%，相当于全国平均水平的4.7倍。[①]

凉山彝族自治州位于四川省西南部川滇交界处，是中国最大的彝族聚居区，兼有西部和民族地区的发展劣势，因为其代表性和典型性，本课题组一直关注这里的村级集体经济发展状况。甘洛县位于凉山彝族自治州北部，属于四川盆地南缘向云贵高原过渡的地带。由于地理的和历史的原因，甘洛交通基础设施滞后，农田水利设施薄弱，生态环境脆弱，土地瘠薄，农业产出率低，是国家扶贫开发工作重点县，也是四川省集中连片特困县之一。总的来说，甘洛县经济发展的滞后，并且由于其与凉山州其他深度贫困县的地形、社会结构、产业结构等方面的相类似[②]，研究其集体经济发展可以探索出一个解决凉山州深度贫困地区脱贫问题的长效机制。2017年7月下旬课题组前往凉山彝族自

---

① 数据来源：2017中国农村贫困监测报告。
② 经济社会发育程度低，整体经济水平发展滞后，地处二半山区，自然条件和生产、生活条件恶劣；基础建设落后，能源、交通、通讯条件差，经济基础薄弱，结构单一；农业经济以传统农业为主，生产水平低下；工业起步晚，基础差；贫困面大，贫困程度深，扶贫任务重；劳动者整体素质不高，对新的科技增产措施接受能力弱。

治州甘洛县对该县138个贫困村的村集体经济发展状况做了历时一个月的面上调查。调查分为农户入户问卷调查和村级问卷调查；在农户问卷调查中，课题组以等距抽样的方式从每个村的贫困户名单上随机抽取15~20户贫困户进行入户调查，并与每个村的村主任、村支书等进行座谈访问，搜集该村的整体宏观数据，完成村级问卷调查。本次调查涉及甘洛县28个乡镇的138个贫困村，得到农户调查问卷2070份、村级调查问卷138份。

二、甘洛村级集体经济的运行状况

据统计，2016年甘洛县生产总值为26.69亿元，在凉山州17个市县中排名第13，人均生产总值为11 721.61元，仅为全州人均生产总值（29 549.00元）的39.67%，仅为全省人均生产总值（39 695.00元）的29.53%，与西昌市（59 804.00元）、会理县（49 522.00元）等州内发展较好的市县差距颇大。居民人均可支配收入9048元，在全州排名第16，位居倒数第二，仅为全州（14 031.00元）的64.49%。

表1 甘洛县经济横向对比[①]

2016年凉山州生产总值1403.91亿元				
市县	排名	生产总值（亿元）	占比（%）	人均生产总值（元）
西昌市	1	457.20	33	59 804.00
会理县	2	219.03	16	49 522.00
越西县	9	36.01	3	10 213.98
甘洛县	13	26.69	2	11 721.61
喜德县	17	19.99	1	8 703.03
凉山彝族自治州				29 549.00
四川省				39 695.00

截至2016年底，甘洛县下辖28个乡镇，227个行政村，其中贫困村205个，全县总人口为22.31万人，其中农业人口为20.98万人，约占总人口的

---

① 数据来源：《凉山州统计年鉴（2017）》。

94.03%。所辖村镇中，有13个乡镇的37个贫困村有村集体经济收入，约占总贫困村的18.05%，村均集体收入1.84万元。由于自然地理条件、人力资源条件、政策实施条件等的不同，各乡镇集体经济发展不平衡。地理分布上，有集体经济收入村的分布呈现"中心—边缘"的特征。在37个有村集体经济收入的村中，有7个村在新市坝镇，7个在吉米镇，5个在普昌镇，4个在石海乡，共占总数的62.2%；北部及边缘地区的坪坝、乌史大桥、拉莫等15个乡镇均无有集体经济收入村。从村均集体经济收入看，多数村的村集体经济收入在0.35万~2万元之间，收入较低，而海棠镇正西村村均集体收入为30万元，黑马乡一铁阿莫村村均集体收入为6.9万元，相对发展更好。但总的来说，与全国平均水平（82.2万元）[①]相比较，一方面经济发展的落后是当地农村经济发展不佳的结果，另一方面落后的经济发展也严重制约了农村经济的有效发展，使得村集体经济的发展举步维艰。

我国农村集体经济的基础是合作经济（薛继亮，2011）。实践中，在所有制公有的前提下实行农村合作社经济，成立农村经济专业合作社，是农村集体经济最普遍的实现形式。甘洛的农民专业合作社呈现绝对数量少、分布不均衡的特点。截至2016年底，甘洛有农民专业合作社128个，分布于22个乡镇的72个贫困村，占贫困村总数的35.1%。还有133个村没有农民专业合作社，其村集体经济发展滞后程度显而易见。

三、甘洛村级集体经济运行困境

甘洛县作为凉山州的国家级贫困县。推动其村集体经济发展将是引导其顺利脱贫的主要动力源泉，找到现阶段甘洛村集体经济运行存在的困难也是重中之重。通过课题组对甘洛138个村的实地问卷调查，我们发现甘洛集体经济运行困境主要体现在以下四个方面。

（一）农业产业结构单一，农产品附加值低

甘洛自然条件适宜核桃生长，为实现全县脱贫奔小康，该县把发展核桃产

[①] 数据来源：2017年农村经营管理统计年报。

业作为农业产业结构调整的重点突破项目,引进盐源县"大优Ⅰ号"核桃新品种、高枝嫁接换种新技术,在全县推广。但调研发现,在政府对核桃产业的大力推动下,许多发展动力不足、没有发展主动性的村的经济发展就全依赖于核桃种植。138个被调研村里,除了核桃种植,还有其他集体经济的村只有37个,其余的村都只有种植核桃这一种集体经济,类型单一。核桃的初果成熟需要2~3年,很多村的核桃是2016年才开始全村种植的,这意味着在核桃成熟上市前这些村都没有集体经济收入,而到了核桃上市时又会出现"谷贱伤农"的情形。另一方面,甘洛县内地形多变,自然条件复杂,以某些村的自然条件来说发展核桃种植并不是唯一或最佳的选择。除核桃外,县内还有特色水果如脆红李、黄果柑、车厘子等,特色作物如黑苦荞、高山中药材,市场前景良好,但目前鲜有村落在这些项目上进行规模化、专业化的发展布局。在各村项目意愿投票表上最想发展的产业前三中,58个村选择了山羊养殖,53个村选择了核桃产业,47个村选择了土鸡养殖,43个村选择了肉牛养殖,各村的选择高度趋同,并且都没有考虑对产业链进行延伸。据统计资料估算,全县227个行政村农业产业同质化程度达80%。

此外,目前甘洛各村的农业生产都还处于提供初级产品阶段,核桃、黑苦荞等均只有初级产品销售,产业链短,附加值有限。例如,甘洛第二产业和现代农业发展较好的海棠镇,尽管拥有甘洛具有代表性的土特产之一的海棠腊肉,品牌在州内享有美誉,但全镇依旧没有规模化、现代化的腊肉加工企业,从事腊肉生产经营的主体是家庭作坊,规模化发展受管理、技术、资金的限制。这样造成的结果就是相关产业将长期面临经济规模小、组织分散、产品类型趋同、开发深度不够的问题,再加上区位条件的劣势,就更难以在全省、全国打响品牌知名度以扩张市场。此外,调研中也发现了村集体经济发展的一个共性问题就是,村集体经济缺少通畅可靠的信息渠道,销路受限,应对市场风险能力弱,市场行情正常的年份也往往只能被动接受收购方的低价,导致集体经济收入低,因而降低了农民参与集体经济的积极性。

(二)发展起步晚,集体经济组织主体构建困难

调研发现[①],凉山彝族地区村级集体经济发展一般有村委会、能人、村

---

① 调研团队还对凉山州冕宁县、成都市天府新区煎茶镇的集体经济发展进行了补充调研。

民、企业四大主体，四大主体的到位情况对村级集体经济能否成功建立并良好运行有着至关重要的影响。由于先天条件不足，发展起步晚，历史上对村级集体经济的重视不足，目前甘洛各村村集体经济组织构建不完善、主体缺位情况还较为普遍。

村委会作为基层党组织是党和国家在农村开展工作的基础，是农村各项事业的核心力量，更是农村集体经济发展的领导者、组织者和实践者。在凉山彝族地区，由于语言不同、文化冲突、风俗习惯迥异等原因，国家政策方针在当地的开展落实工作困难重重，这对基层组织能力提出了更高的要求。在实际调研中，我们发现，村委班子认真尽职的村子集体经济发展情况明显较好，村委班子懒散、态度不端的村子集体经济发展明显滞后，甚至没有发展。在集体经济组织的构建中，村委的问题主要表现为认识障碍与素质不足。一是没有正确认识集体经济的地位与作用，不少村干部对于发展村集体经济的重要性缺乏认识，认为以本村条件难以发展集体经济就不去尝试；有些村干部认为在市场经济中集体经济是不合时宜的事物，无法帮助村民脱贫致富。二是村干部素质有待提高，村两委发展集体经济能力比较弱。在农业和农村发展的新阶段，促进农业生产率提高和农村经济增长的决定因素，已经不只是劳动力、土地数量或存量的增加，而是劳动者知识、能力和技术水平的提高，劳动者素质越高，推动经济增长的内在动力就越强，相应地对村干部的管理水平要求也就越高。2017年甘洛县基层干部中有研究生学历的占1.8%，本科学历者占37%，大专学历者占52%，中专学历者占9.2%，整体学历水平较低，村两委无法在产业结构调整上提出因地制宜的科学发展思路，在发展村集体农民专业合作社、村办企业等集体经济组织方面缺乏市场指导意识、农业社会化服务保障意识。

能人指在农村集体经济发展中具有突出优势的人，拥有比村里其他农民更突出的、更适合发展现代农业的要素禀赋。在集体经济发展初期，能人能够作为领头羊，成立具有现代经济组织特点的集体经济组织，形成示范效应，带动村民发展集体经济。农村的能人一般是返乡大学生、返乡务工人员，他们在外接触、学习到了先进的农业技术知识，在知识、技能、管理等要素上拥有比较优势。2015年全国贫困地区常住劳动力中，文盲或半文盲所占比重为8.3%，小学文化程度者占34.7%，初中文化程度者占45.7%，高中及以上文化程度者占11.3%。而截至2016年底，甘洛县有贫困劳动人口29 938人，其中文盲与半文盲8 772人，占比29.3%，小学文化程度者占50.43%，初中文化程度者占18.59%,高中及以上文化程度者占1.68%。相比全国,甘洛县小学及以下文化程度的劳动人口所占比重较大,初中以上文化程度的劳动人口比重偏低。全县外出务工的彝族人口比例也明显偏低,在笔者调研的村中可以看到不少青壮年仍在家务农,外出发展意愿较低。2016年全县贫困人口47 963人,外出务工仅有2867人,占比0.06%,其中务工时间在6个月及以下的占78.62%,属于短期务工。不难看出,与全国贫困地区的平均水平相比,甘洛县贫困人口的受教育程度和外出务工情况都处于较低水平,使得甘洛各贫困村发展村级集体经济缺乏能人储备基础,集体经济发展中能人的作用、地位均不突出,无法形成有效的示范激励机制。

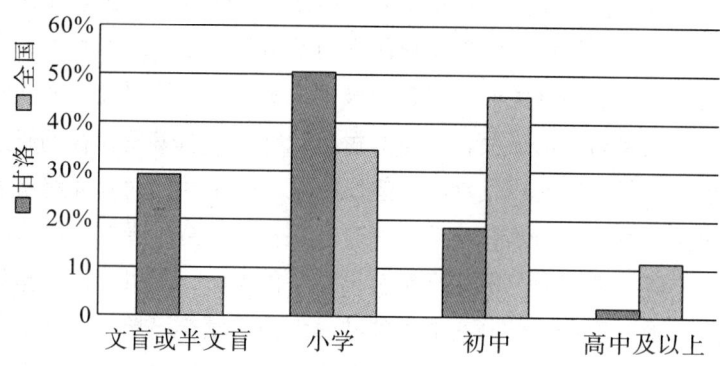

图1 甘洛贫困人口文化程度分布图(2015年数据)

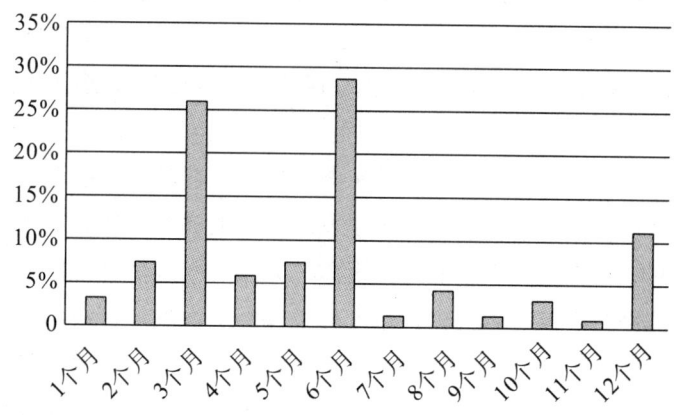

图2 甘洛贫困人口务工时间情况分布图(2015年数据)

村民作为村集体经济的主体之一,在村集体经济建设发展过程中起着重要作用,村民的整体素质、对村集体经济的认识和态度,以及与外界的交流联系程度，决定了村民是否能够参与村集体经济以及参与之后是否能够积极投入到集体经济建设中。基于此，结合甘洛县实地调研经历，笔者认识到甘洛县农村地区村民存在以下现象。

第一，村民整体素质不高，发展集体经济人才匮乏。2017暑期调研数据显示，抽样调查了甘洛县农村村民30 289人，其中文盲半文盲8 805人，占比29.07%，小学文化者15 149人，占比50.01%，初中文化者5 788人，占比19.11%，高中文化者465人，占比1.54%，大专及以上者82人，占比0.27%（该数据不含在校生和学龄前儿童），高中文化及以上者仅占1.81%；根据劳动能力类型分类，技能型劳动力仅有25人，仅占0.08%。总体来看，村民整体素质偏低。由于受教育程度以及所处环境较封闭等因素制约，村民对新事物、新技术缺乏了解，限制了村民学习新事物、新技术的能力，从而导致村民对发展集体经济不够关心，缺乏积极性；第二，部分村民对发展村集体经济信心不足，认为与自己无关，甚至对村集体经济抱有偏见，在调研过程中本课题组曾组织村民进行农村发展项目意愿投票，很多村的村集体经济发展一栏为零票，村民不愿发展村集体经济；同时，在村级调查问卷中，部分村干部反映部分村民"等、靠、要"思想严重，思想工作难做，同时，由于集体经济可能出现吃大锅饭的现象，部分有能力的种养大户宁愿自己单干，自负盈亏，也不愿参与村集体经济；第三，甘洛县为彝族聚居区，语言文化差异显著，普通话普及率过低，边远偏僻的山区农村大部分村民都不会讲普通话，同时，彝族内部语言也存在差异。语言差异和沟通不畅阻碍了彝族地区与外界的交流联系，村民难以获得有效信息，更别说学习新事物、新技术，这大大限制了村集体经济的发展。

从各地发展集体经济的实践经验来看，仅仅依靠基层组织建设和种养大户带动，农村集体经济是不能够取得长足发展的。发展村集体经济必须加强与外界的交流联系，加大招商和引进外来资本的力度，引进资金、技术以及管理经验，为村集体经济发展注入活力，推动村集体经济发展。甘洛县农村贫困地区缺乏吸引力，企业投资不足，笔者经过分析，总结了以下原因。第一，甘洛县地理位置偏僻、闭塞，交通不便，只有一条成昆铁路经过，对外联系不便。据不完全统计，甘洛县91个贫困村中有35个村未通沥青路（水泥路），占比38.46%；有63个村未通客运班车，占比69.23%；即使是已出列的117个贫困村也有60个村未通客运班车，占比51.28%，基础设施不完善，使得企业生产、交易成本过高，大多企业不愿意到甘洛县等偏远少数民族地区投资。第二，甘洛县为彝族聚居区，民族风俗不同、语言不通，生产生活习惯与非彝族地区也存在一定差异，这在一定程度上阻碍了外来企业入驻。笔者进行调研的绝大部分贫困村除了帮扶单位这个硬性指标，几乎没有企业入驻，毫无疑问，没有企业的引导，村集体经济发展也将受到发展空间的阻碍。

(三) 土地流转率低，土地资源未得到合理利用

土地流转有利于提高土地资源配置效率，推动农业经营集约化、规模化，同时，土地流转可以将束缚在土地上的劳动力释放出来。因此，加强土地流转，引导建立土地流转市场对于农村集体经济发展具有重要意义。但是，在广大农村地区尤其是少数民族地区，农村推行土地流转困难，阻碍农村集体经济的发展。甘洛县农村土地流转主要形式为农户之间自发流转，从调研问卷中随机抽取的200份问卷中，有49份参与了土地流转，有32份为农户间自发流转，占比63.27%，按照土地流转受让方划分，农户之间自发流转占流转总面积59.92%。农户间自发流转的土地用途以小规模种植粮食作物为主，并且农户间的土地流转没有签订书面合同，只有口头协议，流转双方随时可以中断协议。总体来看，甘洛县农村土地流转呈零星分散、小规模、窄范围等特点。

此外，通过对甘洛县农村土地流转状况进行调研，我们还发现甘洛县农村土地流转存在以下问题：第一，甘洛县耕地总面积20.84万亩，村民自家耕地过少，人均1.1亩，不能满足自家耕种需求，部分村民甚至在荒地上进行开垦种植，与此同时，部分外出务工的村民由于没有进行土地流转，耕地成了荒地，造成了土地资源的浪费；第二，部分承包土地的种养大户表示，承包土地费用过高，流转过程中资金不足，缺乏相关金融扶持，不得不终止土地流转；第三，甘洛县农村土地流转缺乏相关监督机制，存在土地流转后改变土地用途的现象，某村进行土地流转后，将部分土地用于建设，并且土地流转期限过长，动辄10年、20年以上，土地流转价格却固定在每亩地200元或200斤粮食，忽略土地价格上涨等因素，可能造成村民合法权益的损失。

(四) 缺乏组织运行和动态管理机制，村级管理不透明

甘洛各村的农村集体经济在组织管理和运行机制方面还存在一定问题。农村集体资产产权模糊，资产流失严重。大多村落没有建立现代企业管理制度，

主要还是由村委成员经营管理集体资产或集体经济周转金，经营管理过程中缺乏有效监督制约机制，不利于村集体经济的发展。同时，有的村落名义上集体资产"人人有份"，实际上却是掌控在村委少数成员手中，可能造成集体资产的流失。在村集体经济的经营管理过程中，部分村落还存在村委"一言堂"的现象，在调研村民对农村发展项目意愿时，部分村委全凭自身主观意愿，没有征求村民意愿，选择了其认为合适的发展项目，在抽取的100份村级发展项目意愿投票统计中，有28份为无效问卷，无效率为28%。

四、甘洛村集体经济发展对策建议

针对上节的四个问题，结合甘洛村集体经济的客观特点，特提出以下几个方面的对策和建议。

（一）因地制宜构建区域主体产业，发展深度加工延长产业链

集体经济产业选择不仅要考虑区域的资源要素禀赋，还应考虑规模经济和产品差异化，即应基于区域的比较优势，在市场机制和政府引导的共同作用下利用某种优势资源进行产品的生产和加工，化比较优势为市场竞争力。因此，除了全面种植核桃，甘洛各村还应根据本村的地形地势及其相关资源要素的不同因地制宜选择另外的适合自己的优势产业，优化产业结构，拓宽增收途径。比如，尼日河河谷地区地势低平，光热资源充足，沿岸村落适宜发展特色水果及配套的林下经济；海拔1000m~1500m的低二半山区土地资源丰富，土壤肥沃、土层深厚，位于此地区的普昌镇、阿尔乡等的村落有集中连片的水田，适宜发展现代化的高产水稻基地，进行规模化、集约化经营，探索"水稻+"模式；高山山原地区，如坪坝乡、沙岱乡等，林地、草地资源丰富，可以发展高山经济作物、高山原生态畜牧业等，着力打造本地的高原绿色原生态品牌，产生品牌效应；土地资源形式多样的村落，可以多措并举，发展立体产业，充分利用资源禀赋，上下游联动，形成本村的特色产业链，如黑马乡各村；潜在旅游资源丰富的村可以大力开发本地的旅游资源发展旅游产业，还可以实行联村共建，与周边村落共同开发旅游风景线，提高旅游产品吸引力，扩大产业规模，如坪坝乡、海棠镇、蓼坪乡、则拉乡的相关各村就可将茶马古道、红色旅

游干线、特色小镇的开发结合起来,形成甘洛西北的特色高山旅游线。

农业部2008年发布的农产品价格形成及利润分配调查结果显示,在粮食、蔬菜、肉类、牛奶等农产品的产销环节中,农产品生产者承担了较大部分的成本而分享了较小部分的利润,农产品的产后环节对农产品价格影响更大。例如,在粮食产品的价值链中,生产者承担了74%的成本,只分享到了12%的利润,与之相对是加工与营销商只承担了13%的成本却获取了70%的利润。由于农业生产的周期长,在这个过程中,农民不仅投入大量人力物力承担了大部分的产品成本,还承担了价格波动带来的市场风险。以提供初级产品为主的甘洛农业同样面临如此窘境。初级产品附加值低,市场地位低,即使是相对分散农户来说体积较大的集体经济组织,在进入市场时的议价能力依旧很弱,相应地收入也很低。

因此,各村在初级产品生产的基础上,还应向前深化发展农产品加工业,打造"产加一条龙"的农业产业体系。比如,有种植黑苦荞传统的沙岱乡、坪坝乡各村,在规模化种植黑苦荞的基础上还可以实施苦荞系列产品精加工项目,加工生产苦荞原粉、苦荞白酒、苦荞原浆酒、苦荞糊、野菊荞壳枕头,并发展提取黄醛等职业,延长产业链,提高产品附加值;在核桃集中产区如新市坝镇、团结乡成立专业村、合作社,建设核桃产业深精加工点,配套完善脱青机、烘烤炉等设备,按照技术要求进行果实脱青皮、洗选、干燥,加工生产核桃精油、核桃酱、核桃粉和核桃乳(露)饮品等;海棠镇的腊肉作坊可以联合起来一体化经营,进行充分的市场调研,探索不同类型的产品,生产市场化程度高、品牌特色显著的手工腊肉产品。

(二)发展电子商务,加强网络营销

农业电子商务是实现农业产业化的有效手段,有利于降低交易成本、增加商业机会。网络营销则能够帮助克服凉山州在空间上的劣势,以较低的成本快速打开凉山产品的知名度,为各村集体经济的产品提供广阔的销售渠道。

第一,政府部门要承担起电子商务项目的引进。县政府要把推动农村电商发展作为重点建设项目,利用好财政、税收、土地使用等方面的优惠政策,做好网络基础设施建设、物流配送体系建设、电子支付系统建设、安全保障配套建设等方面的工作,为当地电子商务的发展提供良好的经营环境。完善各村信息化基础设施,建设现代化的网络通信系统,扩大宽带普及率。同时,政府要积极主动与外部互联网企业对接,引进技术、经验、人才、平台等,鼓励各类农业经营主体建立合作,借助社会资本建设帮助当地电子商务产业体系。

第二,要积极培养电子商务与网络营销人才,将电子商务与网络营销的观念传播到基层。与四川省内高等院校、科研机构合作,鼓励、资助有才干、有能力的年轻人到高校进修学习电子商务、市场营销知识,回村领导集体经济组织的发展;同时聘请高校市场营销、计算机网络相关专业的毕业生、研究人员帮助村集体经济的网络化发展。村内部,组织相关村干部、能人大户、有潜力的村民学习优秀农产品电子商务与网络营销的优秀案例,借鉴经验,以指导本村集体经济农业产品电子商务化的实践。由县政府到村委会再到村民,通过由上到下的宣传教育来改变当地人传统的商业观念。定期开展培训会讲解电子商务、农产品网络营销的便利与重要性,培训现代通信技术、网络技术及营销理论等基本知识,增强村民关于农产品网络营销的意识。

第三,打造差异化、特色化的农产品网络营销店铺,形成带动效应。各村结合自己农产品的产品特性,打造适合自己的产品宣传风格、网店风格,给消费者留下深刻印象。比如,对于海棠镇的腊肉,可重点宣传其地域特色、味道独到、古法制作;对于高原山区的畜牧业产品,可重点突出其"有机""绿色""原生态"特点,并设计相应风格的网店及产品包装,做好宣传。地理位置相近、气候环境相仿、产品相同的集体经济组织可以联合起来,建立一些生态大农业,重点打造,建立自身品牌效应,从而带动整个凉山地区的农产品品牌建设。

(三)建立内生动力机制

有效激发村集体经济发展的内生动力,需要构建人才、资金、土地、组织管理和运行机制、利益分配机制五大要素的发展机制。

1. 构建人才支撑体系

最大限度地健全人才支撑体系需要从以下三个方面着手。

(1)端正思想认识,提高基层组织能力。

发展集体经济首先要从认识上重视起来。基层党组织作为村集体经济的领导者,自己要先解放思想,端正认识。首先要端正领导层的态度,通过组织基层干部进行专题学习、到集体经济发展示范点实地考察等方式让基层干部明白村集体经济的重要性和必要性，让村干部真正成为村集体经济的组织者和实践者。其次，基层干部在认识村民的思想问题时要看到其中的社会结构性因素。村干部要认识并纠正自己对村民的偏见，主动与村民沟通，搞好干群关系，落实政策的宣传、讲解工作，落实村民大会的集体决策制度，巩固强化村民自治。参与决策的意识与能力需要一个培养的过程，多数村的部分集体经济都还在准备筹划阶段，如果初期村民积极性、参与感较差，则需要村干部做好思想宣传、组织动员工作，组织全村会议讲解相关项目、政策的情况，提出发展建议，再由村民民主投票来决定发展什么项目、以何种模式发展；集体经济专项资金的使用要专款专用，定期公示；对于村民提出的困惑问题要及时回应，项目进度定期向全村汇报。总之，要让村民找回话语权、真正参与到集体经济的发展中来。第三，要加强和完善村干部的保障机制，激发村干部工作积极性。积极探索村干部发展集体经济奖励机制。为充分发挥村干部发展集体经济主动性，为他们开展工作创造良好的条件和环境，建议将集体经济发展纳入村干部实绩工作考核，根据工作实绩和集体经济发展情况适当考虑村干部发展集体经济的工作待遇或劳动报酬，对集体经济发展得好的村干部，通过县乡两级进行表彰，并随着经济发展和村集体经济实力的逐步提高，集体经济实力雄厚的村，甚至，考虑由村集体保障村干部的养老保险等，充分激发村干部工作积极性。

(2) 增强政策拉动力，吸引积极培育潜在能人。

当地政府应注重利用政策鼓励本地大学生、外出务工者回乡发展农业合作经济、集体经济，给予其政策优惠，比如税收减免、农业补贴、宽松贷款等，并从道路铺设、基础设施完善等方面为其清除发展障碍。就调研实际情况来看，如果村、镇各级能清楚认识到能人大户的作用并积极贯彻产业扶持政策，则当地的能人对发展合作经济、集体经济的示范作用和带动作用就较强。团结乡挖姑录村的一位村民曾在外地务工，学习了专业的养殖技术，后决定回乡联合同村亲戚朋友开办合作社从事山羊和绵羊的养殖。养羊场前期投入38万元，政府补贴了0.755万元用于修建专业养殖的羊圈。现该合作经济有羊400头，虽然还处于前期投入中，并未真正盈利，但2016年已卖出羊250头，收益2.5万元。

(3) 加强宣传教育，转变村民思想观念，提高积极性。

第一，加强教育，推广普通话，促进民族间交流。在少数民族地区推广普通话，促进民族间交流，有利于增多少数民族发展机会，帮助他们脱贫致富。推广普通话应该有计划、有步骤地开展。首先，幼儿园和小学是少数民族学习和掌握普通话的两个重要阶段，在这两个阶段推广普通话教学，为少数民族儿童打好语言基础。教师的普通话水平直接影响着学生们学习普通话的程度，因此，需定期对教师进行培训、考核，保证幼师和小学老师的普通话水平达到二级甲等及以上。其次，村委会基层干部是推广普通话的重点对象，基层干部起带头示范作用，依托农民夜校或其他形式，组织村民定期学习汉语，讲普通话，提高彝族农村地区普通话普及率，加强对外交流。

第二，要加强宣传引导，转变村民思想观念。首先，村委领导干部应深入群众，开展村集体经济宣传工作，突出村集体经济发展对于群众脱贫致富的重大作用，增强村民对村集体经济的认识以及信心，并且提高群众的集体归属感，使群众认识到自己是村集体的一部分，村集体发展与自己利益相关，鼓励其参与到村集体经济建设过程中。其次，通过多元化形式，开展农民培训工作，转变农民持有的传统农业生产观念，提高农民专业技能，使其向现代新型职业农民转变，参与村集体经济，能够各司其职，避免出现吃大锅饭的现象。

2. 加大力度招商和引进外来资本，探索和企业合作的新模式

发展村集体经济必须加强与外界的交流联系，加大招商和引进外来资本的力度，引进资金、技术以及管理经验，为村集体经济发展注入活力，推动村集体经济发展。一是加大招商和引进外来资本力度。首先，设立州、县市政府投资促进专项资金，主要用于招商引资政府奖励和财政补贴，实行年度预算管理。县乡（镇）部门作为招商引资的主体，将农业招商引资纳入重要议事日程，细化方案，抓好招商引资工作，为引进企业予以一定的政策优惠，并提供人才、资金、信息服务与支持。以县为单位，打造农产品加工产业园，积极引导农产品加工企业进驻园区，促进企业聚集，形成规模效应。其次，各相关部门应结合当地特色产业，资源优势，有目标地开展招商引资工作，有效提高招商引资成功率。最后，线下线上招商引资并举，充分利用互联网覆盖面广、信息更新速度快等优势，进驻互联网招商引资平台，如在招商网上开展线上招商引资工作，宣传招商引资项目。二是要探索和企业合作的新模式。一方面，鼓励农加工企业采用"市场+公司+基地+农户"等模式，建设标准化农产品加工原料基地，组织企业与农民开展合作，共同拓展农产品市场，构建"农工贸

一体化、产加销一条龙"的现代农业产业体系。在该模式下，公司通过基地联系农户，农户通过公司联系市场，在对农产品进行加工提高农产品附加值的同时，解决农产品收购销售问题。另一方面，引入外来企业参与村集体经济，企业作为外部引入的活力因素，在合作社可行性分析的基础上，可以作为合作社前期部分资金的提供者，同时帮助解决农产品销售渠道问题或进行统购统销。此外，向合作社注入市场活力，包括一些技术的代入、传统农业生产观念的转变等。由于合作社生产经营活动存在一定的风险，所以合作社和企业应当签订合同，以一定的优惠价格收购合作社生产的农产品，使其成为企业固定供货商。合作社经营过程中遇到的生产技术问题，由企业帮扶解决，企业可以适当收取指导和管理费用。这样可以形成企业和村民之间的良性互动和良好的合作关系，推动村集体经济发展。

3. 加强土地流转，引导建立土地流转市场

一是要构建土地流转交易平台。根据调研资料分析，甘洛县农村土地流转主要形式为农户之间自发流转，按照土地流转受让方划分，农户之间自发流转占流转总面积的59.92%，总体来看，甘洛县农村土地流转有零星分散、小规模、窄范围等特点。因此，需要构建土地流转交易平台，引导和完善土地流转市场。首先，探索建立土地流转转让机制，并且引入市场机制以确定土地转让价格，构建土地流转交易平台；完善土地评估体系，通过第三方专业评估，对农村土地进行分等定级，科学、合理地确定农村土地转让价格。其次，培育和发展土地流转中介组织，中介组织依托现代网络信息技术，整合农村土地资源信息，为农村土地流转提供信息、渠道、技术支撑；定时公开土地流转交易信息，为土地交易双方提供咨询服务，有效提高农村土地流转效率以及成功率。二是增强金融扶持力度，推动土地流转。首先，以农村信用合作社为主体，建立农村金融机构扶持体系，提供相应的金融服务，涉农金融机构应根据当前农村土地流转现状，予以一定扶持，适当放宽贷款额度以及贷款期限，支持开展农村土地流转。其次，种养大户、合作社、农企以土地承包经营权作为抵押，向银行申请贷款，保证其在土地流转过程中资金充足，能够支持土地流转的有序开展。最后，放开民间资本借贷，对民间借贷进行探索与创新，使其合法化，充分发挥民间资本在土地流转中的辅助作用。三要建立土地流转监督机制，贯穿土地流转全过程，监督土地流转，保障土地流转不改变土地用途，流

转过程中不侵害农民利益。首先，土地作为农民的基本生产资料，是农民生产生活的基本保障，因此，土地流转不得改变土地原有用途，根据土地实际条件，因地制宜，合理开发利用，优化土地资源配置效率。其次，注重土地流转期限监督，避免出现土地一次性流转，流转期限过长，土地转让价格与土地潜在市场价值不符的现象，加强监督，防止土地流转造成农民收益受损。最后，建立土地流转监督机制，保证公开透明，依法有序地进行土地流转。

4. 明确组织管理和运行机制，健全民主管理

第一，要建立民主管理运行机制。在发展村集体经济时，将民主决策、民主管理、民主监督贯穿其全过程，保证村集体经济发展合理有序地进行。实施民主决策，在村集体经济发展重要事项决策中，必须召开群众大会或者选取村民代表，参与决策过程中集思广益，避免出现村委会不顾村民意愿盲目决策的现象，减少决策失误。发扬民主管理，建立健全的现代企业管理制度，由村民代表、村委会、投资企业方提名管理成员，村民投票选举，由管理成员负责村集体经济的日常经营管理活动。贯彻民主监督，建立监督制约机制，村委会和管理成员的工作需受到群众的监督，防止出现以权谋私行为，占用、滥用集体经济资金的现象，保证村集体经济有效、健康开展。二是要实行村集体经济财务公开。村集体经济的有序发展离不开村集体经济组织实行财务公开制度，财务公开包括财务计划、收入支出、债权债务以及收益分配等四个方面。通过财务公开，一方面，促使管理层加强集体经济财会制度建设，优化财会制度；另一方面，村集体经济组织发展状况受到群众监督，提高财务收支管理透明度，可以有效防止集体资产流失以及出现吃"大锅饭"的现象，推动村集体经济健康发展

5. 完善利益分配机制，充分调动主体积极性

首先，保护农民合法利益。保护农民合法利益，有利于提高农民的生产积极性，增强其对投入到村集体经济建设的热情，是联系村民与集体经济发展的重要纽带之一。因此，发展村集体经济离不开完善的利益分配机制。村民参与村集体经济利益分配主要有三种形式：土地入股合作社获得分红、投入资金入股获得分红、投入劳动获取劳动报酬。发展集体经济需要大规模的土地，村民可以以土地入股，通过第三方对土地进行专业评估，将土地折价，合理确定其

在村集体经济所占份额，依照份额参与村集体经济收益分红；对于资金充裕的村民，可以以资金直接入股合作社，确认所占份额，依照份额参与经济收益分配；村民进入集体经济企业，投入劳动，按劳分配，获取劳动报酬。完善利益分配机制，切实有效地保护村民合法利益，保证村集体经济持续健康发展。其次，企业、管理者作为村集体经济的重要组成部分之一，合理分配村集体经济利益，有利于激励外来企业参与农村集体经济以及管理者经营管理的积极性。企业主要以资金、技术入股，以入股份额参与村集体经济利益分配，同时，企业与合作社合作，帮助其解决农产品销售问题，合作社可以让利一部分，以一定优惠的价格将农产品销售给企业，作为企业的长期农产品供应商。管理者主要凭借参与村集体经济日常经营管理活动获取劳动报酬，在村民许可下在村集体经济中占有一定份额，将管理者利益与村集体经济发展联系在一起，调动其工作积极性，推动村集体经济发展。

五、结论与启示

本文以甘洛县的 138 个村的调研数据为样本，分析了凉山彝族深度贫困地区集体经济发展的现状及其制约因素，针对其表现的突出问题提出了系统的政策建议。

凉山彝族地区的贫困是地理、历史、民族、文化等多因素共同作用导致的。凉山地理环境和文化环境都相对闭塞，现代化的先天条件不足，在区域内经济现代化发展的过程中一直处于被忽视的地位，至今，当地的农业现代化发展依旧处于起步阶段。并且，困扰当地集体经济发展的四大问题，产业结构单一、内生动力不足、资源未得到合理利用，缺乏组织运行与动态管理机制也从另一个侧面反映出经济现代化发展程度低。

结合历史和经验来看，先天条件不足的地区的经济起步需要政府强有力的推动，扶持并发展现代化集体经济，是帮助深度贫困地区脱贫致富、产生足够的内生动力的重要手段。

具体而言，首先要在宏观层面上制定发展计划，因地制宜选择区域的主体产业，同时规划相应的产业链布局及其深化方案。另外结合现代商业发展趋势，重视电子商务发展，通过网络营销克服偏僻地区由于地理环境在产品销售和信息接收上的劣势。在内生动力机制的构建上，针对现存的问题——制定解决方案，多路径同时入手。第一，构建人才体系，从基层、能人、村民三个维度上发展培养人才储备；第二，加大力度招商引资，利用外来资本，积极探索和企业合作的新模式；第三，加强土地流转，提高资源利用效率；第四，完善组织管理运行机制和利益分配机制，形成科学的集体经济管理体系。

参考文献：

本刊编者，2018. 2017 年农村集体经济组织资产情况［J］. 农村经营管理（10）：16.

陈碧云，2018. 凯里市农村集体经济发展情况调查研究［J］. 农家参谋（16）：8.

程婧，胡耀华，2018. 浙江东阳：有效激发集体经济薄弱村发展内生动力［J］. 当代农村财经（04）：52-53.

程丽，2018. 发展村级集体经济的思考［J］. 现代农业研究（08）：25-26.

国家统计局农村社会经济调查司，2017. 中国农村贫困监测报告［R］. 北京：中国统计出版社.

黄嶙，1995. 民族贫困地区农村土地制度改革取向——股份化［J］. 民族研究（06）：22-27.

黄智光，张兴校，2018. 乡村振兴战略背景下村级集体经济发展壮大路径研究——基于对浙江绍兴上虞 300 多个行政村的调研分析［J］. 中国发展，18（05）：51-57.

李锦秀，2018. 村级集体经济发展的问题与对策［J］. 江西农业（20）：128.

李珍刚，罗华林，2018. 走出困局：民族地区农村集体经济回归与成长中的公共治理——以广西德保县东凌镇新屯村为例［J］. 贵州社会科学（01）：139-147.

刘晓玲，张璐，2017. 农村村级集体经济：功能作用、现实困境、发展建议［J］. 理论建设（05）：43-47.

卢丽娟，曹务坤，辛纪元，2014. 民族村寨社区参与旅游扶贫开发的财产制度瓶颈与破解［J］. 贵州民族研究，35（05）：116-119.

毛铖，2018. 依靠内生动力发展农村集体经济［N］. 湖北日报，2018-11-04（007）.

皮坤乾，2015. 贵州民族地区村级集体经济发展对策探析——以铜仁市为例［J］. 贵州民族研究（11）：166-169.

邰惠蓉，崔为宁，2018. 山西尧都区发展壮大集体经济探索与实践［J］. 农业工程技术，38（20）：8-9.

王景新，余勇亮，2013. 民族自治地区村级集体经济发展［J］. 农业经济问题（02）：93-98.

徐秀英，2018. 村级集体经济发展面临的困境、路径及对策建议——以浙江省杭州市为例［J］. 财政科学（03）：145-152.

薛继亮，2011. 农村集体经济发展有效实现形式研究［D］. 西安：西北农林科技大学.
张慧鹏，2017. 集体经济与精准扶贫［J］. 马克思主义研究（06）：63-71.
赵新浩，2018. 乡村振兴要壮大农村集体经济［N］. 河南日报，2018-11-09（011）.
周延飞，2018. 农村集体经济研究述评与展望［J］. 湖北经济学院学报，16（05）：53-62.
朱婷，2018. 农村土地股份合作社发育动因及作用机制分析——以经济欠发达地区为例［J］. 中国农业资源与区划，39（03）：91-95.

乡村振兴背景下凉山州脱贫户增收长效机制研究[①]

吴永超　吴先国

摘　要：在全面消除绝对贫困后，巩固脱贫成果是我们需要重点关注的现实问题，脱贫户增收将是我国扶贫事业今后很长一段时间的核心任务。大凉山是我国最大的彝族聚居区和深度贫困地区，也是我国脱贫攻坚的主战场之一。在乡村振兴背景下，推进凉山州脱贫户增收的不确定因素多、压力大，探索构建脱贫户增收长效机制尤为重要。本文以凉山州甘洛县斯觉镇格布村为调研对象，试图以案例分析为切入点，以点带面、点面结合，考察凉山州脱贫户收入现状、波动特征及其原因，进而提出促进凉山州脱贫户增收的长效机制构建思路。

关键词：脱贫户；增加收入；长效机制

党的十九大以来，习近平总书记将我国扶贫事业的重要地位提高到了空前高度，四川把脱贫攻坚作为最大的政治责任、最大的民生工程、最大的发展机遇，向全面消除绝对贫困问题发起最强总攻，取得决定性进展和历史性成就。2020年是脱贫攻坚决战决胜之年，在打赢脱贫攻坚战的同时，更需要关注脱

[①] 作者简介：吴永超，四川大学马克思主义学院，讲师，研究方向为中国减贫治理、宏观经济分析与政策等，2019年4月至2021年5月挂任甘洛县斯觉镇格布村驻村干部；吴先国，四川大学离退休工作处，助理研究员，研究方向为公共管理，2018年8月至2021年4月挂任甘洛县斯觉镇格布村第一书记。

贫户增收的问题，预防脱贫户返贫现象发生。2020年5月，习近平总书记在山西省考察时强调，防止返贫、确保脱贫户增收是我国当前和今后很长一段时期扶贫事业的重要任务。

2018年9月，中共中央、国务院印发的《乡村振兴战略规划（2018—2022年）》在构建乡村振兴新格局时把坚决打好精准脱贫攻坚战摆在突出位置并作为优先任务，要将脱贫攻坚和乡村振兴有机结合起来，努力实现脱贫目标的同时巩固脱贫成果、力保脱贫的稳定性和可持续性，降低返贫概率。凉山州是我国最大的彝族聚居区，也是我国的深度贫困地区，更是我国脱贫攻坚的重要战场。脱贫户增收又是巩固脱贫成果、防止返贫的关键所在（邓鹏，2020）。因此，在全面脱贫攻坚决战决胜之际，深入探讨乡村振兴背景下凉山州脱贫户持续性增收的长效机制有助于脱贫振兴一体推进，对于乡村治理和巩固脱贫成果、防止返贫均具有十分重要的现实意义。

一、凉山州脱贫户收入现状及波动特征

凉山州是少数民族聚集区，彝族人口占比超过50%，是我国最大的彝族聚居区。其中10个彝族聚居县和木里藏族自治县是被称为"贫中之贫、困中之困、坚中之坚、难中之难"的深度贫困县。2016年以来，各类扶贫资金注入凉山州，资金总额达到1 157亿元。2016年到2019年短短4年时间，凉山州脱贫攻坚战取得了显著成效。在居住环境方面，2016年以来，凉山州彝家新寨、新居建设完成7.22万户，让彝族人民的居住环境从"山地游耕"实现了"住有安居"的转变；在水电建设方面，新建改建集中供水工程共5 047处，家庭供电覆盖率达到99.8%，光纤、4G网络覆盖所有行政村，所有农家小商店均开通微信支付功能；在交通设施方面，精准扶贫以来，累计改建国道、省道2 113.5公里、农村公路2.06万公里，全面完成溜索改桥项目；在产业发展方面，结合实际情况，利用良好的生态环境，规划建设了118个现代农业产业融合示范园区，大力发展以核桃为主的"1+X"生态林业、"果薯蔬草药"农牧业+电商、乡村旅游等产业，这些产业的收益让51%的贫困户达到了脱贫标准；在就业方面，多个行政村通过建设农民夜校（共3725所）的模式，共培训人员611.3万人次，培训村民掌握新技能，提高就业能力；在教育方面，凉

山州在全国领先启动"一村一幼"计划,教育问题从小抓,累计办村级幼教点3 069个、招收幼儿12.85万人,从教育方面狠抓贫困根源。①

凉山州群众依托良好的生态资源和自然资源优势,大力发展种植业和畜牧业。目前,种养业、外出务工以及政策补助是凉山州群众收入的主要来源。截至2019年年底,雷波、甘洛、盐源、木里4个县在脱贫攻坚考核中达到脱贫要求,累计70.3万人实现脱贫,贫困发生率降低到4%。在实现脱贫的同时也需要认真分析脱贫户的收入结构,防止返贫现象的发生,才能保证脱贫攻坚成效的持久性。

(一)脱贫户收入呈上升趋势

甘洛县是凉山州的11个深度贫困县之一,于2019年底达到脱贫标准,实现脱贫摘帽的目标。据相关统计,自精准扶贫政策实施以来,甘洛县人均纯收入呈现快速上升的趋势,从2015年的2 230元增长到2019年的近7 000元,人均纯收入增长了近三倍之多。② 但各脱贫户收入情况差异性较大。以凉山州甘洛县斯觉镇格布村为调研对象,格布村各贫困户人均纯收入从2015年的2 322元增长到2019年的8 363元,与甘洛县人均纯收入的增长趋势基本趋同。其中,2019年脱贫户家庭人均纯收入较高的可达到30 000元,家庭人均纯收入较低的仅为5 000元左右,各脱贫户收入差距十分明显。未来谨防返贫风险,需要重点关注人均收入较低的脱贫户家庭,缩小各脱贫户之间的收入差距。

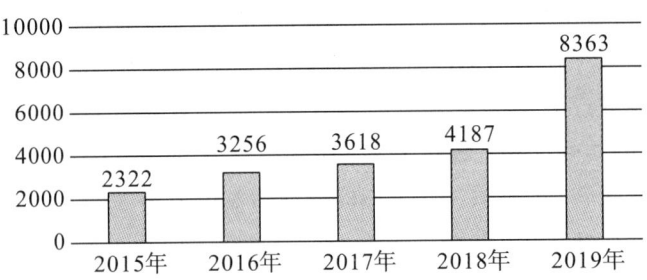

图1 2015—2019年格布村人均纯收入(单位:元)

---

① 资料来源:凉山彝州新闻网,http://www.lszxc.cn/html/2019/lsxw_1203/13248.html.
② 资料来源:中国教育新闻网,https://www.sohu.com/a/347140874_243614.

（二）工资性收入占绝对主导

精准扶贫以来，凉山州积极拓展州内、州外务工市场，提升劳务输出跨区域对接服务水平，为农民工提供大量可选择的优质务工市场，帮助解决农民工工作问题，这一重要举措为凉山州脱贫攻坚和乡村振兴带来了显著成效。目前，转移输出劳动力已成为凉山经济的重要支柱，也是贫困人口脱贫的重要途径。据相关数据统计，2018年，全州转移输出农村剩余劳动力129.56万人，同比增长1.39%；务工总收入达到218.27亿元，同比增长5.20%。其中输出贫困劳动力6.11万人，占比达到4.70%，输出贫困劳动力的务工总收入为9.30亿元。① 2019年，全州举办了多场专场招聘会，继续推进"佛山－凉山"东西部劳务协作项目，拓展劳务输出渠道。同时，将市场需求和农民工需求相结合，开展技能培训，提升劳务输出质量。2019年，全州转移输出农村剩余劳动力130.93万人，同比增长1.04%；务工总收入达到228.99亿元，同比增长4.91%。其中，输出贫困劳动力5.71万人，获得劳务收入9.17亿元；人均劳务收入达16 039.2元，同比增长5.28%。

凉山州脱贫户收入主要分为经营性收入、工资性收入、财产性收入和转移性收入四大类，而工资性收入为脱贫户收入的主要来源。以格布村为例，2020年，脱贫户工资性收入占到家庭总收入的70%左右。根据调查统计，2020年1月至3月，脱贫户工资性收入较低。这主要是由于受到新冠肺炎疫情的影响，外出务工人员无法出行，无法正常务工，降低了工资性收入。

（三）经营性收入增长空间大

家庭经营性收入是指以家庭为单位进行生产筹划和管理获得的收入，凉山州脱贫户家庭经营性收入主要来源于种植业和畜牧业。某种意义上，家庭经营性收入就是以家庭为单位进行产业规划和发展带来的收入。2018年，习近平总书记在打好精准脱贫攻坚战座谈会上指出，产业扶贫是脱贫攻坚的根本之策。通过发展产业帮助贫困户脱贫效果显著，且脱贫稳定性更高（黄娟娟，孙计领，2020）；产业扶贫是从根本上解决贫困户收入问题，能够有效提升贫困户自主脱贫能力，激发劳动积极性（巫林洁，刘滨，唐云平，2019）。根据调

---

① 资料来源：四川新闻网，http://scnews.newssc.org/system/20190125/000939420.html。

查可知，家庭经营性收入是脱贫户家庭年收入的第二大收入源，占比达到28%左右。虽然工资性收入高、成本低，但收入风险高，不稳定系数高。而家庭经营性收入带动作用强，且随着产业发展规模的扩大，其生产成本将会降低，收入效应更加明显。因此，家庭经营性收入未来增长潜力较大，需大力鼓励发展，稳定脱贫户收入。

（四）其他收入贡献相对较低

为了推进脱贫攻坚事业，顺利实现脱困县、贫困村摘帽，积极探索财产性收益扶贫新路径也非常重要。随着后扶贫时代的到来，村集体产业壮大、公共资产维护、日常管理支出等均需要大笔投入，建立村集体经济良性增收收入机制迫在眉睫。同时，村集体经济还可以带动就地务工，村民也能够享受村集体经济发展带来的分红，为脱贫攻坚事业增添新活力。当下，与其他收入成分相比，财产性收入占家庭总收入的比重较低，集体经济的带动作用还不明显。贫困地区群众转移性收入涵盖低保金、养老保险金、生态补偿金、粮食直补以及其他转移性收入，保持相对稳定的增长趋势。根据调查可知，2020年格布村家庭人均转移性收入接近800元，约占家庭年人均纯收入的1%。

二、凉山州脱贫户收入波动的原因

脱贫户家庭年人均纯收入总体呈上升趋势，但不同家庭内部分化明显，甚至极少数脱贫户家庭年人均纯收入呈波动下降趋势，造成此种现象的原因也是多方面的。

（一）突发性事件对家庭收入冲击大

脱贫户工资性收入、经营性收入占绝对比重，但这些收入的可持续性受外部环境影响较大。例如受2020年新冠肺炎疫情的冲击，2020年1月至3月凉山州贫困户家庭收入呈断崖式下滑。为防止疫情进一步扩散，2020年1月底我国各行各业进入"停工、停产、停学"状态，人们减少了外出活动。这有效控制了新冠肺炎疫情的扩散，但也对人民群众的务工收入产生了较强冲击，特别对以工资性收入为主体的脱贫户影响较大。新冠肺炎疫情的暴发，一方面限制了人们的出行，使其无法外出务工；另一方面"停工停产"使得日常劳务需求量大大降低，从需求侧截断了脱贫户获取工资性收入的可能。此外，脱贫户可能因病（伤）、残或其他原因导致劳动能力减弱，务工和就业渠道受限，因而造成家庭收入的大幅减少。

（二）家庭生产性经营技术贡献率低

凉山州土地资源丰富，土地面积共602.6万公顷，其中可用于农用耕地的总面积达到32.2万公顷，林业用地面积达到401.1万公顷，加之阳光充足，常年降雨量充沛，适合发展种植业和畜牧业。[①] 但是，凉山州脱贫户在种植农产品时多采用传统的农耕方式，增收效果不明显：一方面传统农耕方式成本高、产量低，市场接受度不高和市场竞争力薄弱等现象较为突出；另一方面缺乏技术支持的农耕方式，抗风险能力较低，一旦出现突发事件或者自然灾害，会大大降低农产品的产量，影响脱贫户家庭收入。同样，凉山州脱贫户在养殖牲畜时，多采用散养的方式供家庭自用。该模式缺乏技术管理人员、相关专业人员以及养殖设备，难以发展成为具有规模和特色的畜牧业，且应对风险能力极低，一旦发生瘟疫，难以控制牲畜的存活率，牲畜的产出率将大大降低，对脱贫户家庭经营性生产收入的稳定性影响极大。

（三）集体经济发展带动作用不突出

发展壮大集体经济，是带领贫困群众脱贫致富的重要方式，主要有以下几种积极作用。一是村合作社将贫困户的土地进行集中流转发展种植业或者畜牧业，可以雇佣当地群众务工，增加当地群众就业机会，提高群众的工资性收入；二是集中发展某种产业，雇佣群众进行工作，可以让群众在工作的同时学习并掌握现代农业耕种的技术和方式，提升当地群众的种养技能；三是发展集体经济获得的收益，到年底会通过分红的形式发放给各农户，让群众尝到甜头，获得相应的利益，调动了群众生产的积极性。但是，发展集体经济需要各方面的支持与资助，同时也存在各种风险，特别是发展初期收益并不明显，甚至可能超时间亏损。目前，凉山州集体经济对脱贫户家庭收入的贡献率偏低，

---

① 资料来源：凉山彝族自治州自然资源局，http://dnr.lsz.gov.cn/hdjl/gyxdzzl/201611/t20161108_1032483.html.

对各脱贫户积极性的带动作用也不突出。

三、凉山州脱贫户增收长效机制构建

2020年是我国脱贫攻坚决战决胜年，但这并不代表我国扶贫工作就此戛然而止。绝对贫困消除后，我们必然会长期面临更加错综复杂的相对贫困问题。各级政府还需要完善扶贫政策，增强扶贫政策的延续性，给予刚退出贫困序列群众一个缓冲期，消除顾虑。实时动态关注刚达到脱贫标准、退出贫困县、贫困村以及贫困户的相应名单，防止返贫现象发生，稳固脱贫攻坚事业的成效。2019年底凉山州4个深度贫困县已经全面实现脱贫摘帽。2020年不仅需要倾注全力帮助剩余7个深度贫困县实现脱贫摘帽，更需要找准精准扶贫的长效机制，帮助凉山州脱贫户持续增收。

（一）激发脱贫户增收内生动力

为实现真正意义上的脱贫致富，防止突发返贫问题，首先要坚持扶志以自强、扶智以自立，激发脱贫户自身的内在动力。首先，培育致富带头人，发挥引领示范作用。致富带头人具有积极、上进、有公心、能力强、有原则、思路开阔等基本素质，能够带领全村群众脱贫致富奔小康，能从正面影响并激励各群众的主动性，能调动大家生产的积极性。其次，各级政府和扶贫干部要想办法在当地营造一种自力更生勤劳致富的氛围，大力宣传靠自力更生、勤奋致富的典型先进案例，熏陶群众的思想，激发其内生动力。再者，通过各种外在引导或者教育培训，提升脱贫户的思想素质和劳动能力，帮助其学习现代耕种技能，通过掌握一技之长实现稳定脱贫，为家庭带来稳定的收入。

（二）改善脱贫户家庭收入结构

收入结构反映的是脱贫户收入的来源和渠道，合理的收入结构是保证脱贫户收入持续增长的前提条件，也是脱贫致富、消除相对贫困的关键所在（孙新铭，唐健云，张国伟，2020）。因此，增加脱贫户家庭收入来源，改善脱贫户收入结构，才能保证脱贫户收入持续性增长。工资性收入方面，建议增加有针对性的实用技能培训，提升脱贫户的普通话水平、务工技能和外出务工的信

心。经营性收入方面，积极引导转变传统耕种结构和方式，突出优势和特色，引进扶持一批经济效益好、辐射带动广的农业产业项目，努力形成优质、高效、生态的种养结构，提升脱贫户种养殖业收入水平。转移性收入方面，要更好发挥最低生活保障制度在保障困难群众基本生活、兜底保障脱贫攻坚中的重要作用，让政策性补贴成为农户收入最具保障的增长因素。财产性收入方面，要大力扶持发展村集体经济，为脱贫户财产性收入的提高拓展渠道，稳步提高财产性收入比重。

（三）扶持贫困地区特色优势产业

发展特色优势产业是提升当地群众就业率和带动当地人们致富的重要途径之一，未来要大力利用自身耕地资源和林业用地资源的优势，精心选择产业项目，发展乡村产业，壮大村集体经济规模。一方面，当地政府和帮扶干部需要认真筛选并评估各项目，根据实际情况，选择合乎时宜的项目入驻当地，并对项目进行监督管理，谨防诓骗投资的伪项目。另一方面，好项目到位的同时，当地政府要在政策、资金、技术等方面给予大力支持，帮助项目实施，发展地方特色产业，做大做强做优。

以消除绝对贫困为目标的脱贫攻坚任务已经全面完成，贫困户的收入有了大幅度提升，但是我们必须清醒地认识到，这是国家政策倾斜等多种因素的综合结果，仍具有相当的脆弱性和时效性，影响贫困户收入的长期制约因素依然存在，相对贫困问题仍将是我国经济社会发展的重要问题。构建贫困户增收的长效机制，并辅以相关的政策引导与支持，是乡村振兴的一项重要任务，也是推动减贫战略、建设社会主义新农村的必然举措，是当前乃至今后相当长一段时期的迫切任务。

参考文献：

邓鹏，2020. 建立防止返贫机制，巩固脱贫攻坚成果［EB/OL］.（2020－05－18）［2021－01－06］. https://theory.gmw.cn/2020－05/18/content_33839522.htm.

黄海棠，蔡创能，滕剑仑，2019. 乡村振兴背景下的返贫风险评估及防范长效机制研究［J］. 洛阳理工学院学报（社会科学版），34（3）：38－44.

黄娟娟，孙计领，2020. 产业扶贫对贫困户的收入增加效应实证分析［J］. 调研世界（3）：3－9.

孙新铭,唐健云,张国伟,2020. 新疆和田地区少数民族深度贫困村贫困户家庭收入结构特征分析[J]. 老区建设(6):11-16.

巫林洁,刘滨,唐云平,2019. 产业扶贫对贫困户收入的影响——基于江西省1047户数据[J]. 调研世界(10):16-20.

习近平,2020. 在决战决胜脱贫攻坚座谈会上的讲话[N]. 人民日报,2020-03-07(02).

阎沐杉,李姗晏,2020. 新冠肺炎疫情对我国宏观经济的影响及应对[J]. 中国经贸导刊(17):15-16.

叶振宇,2020. 全球新冠肺炎疫情对我国区域经济的影响与应对[J]. 河北师范大学学报(哲学社会科学版),43(4):134-140.

周伟,2020. 乡村振兴背景下精准扶贫对策及长效机制研究[N]. 新乡日报,2020-05-26(03).

破解胡焕庸线视角下甘洛机场对脱贫攻坚促进甘洛旅游产业发展的支撑[①]

董凯宁　朱　禹　罗　骏

摘　要：甘洛县位于北凉山，属于我国集中深度贫困地区，贫困程度深，基础条件薄弱，公共服务不足，脱贫难度大。近年来，随着"两新一重"国策支持下的支线机场布局建设，西部地区国内旅游业迅猛发展。抓住支线机场建设这一机会，有助于打赢深度贫困脱贫攻坚战，促进以甘洛为核心的整个北凉山旅游珍珠链环线产业发展；构建北凉山旅游珍珠链环线智慧管理信息系统，用于科学统筹、调控甘洛机场及环线旅游，从信息管理角度增强北凉山旅游珍珠链环线的产业协同、共享，提出解决方案对破解胡焕庸线的积极影响。现实物质交通条件、信息技术软实力两方面共同发力，对于甘洛北凉山珍珠链环线旅游建设，以及助力打赢脱贫攻坚战役都是大有裨益的。

关键词：甘洛机场；胡焕庸线；甘洛旅游；旅游管理信息系统；脱贫攻坚

[①] 作者简介：董凯宁，四川大学公共管理学院，讲师，博士，研究方向为信息管理、区块链和大数据，2020年5月至2021年5月挂任甘洛县发改局副局长；朱禹，四川大学公共管理学院，本科在读，研究方向为数据挖掘，区域文旅经济发展；罗骏，四川大学公共管理学院，教授，博士，研究方向为金融经济管理。

一、引 言

四川省凉山彝族自治州甘洛县属于我国集中深度贫困地区，不仅贫困发生率高、贫困程度深，而且基础条件薄弱、致贫原因复杂、发展严重滞后、公共服务不足，脱贫难度大。位于凉山州北部地区的甘洛县虽然已于2020年正式退出贫困序列，但要巩固精准扶贫和脱贫攻坚的成果，长效实现"两不愁三保障"，仍是甘洛肩负的时代重任。

从消除绝对贫困来看，精准扶贫已经在甘洛取得了巨大的成就。但在取得这些可喜成果的同时，也存在深度贫困县脱贫艰难、扶贫机制方式不健全、扶贫基建保障不到位的情况。甘洛受制于山区地形，发展起步时间明显滞后于其他地区。技术水平落后、经济发展程度低，导致凉山州以第一产业为支柱产业，经济效益低，延续传统农林牧渔的发展途径，只会使得脱贫成为昙花一现的景象。经济落后使得交通建设无法得到资金支持，北凉山没有形成便利陆路交通网络，同时也成为当地经济落后的一大原因，正印证了基本公共服务中的马太效应理论（车文斌，2019）。教育也是反映一个地方发展程度的重要因素，凉山地区一直存在城乡二元化严重的情况，城乡教育都十分落后。即使在今天，这样的问题依然存在，改变较少。教育的落后也源于经济的发展，没有足够的体量无法支撑教育。梳理甘洛脱贫面临的困难和任务，以新视角探寻脱贫新方法、新机制，对于区域全部脱贫摘帽、决胜全面小康具有积极的理论意义和实践价值。

胡焕庸线是揭示中国人口与经济地区不平衡的地理分界线，提出80多年以来稳定性强、变动很小。中国国内交通建设和国内旅游也遵循这一规律，呈现出"东密西疏、东强西弱"的格局。而旅游活动具有极强的流动性和经济带动能力，本文目的在于论证甘洛机场建设可以助力北凉山旅游业破解胡焕庸线从而促进北凉山区域产业及经济发展，打赢甘洛脱贫攻坚战。

在胡焕庸线规律作用下，我国经济和交通建设"东密西疏"的基本格局很难从根本上改变，呈现出自东向西递减的趋势。受制于经济发展水平和地形条件限制，靠近胡焕庸线西侧的甘洛既有陆路交通条件较东侧多数地区差。陆路交通不能从根本上改变北凉山交通问题，进一步也导致胡焕庸线的束缚难以破解,对甘洛脱贫攻坚工作起了极大阻碍作用。而建设甘洛机场可以弥补陆路交通的缺陷。在过去布局新建甘洛机场之前,包括西南地区凉山彝族自治州、阿坝藏族自治州,西北地区天水市、陇南市、玉树藏族自治州、新疆阿勒泰布尔津县等在内的一系列西部非中心城市地区都有丰富的文化和旅游资源,拥有形成旅游珍珠链的天然优势,但受制于地形等自然条件,交通基础设施落后,旅游产业发展缓慢(冯彤,2017)。

近年来,随着经济增长、景区开发和交通建设,西部地区国内旅游发展迅猛,2018年西部地区旅游人次和收入增长率分别为32.59%和26.63%,其发展速度远快于东部(胡焕庸,1935)。上述态势促进国内旅游市场分布格局重构,为甘洛突破胡焕庸线提供了新的契机。但是在国内旅游区域间潜在出游率差距呈现缩小趋势的同时,区域间非均衡发展的格局仍然未变。王兴斌也持相同观点,并认为中国国内旅游发展很不平衡,区域差距巨大,尤其是东部与西部(韩汝雪,2018),"东强西弱"成为国内旅游空间分布的真实写照。如果能抓住好甘洛机场建设这一机会,便有助于快速改变"东强西弱"这一格局,促进甘洛北凉山旅游珍珠链环线产业发展,助力区域实现脱贫摘帽。

二、 甘洛县交通现状对甘洛旅游产业脱贫的制约

1935年胡焕庸首次揭示了中国人口密度东南和西北分布的突变线,生动刻画了两侧区域人口分布的巨大空间差异(金红燕,孙根年,2019)。学者们基于不同尺度,对人口分布的影响因素进行深入探讨,得到了不少成果:气候、地形、水系是影响人口分布的主要自然因素;地区经济发展水平、产业结构、环境质量、人口年龄结构、就业率是影响人口分布的关键因素;交通条件对落后地区人口集聚作用远大于发达地区。

探讨甘洛机场建设能否促进甘洛旅游珍珠链环线产业发展,突破胡焕庸线、助力脱贫攻坚,我们应当首先考察当前甘洛县的整体及对外交通状况。甘洛县地处四川省西南部、大渡河畔、凉山州北部,素有凉山"北大门"之称。全县面积2 156平方公里,辖28个乡镇,居住着彝、汉、藏等多个民族,总人口约23万,是一个以彝族为主的少数民族聚居县,也是国家扶贫开发重点扶持县和全省深度贫困县之一,地区生产总值和人均收入落后于全省平均水平。

2019年，全县城镇常住居民可支配收入27 000元左右；农村常住居民人均可支配收入9 000元左右。甘洛县经济发展水平较为落后。

从数据和现有开发景区看，甘洛旅游资源丰富，但交通在很大程度上制约了甘洛旅游产业发展的进程，使得旅游资源得不到有效开发和利用，经济发展动能不足。从已建成的陆路交通线看，甘洛与雅安的石棉、汉源县，乐山的峨边县虽近在咫尺，但由于既没有高速路，也没有快速路和河道航运，只能依靠省道公路和陈旧的成昆铁路进行往来。不论是到周边同级县，还是去西昌、雅安、乐山等区域中心，平均需要3~7小时，且当天不能往返，这样的情况增加了交通成本。每天只有1班汽车和1班火车前往省会成都。甘洛处于大凉山地区，山高谷深，自然地形条件对于发展陆路交通十分不利，常出现滑坡泥石流断路现象。2019年的泥石流导致成昆线途经甘洛的火车从每天4趟减少到每天1趟，交通协同更加困难。从五区协同来看，甘洛县不能和成都平原、川西、川南等任何地区协同，甚至在攀西经济区内部都难以和州府西昌、攀枝花协同共建。相比位于凉山州腹地的老九县，甘洛虽然在地理位置上最接近周边的较大城市，但交通协同能力依旧很弱。

同时，交通难题让北凉山旅游景区的游客旅游和景区运营成本相较于交通便利地区提高不少。这大大限制了景区对于游客的吸引力和景区的实际盈利能力，现有交通条件不利于破解胡焕庸线，促进区域脱贫。交通难题让甘洛的东西运不出去、游客进不来、投资进不来，生活物资运进来成本极高。以最普通的餐饮为例。2020年6月，甘洛街边小餐馆的肉菜一般比成都市内同等水平的街边小餐馆贵30%。光是高昂的生活成本便大大降低了甘洛县对劳动力和外来游客的吸引力。现有交通条件不利于当地旅游业发展，在破解胡焕庸线中起到阻碍作用，无益于脱贫攻坚。

但在北凉山珍珠链景区环线建设甘洛机场后，上述不利因素将得到大大改善。以青海省海南藏族自治州青海湖景区为例。过去中远途客运和货运需求只能通过陆路公路、铁路交通的方式进行，因高原和山地地形及多变的气象条件对交通道路建设的制约，晴通雨阻的现象十分普遍，交通连续性较差。陆路运输实际通勤时间较长，从而导致了运输时间长、运输成本高这一必然结果。而在建设了距离青海湖景区141公里的祁连海北机场和153公里的西宁曹家堡机场后，中远途陆运的劣势得以弥补。特别是祁连海北机场，为青海湖珍珠链旅游环线的发展提供了巨大的支撑作用，而景区附近的少数民族自治县经济也得到了发展,脱贫成效显著。除了青海湖景区,西部地区还有大量情况类似的地区。由于中国交通布局"东密西疏"的格局,北凉山珍珠链旅游环线仅靠高速公路、铁路、高速铁路的建设是不足以解决旅游环线在胡焕庸线中的难题的,光靠现有交通条件难以服务于完成脱贫攻坚的时代任务。

在目前的重点交通建设中,乐汉高速对甘洛的发展几乎没有帮助。乐汉高速打造了一条沿大渡河大峡谷东西走向的旅游景观大道,串联起了峨眉山、乐山大佛、峨边黑竹沟、金口河大峡谷、汉源湖等知名景点,构建了一个成都平原经济区南端的旅游小环线。但该环线并不与凉山北部甘洛县的旅游区、农产区、矿产区相接触、融合,反而使得高速贯穿峨边彝族自治区这一优势将彝区环线游这个主题弱化了,对凉山州开发彝区特色风情旅游产业有很大的负面虹吸效应,让甘洛县的文旅发展更为艰难,弱化了凉山腹地北部和四川省其他经济区的协同互动。

目前甘洛县除 3 条出境公路外,境内其他公路等级较低,连接主要景区的交通主干线旅游公路建设不足,特别是支撑主要旅游景区开发的公路不仅级别低,而且受制于气象和地形条件,晴通雨阻的现象十分突出,交通连续性较差。不仅是交通基础设施,全县电网建设、光缆通讯、移动通信等通信设施同样落后。环境绿化、生态保护、环卫设施、供排水设施、垃圾处理、污水处理、旅游公共厕所、游客咨询服务中心、县域内公路路标路牌、旅游景区停车场、旅游安全等基础设施建设缺失或不足,旅游发展受制约的情况十分明显。受土地资金、交通建设、技术人才、发展环境、县城整体层次等因素影响,招商引资工作困难。引进的大项目少、落地项目少,招商引资到位资金未能赶上计划进度,项目建设进度缓慢,导致签约项目开工不足。

综上,甘洛县目前仍然面临严峻的胡焕庸线困境,现有的交通条件难以使旅游产业成为北凉山脱贫的有力推动力。而加快推进甘洛机场前期规划及建设,弥补陆路交通的固有缺陷,改善甘洛交通条件,是破解这一困境的关键因素。在这一过程中,北凉山彝区能否用好甘洛机场建设的机遇,将区域内的景区形成联动、与周边成熟的旅游目的地形成协同,是甘洛县能否破解胡焕庸线,促进整个北凉山旅游珍珠链环线产业发展,进而促进区域稳定脱贫的着力点。

三、甘洛机场助力甘洛旅游产业破解胡焕庸线的可行性

根据国家发改委《全国民用运输机场布局规划》,我国将在 2020 年拥有 260 个左右运输机场,2025 年将建成覆盖广泛、分布合理、功能完善、集约环保的现代机场体系,形成三大世界级机场群、10 个国际枢纽、29 个区域枢纽。在规划中,西部将新增 57 个支线机场。用好甘洛机场,可以让陆路交通建设条件较差、交通落后又拥有优质旅游资源的甘洛走上发展的快车道,这对于破解胡焕庸线困境、促进北凉山旅游产业脱贫的支持是巨大的。

北凉山珍珠链旅游产业发展有其自然资源和政府政策优势条件作为支持。优质的旅行资源是促使游客离开惯常环境、赴异地游览的核心吸引物,尤其是高 A 级景区,游客更是趋之若鹜。而交通作为联结客源地和目的地之间的桥梁(兰江,2016),是开展长距离旅游的先决条件和关键因素。下面以西北地区支线机场建成后对全国游客的吸引力和西北地区旅游珍珠链环线地区的经济增长贡献度为例进行阐述。

国内游客进入西北主要依赖铁路和航空运输。由表 1 可知,2007—2016 年西北地区民航客运量从 974.5 万人次增长到 4 891 万人次,增长了约 4 倍,平均每年增加 435.2 万人次。每年新增大量游客进入西北旅游珍珠链环线景区。在西部地区民航支线机场建设的同期,新疆天山以及青海可可西里先后申遗成功,极大提高了西北珍珠链环线旅游资源的市场吸引力,一定程度上促进了对胡焕庸线的破解,也极大地带动了当地及附近贫困地区的经济发展。

表 1 西北地区民航客运量统计表

年份	2007 年	2011 年	2013 年	2016 年
民航客运量(万人次)	974.5	1 537.5	2 825.1	4 891.0
人均 GDP 均值(元)	15 625.5	31 716.3	38 495.5	44 363.3

据初步统计,随着内蒙古乌兰察布、新疆哈密、青海果洛、西藏林芝等支线机场的建成,西北地区民航机场从 2007 年的 33 个迅速增长到 2016 年的 58 个,成为中国西部最为核心的空中交通枢纽集群。这些支线机场的建设极大程度上促进了区域交通发展,同时也提高了西北地区旅游珍珠链环线景区的可进

入性，使得旅行爱好者可以以一种较为便捷、舒适的方式享受当地大量优质的旅游资源，从而促进了新疆、西藏旅游的快速发展（金红燕，孙根年，2019）。

西部地区除中心城市外的地方景区对外交通较为落后，正在规划中的西北、西南支线机场群应当在改善对外交通、增强区域联动和吸引游客等作用上被寄予厚望（李建新，杨珏，2018）。随着民航的发展，西北、西南机场群会充当大量主要航线的中转站、经停站。在经停时，飞机可以补充物资、换乘人员。且飞机不受地震、山洪、泥石流等地质灾害影响，可以不间断地与珍珠链中的大城市实现航空互联，进而借助中心城市或其他地区的人口客源和经济优势促进旅游业的进一步发展（李飞行，宋一鑫，张权，2018）。随着今后大量支线小飞机的出现，西部支线机场的大量建成有望在北凉山旅游珍珠链环线产业的发展中起到关键作用。

四、甘洛机场建成对促进甘洛脱贫攻坚旅游产业发展的贡献

民航事业是我国航运事业发展的重要支撑，事关区域经济社会发展大局，能有力推动构建安全、便捷、高效、绿色的现代化综合交通运输体系（龙银燕，2017）。新布局的大量支线机场拥有独特的战略地位、区位优势，可以与当地中心区域枢纽形成互补联动。甘洛机场建设对于北凉山旅游产业破解胡焕庸线的贡献主要有以下几点（阮文奇，郑向敏，李勇泉，等，2018）。

第一，促进区域旅游资源串联和通达，带动相关产业发展协同发展。甘洛历史底蕴厚重，民俗文化悠久，自然风光独特且丰富。西北大旅游环线和西南旅游大环线拥有相当多的旅游资源。甘洛机场的建成对于西部两大旅游环线具有十分重大的作用，加快北凉山旅游珍珠链环线产业建设、助力脱贫攻坚的意义明显。

第二，机场建设可以作为北凉山少数民族地区特色资源的宣传橱窗，运用机场这一窗口面向中高端消费群体，为当地的文旅资源做宣传，增强当地及周边文旅资源的知名度，同时可以利用机场的人口流动性大大加强当地和珍珠链周边其他旅游区的协同联动（仵海燕，2020），促进不同文旅区域以机场作为跳跃节点，形成协同联动。

第三，覆盖大量受众，助力地区稳定脱贫和维护民族团结。甘洛机场建设

将会带动区域旅游文化资源的深度挖掘和开发。甘洛县旅游管理部门可以建设新型数字化旅游信息平台对区域内的静态和动态旅游资源实现实时监控，了解本县及北凉山区域旅游发展动向，及时调控旅游资源分配和进一步挖掘、开发具有潜力的景区；可以使区域人口共享旅游经济发展成果，为当地带去广大的就业机会和消费需求，用消费内需拉动当地经济增长、助力当地乡村振兴，实现稳定脱贫；融入信息管理技术、大数据分析、区块链、虚拟现实等技术，提供一种全新的旅游体验，从数字化、技术端入手，以高科技手段吸引游客。

五、甘洛机场智慧珍珠链旅游管理信息系统建设

打造甘洛珍珠链环线产业不仅仅需要航空交通条件的建设，景区间的信息化共享、联动信息平台建设也是极为重要的。加快构建北凉山旅游珍珠链环线智慧管理信息系统，可用于科学统筹、调控甘洛机场及环线旅游，改变过去松散、低效的人工管理，打通信息孤岛。该系统可以通过电子地图实现实时动态的、可追踪的、清晰的航空旅游线路调度协调等各类事务，精确追踪、标注、展示本文提出的解决方案对促进区域脱贫攻坚、贫困摘帽的积极影响。

甘洛珍珠链旅游信息管理平台可以整合珍珠链环线景区的相关数据，打通原本独立成孤岛的各维度信息，创造性地发展基于动态数据的旅游信息库，使之成为一个有机整体。通过数据挖掘、信息管理、价值分析等技术手段调控区域航班计划、促进珍珠链景区发展并进行实时监控。例如：①对自然环境和旅游资源监控：天气与气候景观类，包括天气与气候现象、极端气候显示地等；地质地貌类数据监控：自然旅游地、沉积与构造、地质地貌过程行迹、自然变动遗迹、岛礁等；人文旅游资源：遗址遗迹与建筑设施、人文活动、旅游商品等。②交通通达度监控：地理信息技术、航空交通网络数据。③对支持设施和资源监控：路网、电网等基础设施数据。④其他旅游活动必要要素数据，如周边住宿等必要配套设施。⑤旅游空间组织优化监控及景区可持续发展监控。

该信息平台前端主要包括五大模块，如图1所示：

·实践探索·

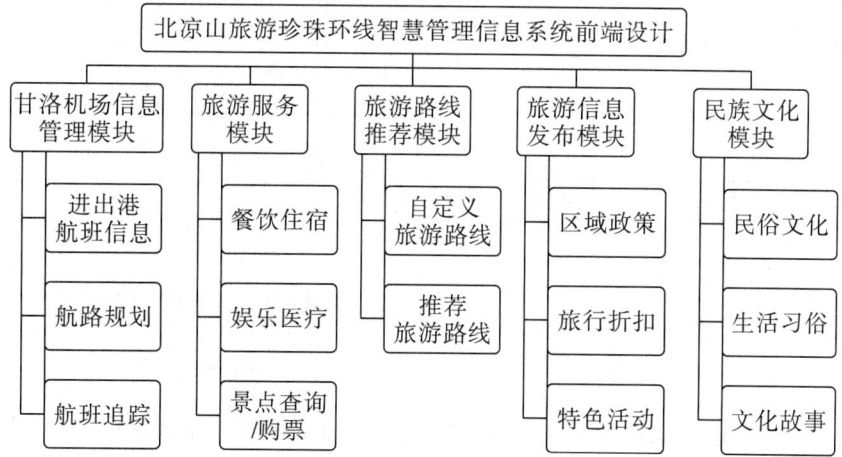

图 1　北凉山旅游珍珠环线智慧管理信息系统前端设计

具体数据使用为：

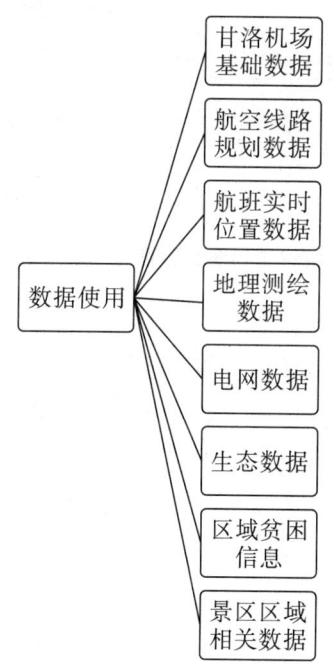

图 2　北凉山旅游珍珠环线智慧管理信息系统数据使用

通过对数据和技术的整合应用构建北凉山旅游珍珠链环线旅游系统特色旅游专题数据库，如图 3 所示，基础地理数据库如图 4 所示。

153

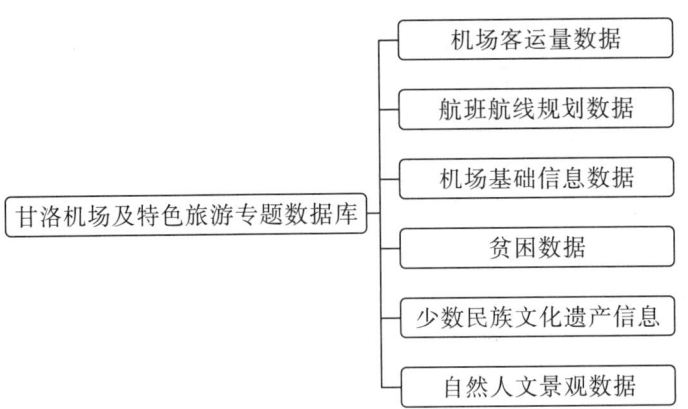

图 3　北凉山旅游珍珠环线智慧管理信息系统特色专题数据库

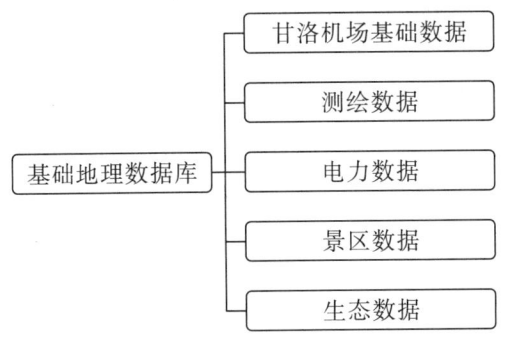

图 4　北凉山旅游珍珠环线智慧管理信息系统基础地理数据库

该旅游管理信息系统覆盖面广，应用场景丰富，预计覆盖受众：①旅游管理部门：北凉山旅游珍珠链环线旅游管理部门可以利用本产品对区域内的静态和动态旅游资源实现实时监控，了解区域旅游发展动向，及时调控旅游资源分配和进一步挖掘、开发具有潜力的景区。②航空管理部门：通过实时的航班、航线数据获取区域内所有航班信息，并与基础地理信息相结合，能够更加有效地动态调整旅游环线甘洛机场配额设置。③上下游从业者：共享北凉山旅游珍珠链经济发展成果，为当地带去广大的就业机会和消费需求，用消费内需拉动当地经济增长、助力当地乡村振兴，实现稳定脱贫。④旅行爱好者：为各地旅行爱好者提供一条全新的、富有文化内涵和美景体验的精品自驾游旅行线，为其提供多样化环线旅行选择。融入信息管理技术、大数据分析、区块链、虚拟现实等技术，增加其旅游体验。

甘洛县及北凉山政府决策者可以随时在旅游管理中心通过该旅游管理信息

系统，了解珍珠链环线内的航班、航线情况、旅游资源及其配套设施、旅行者的相关情况。决策者或管理者可以通过该信息系统，实现对进出港航班、景区入园名额、资源分配的动态规划管理，兼顾经济效益与生态效益。环线内的旅行者也可以随时随地使用专属配套软件，通过内置电子地图查询到区域内或附近的停车场、加油站、住宿、餐厅等基础设施信息；使用电子地图进行甘洛机场飞行选择、旅行线路规划、导航，通过系统匹配算法，推荐附近景区或文化点，实现旅游环线的动态规划，丰富旅行者旅游体验；使用专属配套软件，在到达某一景点时，实现基于区块链的旅行体验认证并进行打卡、分享，或为其提供景点讲解服务。具体应用场景举例如图5、图6所示：

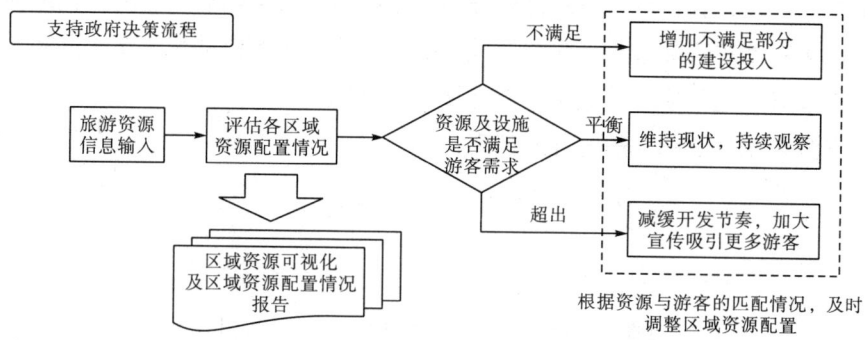

图5　支持政府决策流程示例

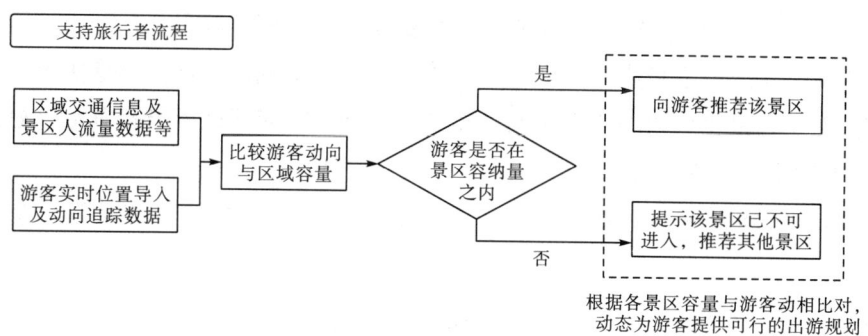

图6　支持旅行者流程示例

从信息管理角度增强甘洛北凉山旅游珍珠链环线的产业协同、共享，可以通过现实物质交通条件、信息技术软实力的两方面共同发力，不论是对北凉山珍珠链环线景区的建设、破解胡焕庸线困境，还是对助力打赢脱贫攻坚战都有积极意义。

六、甘洛机场对甘洛经济贡献定量分析

机场跨区域旅游路线对拉动人均地区 GDP 和珍珠链环线产业发展有正面效应。本文采用差分内差分法进行分析，它也被称为双重差分模型（difference in difference method），该模型可以通过进行对照实验并控制其他情况，而单独检验机场模型的效果。具体做法是选择一个处理组和一个控制组，使处理组在某一个时点上发生某一变动，而控制组在这个时点上不发生类似的变动。这样我们就可以对比处理组和控制组在政策前后产生的变化来检验这个政策变动的实际效果，如果处理组的变化要比控制组的变化明显要大，就说明该政策产生了明显的效果（郁秀峰，2018）。

差分内差分法的一般方程式如下：

$$y_{it}^{j} = A + B_1 d_t + B_2 d^j + B_3 d_t^j + e_{it}^j \tag{1}$$

其中

$$j = \begin{cases} 1, 处理组 \\ 0, 控制组 \end{cases} \quad d^j = \begin{cases} 1, j = 1 \\ 0, j = 0 \end{cases} \quad d_t^j = \begin{cases} 1, t = j = 1 \\ 0, 其他情况 \end{cases}$$

B 反映了变动效果：B_1 反映了没有变动情况下两个组是如何随时间变动的；B_2 反映处理组和控制组之间所有的不随时间变动的差异。而最关键的变量是 B_3，它是差分内差分方法的主要考察指标，代表了时间节点前后，处理组和控制组之间变动差异。

基于机场影响区域经济理论，并结合双重差分模型，本文构建了如下函数：

$$y = \alpha + B_1 d_1 + B_2 d_2 + B_3 d_3 + \beta x + e \tag{2}$$

其中，y 表示人均地区 GDP 增长率；d_1 为时间虚拟变量，其具体取值为：推出前取 0，推出后取 1；d_2 为是否有机场的虚拟变量，其具体取值为：推出后取 1，不推出取 0；d_3 表示是否有机场和该方案推出时间的虚拟变量交叉项。

X 是解释变量向量组，根据理论分析决定模型框架，它包含的解释变量为：地区人口反映城市规模，人均地区 GDP 反映地区发展水平和地区需求。

上面方程中 B_1-B_3 是虚拟变量的系数，其中 B_3 是本研究最重要的变量系数，其估计值实际上就是差分内差分的估计结果。根据模型设定，如果 B_3 的估计值显著大于 0，说明建设机场对于该区域人均地区 GDP 增长具有更强的促进作用（中国旅游研究院，2019；编者，2017）。

本文根据实际将样本区域划分处理组（已有机场）和控制组（暂未推出区域），处理组包括同类型投入使用的民用支线机场如西昌青山机场、汉中城固机场、义乌机场、琼海博鳌机场。

表 2　变量的统计性描述

变量	平均值	标准偏差	最小值	最大值
Pop	375.488	68.530	290.14	453
a_gdp	40 907.78	4 750.3	35 485.8	46 080.2

在区域人均 GDP 增长率的回归结果中，模型 1 给出了差分内差分法最基本形式的回归结果，结果显示 d_3 的回归系数为正，该显著系数为 0.455，且在 1% 的水平上显著；说明在建设机场后上述旅游环线市县的人均地区 GDP 表现出更高的增长速度。

当加入其他控制变量后，模型 2 的计量结果显示 d_3 的回归系数依然为正，该系数为 0.289，且在 1% 的水平上显著，说明机场对该环线区域的经济增长效应显著且稳健。

结合两模型的实证分析，可得出建设机场对该旅游环线区域经济和人均地区 GDP 水平均会产生正面影响。打造机场旅游线路能加大北凉山珍珠链景区之间的相关度，拉动景区自身增长，通过产业协同影响国民经济其他行业及部门带来产值增长，有效带动整个北凉山旅游珍珠链环线产业的发展，助力脱贫攻坚。

七、结　语

"人民对美好生活的向往，就是我们的奋斗目标。"党的十八大以来，党中央把脱贫攻坚摆到治国理政的重要位置，动员全党全社会力量，打响了反贫困斗争的攻坚战。四川省凉山彝族自治州作为四川仅剩的未脱贫地区，在 2020

决战决胜全面建成小康社会的关键之年肩负着历史重任。用新视角、新方法促进精准扶贫，打赢最后的艰难一战，争取早日实现全域脱贫摘帽、地区稳定脱贫，让人们生活越来越美好是本文的立足点。建设甘洛机场，带动甘洛旅游业发展，可以助力区域产业脱贫，同时要求改机场促进区域相关产业，教育、医疗、卫生、农业、矿产等资源优化配置和开发。

旅游业是推动人口空间流动及财富空间转移，促进中国东西部经济要素在未来经济长期发展中高效流动和进行内循环的重要产业。甘洛旅游业借力甘洛机场破解胡焕庸线，对通过旅游带动北凉山及周边地区打赢脱贫攻坚战，实现稳定脱贫具有重大意义。

2020年5月，国务院政府工作报告中提出，重点支持"两新一重"建设，发展新型基础设施建设，提升县城公共设施和服务能力，发展交通重大工程。本文提出大力推进甘洛机场航空基础设施建设，与国务院"两新一重"建设和新型基础设施建设的政策相适应。可以提高西部地区新型基础设施建设水平、提高西部地区的交通可达性，为东中西部游客提供方便快捷的交通服务，进而为北凉山旅游业破解胡焕庸线困境为切入点、实现脱贫攻坚提供有力的交通设施建设支撑。

本文选择以建设甘洛机场作为北凉山旅游业破解胡焕庸线困境为切入点，探究助力产业扶贫长效发挥作用的关键原因：相比铁路、高速铁路、高速公路受地形、地质、气象等影响因素较大，机场具有良好的连续性和可达性，并且铁路、高速铁路、高速公路前期投入和后期维护成本高昂，而甘洛机场建设成本则相对较低，能够为北凉山旅游珍珠链环线地区提供一个造价较低且回报率高的交通建设方案。随着民用小飞机和通用机场的发展，甘洛机场既能降低交通时间和运输成本，也能有效促进更大地理疆域的北凉山旅游珍珠链环线地区发展和相关旅游目的地协同，比高速公路、高铁更能有效肩负从小范围到大范围的可伸缩的北凉山旅游环线经济协同发展。

本文通过科学、严谨的论述，将管理信息系统用于统筹管理甘洛机场，以此提高甘洛珍珠链旅游产业发展的实践性和可行性，进行了大量理论创新，具有极高的理论和实践价值，重点阐述了运用现代信息化管理技术发展甘洛机场对于中国破解胡焕庸线促进北凉山旅游珍珠链环线产业发展和区域脱贫攻坚的支撑作用。

参考文献：

编者，2017. 王兴斌：中国的大众旅游时代还在路上［EB/OL］. (2017-09-07)［2020-12-30］. http://www.ce.cn/culture/gd/201709/07/t20170907_25826397.shtml.

车文斌，2019. 四川县域新使命 四川"一干多支"发展战略解读［J］. 当代县域经济 (6)：8-11.

冯彤，2017. 基于双重差分模型我国低碳试点城市的政策效果评估［D］. 天津：天津大学.

韩汝雪，2018. 江苏省民用机场与区域经济发展互动关系研究［D］. 徐州：江苏师范大学.

胡焕庸，1935. 中国人口之分布——附统计表与密度图［J］. 地理学报 (02)：33-74.

金红燕，孙根年，2019. 国内旅游能否突破"胡焕庸线"——国庆黄金周与全年国内旅游西向迁移趋势分析［J］. 陕西师范大学学报（自然科学版），47 (4)：48-58.

兰江，2016. 以基本公共服务均等化推动区域协调发展［J］. 合作经济与科技 (5)：20-22.

李飞行，宋一鑫，张权，2018. 我国支线机场现状分析及对策研究［J］. 交通运输研究，4 (4)：61-68.

李建新，杨珏，2018. "胡焕庸线"以西的西部人口格局［J］. 西北民族研究 (1)：191-202.

李莉，张捷，张卉，等，2019. 胡焕庸线简化解析几何模型与"胡焕庸线区位效应"——以中国大陆旅游市场潜力为例［J］. 经济地理，39 (4)：10-17+25.

龙银燕，2017. 机场对区域经济增长的影响——基于倾向匹配得分的双重差分模型分析［D］. 天津：天津财经大学.

阮文奇，郑向敏，李勇泉，等，2018. 中国入境旅游的"胡焕庸线"空间分布特征及驱动机理研究［J］. 经济地理，38 (3)：181-189，199.

笮海燕，2020. 现代民用机场对地方经济发展的作用分析［J］. 经济观察 (4)：51-52.

郁秀峰，2018. 人口稀疏地区新型城镇化路径探索［C］//杭州：2018中国城市规划年会.

中国旅游研究院，2019. 中国国内旅游发展年度报告［M］. 北京：旅游教育出版社.

甘洛县特色农产品品牌价值提升研究[①]

甄伟丽　杨　彬

摘　要：2020年为脱贫攻坚的收官之年，深度贫困地区之一甘洛县作为四川大学对口帮扶单位，其脱贫的顺利实现具有重要意义。本文基于甘洛县农业产业现状及瓶颈，围绕品牌价值分析甘洛县农产品优势及核心问题，构建农产品价值评估体系，旨在筛选出优质农产品，实现甘洛县农产品品牌价值提升，并提出农产品品牌建设相关建议。

关键词：甘洛县；农产品；品牌价值评估；品牌价值提升

一、引　言

2020年是决战脱贫攻坚、实现脱贫目标的收官之年。四川大学对口帮扶的四川凉山彝族自治州甘洛县是我国深度贫困地区之一，其脱贫的顺利实现对我国完成脱贫目标具有重要意义。目前甘洛县正在积极推进农业的产业扶贫，推动产业经济的转型跨越，带动农民增收和脱贫。现阶段扶贫工作已取得一定成效，但仍然存在一些问题。为了进一步促进产业扶贫工作的有序进行，本文从当前甘洛县农业发展的瓶颈入手，对如何促进农产品品牌价值提升进行深入

[①] 作者简介：甄伟丽，四川大学商学院，讲师，研究方向为企业战略管理，2019年8月至2021年8月挂任甘洛县商务经济合作和外事局副局长；杨彬，四川大学教育基金会副秘书长，讲师。

分析，从而助力甘洛县提升企业和农产品整体价值，促进企业可持续经营，实现脱贫目标。

本文首先对甘洛县农产品发展现状与优势进行分析，进而总结出制约农产品发展的核心问题，构建农产品价值评估指标体系，依据价值评估结果筛选出优质农产品，在价值评估基础上就甘洛县农产品质量提升与市场认知价值提升作出思考，提出农产品品牌和县域品牌价值提升建设的相关建议。

二、甘洛县农产品发展现状分析

甘洛县企业农产品的现状分析是研究农产品价值提升的基础，本节对甘洛县农产品的发展现状与优势进行分析，提炼阻碍农产品和农业发展的核心问题，为农产品品牌价值提升建设奠定基础。

（一）农产品发展现状及优势

甘洛县位于四川省西南部，凉山彝族自治州北部，"一步跨千年"从奴隶社会直接步入社会主义社会，是少数民族聚居县，也是国家扶贫开发工作重点县和深度贫困县之一，因此甘洛县的脱贫直接影响我国乡村振兴战略的实施。目前，农业生产是甘洛县大多数人口的主要收入来源。开展扶贫农业是帮助甘洛县实现脱贫致富的有效方式之一。在党中央和地方政府的领导下，甘洛县一直在探索农业精准扶贫的道路。

甘洛县地理位置优越，地处高海拔山区，其农产品无病虫害、不存在农残等问题，远离污染，纯天然生长。甘洛县农产品品质优越，且黑苦荞、山核桃等特色产品都有丰富的营养价值。在扶贫工作开展之前，甘洛县农业仍停留在自给自足的阶段，产业化水平低，仓储物流、数据服务体系建设滞后，各主体未形成有效配合，农产品标准化低、销售渠道单一。近年来，在政府、社会各界的积极努力下，甘洛县农产品产业的各个方面都有了一定的进展。首先，目前甘洛县的地域品牌"荞乡甘洛"在政府的监管下已有一定的知名度，"吉日坡""甲谷源"等公共品牌已投入使用，除此以外，"德布落莫""尔苏藏寨"等品牌也完成了策划和设计。甘洛县优势农产品品牌创建工作和品牌化发展均取得突破性进展。其次，甘洛县已经逐步落实"以购代捐"的帮扶模式，切实解决了当前阶段的产品销售难的状况，甘洛县还通过特色产品展销会等活动促进了农产品与市场的有效对接，推动了增收脱贫的发展。目前已培育开设网店 16 个，涉农电商企业 10 个。2020 年新冠肺炎疫情发生后，甘洛县借助"扶贫 832 平台""四川消费扶贫网""e 帮扶平台""荞乡甘洛特产馆"等网络销售平台帮助全县数百户农户上架销售产品 50 多类，销售金额累计达 900 余万元。再次，甘洛县正积极推进"电商进农村"项目，已建成的电子商务公共服务中心、27 个乡镇级电商服务站、110 个村级服务网点的三级电子商务公共服务体系、冷链物流体系和乡镇村三级服务站点的运营正在完善中，开展电商实操培训 600 人次以上等。农村电商的发展一定程度上扩大了甘洛县农产品的销售渠道，建立了仓储物流中心并已经投入运营，农业产业化水平有所提升。

（二）农产品发展核心问题

尽管在帮扶工作开展以来，甘洛县农业发展已经取得巨大进展，但是仍然存在大量问题，致使农产品企业无法真正在市场竞争中生存并实现可持续发展。因此，进一步分析目前甘洛县农产品发展的核心问题，可有针对性地对农产品价值提升提出解决方案。

1. 产品深加工发展缓慢，产业化进程受限

甘洛县目前生产的产品有鲜肉、蔬菜、马铃薯等，除核桃油、酒类产品，大部分是作为初级农产品直接销售，没有进行过精细加工，生产难度低，对企业技术要求也不高。长远来看，甘洛县产品因缺乏特殊技术支持，与市场内已有的产品相比缺乏竞争力。同时由于当地农户的知识水平不足、创新能力有限，产业发展达不到体系化和规模化。因此，农产品一定要进行深加工，才能加快推动农业产业化的进程。

2. 产品资质认证不足，产品质量无法保障

甘洛县农产品资质大多数为基础的 SC 认证及农产品预包装，产品信息管理体系落后，消费者无法通过有国家背书的证明辨别产品质量，对产品缺乏信任，购买欲望较低。因此，甘洛县农产品产业的发展需要尽快建立合适的农产品认证标准，帮助甘洛县县域农产品企业完成品质认证，提高产品价值。

3. 冷链物流发展滞后，物流效率较低

目前甘洛县正在积极推进"电商进农村"项目，推动商务精准扶贫。但是我国冷链物流产业发展滞后，因此农产品的腐损率仍然较高。甘洛县更是如此，鲜肉、蔬菜等一些农产品的保质期较短，虽然有冷链物流的运输，但是由于成本等各方面原因，冷链物流设施大量闲置，产品的质量无法得到保障。

4. 信息管理系统发展缓慢，难以满足客户需求

由于甘洛县互联网络不够发达、创新能力较弱等，农产品的信息管理较为落后，大部分产品都无法进行溯源，消费者只能主观地判断农产品的优劣。同时，消费者的信息反馈难以直接抵达生产企业，客户满意度的提升受限，从而降低了客户的忠诚度，对企业的长期稳定发展有一定的限制。

5. 品牌建设缓慢，难以提升产品价值

大凉山区域有较多的州级品牌，政府监管较为严格，因此有一定的优势和知名度。甘洛县各企业也希望能够通过区域品牌打出甘洛县产品的知名度。但是目前甘洛县县域品牌发展不足，定位较为模糊，无法带动产品品牌建设和推广，因此产品的附加价值难以提升。

由于以上核心问题的存在，甘洛县企业的长期发展受到很大的限制。因此本文旨在解决上述产品品牌化的问题，帮助甘洛县特色农产品进行价值提升，让更多消费者看到甘洛县特色农产品的优势和价值，实现甘洛县企业的长期可持续发展。

三、 甘洛县农产品价值评估

考虑到甘洛县各企业、产品发展水平参差不齐的情况，为有针对性地解决企业所存在的问题，本文特构建农产品价值评估指标体系。根据专家打分数据、四川大学2020年度以购代销"e帮扶"平台销售数据，将19家企业划分为优质企业、一般性企业，为下文分阶段构建标准化体系提供依据（企业产品名录详见附件1）。

农产品价值评估指标体系包括产品、企业两个维度。在产品价值方面，共设计5大指标，分别为产品资质、是否日常化消费、加工难度、流通存储、产品优势。在企业价值方面，针对甘洛县农产品企业特征，选取设施设备、品牌推广、质量管理3项指标。本研究邀请了熟悉甘洛县农产品的15位相关领域专家完成产品价值评估表，价值评估结果如下。

1. 企业价值评估结果

根据企业价值评估评分表（见附件1）中企业价值排名前十的企业，结合四川大学2020年度以购代销"e帮扶"平台专场展销会企业销售数据（见附件2）。成熟度高的企业有甘洛县森谷农业发展有限公司、甘洛县振兴农业开发有限公司、甘洛县彝家山寨农牧科技有限公司、甘洛康源食品有限公司、甘洛绿源电子商务有限公司。另外，甘洛县塬源食用菌种植专业合作社、甘洛县智海农业科技有限责任公司，可作为经营特色产品的高潜力企业。其他企业成熟度、价值较低，作为一般性企业。

2. 产品价值评估结果

通过产品价值评估评分表（见附件1），参考四川大学2020年度以购代销"e帮扶"平台专场展销会产品销售额占比，可挑选出以下优质产品品类：芸豆类、苦荞类、核桃类、猪肉类、生鲜蔬菜类、竹荪与菌类。

其中，芸豆类主要为甘洛绿源电子商务有限公司的大白芸豆、红芸豆、奶花豆。苦荞类主要为甘洛县彝家山寨农牧科技有限公司的苦荞茶、黑苦荞茶、芦丁香苦荞茶，甘洛县红岩湾湾建顺食品厂的黑苦荞面。核桃类主要为甘洛县森谷农业发展有限公司的核桃仁，甘洛康源食品有限公司的核桃油。猪肉类主要为甘洛县森谷农业发展有限公司的乌金猪，甘洛原野香农业开发有限责任公司的腊肉。生鲜蔬菜类主要为甘洛县振兴农业发展有限公司的茄子、黄瓜等蔬菜。竹荪与菌类主要为甘洛县智海农业科技有限责任公司的竹荪产品，甘洛县塬源食用菌种植专业合作社的赤松茸、羊肚菌。

表1 企业、产品价值评估结论表

优质企业	优质产品
甘洛县森谷农业发展有限公司	核桃仁、核桃油、乌金猪
甘洛县振兴农业开发有限公司	茄子、黄瓜等有机蔬菜
甘洛县彝家山寨农牧科技有限公司	苦荞茶、黑苦荞茶、芦丁香苦荞茶、黑苦荞面
甘洛康源食品有限公司	核桃油
甘洛绿源电子商务有限公司	大白芸豆、红芸豆、奶花豆
甘洛县塬源食用菌种植专业合作社	赤松茸、羊肚菌
甘洛县智海农业科技有限责任公司	竹荪

四、甘洛县品牌化价值提升建设

根据以上农产品和企业价值评估结果，我们构建了甘洛县品牌化价值提升的阶段性方案。市场认知价值提升体现在品牌化建设，包括农产品品牌价值提升和区域品牌价值提升。区域农产品品牌的建设以优质农产品为基础，优质农产品是塑造农产品品牌价值的核心。在当下的体验经济时代，最大限度地满足消费者的需求和欲望是提升产品品牌认知价值的有效途径。因此，要增强农产品的品牌价值，首先要从增强农产品的顾客认知价值入手。采取强化措施，增强农产品品牌的知名度，提高消费者对农产品品牌的忠诚度，整体提升农产品品牌的认知价值。甘洛县需充分利用地区的自然资源优势，开发具有地区特色的农产品，再引入资金，通过技术创新、扩大规模、推广品牌、开拓渠道，增强顾客认知价值，在优质农产品带动下形成区域品牌价值。具体而言，要结合甘洛县农产品发展现状和价值评估结果，着力提升芸豆类、苦荞类、核桃及菌类优质农产品品牌价值，通过产品赋能，打造产品品牌，提升区域品牌价值，更好地助力脱贫攻坚工作的开展。

（一）农产品品牌价值提升策略

农产品的特性决定了消费者欠缺品牌忠诚度，消费渠道直接影响消费者的选择。因此，渠道建设对农产品品牌价值至关重要，甘洛县农产品品牌的价值提升策略在实施中必须把渠道建设作为第一优先级，通过参加展会、建设新零售渠道、品牌联动等方式，以农特产品协会和农产品企业为主体实施，由甘洛县政府部门引导，整合区域内筛选出的优质特色产品，扩大甘洛县特色农产品知名度和影响力，提升品牌竞争力。

1. 积极参加展会推广

展会营销是农产品品牌推广的重要渠道，展会不仅具有广告、直销、促销等营销沟通工具的共性，而且还能展示品牌形象，提升产品知名度。目前，各省、区、市各级商务系统都在积极举办特色展会，如全国食品博览会、四川新春年货购物节、特色农产品直销节等，参展为甘洛县提供了品牌推广机会，能够节约营销成本，可操作性强。结合甘洛县产品情况和现有产能，本文建议每年参加十场以上的展会，以实现品牌推广的目的。

在参展时，需明确参展目标，结合区域农产品特色制定个性化参展方案，有针对性地选择展会，合理布置企业及产品品牌展位，充分展现甘洛县不同农产品的个性化特征。如展览芸豆类产品时应突出其营养价值丰富的特点，展览蜂蜜产品时应突出高海拔纯天然放养中华蜂、一年仅取一次的严格选料标准等优势，通过产品特性展示甘洛县原生态无污染的形象。

参展后，及时对参展情况进行报道，展望甘洛县电商发展、扶贫情况、农产品发展前景，升华"荞乡甘洛"县域品牌，美化优质特色农产品以及所属企业的品牌形象，形成地域性产品品牌效应。

2. 新零售渠道建设

在互联网时代，随着电子商务的快速发展以及大众传媒的网络化，传统的销售模式日渐衰退，新媒体平台日渐发展成重要的营销媒介。利用新媒体平台能够降低农产品宣传成本，提高交易效率。为充分发挥新媒体电商的作用，甘洛县可以以优质特色农产品品牌为主体成立官方微博账号和微信公众号，由专人负责运营维护，实时更新产品品牌新动向，发布农产品宣传短片、文字及图片，通过微博红人和认证大V号助力，迅速提升品牌热度。同时开发微信小程序，在线上售卖农产品，辅之以宣传活动，提高特色农产品品牌的曝光度。

同时，可与知名电商品牌合作，进驻京东、天猫等大型电商平台，搭建互联网渠道。借鉴"直播＋网红"的互联网推广新思路，筛选高质量"网红"主播，在其直播间放上带有一定折扣的购买链接，在镜头前展示甘洛芸豆、苦荞等优质农产品，分享购买体验，以亲身体验的形式将农产品具象化，对粉丝精准营销，缓解农产品供需过程中的信息不对称问题。用动态交互的方式进行信息沟通，可以更精准地获知粉丝需求，传达农产品价值理念，降低获客成本。

此外，对于甘洛县农产品成熟企业和高潜力企业而言，还可以制作产品品牌文案和视频在各大视频类移动应用上发布，并上传至视频网站，将精品品牌宣传推广文章、图片、视频在重点新闻客户端上进行推介，"软文"与"硬广"双管齐下，综合推介，增加流量，提升品牌知名度。在甘洛县广播电视节目中播放关于芸豆类、苦荞类、核桃及菌类、乌金猪肉类、生鲜蔬菜类等优质特色农产品的宣传资料，并通过当地媒体投放产品品牌宣传广告，再通过媒介转载，形成媒介平台之间的互动，强化产品品牌的宣传效果。

3. 主办/协办销售活动

在农产品产业进一步成熟之后，可考虑在县域内自主组织展会或与帮扶单位合作举办销售活动，如组织电商扶贫交流会等线下活动。以甘洛县各特色农产品品牌为主题，集合甘洛县内的森谷农业、康源食品、绿源电子商务等成熟的地方农产品企业以及甘洛县塬源食用菌种植专业合作社等高潜力合作社，现场展出甘洛县优质特色农产品，线上线下同步销售，结合各媒体造势，提高关注度，提升产品销量和认可度。在主办或与帮扶单位协办的过程中，产品文化标志、品牌特色应贯穿始终，如在现场突出"荞乡甘洛"商标、优质特色农产品和企业图片等元素，将品牌特征与活动主题相融合。

前端预热期，由政府部门和农特产品协会在各大新媒体平台发布相关信息，介绍活动主题、农产品特色；活动进行期间，同步直播现场情况、网络渠道销售情况，在媒体平台进行实时报道；活动结束后，通过政府部门和农特产品协会发布总结性文章，升华产品价值、企业优势、区域特色，提升品牌价值。

4. 品牌联动策略

为形成资源合力，扩大品牌知名度与影响力，甘洛县县域公共品牌"荞乡甘洛"与州级公共品牌"大凉山"可进行联动宣传推广。两个品牌旗下企业合作，发挥双方的优势，吸引共同用户的关注，不仅能够节省推广成本、提升品牌形象，更能扩大品牌传播度、提升转化效率。如在宣传甘洛苦荞粉这一农特产品时，可将"大凉山"州域品牌、"荞乡甘洛"县域品牌以及甘洛阳光绿源的"土地母亲"等企业品牌的商标加印到产品包装上，形成"三标一体"的产品品牌宣传包装。经过特殊包装的商品经过销售过程，通过拍照晒图等方式在顾客的社群中传播，形成放射性拓展效果，实现口碑营销，间接搭建宣传途径，推动宣传范围几何式扩张，促进农产品品牌价值的快速提升。

（二）区域品牌价值提升策略

在建立农产品品牌机制后，需加强品牌核心价值的深层挖掘，通过差异化定位提高产品辨识度，逐步提升区域品牌价值。

甘洛县农产品加工企业和甘洛政府在推进特色产业中明确以品牌化路线为导向，立足优势苦荞产业和畜牧产业，大力推进农产品品牌创建工作，取得了突破性进展。目前已形成苦荞系列产品、海棠腊肉等特色农产品106个，黑苦荞有机食品认证基地面积达1350亩，拥有无公害农产品1个，"甘洛黑苦荞"及"甘洛海棠腊肉"2家获得地理标志认证，"彝家山寨黑苦荞茶"获得四川名牌称号，黑苦荞茶、黑苦荞酒等系列产品和海棠腊肉等13个农产品的20多种包装被纳入"大凉山"特色产品包装。县域品牌方面，"荞乡甘洛"于2018年开始注册审批，但由于区域品牌建设起步较晚，且品牌受理的过程较长，"荞乡甘洛"品牌仍在受理的过程中，因此现在该品牌的商标仍使用的是短期有效的"TM标"，当受理结束拿到品牌正式的商标证书后，将获得长期永久性运营品牌的"R标"。

目前，在国家精准扶贫政策支持、帮扶单位积极帮扶下，除了"黑苦荞"和"海棠腊肉"等经典品牌，"甘洛核桃""甘洛马铃薯"等其他品类优质农产品的知名度也越来越高。因此，甘洛县区域品牌"荞乡甘洛"的品牌价值提升策略将依托筛选出的优质特色农产品，借鉴其他县级区域品牌已有经验，分阶段、有侧重地进行品牌价值提升。现阶段重点提升已有的"荞乡甘洛"区域品牌，同时关注其他具有一定推广度的农产品；后续阶段，在其他品类逐渐成熟后，培育除"苦荞"之外含义更广的区域品牌，按照区域品牌文化、区域品牌推广、区域品牌维护的路径，全面提升甘洛县区域品牌价值。

1. 甘洛县区域品牌文化策略

就甘洛县县级品牌"荞乡甘洛"的品牌文化建设而言,需通过政府引导,农特产品协会和企业主导并积极参与,共同发力构建起有效的品牌文化建设局面。

首先,政府要发挥好品牌文化带头引领作用。具体而言,一是要挖掘"荞乡甘洛"品牌精神层面的文化。进一步开发"荞乡甘洛"的历史文化资源,创办该品牌文化刊物,加快编制甘洛县文化传承发展专项规划,重点讲好甘洛县历史故事,加快打造甘洛县"黑苦荞之乡"的文化旅游理念,全力构建甘洛县区域文化高地。二是要构建区域文化的硬件体系。用大众喜闻乐见的方式,以黑苦荞和其他优质农产品为主要文化要素,由政府主导建设甘洛县博物馆、甘洛县文化馆、甘洛县文化娱乐中心等文化活动基础设施。三是要加强甘洛县文化与旅游等优势产业的交错融合。将甘洛县文化与旅游、商贸节会等相结合,大力发展特色民俗文化和甘洛县文化旅游,着力培育农产品特色旅游节会活动品牌。发展甘洛县观光农业,突出特色与品质,打造甘洛县生态采摘基地,通过与成熟的地方农产品企业或合作社建立合作,推出蔬果采摘等体验项目,打造甘洛县农产品品牌文化风情园,从而丰富"荞乡甘洛"这一县域品牌的文化内涵,提升其整体的品牌价值。

其次,农特产品协会要发挥企业品牌文化的主导作用。2020年甘洛县农特产品协会成立,汇集当地不同企业的60位个人会员,应充分利用成员多元化优势,发挥引领作用,根据甘洛县"荞乡甘洛"品牌的文化定位,融合其他优质农产品,在农产品产业中打造出统一的文化载体,引领各企业在广告口号、宣传标语、内外包装、商标设计等方面适当添加"黑苦荞之乡"这一地理品牌文化元素以及芸豆类、核桃及菌类、乌金猪肉类、生鲜蔬菜类等优质农产品文化要素,将甘洛县的标志性风景和人物展现出来,以丰富和美化区域品牌形象、深化广大消费者对甘洛县品牌的整体印象。

第三,企业应将区域特色文化融入自身文化建设之中。如甘洛县本土苦荞加工企业举办以"黑苦荞"文化为主题的团建活动,动员员工亲身体验苦荞产品,深化对自营产品的认识与理解,做到企业文化与区域文化互相支撑、互相借力,借助"荞乡甘洛"县域品牌长久以来的"黑苦荞"文化底蕴来丰富自身的企业文化,再用企业文化的对外输出来影响甘洛县"荞乡甘洛"区域文化的影响力。

2. 甘洛县区域品牌推广策略

首先,确定甘洛县区域品牌的传播定位。针对"荞乡甘洛"这一区域品牌,甘洛县区域优势在于环境生态自然、农产品种植条件优越、产品营养价值丰富、历史底蕴丰厚,应扬长补短,提炼区域品牌核心价值,找准传播核心内容,树立甘洛县产品在目标受众心中独一无二的形象。

其次,整合甘洛县区域品牌传播资源。就"荞乡甘洛"这一区域品牌的传播而言,可依托州级品牌"大凉山"向外进行辐射推广,形成由州级母品牌向下带动县域乃至企业品牌、产品品牌的传播,通过一体化全面提高品牌知名度。同时,在一体化整合的过程中,充分发挥下级品牌的优势,如森谷农业在普通市场上的优势是扶贫,而在扶贫市场中最大的优势是产品研发,在全国范围内进行定制化的产品服务。依靠这类优势,可以为上级品牌提供品牌回报,进一步提升"荞乡甘洛"的品牌价值,并为其他同类型企业和产品提供经验借鉴。

第三,将甘洛县区域品牌传播内容生动化、符号化。将芸豆类、苦荞类、核桃及菌类、乌金猪肉类、生鲜蔬菜类等优质特色农产品作为传播内容进行动态化处理,在包装上加以巧思,同时动员社会力量集思广益,形成独一无二、生动且深刻的宣传标语,实现多方式、多渠道、多层次的立体性传播。

3. 甘洛县区域品牌维护策略

首先,政府部门要注重产业链建设,严惩品牌破坏行为。一方面要立足甘洛县农产品整体产业链,实现全链条维护。在四川省内高校、农产品机构等帮扶单位的助力下,推进对筛选出的芸豆类、苦荞类、核桃及菌类、乌金猪肉类、生鲜蔬菜类等优质特色农产品的SC认证,加快商标申请布局,积极申请四川扶贫商标、无公害农产品商标、绿色食品商标、有机食品商标以及地理标志产品商标,实现优质特色农产品的标准化,维护整条农产品产业链,从多角度支撑和维护"荞乡甘洛"这一县域品牌。另一方面应严惩破坏品牌的行为。依靠政府的行政力量,在县内各区域设立并公布甘洛县农产品质量安全监督举报电话,通过一定的激励措施鼓励社会各界人士和本地群众举报有损甘洛县区域品牌的行为。

其次，农特产品协会要充分发挥辅助作用。一方面应制定严格的甘洛县行业标准和品牌使用章程以维护区域品牌。应承担起企业与政府沟通的桥梁责任，发挥好产业发展的润滑剂作用；制定保障政策落实的指南类文件，在确定贯彻指南类文件过程中发挥决定性作用，鼓励支持授权开展行业调研等工作，引领行业发展，在深入了解甘洛县内农产品企业的共性和个性问题的基础上制定甘洛县行业标准和区域品牌使用章程，引导区域品牌内产业集群健康发展。另一方面要通过制定规则对企业行为加以约束。甘洛县农特产品协会应根据筛选出的优质特色农产品的市场情况，及时制定协会的章程或行规行约，出台行业规范和服务标准，并参与产品标准的制定；监督农产品企业的经营，对违反协会章程和行业规定，达不到行业质量规范和服务标准，损害消费者合法权益、参与不正当竞争、影响行业形象的企业，采取警告、业内批评、通告等惩戒措施。

第三，农产品企业应充分发挥能动性。一方面农产品企业要按照标准化体系建设要求提升产品质量。产品质量是构成区域品牌的重要因素，只有出色的产品质量才能赢得顾客、占领市场。因此，成熟的地方龙头企业以及高潜力企业要发挥带头作用，严格遵守标准化体系建设要求，在产品质量上下功夫，让优质、安全、健康的农产品赢得消费者的尊重和信任。另一方面要重视自有品牌的保护。各农产品制造参与者要重视自身产品品牌的保护，对假冒品牌现象采取强硬措施，打造假冒品牌无法生存的健康土壤，维护甘洛县"荞乡甘洛"这一县域母品牌。

附件1 企业产品名录及价值评估表

企业价值评估评分　　　　　　　　　　　2020年6月

企业名称	总分	排名
甘洛县森谷农业发展有限公司	20.00	1
甘洛县振兴农业发展有限公司	18.33	2
甘洛县彝家山寨农牧科技有限公司	17.50	3
甘洛县凉山魂就业有限公司	17.33	4
甘洛县红岩湾湾建顺食品厂	16.50	5
甘洛县八汇农业开发有限公司	16.33	6
甘洛县华洋面条厂	15.83	7
甘洛康源食品有限公司	15.67	8
甘洛县云浩丰登农业发展有限责任公司	15.33	9
甘洛绿源电子商务有限公司	15.33	10
甘洛县智海农业科技有限责任公司	14.67	11
日升昌种植专业合作社	13.33	12
甘洛县塬源食用菌种植专业合作社	13.00	13
甘洛县振兴养殖专业合作社	12.67	14
梦达圆农业科技开发有限公司	12.17	15
桑梓源科技发展有限公司	11.67	16
甘洛全鑫元农业科技有限责任公司	10.83	17
甘洛原野香农业开发有限责任公司	10.83	18
阿依嫫养殖合作社	9.00	19

企业价值评估评分

2020 年 6 月

产品名称	企业名称	产品总均分	企业总均分	总得分	排名
大白芸豆（袋装500g）	甘洛绿源电子商务有限公司	6.00	15.33	7.53	1
红芸豆（袋装500g）	甘洛绿源电子商务有限公司	6.00	15.33	7.53	2
奶花豆（袋装500g）	甘洛绿源电子商务有限公司	6.00	15.33	7.53	3
竹荪（礼盒装）	甘洛县智海农业科技有限责任公司	6.00	14.67	7.47	4
大凉山芦丁香（红包装300g）	甘洛县彝家山寨农牧科技有限公司	5.67	17.50	7.42	5
大凉山芦丁香（绿包装400g）	甘洛县彝家山寨农牧科技有限公司	5.67	17.50	7.42	6
大凉山芦丁香（绿包装380g）	甘洛县彝家山寨农牧科技有限公司	5.67	17.50	7.42	7
大凉山黑苦荞面（288g）	甘洛县彝家山寨农牧科技有限公司	5.67	17.50	7.42	8
苦荞米（袋装500g）	甘洛绿源电子商务有限公司	5.67	15.33	7.20	9
大凉山苦荞丝（300g）	甘洛县彝家山寨农牧科技有限公司	5.33	17.50	7.08	10
则拉森林高山中华蜂蜜	甘洛县森谷农业发展有限公司	5.00	20.00	7.00	11
大凉山高山非转压榨菜籽油	甘洛县森谷农业发展有限公司	5.00	20.00	7.00	12
则拉森林三味琥珀核桃仁	甘洛县森谷农业发展有限公司	5.00	20.00	7.00	13
乌金猪	甘洛县森谷农业发展有限公司	5.00	20	7.00	14
纯苦荞面条	甘洛县红岩湾湾建顺食品厂	5.33	16.50	6.98	15
黑苦荞面条	甘洛县红岩湾湾建顺食品厂	5.33	16.50	6.98	16
苦荞面条（蓝袋、绿袋）	甘洛县红岩湾湾建顺食品厂	5.33	16.50	6.98	17
羊肚菌（罐装50g）	甘洛县塬源食用菌种植专业合作社	5.67	13.00	6.97	18
苦荞熟粉（罐装500g）	甘洛绿源电子商务有限公司	5.33	15.33	6.87	19
茄子	甘洛县振兴农业发展有限公司	5.00	18.33	6.83	20
黄瓜	甘洛县振兴农业发展有限公司	5.00	18.33	6.83	21
南瓜	甘洛县振兴农业发展有限公司	5.00	18.33	6.83	22
小白菜	甘洛县振兴农业发展有限公司	5.00	18.33	6.83	23
荞麦面条	甘洛县红岩湾湾建顺食品厂	5.00	16.50	6.65	24
赤松茸罐装（50g）	甘洛县塬源食用菌种植专业合作社	5.33	13.00	6.63	25
核桃苦荞熟粉（罐装500g）	甘洛绿源电子商务有限公司	5.00	15.33	6.53	26
干当归（礼盒装）	甘洛全鑫元农业科技有限责任公司	5.33	10.83	6.42	27
荞多饮杯茶	甘洛绿源电子商务有限公司	4.67	15.33	6.20	28

续表

产品名称	企业名称	产品总均分	企业总均分	总得分	排名
胚芽荞茶（156g）	甘洛绿源电子商务有限公司	4.67	15.33	6.20	29
燕麦米（袋装500g）	甘洛绿源电子商务有限公司	4.67	15.33	6.20	30
桑叶茯茶（450g）	桑梓源科技发展有限公司	5.00	11.67	6.17	31
精制面条	甘洛县红岩湾湾建顺食品厂	4.33	16.50	5.98	32
土豆挂面（袋装）	甘洛县华洋面条厂	4.33	15.83	5.92	33
南瓜面（袋装）	甘洛县华洋面条厂	4.33	15.83	5.92	34
核桃挂面（袋装）	甘洛县华洋面条厂	4.33	15.83	5.92	35
核桃挂面（1000g）	甘洛县华洋面条厂	4.33	15.83	5.92	36
黑美人土豆（礼盒装）	甘洛县云浩丰登农业发展有限责任公司	4.33	15.33	5.87	37
核桃软糖	甘洛绿源电子商务有限公司	4.33	15.33	5.87	38
腊肉（礼盒装）	甘洛原野香农业开发有限责任公司	4.67	10.83	5.75	39
马铃薯	日升昌种植专业合作社	4.33	13.33	5.67	40
约子村金丝皇菊	甘洛县振兴养殖专业合作社	4.00	12.67	5.27	41
魔芋桑叶面	桑梓源科技发展有限公司	4.00	11.67	5.17	42
土鸡蛋	阿依媒养殖合作社	4.00	9.00	4.90	43
花椒油（268ml）	梦达圆农业科技开发有限公司	3.33	12.17	4.55	44
桑葚酒	桑梓源科技发展有限公司	3.33	11.67	4.50	45
黑瓷苦荞酒木盒装	甘洛县凉山魂就业有限公司	2.67	17.33	4.40	46
国荞酒	甘洛县凉山魂就业有限公司	2.67	17.33	4.40	47
苦荞酒（红盒装）	甘洛县凉山魂就业有限公司	2.67	17.33	4.40	48
杆杆酒（牛角瓶）	甘洛县八汇农业开发有限公司（文化产品）	2.67	16.33	4.30	49
杆杆酒（500g带渣）	甘洛县八汇农业开发有限公司（文化产品）	2.67	16.33	4.30	50
杆杆酒（20°黑坛）	甘洛县八汇农业开发有限公司（文化产品）	2.67	16.33	4.30	51
杆杆酒（260ml竹节艺术瓶）	甘洛县八汇农业开发有限公司（文化产品）	2.67	16.33	4.30	52
核桃油（100ml）	梦达圆农业科技开发有限公司	3.00	12.17	4.22	53
核桃油（礼盒装）	甘洛康源食品有限公司	2.33	15.67	3.90	54
核桃油（500ml）	梦达圆农业科技开发有限公司	2.67	12.17	3.88	55

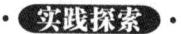

附件 2

四川大学 2020 年度以购代销 "e 帮扶" 平台专场展销会企业销售数据

2020 年 6 月

总销售额排名	企业	总销售额（元）	销售数量（件）	销售数量排名
1	甘洛县展望养殖农民专业合作社	333 783.00	4 161	2
2	甘洛县森谷农业发展有限公司	157 107.00	4 494	1
3	甘洛县塬源食用菌种植专业合作社	143 023.15	1 423	5
4	甘洛绿源电子商务有限公司	69 955.65	2 043	3
5	甘洛县智海农业科技有限责任公司	56 931.60	698	6
6	甘洛原野香农业开发有限责任公司	46 996.00	294	9
7	甘洛县彝家山寨农牧科技有限公司	43 655.20	1 589	4
8	甘洛全鑫元农业科技有限责任公司	22 248.00	534	7
9	甘洛康源食品有限公司	19 397.30	105	13
10	甘洛县振兴农业开发有限公司	17 878.40	475	8
11	甘洛县彝针彝线刺绣专业合作社	17 487.20	222	11
12	甘洛县八汇农业开发有限公司	16 825.70	217	12
13	甘洛凉山魂酒业有限公司	15 678.00	89	14
14	甘洛县云浩丰登农业发展有限公司	13 691.60	280	10
15	甘洛县振兴养殖专业合作社	5 727.60	69	15
	合计	980 385.40	16 693	

"以购代捐"扶贫新模式探析

李彦红　杨晚霞

摘　要：2020年是我国脱贫攻坚决战决胜之年，深度贫困地区的脱贫攻坚任务艰巨。在全面消除绝对贫困后，巩固脱贫成果，保证脱贫户持续增收，防止和减少返贫将是我国扶贫事业今后一段时间的核心任务。"以购代捐"作为新兴的精准扶贫模式，在一定程度上实现了贫困户、帮扶单位或个人双赢，实现了可持续的良性互动，对于巩固脱贫成果、防止返贫具有十分重要的意义。

关键词：以购代捐；扶贫

紫土豆、乌金猪、鲜核桃、气雾黄瓜、菌茸荪、大凉山酸奶等，这些四川大学师生耳熟能详的食材，都和四川大学"以购代捐"的定点扶贫工作相关。"以购代捐"模式将四川大学的师生与大凉山深处的贫困户紧密联系了起来。这些食材变成了师生餐桌上色香味俱全的美食，也帮助甘洛县打造了脱贫造血的"干细胞"，为四川大学脱贫工作的完成作出了贡献，一定程度上实现了贫困户、四川大学和师生"三赢"，实现了可持续的良性互动，对于巩固脱贫成果、防止返贫均具有十分重要的意义。

"以购代捐"是新兴的精准扶贫模式，与往常的捐赠方式不同，是通过为

---

[1] 作者简介：李彦红，四川大学党委组织部综合科副科长，助理研究员，研究方向为应用概率统计；杨晚霞，四川大学党委组织部，研究方向为通信工程。

贫困户搭建农副产品供应体系，以略高于市场平均价格的采购价采购贫困户的农副产品，以解决贫困户农副产品销售的难题，为贫困户增收，激发贫困户内生动力。

过去，送钱送物是多数地方扶贫的主要方式，然而"输血式"的扶贫不仅没有达到应有的预期效果，反而在一定程度上催生了贫困户"等、靠、要"的思想，消解了贫困户脱贫的内生动力，导致了"年年帮、年年贫"的怪象。"以购代捐"使贫困户不得不通过自身辛勤劳动获得产出，通过"以购代捐"的连接，将劳动成果转化为收益，形成生产与市场的直接对接，实现帮扶者和贫困户的各取所需，最终实现增收脱贫。

一、含义及意义

2020年是决战脱贫攻坚战的关键年，全国各贫困地区均磨尖了扶贫的"牙齿"，力争啃掉"贫困"这块"硬骨头"，无论是政策扶贫、产业扶贫、兜底扶贫等，都不断为扶贫总进程提供了强大推力。"以购代捐"就是以消费带动扶贫产业发展，为贫困地区、贫困人口增收脱贫的一种有效方式和重要途径。大力实施消费扶贫，有利于动员社会各界力量扩大贫困地区产品和服务消费，并为下一步全面带动金融机构、学校、医院和军队参与消费扶贫树立榜样。

"以购代捐"是由"输血"向"造血"转变的新型扶贫模式，通过加大扶贫农产品产销对接，鼓励引导社会各界消费来自贫困群众的产品和服务，促进贫困群众增收，促进精准脱贫，为贫困户增强自生"造血"能力。"以购代捐"在解决农产品销售难问题的同时，既拉近了帮扶者与档卡户结亲结对的朴实感情，激发了帮扶者的积极性，又充分激发了贫困群众脱贫奔小康的内生动力。不仅解决了农产品销售难题，还带动了贫困群众以发展特色农产品产业脱贫致富的热情和信心，进一步增强了贫困群众发展生产的积极性，实现了从一次性"输血"向持续性"造血"的转变，有效促进了农户增收。"以购代捐"实现了帮扶单位或个人和贫困户双方各取所需，实现了可持续的良性互动。

二、存在的问题

"以购代捐"精准扶贫模式是产业扶贫的衍生产物,在探索过程中,取得了较好的成效,一定程度上解决了贫困农户产品销售难题,调动了贫困农户生产积极性,提高了贫困群众的收入水平。但"以购代捐"目前只是以购买贫困户劳动产品的方式代替直接的物资捐赠,仍处于"一对一"订单式帮扶的起步阶段,还存在诸多问题亟待解决。主要表现在:

(一) 商品种类较少,且部分产品与消费者消费需求不符

以 2020 年四川大学"e 帮扶"农产品专场展销会为例,此次展销会涵盖豆蔬、茶酒、菌茸苁、鲜肉腊肠、油米面、即时零食、手工艺品等多个品类,但只有 59 种甘洛当地特色农产品,且其中 5 种产品销售量不足 10 个。如何从生产环节入手,利用良好生态环境、地理条件开发更多优质生态农产品,让帮扶单位或个人从贫困户手中购买到更多满足其消费需求的产品,是当前阶段需要解决的问题。

(二) 物流建设不够完善,电商平台急需技术改进

现有的"以购代捐"的主要销售平台存在发货流程不够仔细、不够规范的问题,会出现商品迟发、错发、漏发,无法查看物流状态,已签收但不是本人签收,迟迟没有通知收货人取货等各类情形。除此以外,还有部分客户购买了没有货源的产品,收到破损或与订单不符的商品,这表明电商平台和物流运输都存在问题,无法保证帮扶者感受到最佳消费体验。因此"以购代捐"销售平台除了需要完善自身,还要开辟多元化销售渠道,选择优质电商平台,从而提升消费者满意度,为贫困户销售更多农产品,助农增收。

(三) 村民文化程度偏低,整体素质不高

调研数据显示,甘洛县农村村民 30 289 人,其中高中以下文化水平的村民占比高达 98% 以上,受过高等教育的村民不足 0.5%。总体来看,村民文化程度普遍偏低。受教育程度以及所处环境较封闭等因素的制约,村民普遍对新

政策、新事物、新技术缺乏了解且学习积极性较低，部分村民"等、靠、要"思想严重。现阶段帮扶单位或个人以比市场价稍高的价格购买贫困地区的农副产品，这是一种义务帮扶，要实现长久良性循环，贫困户必须提高自身素质，从产品品质上下功夫，与市场对接，既保证帮扶单位或个人能直接购到安全、绿色、生态、正宗的农产品，又能通过市场扩大产品经济效益，否则难以长久。

三、对策与措施

2020年是决胜全面建成小康社会、决战脱贫攻坚之年。2020年作为脱贫攻坚收官之年，又遭遇新冠肺炎疫情发生的特殊背景，使任务更重、要求更高，必须以更强大的决心和勇气投入到最后的脱贫决战决胜中，多措并举，提升"以购代捐"新模式取得的成果，统筹推进贫困地区疫情防控与脱贫。

（一）主动担当，创建高端人才帮扶体系

习近平总书记指出："脱贫攻坚任务能否高质量完成，关键在人，关键在干部队伍作风。"打赢脱贫攻坚战，人才优势是第一优势。四川大学党委要充分发挥"党管人才"的组织优势，积极选派现代实用人才，以挂职干部为支点，创新构建"1+N"干部人才精准扶贫体系，即在中央组织部要求选派1名县级领导和1名帮扶村（格布村）"第一书记"的基础上，根据帮扶县的重点领域人才需求，积极选派水利、计算机、电子商务、公共管理等学科领域方面的专家学者、优秀年轻干部到基层一线挂职帮扶，形成覆盖县、乡（镇）、村三级的梯队式干部扶贫工作格局。通过科学调研、统筹谋划、认真部署、抓紧研究、引进技术等制订行之有效的实施方案，有组织有计划引导贫困地区合理安排种养产业发展计划，积极打造高品质产业链，确保高产增收，供需平衡。

（二）凝心聚力，打造高品质电商销售平台

电商销售平台是一个为企业或个人提供网上交易洽谈的平台，可以帮助甘洛县各贫困村克服地理位置等劣势，快速打开市场，以很低的成本实现快速盈利的愿望。但电商平台的服务质量严重影响了"以购代捐"模式取得的成果。

要想利用好这一平台，首先，政府部门要积极引入成熟电商平台及优质电商项目，做好场地、网络设施建设，物流配送体系及安全保障等配套设施的建设工作，充分利用政策优势为优质电商提供良好的经营环境。其次，政府要鼓励、帮助贫困户与外部互联网企业对接，通过对外来企业和技术的引入增加产品附加值，提升产品竞争力，借助社会爱心企业和人士的帮助完成当地电子商务产业体系的建设。再次，加大电子商务和网络营销的宣传和培训力度，鼓励村干部及有能力的年轻人学习电子商务和网络营销知识，帮助他们转变观念，增强电子商务和网络营销意识。最后，借助四川大学对口扶贫优势，聘请电子商务、市场营销、计算机网络等领域的专家或学生定期开展培训，提供技术支持等。

（三）加强思想引领，激发贫困户持续增收的内生动力

巩固脱贫成果，为脱贫户持续增收，防止和减少返贫问题发生，单靠帮扶是不够的。首先，要加强对贫困户的思想引领，积极营造自力更生、勤劳致富的良好氛围，大力宣传这方面的典型案例，充分调动贫困户的积极性，从思想上激发他们的内生动力。其次，加大教育培训力度，帮助他们学习各项知识技能，提高自身素质，通过科学种植、产品升级等方式不断提高产品服务品质，放眼长远，为家庭带来稳定收入。再次，要积极培育致富带头人，发挥榜样的力量，从正面引领和带动全村集体脱贫致富。最后，在条件成熟的村镇、基地逐步建立农产品溯源体系，保证农产品生产过程绿色、生态，只有保证了质量，用产品叩开市场的门，这才能算实现真正意义上的脱贫。

四、结 语

建立完善的消费扶贫协作机制对加快贫困地区脱贫步伐，建设农产品标准化体系，提升农产品规模化供给水平，打造区域性特色农产品品牌具有积极作用。尽管脱贫攻坚的主战场在农村，但是扶贫绝不单单是农村的事情。以消费扶贫为抓手，可有效动员一切可发挥实效的社会力量，同时能够持续调动贫困人口依靠自身努力实现脱贫致富的积极性，对促进贫困人口稳定脱贫和贫困地区产业持续发展具有深远影响。

参考文献:

白毅鹏,2019."以购代捐"引领高校扶贫新模式[N].中国教育报,2019-10-22(02).

罗敏,2017."以购代捐"只是第一步[N].四川日报,2017-06-14(08).

张琦,2020.脱贫攻坚,啃下最后的"硬骨头"——决战决胜脱贫攻坚系列党课之七[J].党课参考(15):115-128.

高校定点扶贫国家深度贫困县工作的总结与思考[①]

——以四川大学定点帮扶甘洛县为例

陈炳周　原秀云

摘　要： 高校作为经济社会发展的人才库和智力源，积极参与国家重点贫困县定点帮扶工作是高校发挥办学功能、服务社会的一个重要途径。高校不仅可以充分发挥自身优势积极投身于脱贫攻坚工作，为贫困县提供智力支撑和人才支持，又可以扩大高校综合影响力，促进产、学、研有机融合，为高校培养后备干部等人才搭建实践平台，是一种双赢的扶贫模式。本文以四川大学定点帮扶甘洛县为例，总结并探索高校参与精准扶贫工作的经验做法，为高校积极参与包括乡村振兴在内的定点帮扶工作提出科学的路径选择，供相关高校和政府有关部门决策参考。

关键词： 高校；定点帮扶；精准扶贫；人才培养

按照党中央，国务院，四川省委、省政府扶贫开发战略部署，四川大学自2012年开始定点帮扶甘洛县。帮扶工作启动以来，四川大学全面贯彻落实习近平总书记关于脱贫攻坚的重要战略思想和国务院扶贫办、中央组织部等八

[①] 作者简介：陈炳周，四川大学电子信息学院副处级专职组组员，副教授，研究方向为基层党建，2018年10月至2021年5月挂任甘洛县副县长；原秀云，四川大学计算机学院（软件学院），讲师，研究方向为思想政治教育，2019年4月至2020年5月在甘洛县政府办挂职。

部门《关于做好新一轮中央、国家机关和有关单位定点扶贫工作的通知》文件精神,充分发挥综合性大学优势,积极探索高等学校教育扶贫、智力帮扶、人才支持、医疗援助、产业扶持等精准扶贫模式,坚持"输血与造血结合、帮扶与合作并举",真扶贫、扶真贫,为甘洛县2019年顺利脱贫摘帽和社会经济发展做出了应有的贡献。

一、定点扶贫的主要措施

坚持以"百姓所需、政府所急、川大所能"为原则,四川大学充分发挥综合性大学优势,聚焦"两不愁三保障"问题短板,创新帮扶举措,建立长效机制,探索出高校精准扶贫的"川大模式",为帮扶县打赢脱贫攻坚战、实现区域经济社会可持续发展作出了积极贡献。

(一)强化落实责任,形成帮扶工作"四责一体"

四川大学坚持党政同心,着力构建"确权定责、清单明责、制度履责、严肃问责"四责一体的定点扶贫工作格局。建立以学校党委书记、校长为双组长,多名副校级领导为副组长,下设定点扶贫工作办公室的组织构架,定期研究部署和推动扶贫任务落实。健全校内各二级单位定点扶贫工作机制,明确单位主要负责人为第一责任人,分解年度帮扶项目任务,形成责任清单,建立考核督查机制,把扶贫工作成效纳入各单位年度工作考核指标体系。同时,落实扶贫工作专项经费,确保扶贫工作顺利开展(李子壹,2020)。

(二)主动担当,积极选派骨干力量,构建创新人才帮扶体系

发挥组织优势,以挂职干部为支点,四川大学党委在中共中央组织部要求选派两名干部分别挂任帮扶县县级领导职务和帮扶村"第一书记"的基础上,根据帮扶县的重点领域人才需求,积极选派水利、计算机、电子商务、公共管理等学科领域方面的专家学者、优秀年轻干部到基层一线挂职帮扶,创新构建"1+N"干部人才精准扶贫体系,形成覆盖县级领导、县级部门和乡(镇)、村三级的梯队式干部扶贫工作格局。截至目前,已累计向甘洛县派驻帮扶干部20余人,平均年龄35岁,具有硕士、博士研究生学历的人员占80%,为地方

脱贫攻坚、经济社会发展提供了干部人才支撑，推动帮扶工作创特色、上水平、出实效。同时，按照团中央要求，积极选派优秀本科毕业生组成研究生支教团，并创新选派幼儿教师至幼儿园开展结对帮扶，使帮扶幼儿园面貌焕然一新，一跃成为全县示范幼儿园。

（三）形成项目需求清单、积极推动项目落地，实现精准扶贫

一是开展县域培训帮扶。四川大学坚持"扶贫先扶智"，建立多内容、多层次、多时段、多方式的地方人才培养体系，累计培训甘洛县党政干部、中小学教师、医务人员、农技人员等3 000余人，选派的研究生支教团连续在甘洛县开展支教，累计完成134个中小学班级4 900余人38 850课时的教学任务；引入专项资金建设的远程互动教学平台，实现了四川大学幼儿园与帮扶县幼儿园、幼教点的"零距离"互动教学，有效推动了地方基础教育水平的提升。二是开展县域智力和科技帮扶。学校先后组织专家帮助甘洛县编制多个项目规划，举办专业论坛，帮助其成功申报国家级电子商务进农村综合示范县，获得中央财政补助资金1 500万元。同时，坚持双赢的理念，投入资金，开展多个合作项目，如"山区河流智慧管理及防灾减灾平台"，帮助实现水情、灾情信息的采集与共享，提升当地河流管理和灾害预警防控能力；三是开展县域医疗帮扶。学校发挥附属医院医疗资源优势，在提供免费医疗及管理培训、协助重点专科建设、捐赠医疗设备、开展医疗救助，以及送医下乡活动、推进医联体建设、联合会诊手术的基础上，帮助建立标准化核磁共振影像室1个和村卫生室1个，以点带面地提升帮扶县医疗技术和服务水平。四是致力于格布村幸福美丽平安智慧示范乡村的帮扶打造。一方面，学校积极谋划格布村的产业发展和集体经济壮大，搭建"村集体合作社＋公司＋基地＋农户"创新模式，引入企业和技术，培养致富带头人，建设多个高附加值养殖、种植示范项目；根据高校消费潜力，因地制宜开辟出了一条"破冰之路"，即村集体经济"产业＋商贸"发展之路，实现农民、当地农产品企业、集体经济和消费者多赢，先后被四川省人民政府官网、《学习强国》、《四川在线》、《凉山日报》等转载报道。2020年格布村还被命名为"凉山州集体经济发展示范村"。另一方面，学校高度重视格布村的民生发展：投入专项资金，协助帮扶村设计打造集会议室、活动中心、阅览室、农民夜校、村幼教点、卫生室、村史走廊为一体的多功能活动中心；帮助修建交通道路；利用互联网科技，建设了集社会治安、产业发展

监督、疫情防控、自然灾害预警、应急广播和宣传为一体的基层社会综合治理平台，实现平安乡村的远程智慧管理，使格布村的面貌焕然一新。五是开展消费帮扶。学校通过后勤直接采购、设立学校超市扶贫专柜、开辟实体门店直销、举办现场和网上平台展销会等一系列方式，形成合力，扩大甘洛县贫困人口受益面。

二、 定点扶贫成功的经验总结

四川大学坚持把定点扶贫作为全局性、经常性工作来抓，注重工作实效，采取多项举措，形成了高校对口帮扶贫困地区实现脱贫奔康的有实效、可推广、可持续的精准扶贫经验。

（一）领导高度重视

定点扶贫是国家战略，参与此项工作对高校而言是一项重要的政治任务，也是一项全新的工作任务。四川大学领导高度重视这项工作，身体力行，实地调研，亲自部署，狠抓落实，使得定点扶贫工作目标明确、责任到位。采取专题会议、工作督办和走访慰问等形式，落实对定点扶贫工作的领导、谋划、组织和协调。正因为有了各级领导的关心和重视，四川大学定点扶贫工作才能顺利开展，并取得了一定成效。

（二）科学制订规划

科学规划对于定点扶贫工作具有极其重要的意义。四川大学充分依托自身办学优势，科学规划，顶层设计，科学设计定点帮扶的远、中、近期目标，制定了《四川大学定点帮扶甘洛实施方案》，既抓主要矛盾，着力改善制约贫困地区发展的关键因素，比如人才、科技等问题；同时又关注民生问题，加强对基础教育、医疗卫生、产业发展等的扶持，扎实推进资金、项目、产业、智力、医疗五大帮扶，为甘洛县经济社会全面发展注入了强劲动力。既聚焦帮扶村"两不愁三保障"脱贫攻坚指标任务的高质量完成，又要针对县域内社会经济发展的需求进行尽"川大所能"式的全方位帮扶。

(三) 加强协同配合

定点扶贫是一项涉及面广,需要多学科、多部门通力配合的系统工程,协同配合、整合资源是做好该项工作的关键所在。学校积极探索定点扶贫新模式,创新工作思路,通过多年的实践,基本形成一个以学校统筹协调为支撑,以学院、部门支持为主体,以科学管理为保障的定点扶贫工作体系。充分整合校内各种资源,形成合力;同时整合校友资源,动员社会力量参与定点扶贫。事实证明,这是一条可以借鉴的经验。四川大学按照这样的工作思路,不断整合学科力量,组织实施了多个扶贫项目;充分利用自身的影响力和平台,动员校友和各种社会力量实施各种活动,成效显著,并吸引了更多社会人士关注脱贫攻坚事业。

(四) 注重创新引领

精准扶贫对高等学校来说是一个崭新的课题。从传统意义上来讲,它偏离了学校的主要任务,和地方政府间的帮扶相比具有经验不足、资金不足等明显的特点,帮扶内容也不尽相同。发挥好高校科技、人才、资源优势,做到创新引领具有重要的意义。四川大学经过不断地摸索、研究和总结,建立工作体系,有效整合资源,成为帮扶县脱贫攻坚中一支重要的主力军。例如创新选派艺术学院师生深入帮扶县各乡镇开展艺术培训和文艺演出,不仅帮助甘洛县完成文化下乡惠民演出任务,让老百姓欣赏到高水平演出,还为高校学生培养和教育改革带来启发和思考;创新打造远程教育平台,让帮扶成效更加卓著;创新建立乡村基层治理平台,让乡村管理更加智慧化等。

三、完善高校扶贫模式的思考及建议

结合帮扶地区工作实际情况,积极探索多元化的精准扶贫路径,有效带动帮扶地区脱贫奔康并推进乡村振兴,是当前高校扶贫工作的重中之重。

(一) 进一步完善帮扶机制

为了增强帮扶工作的实效性,高校通常会选派多位帮扶干部,如何优化干部人才帮扶体系，形成团队凝聚力，是一个值得思考的问题。明确帮扶团队的整体职责和个人职责，细化管理势在必行，如成立前线指挥部或工作组，给予一定工作经费保障，使得帮扶工作重心前移，同时也能为后方决策提供更有力的依据。

（二）系统性帮助推进本地人才队伍水平提升

帮扶工作不能只局限在"输血"，更要建立行之有效的"造血"机制，而教育正是形成"造血"功能的主要途径。要在帮助提升基层干部能力的基础上，将干部学历提升作为工作重点，依托高校人才培养多种途径，进一步探索构建基层干部在职培训、网络教育、继续教育等多种学历提升体系。事实上，贫困地区在各个领域都需要形成人才"金字塔"，由点到线、由线到面、由面到体。基于此，高校要结合扶贫地的实际需求，利用技术优势搭建远程教育平台，建立长效的教育扶贫网络，帮助设立"干部人才研究基金"，充分发挥高校教育研究优势，开展全方位、多层次的人才智力帮扶工作。只有打造一批本地专业人才队伍，发挥传递效应和辐射作用，进而形成良好的自我"造血"机制，才能推动扶贫地经济社会的全面发展。

（三）持续推进科技扶贫发展

贫困县的"贫困病根"通常是缺乏产业、交通不便，以及社会问题等因素造成的。高校应该充分发挥"智囊团、思想库"的作用，做好科学规划，将产业、科技、科研有效结合起来，促进产业发展：充分发挥高校科研优势，利用科学技术对地方传统特色产业进行改造和扶持；积极调动学校校友资源，利用高校平台引进能够带动农村经济发展的产业扶贫项目，优化农业产业结构，同时建立有效的农村合作组织，实现农产品收益最大化；努力整合社会各界及国际科研合作资源，深入挖掘贫困地区的生态、旅游、农产品等优势，争取项目、招商引资，让更多的科研成果在贫困地区转化落地，真正地实现双赢（齐永朝，2020）。对于涉及社会和民生的问题，高校应该进一步加大校地合作，既要做好科学研究为地方提供决策依据，又要切实帮助解决一些棘手的难点热点问题。

(四) 支持当地高等教育发展和高等人才培养

贫困县缺乏人才是制约当地发展的直接因素,而人才的匮乏又体现在基础教育的薄弱。高等学校除了着眼于教育培训帮扶方面的工作,还应该认真研究如何提升当地接受高质量高等教育的干部人才数量。更多地培养本土接受高等教育的人才显得尤为重要,通过特殊的招生政策让当地最优秀的学生接受到高质量的高等教育,并促使本土人才回流,将是一个真正提升整体干部人才队伍素质的不错选择;通过高校并购的方式,在当地建设高水平大学对于提高当地教育质量也具有不可估量的作用。当然,这一工作有待于当地政府、高校和教育部的共同努力(苏英明,2015)。

(五) 总结好定点扶贫经验助推乡村振兴

2020年是脱贫攻坚收官之年,是决战决胜之年。在这关键时间节点,农村发展已经步入脱贫攻坚和乡村振兴两大战略的深度交融期,推进脱贫攻坚与乡村振兴有机衔接的理论和实践研究具有重要意义。在乡村振兴背景下,高校拥有教育、科技、智力优势的特点决定了其具有更大的用武之地,高校定点帮扶工作应抓紧转变思路,要从探索快速脱贫路径到构建防贫长效机制,从着力于农民生活脱贫到助力农村全面发展,从提升农村脱贫能力到增强乡村治理能力(严谨,黄绍华,2020)。因此,高校应该在巩固和深化脱贫攻坚经验的基础上,积极探索和把握乡村振兴的规律,通过着力构建解决相对贫困长效机制、促进发展内生动力迭代升级、激活乡村全面发展协同效应、推进乡村治理体系和治理能力现代化,来推进脱贫攻坚与乡村振兴有机衔接。

高校参与扶贫,有其独特和深远的优势。在乡村振兴的时代背景下,高校应当坚持以习近平总书记战略思想为指导,将助力脱贫攻坚和乡村振兴作为扎根中国大地建设一流大学的重要使命。积极通过教育扶贫、医疗扶贫、科技扶贫、产业扶贫等工作,为贫困地区培养知识分子和专业人才,提供产业项目和先进的基层社会治理理念、经验、措施和办法,努力为打赢脱贫攻坚战、实施乡村振兴战略贡献高校智慧和力量。

参考文献:

李子壹,2020. 把为民初心写在扶贫路上——四川大学扎实开展定点扶贫工作[N]. 四川日报,2020-07-13 (07).

齐永朝,2020. 后精准扶贫时代高校扶贫策略探究 [J]. 内江师范学院学报 (9): 106-110.

苏英明,2015. 高校如何利用自身优势扶贫 [J]. 当代广西 (3): 55.

严瑾,黄绍华,2020. 脱贫攻坚与乡村振兴有机衔接的高校实践理路 [J]. 湖北民族大学学报 (哲学社会科学版)(05): 34-41.

四川大学定点帮扶岳池县扶贫工作调研报告[①]

何 琪

摘 要：开展定点扶贫，是中国特色扶贫开发事业的重要组成部分，也是中国政治优势和制度优势的重要体现。本文以四川大学定点帮扶岳池县脱贫攻坚工作为例，主要从以下几个方面来描写开展的情况：一是主要做法；二是主要成效，三是经验和启示。最终得出高校为地方发展提供智力支持，地方为高校发展提供实践平台，最终实现互利共赢，共同发展。

关键词：岳池县脱贫攻坚工作；四川大学定点帮扶；校地合作

开展定点帮扶工作是打赢精准脱贫攻坚的一项重要举措，是中国特色扶贫开发事业的重要组成部分，也是我国政治优势和制度优势的重要体现。习近平总书记高度重视定点帮扶工作，明确要求定点帮扶单位要坚持发挥单位、行业优势与立足贫困地区实际相结合，健全工作机制，创新帮扶举措，提高扶贫成效，为打赢脱贫攻坚战作出新的更大贡献。2018年1月，笔者受四川大学委派，到定点帮扶的岳池县挂职，分管脱贫攻坚工作。作为四川大学"1+N"干部人才精准扶贫模式践行者和岳池县脱贫攻坚事业亲身经历者，笔者通过两年多时间的亲身参与，经过实地调研，对定点帮扶工作有了更深的感悟和体会。

[①] 作者简介：何琪，四川大学化学学院正处级专职组织员，副研究员，研究方向为管理，2018年1月至2021年2月挂任岳池县委副书记。

岳池县隶属于广安市，地处四川省东部，华蓥山西麓、渠江和嘉陵江交汇的三角台地，因盛产优质稻米而享有"银岳池"的美誉。全县面积1 479平方千米，辖25个乡镇、2个街道、406个村，总人口116万，有280个贫困村，建档立卡贫困人口26 857户、89 968人，贫困发生率8.9%，贫困村、贫困人口数量分别居全省第2位、第17位。2019年2月，岳池县顺利通过贫困县摘帽验收，4月正式退出贫困县序列，10月完成剩余75个贫困村、8 705名贫困人口脱贫退出验收工作，全县280个贫困村全部退出、89 968名贫困人口全部脱贫，成功实现全域全员脱贫。

根据四川省委统一安排，四川大学自2012年开始定点帮扶岳池县，在岳池县打赢脱贫攻坚战、决胜全面建成小康社会的过程中，四川大学始终以问题为导向，准确把握脱贫攻坚形势变化，在帮扶方式上坚持与时俱进，不断探索创新帮扶方式，对症下药、量体裁衣，充分结合岳池县实际，制订灵活多样的帮扶措施，帮助建立起贫困户稳定脱贫长效机制，持续巩固脱贫攻坚成效，成功实现稳定脱贫。特别是2020年新冠肺炎疫情发生后，为确保脱贫质量，四川大学在抓好疫情防控的同时，校党委书记王建国第一时间带队到岳池县开展定点帮扶工作，落实年度帮扶项目，持续巩固脱贫成效，坚决避免因疫返贫、因疫致贫。同时，在定点扶贫的基础上，坚持"岳池所需、川大所有"原则，积极发挥学校自身优势，为岳池发展牵线搭桥，在产业发展、干部培训等方面提供全方位的人力、财力、物力支持，借助岳池资源，开展学校社会实践、实习实训等合作，实现优势互补、互惠共赢，开创校地合作新局面。

在定点扶贫工作开展期间涌现了如陈森、张艳茹、冯鸟东等一批先进典型人物，"1+N"干部人才精准扶贫模式等一系列精准帮扶措施为打赢脱贫攻坚战提供了有益借鉴，具有典型示范意义和借鉴推广价值。

一、主要做法

在定点帮扶工作中，四川大学坚持高标准、严要求，精心组织，精准实施，细化、实化各项举措全力支持岳池脱贫攻坚，主要体现在以下几个方面。

(一) 坚持精准为要,明确帮扶路径

实践证明,脱贫攻坚取得如今的巨大成就,一个重要原因就是最大程度做到了精准。四川大学在开展定点扶贫时,坚持把"精准"贯穿工作始终,"到什么山上唱什么歌",做到派驻帮扶干部精准、项目精准、资金精准,实现"大水漫灌"到"精准滴灌"。在帮扶之初,为选定合适的贫困村时,四川大学在实地调研的基础上,多方综合考虑,选定贫困群众数量较大、基础设施条件薄弱、产业发展水平低、群众收入低的红朝门村、安家坝村、石板坡村作为定点帮扶村。为了确保贫困村如期退出、贫困群众高质量脱贫,四川大学坚持因村施策、因户施策,充分考虑当地地理条件、人文环境,科学制定帮扶措施,每年结合岳池的需要在教育、医疗、培训等方面确定帮扶清单,久久为攻、绵绵用力,持续提升生产生活环境。在产业发展上,坚持宜种则种、宜养则养:在地势平坦、耕田较多的红朝门村、安家坝村建立优质水稻种植基地;在具有一定产业基础的石板坡村,建立"川石综合农业产业园",发展大棚种植和养殖产业。针对村民出行难问题,则第一时间帮助打通断头路,安装路灯。苟角镇石板坡村是 2019 年四川大学定点帮扶村,在了解到该村干部老龄化严重、缺少年轻干部后,四川大学择优选派工作经验丰富、踏实肯干、责任心强的冯鸟东同志到石板坡村任第一书记。任第一书记以来,冯鸟东同志始终牢记职责使命,主动担当作为,办实事、解难题、谋发展,为石板坡村做了大量实打实的工作。因工作成绩突出,2019 年冯鸟东同志被评为"四川省优秀第一书记"。

(二) 突出产业优先,拓宽致富渠道

发展产业是打赢脱贫攻坚战,实现持续稳定脱贫的关键。四川大学紧紧围绕产业扶贫这个核心,坚持"长短结合",一改以往送钱、送物等输血式扶贫方式,由单一化、片面化向多样化、立体化转变。四川大学依托当地资源禀赋,以农业产业为主导,大力培育发展一批特色产业,拓展致富渠道,以此来带动村集体和群众增收致富。经了解,在四川大学开展定点帮扶前,石板坡、红朝门等村受自然、经济条件等影响,农业基础设施建设滞后,无特色支柱产业,村民主要靠外出务工或个体发展养殖、种植业增加收入,贫困户自主增收脱贫的意愿低、能力不足。在开展定点帮扶后,四川大学帮扶团队对贫困村进

行实地调研，在充分考虑当地自然资源、交通等实际的基础上，紧紧依托当地优势资源，发展本土产业。例如，四川大学帮扶干部在充分调研的基础上，由四川大学出资50余万元，采取"合作社＋公司＋农户"模式，在石板坡村建起了占地45亩的川石综合农业产业园，种植大棚蔬菜和养殖鳝鱼。该园可实现年收入20余万元，村集体经济增收12万元/年，村民年务工收入人均增收2000元以上，有效带动53户贫困户164人脱贫致富。为解决农产品销售问题，借助"以购代捐"平台，推进岳池县农产品入驻四川大学食堂、超市，联合举办优势产业推介会，帮助岳池县销售各类产品10余万元。

（三）注重全面参与，凝聚帮扶合力

扶贫工作是一项系统性工程，不能靠一个人或一小队人关起门来单打独斗，需要有合作共赢的意识，广泛发动各方力量参与，凝聚工作合力。四川大学在派出专职扶贫队伍的基础上，为保障帮扶质量，积极发动干部职工主动参与脱贫工作，形成"主要领导挂帅、全员参与、部门协作、上下联动"的帮扶工作格局，营造上下一心、齐抓共管的良好氛围。四川大学党委书记、校长坚持每年到岳池县督导调研定点帮扶，商定年度帮扶项目，推动各项帮扶项目落地落实，见到实效。建立部门、学院联络员制度和二级单位"一对一"帮扶机制，四川大学建筑和环境学院、化学学院、医药学院、后勤集团等学院/部门到岳池县开展定点扶贫7次，投入帮扶资金70余万元，协调解决实际问题13个，凝聚起帮扶工作强大合力，赢得一致好评。

（四）着力补齐短板，强化基础建设

基础设施建设是打赢脱贫攻坚战的重要支撑，是一项重大的工程。不少贫困村之所以贫困，最重要的因素是基础设施建设"欠账"太多，交通不便、水利设施缺乏等，严重制约当地的发展。四川大学充分发挥自身优势，重点攻坚，主动对接省级单位，积极争取资金项目，解决了一批亟待解决的基础设施突出问题，推动当地基础条件得到极大改善。四川大学在定点帮扶岳池县之初，了解到苟角镇同岳池县城的道路被红星水库阻隔，出行需要乘船，遇到涨水则需要绕行近一个小时，严重影响当地群众出行。在了解到情况后，四川大学主动作为，利用学校优势，争取资金5 000余万元，于2017年修建完成一座长600余米、宽12米的大桥，彻底解决水库两岸群众出行问题。笔者在实地

调研中发现，四川大学在帮扶过程中，为改善帮扶贫困村基础设施条件，多方筹集资金，投入100余万元，对安家坝村、红朝门村、石板坡村的断头路、山坪塘、路灯等基础设施进行提档升级，有效改善当地基础设施条件，为群众生产生活提供便利。

（五）坚持志智同扶，激发内生动力

贫困群众之所以贫困，不仅有基础条件差、技术缺乏等方面原因，还有认知能力差、信心不足等思想方面原因。扶贫先扶志，扶贫必扶智。笔者通过实地走访了解到，部分贫困户初期受传统思想影响，对扶贫政策和帮扶人员产生依赖，不同程度存在"等、靠、要"思想，缺乏脱贫主动性。针对此种情况，四川大学充分发挥高校综合优势，以激发贫困群众内生动力、引导贫困群众由被动向主动转变为切入口和发力点。四川大学组织专业人才，通过正面激励、政策宣传、趣味活动等喜闻乐见的方式与群众一起话未来、谋发展，制定适用、实用的村规民约，组织开展种植、养殖技能技术培训，引导贫困群众逐步转变落后思想观念，增强脱贫的信心。近年来，四川大学组织"川大文艺轻骑兵"、学生艺术团美术社等，师生团体深入一线，开展文化扶贫活动、支教等活动，通过知识宣讲、文艺下乡等方式，使群众精神生活得到丰富，好习惯、好风气的良好氛围在帮扶地区逐渐形成。笔者实地走访了解到，四川大学组织开展的文艺演出、支教等活动，对他们的触动很大，使他们的思想认识有了明显的转变，特别是一些小孩。现在更多的群众愿意主动脱贫，希望通过自己的双手，来创造自己美好的生活。

（六）深化校地合作，共谋双赢发展

校地联动是开展精准扶贫工作的重要内容，校地合作不仅能推动脱贫攻坚持续深入，更能实现在经济、教育、人才等多领域的合作。近几年来，四川大学与岳池县在人员培训、医疗、产业发展、规划编制等方面开展多项合作，推动岳池经济社会发展转型升级。四川大学为岳池县领导干部充电，组织领导干部、第一书记、中小学教师、医护人员等近3 000人次到四川大学培训、进修，并减免了相关教育培训费用300余万元。四川大学华西医院帮助指导岳池县人民医院、岳池县中医院建设护理学、妇产科、耳鼻咽喉科等9个重点医疗专科，共同建立骨科学、康复医学等5个学科联盟和双向转诊绿色通道。学校还

帮助岳池县建立涉及生物医药、经济金融、文化旅游、电子商务等领域的决策咨询及投资促进高端专家库。四川大学还与岳池县共同建立绿色食品基地，将岳池优质特色农产品引入学校。四川大学华西药学院与岳池医药产业园区签订了产学研合作战略框架协议，在岳池县医药产业示范园挂牌"四川大学华西药学院共建合作单位"。2019年，四川大学协调帮助岳池县争取追加2019年度移民后扶资金6600余万元。

（七）创新构建"1+N"干部人才精准扶贫模式

作为"1+N"干部人才精准扶贫模式的亲身经历者，笔者深刻体会到四川大学创新构建的这一模式是先进有效的做法，不仅解决了贫困县的人才需求，又促进学校干部得到较快的成长锻炼。四川大学聚焦岳池县发展需求，先后选派9名优秀专业人才，分派到岳池县农业农村局、发改局、规划局、经开区管委会等部门挂职。挂职干部结合各自的专业优势及人力资源，协调学校各方资源，既解决了岳池县发展中的一批难题，又极大地促进了自身成长，使得自身得到锻炼，能力得到提升。目前，派出的陈森、张艳茹、冯乌东等挂职干部已被四川大学提拔重用。

二、主要成效

四川大学自2012年定点帮扶岳池县以来，其工作有目共睹，成绩可圈可点，帮扶工作取得了实实在在的成效，使岳池县贫困群众生活质量得到明显提升，人居环境持续改善，人民的精神面貌焕然一新，人民的幸福感、获得感不断增强，赢得广泛认可赞誉。

（一）从"交通闭塞"到"四通八达"，打通"最后一公里"，基础条件明显改善

近年来，通过四川大学的倾力争取支持，一批长期想解决而没有解决的基础设施问题得以解决，极大改善了当地基础设施条件，有效解决了群众出行难、运输难等问题。2015年全力争取帮助修建苟角红星大桥，建成后结束了水库两岸群众50余年渡船过河的历史，彻底解决苟角、鱼峰、天平等乡镇10

万余群众出行难、运输难的问题。苟角镇负责人谈道:"红星大桥的修建彻底解决了水库两岸群众出行难、运输难的问题,极大地缩短群众出行时间。"四川大学累计投入100余万元,为贫困村修建断头路1千米,整治山坪塘10余口,安装路灯160余盏,支援修建活动室、卫生室、垃圾池、休闲亭,免费提供医疗器械,使当地基础设施条件得到极大改善,让"出门一身泥"成为过去式,"双脚不粘泥"成为现实。

(二)从"沉寂萧条"到"生机勃勃",着力发展脱贫产业,群众收入不断增加

在四川大学的帮扶下,红朝门村、安家坝村、石板坡村实现村集体产业从无到有的完美跨越,村集体经济实现"有名无实"的"空壳村"向"有名有实"的"实体村"的华丽转变,成功带动周边贫困群众增收致富。实地走访了解到,四川大学帮扶建设的石板坡村"川石综合农业产业园"每年为村集体经济增收10万元以上,带动周边群众务工收入人均增收2 000元以上。学校还帮助安家坝村、红朝门村建设300亩优质水稻种植基地,免费提供稻种和鸡苗,带动周边群众每年增收500余元,直接使村集体经济增收6 000余元。

(三)从"一枝独秀"到"百花齐放",建立长期合作关系,校地合作持续深入

四川大学在定点扶贫的基础上,同步在教育、医疗、科研、学生实践等方面,同岳池县开展全方位、多层次的合作,建立合作关系,利用四川大学的人才、科研等优势,在资金项目争取、交通规划编制等方面为岳池县提供帮助支持,支持地方经济社会发展,不断开创校地合作新局面。岳池县则利用当地特有资源,为四川大学提供教师学生实践锻炼平台。2019年,岳池县通过四川大学在交通、移民后扶等方面争取资金8 000余万元,极大推动地方经济发展。岳池县通过提供挂职岗位,使四川大学年轻干部得到了很好的锻炼。

(四)从"要我脱贫"到"我要脱贫",注重群众思想转变,精神面貌焕然一新

四川大学通过组织开展文艺演出、墙绘等喜闻乐见的方式,帮助村民转观念、换思想,引导大家通过自己双手创造幸福生活,群众思想认识在潜移默化中发生变化,一改往日落后思想,逐步向进步、开明的方向转变,对脱贫的信心和决心更加坚定。在调研走访中发现,"等、靠、要"的群众少了,主动想办法、找门路、抓机遇的多了,一改往日面貌,主动进步,开始积极参加村级活动,主动整理房间,打扫庭院,帮助左邻右舍,在空余时间还帮助打扫村社道路,大家都会为了明天的美好生活而忙碌。

三、经验和启示

在参与四川大学定点扶贫过程中,笔者发现,学校的各项帮扶举措具有很强的可操作性,为高校参与脱贫工作、地方发展提供了有益借鉴,有许多启示。

(一)开展好定点扶贫,要深刻认识组织领导的重要性,主要领导高度重视、高位推动

开展定点扶贫是"三位一体"大扶贫格局的重要组成部分,党中央、四川省委高度重视,科学部署,并对定点扶贫工作有明确要求。必须要深刻认识到,高校是打赢脱贫攻坚战的重要力量,参与定点扶贫是高校服务国家战略的重要责任和重要任务。帮扶工作涉及方方面面,任务艰巨,责任重大,不是哪一个人或者哪一个部门可以推动的,必须有架构完备、分工明确、推进有力的组织领导体系,统筹推进,精准实施帮扶工作。主要领导必须亲自推动,以上率下,才能形成帮扶强大力量,确保各项帮扶措施落地落实,见到实效。

(二)开展好定点扶贫,要坚持对症下药、量体裁衣,科学合理制订帮扶措施

在定点扶贫之初,部分单位在解决贫困群众脱贫问题时,更多是直接送钱、送物,通过数字达标实现脱贫,没有充分考虑当地、个体实际,导致常有脱贫后又返贫的情况出现。定点扶贫要始终立足本地资源,积极发挥比较优势,坚持针对不同帮扶目标合理制订相应帮扶措施,对缺劳动力的,则通过入股分红等方式,保障其收入;对有劳动力的,则要提供资金、技术支持,帮助发展产业增收。在实地帮扶时,要坚持自己所有、他人所需原则,科学合理制订帮扶计划，因村施策、因户施策，不能随意编撰、想当然，要从实际出发形成各有特色的脱贫模式，走出务实管用的脱贫路子，这样才能确保脱贫效果，使贫困群众真正脱贫致富。

（三）开展好定点扶贫，要面向未来、放眼长远，既要"短平快"，又要"谋长远"

定点扶贫不仅需要解决好当下脱贫问题和"先期效果"，更应着眼未来，从长远出发。习近平总书记在决战决胜脱贫攻坚座谈会上明确提出"摘帽不摘责任、摘帽不摘政策、摘帽不摘帮扶、摘帽不摘监管"的要求，解决贫困群众稳定持续增收问题，是定点扶贫的重要工作目标。在解决贫困群众年度脱贫上，要合理谋划一批短、平、快项目，尽快实现群众脱贫，树立信心，同时也需要有长远规划，帮助选推潜力大、后劲强、前景好的产业项目，带动贫困群众稳定增收，使帮扶工作长期融入当地经济和社会发展之中，推动可持续发展。

（四）开展好定点扶贫，要推动全面参与、协同配合，充分调动各方积极性

为做好定点扶贫工作，学校设置了定点扶贫工作领导小组办公室，配备专职人员，作为扶贫主攻力量，但仍要清醒认识到开展定点扶贫是一项十分浩大的工程，非一人之力以一时之功可以完成。要确保帮扶工作做出成绩、做出亮点，就要善于借助学校各学院、各部门，以及全体教师职工的力量，调动他们的积极性、主动性，整合资源，共同发力，不断拓展帮扶范围，扩大帮扶优势，巩固帮扶成果。

（五）开展好定点扶贫，要探索拓展合作领域，建立长期合作关系

高校同地方不仅在脱贫攻坚方面的目标是高度一致的，在人才、科技等其他领域的目标也是一致的，高校在人才培训、科学研究等方面拥有较大优势，地方则在实践锻炼、科研转化等方面有较大优势，两者优势互补、相互促进。四川大学在定点扶贫基础上，创新构建的"1+N"干部人才精准扶贫模式，开了校地合作的好头。要在定点扶贫合作的基础上，积极拓展高校同地方的合作领域，建立长期合作关系，让高校为地方发展提供智力支持，让地方为高校发展提供实践平台，最终实现互利共赢，共同发展。

参考文献：

常书香，2016. 校地合作 互利共赢——洛阳师范学院精准扶贫实践与担当之三 [EB/OL]. (2016-05-23) [2020-12-11]. http://news.lyd.com.cn/system/2016/05/23/010621465.shtml.

段冬蕾，2020. 李纪恒：凝心聚力、攻坚克难 高质量做好收官之年定点扶贫工作 [EB/OL]. (2020-06-09) [2020-12-11]. http://news.swchina.org/topvoice/2020/0609/36599.shtml.

国家发展改革委地区振兴司，河北省灵寿县政府，广西田东县政府，吉林省汪清县政府，2020. 用心·用情·用力 国家发展改革委定点扶贫工作取得显著成效 [J]. 中国经贸导刊（1）：4.

国家开发银行扶贫金融事业部党总支，2020. 践行使命担当 倾力做好定点扶贫工作 [EB/OL]. (2020-07-07) [2020-12-12]. http://www.qizhiwang.org.cn/n1/2020/0707/c433114-31774486.html.

提升民族地区引才育才精准度和实效性问题研究[①]
——以甘洛县人才工作为例

周 娓

摘 要： 四川省凉山州甘洛县是典型的民族地区，位于藏彝走廊高山峡谷地带，自然条件艰苦，是脱贫攻坚战役中国家重点帮扶的深度贫困县。笔者有幸参与高校与地方对口帮扶工作，到甘洛县委组织部人才办挂职，在任期间通过研读历史资料、数据统计，参加与组织会议，走访等方式，对甘洛的人才工作有了较全面的了解。甘洛县持续实施人才强县战略，高度重视引才育才，但因各种客观原因，人才流失严重，人才工作形势依然严峻。本文通过对甘洛县人才现状进行数据统计，分析了甘洛近年人才流失的原因，并根据实际就引才育才精准度及实效性提出建议。

关键词： 引才育才；人才流失；民族地区；对口帮扶

甘洛县地处四川省西南部，凉山彝族自治州北部，是四川盆地南缘向云贵高原过渡的地带，境内全为山地，岭高谷深，有彝、汉、藏族等 14 个民族，彝族占总人口的 65.3%，是典型的民族地区。甘洛县始终坚持党管人才原则，持续实施人才强县战略，高度重视引才育才，突出高层次和急需紧缺人才的引进培育，拓展人才平台建设，优化人才发展环境，激发人才创新创业活力，为

---

① 作者简介：周娓，四川大学人事处工资福利科副科长，助理研究员，研究方向为民族学，2019 年 4 月至 2020 年 5 月挂任甘洛县人才办专职副主任。

推动全县脱贫攻坚、区域经济发展提供强有力的人才保障和智力支持。

一、甘洛县人才队伍现状

截至目前，全县各类人才共计13 869人，其中党政人才1 146人，专业技术人才2 978人，企业经营管理人才239人，农村实用人才9 306人，高技能人才53人，社会工作人才147人。[①] 总的来说，在国家政策的大力支持下，全县人才总量逐步增长，人才素质逐步提高，人才结构渐趋合理，人才工作领域逐步拓宽，人才环境逐步优化，人才作用得到较好发挥，以领导班子建设为核心的党政干部队伍建设取得了明显成效，党政人才队伍的学历结构有了明显的改善。

二、甘洛县引才育才主要做法

甘洛县全面贯彻实施四川省创新出台的《四川省鼓励引导人才向基层流动十条措施》，聚焦人才"引育用留"关键环节，着力造就一支留得住、能战斗、带不走的基层人才队伍。全面着力于当前重点难点工作，利用脱贫攻坚、乡村振兴发展契机，研究政策、健全激励机制，使人才工作在实践中出成果，使人才在实践中得到成长。

（一）狠抓基层用人导向，改进基层公务员考试录用工作

在用人机制方面，向基层倾斜，改进基层公务员考试录用模式，除公开招聘硕士及以上学历人员、按规定考核招聘，以及由组织、人力资源社会保障部门统一组团赴外引进高层次和急需紧缺人才以外，公开招聘其他专业技术和管理岗位人员，向省、州级机关推荐用人或挂职锻炼等，原则上从具有2年及以上基层工作经历的人员中招聘；如确因工作需要，经同级主管部门批准后，可面向应届毕业生公开招聘，聘用后5年内须安排到基层锻炼2年或以上。

[①] 数据来源：甘洛县委组织部统计数据库。

加大从"双一流"高校定向选调引进急需紧缺专业优秀毕业生工作力度。降低基层公务员考录门槛，结合本县实际情况适当放宽学历条件、专业限制、年龄条件等，特殊岗位可单独招考或不设开考比例。尝试通过聘任制方式引进急需紧缺专业人才，聘期满5年且符合条件的，经上级公务员主管部门批准，考虑转为委任制公务员。

（二）完善基层招聘政策，推行柔性引才用才模式

结合地方实际情况，放宽考核招聘条件。鼓励基层采取特设岗位方式，定向引进高层次和急需紧缺专业人才，将引才用才与培养人才相结合。鼓励大学生服务基层项目人员留在当地长期任职，服务期满、考核合格的，直接考核招聘到所在服务单位，对优秀的大学生服务基层项目人员给予全方位的优待政策，确保人才能留得下、干得好，有上升空间，无后顾之忧。

鼓励基层单位设立"候鸟型"人才工作站，推行双向兼职、联合聘用、交叉任职、短期服务、技术入股、人才驿站等引才用才模式。支持企业、高校、科研机构与基层合作共建现代化产业园区和产业技术研究院，探索在财政出资的科技计划和人才工程项目中明确一定比例用于人才开发的新方法，依托产业和项目集聚各方面优秀人才。实施专家下基层行动工程，每年统筹选派科技专家和技术推广人员，深入基层一线开展人才结对帮扶、点对点技术指导、组团式咨询服务。

（三）健全人才智力帮扶协作机制

抓好东西部扶贫协作机遇，积极任用帮扶地选派人员进行顶岗挂职、培训研修。利用好对口帮扶机遇，任用好到彝区开展援助服务的干部人才；选派干部人才到省直部门和对口支援地挂职锻炼、进修提升，做到上下互动，"引进来"与"走出去"相结合，引进新鲜血液促进当地人才的进步；让地方干部有机会走出地方，开阔眼界，学得真本事，成为真人才。利用基层"1+4"人才智力帮扶机制，加强与甘洛县已经建立对口帮扶关系的高校、科研单位、医疗卫生机构、国有企业和金融机构联络沟通，直接引进或柔性引进培养急需人才。建立紧缺专业领域三级联动帮扶机制，在教育、卫生等行业大力推行"市帮带县""县帮带乡""乡帮带村"工作方法，发挥综合帮扶工作队、县域医疗联合体等作用，引导专业力量向基层一线下沉，积极开展人才"传帮带"。

（四）鼓励引导本土人才返乡就业创业

贯彻实施万名紧缺专业大学生定向培养计划，采取定向招生、定向培养、定向上岗的方式，5年为基层培养1万名急需紧缺专业大学本科生。贯彻实施万名农民工返乡创业计划，培育农民工返乡创业典型。贯彻实施万名新型职业农民培育工程，培育新型职业农民。贯彻实施十万名村级后备力量培育工程，注重从致富带头人、务工经商人员、农民合作社带头人、新型职业农民、复员退伍军人、乡村教师、乡村医生等人员中选拔村级后备干部，增强农村基层组织活力和人才凝聚力。从政策上给予支持，大规模开展乡村实用人才培训提能。以"扶智"为出发点，从新兴产业、高智劳动力、优质服务、产业配套等各方面，全面联动，为本土人才返乡就业创业创造条件，为本地社会经济文化长远发展打下基础。

三、存在的问题及原因分析

甘洛作为典型的民族贫困地区，引才育才难的问题一直较为严重。通过调查及数据分析可知，问题的主要原因是客观环境差及人才培育条件不足，造成人才总量不足，人才密度小，中高层次人才比重较低。还有生活条件及人才政策优势不足造成的人才流失问题。同时，由于地处贫困地区，人才经费投入不足，人才入口不够宽，造成引才难度大，育才的效果不明显，引才利好政策难以形成。

（一）人才总量不足，人才密度小，中高层次人才比重低

从甘洛人才现状来看，虽然近年来人才工作有了一定的突破，但与先进发达地区相比，与周边兄弟县市相比，与转型跨越的要求相比，还存在较大的差距与不足。从全县人才总量来看，现有各级各类人才13 869人，人才密度（人才资源在人口资源中所占比例）仅为6.22%；全县中级以上职称人员共有372人，占人才总数的2.68%，与全省各地区平均水平相比差距明显，与沿海地区和内地发达地区相比差距更大。高层次复合型人才少，结构不够优化，梯队

建设不成形。从学历上看,大学本科以上人才不到总人才的四分之一。①

(二) 人才流失严重

2016年以来,受各方面因素影响,人才流失严重,且呈逐年上升趋势。全县通过各种渠道共引进各类人才1428人,流失达150人。从引进流出人才素质比较来看,流出的绝大多数是专业技术骨干或有较高能力的领导人才,而引进的则大多是高校应届毕业生,人才成长的周期较长。从甘洛各方面条件来看,其地理位置偏远,交通欠发达,引进人才待遇较低,生活、工作环境较差,引进高层次人才的配套政策措施也不够完善,对人才缺乏吸引力。专业人才除了工资,福利和补贴少。特别是基层人才,由于政策原因,职级低、职称评定难。这些问题导致甘洛境内的人才流失严重。本地通过自学和在职进修成长起来的高层次人才,在鼓励政策上与引进的外来人才存在差异,而外地能给予的政策待遇环境因此具有较大诱惑力等原因,也造成了本地人才流失。

(三) 人才经费投入不足,人才入口不够宽

受历史、环境等诸多因素影响,全县经济发展速度不够快,财政困难,用于人才引进培养开发的专项资金、科技投入相对不足,而企事业单位又无力支付一些科研项目经费,导致部分急待开发、攻关的科研项目和技术革新项目无法正常进行,短时间内难见效益,难出成果。加之现有企业大多是劳动密集型的企业,规模小、效益低、科技含量不高,对人才缺乏吸引力、凝聚力。人才引进主要依赖于赴大中专院校招聘,真正通过项目引才、柔性引才渠道引进的人才数量相对较少,返乡大学生比例不高,人才入口狭窄。地方虽然认识到相应的问题所在,但财政能力无法承担,造成改进动力不足,改进措施无法形成。

四、解决引才育才精准度及实效性的意见建议

要解决引才育才精准度与实效性问题,必须要牢固树立"人才资源是第一

---

① 数据来源:甘洛县委组织部统计数据库。

资源"的思想，不断提高对人才工作的认识。必须要把人才资源开发放在优先的地位，列入重要议事日程，长抓不放。做到抓住机遇"引人才"，多措并举"育人才"，全力以赴"聚人才"，以人为本才能促进地方长效发展。

（一）抓住对口帮扶机遇，创建柔性引才双选平台

基于甘洛的贫困现状，应该抓住国家对口帮扶机遇，创建"对口帮扶柔性引才双选平台"。完善利用帮扶单位与基层"1+4"人才智力帮扶机制，与已建立对口帮扶关系的高校、科研单位、医疗卫生机构、国有企业和金融机构联络沟通，重点柔性引进、培养急需人才。促进校、地、企，产、学、研相结合，达到帮扶单位、地方政府、企业三方共赢的效果。效仿广元市"周末工程师"柔性引才机制，"不求所有，但求所用"。柔性引进人才不调动人事及工资关系，根据地方紧急任务需求对口引进。创建"对口帮扶柔性引才双选平台"，做好平台机制保障。地方、企业在平台上设置所急需的人才类型、具体岗位、工作时长等，专家可在平台上选择适合的岗位，利用节假日、周末或业余时间，到地方指导完成工作，地方考虑给予一定的奖励或资助，柔性引进一批创新型、创业型、实用型人才。地方政府、对口帮扶单位、企业三方应积极互动，地方促发展、帮扶出特色、企业抓效益，真正为地方百姓做实事，做好事，做成事。

（二）创新引才思路，拓宽引才渠道

一是进一步做大人才市场。健全人才交流的社会调节机制，实现部分人才管理社会化，做到从市场找人才，使人才由部门、单位所有向社会所有转变。二是注重智力联才。引智与引才相结合，利用帮扶单位、援彝挂职干部，以及本地在外工作、事业有成者的人脉优势，推荐和介绍急需紧缺的专家和技术人才来甘洛干事创业。三是利用网络优势，通过项目合作、课题招标、技术攻关等面向全国招聘人才和寻求技术支持，拓宽人才入口。四是实施人才"回归工程"。抓源头，深化大学生定向培养模式，搭建大学毕业生创业就业平台，强化返乡创业就业政策宣传教育，引导本县人才回乡创业。全面建立县、校、企三方合作，形成刚柔并举、多层互补、立体开发的人才引进体系。

(三) 完善人才引进机制，促进人才良性发展

本着"不求所有但求所用、不求所在但求所为"的用人思路，完善人才引进机制，促进人才良性发展，对急需的本科学历以上的人才实行"来者不拒"政策，对各类高层次人才实行"绿色通道"制度，家属可随调、随迁并减免费用、简化手续。对不迁户口、不转关系的外来人才家属给予与本地居民同等的待遇。做足保障，形成制度，让人才到地方无后顾之忧，全身心投入地方发展工作。同时，根据实际情况，及时做好人才服务工作，注重人才追踪、意见反馈工作，确保人才与政府企业互相依赖、互相支持，使地方经济发展与人才发展进入良性循环。

(四) 开发"精品人才项目"，强化人才项目化管理

利用脱贫攻坚与乡村振兴的发展契机，激发各单位、乡镇、企业发挥自身优势，开发"精品人才项目"，政府注重引导和支持人才项目实施重大科技攻关，强化人才项目化管理，对人才项目在实施过程中存在的困难，协调全县人力、物力、财力进行合力攻关，确保人才项目高效实施。在做好宏观调控的前提下，增强人才项目经济社会效益，同时带动县域专业领域人才的培养与发展。例如，在新茶乡的"高山茶园"项目运营中，即可引进专业人才，对茶树的种植栽培、增质保量、茶旅结合、茶园管理，茶文化创意，品牌打造等各方面进行打造，同时培养当地的致富带头人，联动周边两河乡的百亩高山草原，海棠镇的南方古丝绸之路文化，蓼坪的红色文旅等优势项目，做到在项目发展、人才引进、人才培养各方面齐头并进，使高山茶山成为当地人的金山银山，民族文化成为地方发展的招凤梧桐。

(五) 挖掘、培育本土人才，缓解人才引进压力

地方要得到真正的发展，归根结底还是要培育本土人才。地方人才工作必须全方位、多角度提升，不论是高层次人才长期引进，还是柔性引才，最终都不能忽视本土低学历实用型人才的挖掘与培育。真正长期建设地方的主要是本地人才，所以在人才工作中应注重"传帮带"，发挥人才工作优势的同时也要发挥人才的培训优势。在发展前期长期引进人才困难，可施行柔性引才，柔性引进的人才在完成紧急重要任务的同时，培训当地的在岗职工成为本地全职人

才。如甘洛地质灾害严重且频繁，可请对口支援高校、帮扶单位派驻或柔性引进专业技术人才，确保在解决当务之急的同时，在工作中培养本地专业人才。如在发展本地特色文旅、农旅的同时，培育致富带头人，树立模范标杆，再带动当地乡村整体致富。注重意识形态的改变，提升地方服务意识与服务水平，从外力扶贫向当地自主致富发展。提升本土人才数量质量，不仅能缓解人才引进压力，还能全面有效利用资源，促进经济发展，从长远的角度解决人才缺口问题。

参考文献：

邓辉煌，2005. 关于民族地区人才引进问题的新思考［J］. 湖北民族学院学报，23（2）.

黄冰，王以彦，2009. 民族地区高校柔性引才的思考［J］. 今日南国（4）：77-79.

刘文振，2014. 加大边疆民族地区吸引和留住人才的工作力度研究——以新疆为例［J］. 时代经贸（3）：138-139.

袁换欣，张颖瑜，宋涛，2018. 少数民族地区特色文化产业精准扶贫路径探讨——以河北省承德市少数民族贫困地区为例［J］. 新农村建设（33）：10-12.

赵超，2016. 少数民族地区如何破解人才引进难的问题——以新和县人才工作为例［J］. 新教育时代电子杂志教师版（21）：291.

凉山彝族自治州青少年基础教育问题浅谈[①]
——以凉山州甘洛县为例

赵邱越　朱　莉　李方洪　席旸玺　耿天玉

摘　要：青少年基础教育的完善是阻断贫困代际传递的有效途径之一，是新时代贫困地区精准脱贫的重要衡量标准。甘洛县由于历史因素、地理位置、思想观念、特有文化等多种原因，基础教育发展落后，辍学率较高，严重影响了当地的教育发展，极大阻碍了当地的经济发展。本文以凉山州甘洛县为例，深入实地考察，探讨其基础教育低下的主要原因，并提出行之有效的改善措施。

关键词：彝族地区；青少年；基础教育；改善措施

贫困作为世界性难题一直阻碍着人类进步与发展，而如何摆脱贫困也是全球关注的热点和难点。美国人力资本理论的代表者舒尔茨通过测算得出，美国1929—1957年增加的国民经济总额约有33%，说明文化水平的高低在一定程度上反映贫困人口的经济状况。

[①] 作者简介：赵邱越，四川大学人事处，助理研究员，博士，研究方向为管理，2018年4月至2019年4月在甘洛县委组织部人才办挂职；朱莉，人事处师资管理及语委办公室副主任，助理研究员，研究方向为人力资源开发与管理；李方洪，甘洛县委办公室工作人员；席旸玺，四川大学后勤保障部，研究方向为行政管理，2018年4月至2021年5月挂任甘洛县斯觉镇格布村驻村干部；耿天玉，四川大学计算机学院（软件学院），研究方向为计算机人工智能，2018年4月至2019年4月在甘洛县扶贫和移民工作局挂职。

党的十八大以来，全国积极贯彻落实习近平总书记关于脱贫攻坚的重要战略思想，在凉山彝族自治州投入了大量的教育资源实施教育精准扶贫，但由于其特殊的社会环境、文化等综合因素，凉山彝族自治州甘洛县辍学现象依旧明显。教育是切断贫困代际传递的根本，辍学率较高、教育发展滞后、受教育程度偏低仍是甘洛县贫困的主要症结之一。研究分析甘洛县辍学率较高的深层原因可为甘洛县辍学现状的改善提供一定的理论依据。

一、甘洛县辍学现状

凉山彝族自治州甘洛县位于四川省西南部，素有"凉山北大门"之称，位于凉山、乐山、雅安三市的交汇处。据统计，截至2020年初，甘洛县总人口约23.5万，其中彝族人口约占78%。通过实地深入调研得知，2020年6月初，甘洛县适龄阶段失辍学人数和适龄阶段建档立卡贫困户失辍学人数分别如图1、图2所示：

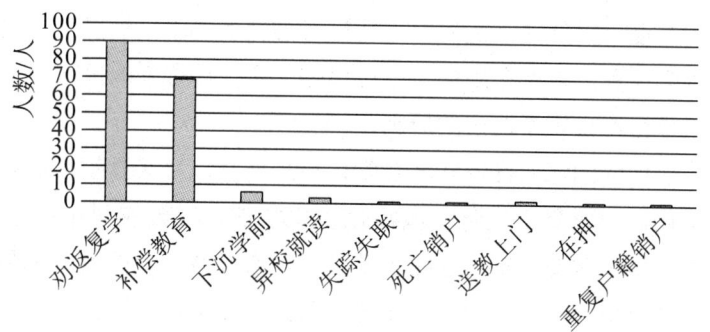

图1　2020年6月甘洛县适龄阶段辍学人数

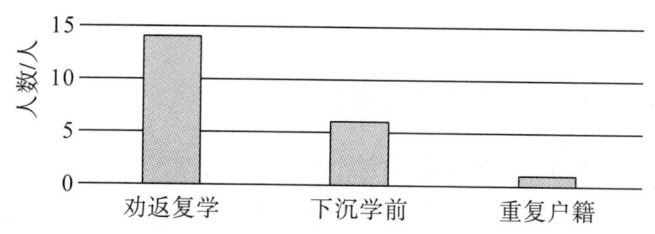

图2　2020年6月甘洛县建档立卡贫困户失辍学人数

209

教育扶贫的目的就是让贫困人口获得自我发展、自我脱贫的能力，形成一种内生式的扶贫、脱贫方式。降低青少年辍学率是真正将"输血"式扶贫改为"造血"式扶贫的有效途径。甘洛县辍学率较高不仅反映了当地的教育现状，同时也是目前大家较为关注的社会问题，辍学背后的消极思想极大阻碍了当地义务教育的普及和发展，深入甘洛县基层调查研究并剖析青少年基础教育低下的现状，可为甘洛县辍学率的改善提供理论依据。

二、甘洛县青少年基础教育低下现状分析

整体教育水平低下可分为外在和内在两种因素。外在的客观因素主要表现为教育资源不足，配置不均衡，而内在的主观因素则主要在原生家庭中形成。

（一）教育资源不足，配置不均衡

深入实地调查分析发现，"城乡分治制度"可能是导致农村青少年辍学的主体性原因。甘洛县政府根据城市和农村不同地区、不同特点制定了优先照顾城市发展的制度，虽然在一定程度上促进了县城教学水平的提升，但村里出现了大规模辍学现象。校点布局的不合理增加了青少年辍学的风险，上学路途较远也是导致学生产生辍学想法的原因之一。

随着控辍保学的深入推进和城乡学校布局调整，甘洛县教育资源配置也一直在不断优化，但随着工业化、城镇化步伐加快，部分农村中小学生涌向城区，城区学校学生激增，农村学校生源萎缩，造成城区学校教育资源不足。再者，学校办学质量、教学资源存在差异，部分学校生源暴涨，一些学校招不到学生，造成校际生源不均衡。按照以学生数配备教育资源的原则，一些学校资源过剩，一些学校资源紧张。教学网点的分散、教育资源的不均衡等诸多因素都影响了学生的积极性和主动性。

（二）家庭因素对学生基础教育质量的影响

家庭教育在青少年认知发展的各个阶段都有非常明显的影响。甘洛县一般农村家庭普遍物质基础薄弱，且父母自身文化程度偏低，对下一代的教育投入不足，而教育的不足使得下一代的发展受到很大阻碍，有可能形成"养羊的故

事"的贫困循环，最终造成贫穷代际传递。大多数彝族父母认为只要让孩子有吃有穿，成年后结婚生子继承"香火"，就算是尽到了责任，很少投入精力让孩子接受教育。教育需要投入成本，最主要的是经济成本和受教育所占用时间的机会成本。大多数彝族父母对孩子教育回报率的预期较低，使得其在青少年时期更容易辍学。彝族父母普遍文化水平低，思想观念保守落后，没有享受过知识带来的经济利益，自然轻视教育、轻视知识。他们对子女的教育期望低，认为文化程度高低并不影响未来的生活，尽早进入社会积累社会经验和物质资本更有利于个人发展。父母教育观念的陈旧会严重影响青少年的世界观、人生观和价值观，这也是甘洛县青少年辍学率较高的根本原因之一。

三、合理有效的改善措施

（一）撤点并校 开展群众监督

从20世纪90年代中后期开始，撤点并校政策开始实施，最初的目的是优化教育资源，全面提高中小学教育投资效益和教育质量，促进农村基础教育事业健康可持续发展。甘洛县2020年主要撤并田坝镇干海、坪坝乡五村、窑厂等11个教学点，将学生分流到就近的寄宿制学校，以减少教育评估中的办学条件扣分点，并加大学校补短补差、消除校园安全隐患。同时，主要负责部门协调各乡镇、公安、交运等部门组成控辍保学检查点工作组，严防未成年人外出务工，在交通要道及主要出境点设立控辍保学拦截点，对义务教育阶段外出务工的学生进行拦截劝返。同时，教育环境的优化离不开群众的监督，甘洛县开通设立了控辍保学监督举报电话，准确掌握义务教育适龄儿童少年失辍学情况，及时开展劝返工作，进一步提高义务教育入学率、巩固率。县控保办也积极建立了义务教育适龄儿童少年失辍学监督机制，接受社会各界和广大人民群众对"义务教育阶段学生失学、辍学，不送适龄子女入学复学，非法组织未成年人外出务工"的监督举报，并制订了《甘洛县控辍保学监督举报公告》，在县城主要街道及各乡镇显眼位置张贴，从政府层面全方位地严防青少年辍学。

(二) 加强普法教育宣传引导群众转变思想观念

"扶贫先扶智,治贫先治愚。"很多彝族青少年辍学的主要原因是家庭因素,但辍学违反了《未成年人保护法》和《义务教育法》的相关条例与规定。甘洛县积极宣传相关法律法规,让家长们真正认识到义务教育阶段青少年辍学是违法行为,认识到教育对个体长远发展的影响,改变"读书无用"的思想观念,帮助他们树立正确的人生观和价值观。甘洛县近期实施帮扶责任人和教师队伍的包保责任,在甘洛县政府的引导下,近千名干部进万家进行劝返活动,充分发挥司法部门职能作用,适时启动"官告民"诉讼活动,在全社会形成了强大的震慑作用。不仅如此,甘洛县委纪委、组织部、目督办也积极参与督战工作,通过乡镇悬挂宣传标语、学校制作宣传展板等方式,全力提升全县人民的教育教学能力。

(三) 加强师资队伍建设,吸引优秀教师

经调研发现,甘洛县部分教师存在文化底子薄、教育理论基础差、对课程缺乏系统认识的问题。在对学校教师的访谈中,有教师反映,由于彝汉双语教育的特殊性,在教学实践中可供借鉴的经验非常有限,缺乏科学系统的指导。对此,学校组建各学科的教研小组,共同探讨研究在教学中遇到的问题,分享彼此的教学技巧和经验,同时学校也为教师提供更多的观摩和交流机会,邀请教育专家和优秀教师对教师开设教育讲座,传授先进教学经验,并与课程专家建立密切联系,当教师在教学中遇到难以解决的问题时,可以与专家取得联系,共同商讨解决方案。甘洛县近几年充分利用四川大学、北京大学"领航校长"基地名校、宜宾学院和绵竹市等优势资源的帮扶队伍,全方位拓宽了校(园)长培训渠道和平台,也在很大程度上提升了甘洛县一线教师的教学技能,丰富了教学方法。

甘洛县教育局还定期对一线教师进行彝语能力、汉语能力、教学技能和学科教学理论等方面的系统培训。除了定期组织教师培训,还针对各学科组建专家小组,下沉到学校基层,参与教师的授课过程,对教师的授课过程进行分析评价,提出有针对性的指导意见。

赫茨伯格(Frederick Herzberg)的双因素理论(激励—保健理论)认为,影响人们工作动机的因素有两个:保健因素和激励因素,其中保健因素主要包

括人际关系、工作环境、薪资等；激励因素则主要包括晋升和赏识等。保健因素的满足只能够保证员工对工作不讨厌，不能提升其积极主动性，但激励因素的满足程度可决定员工对工作的满意度。根据双因素理论，彝族少数民族聚居区要想吸引和留住优秀教师，首先要提高教师的工资水平和福利待遇，为教师的生活提供物质保障。其次，对于外来教师，要能为他们提供安全稳定的工作和生活居住环境。当前甘洛县在这两方面的工作都还有待加强，这也是甘洛县对教师吸引力不足的主要原因。所以，提高教师的薪资和福利就显得尤为重要。而对于优秀教师而言，要想吸引他们，仅有丰厚的薪资仍是不够的，还要为优秀教师提供晋升机会，在职称评定等方面对教育一线的优秀教师给予政策倾斜，以提高教师对工作的满意度，维持教师队伍的稳定，让他们对教育工作持有积极的态度。

四、结　语

教育是一项民生工程，它不仅关系到当代人的生存和发展，还影响到未来几代人的持续发展。控辍保学政策体现了义务教育制度的强制性特点，同时具有保护适龄学生接受义务教育的功能，是一项利国利民的重要政策，对于缩小社会差距、改善民生具有积极作用，也是维护公平正义、保护青少年发展的重要方式。习近平总书记在全国教育大会上强调："要在坚定理想信念上下功夫，教育引导学生树立共产主义远大理想和中国特色社会主义共同理想，增强学生的中国特色社会主义道路自信、理论自信、制度自信、文化自信，立志肩负起民族复兴的时代重任。"在党中央的引导下，甘洛县自脱贫攻坚战以来在教育方面取得了一定的成就，其基础设施越来越均衡，软硬件配置越来越全面，但控辍保学工作还需进一步加强。

参考文献：

邓明英，2012. 彝族地区农村初中生辍学原因探析——以凉山州某县农村中学调查为例[J]. 教育与教学研究，26（1）：16-19.

吕开宇，王桦，金莲，2006. 不发达地区父母外出非农就业对子女教育的影响——从儿童辍学原因谈起[J]. 农业经济问题（4）：25-31.

涂又光，1997. 中国高等教育史论［M］. 武汉：湖北教育出版社.

王安全，2010. "城乡分治"制度是农村学生辍学的本体性原因［J］. 河北师范大学学报（教育科学版），12（1）：120－122.

王红梅，娄云，汪海波，等，2020. 基于赫茨伯格双因素理论的某公共卫生机构激励机制初步探讨［J］. 实用预防医学（2）：247－251.

张为伟，2017. 撤点并校政策、父母外出务工与我国农村地区儿童辍学［J］. 科学决策（05）：79－94.

脱贫攻坚形势下农村住房政策实施与建议①

刘东昭

摘　要：在脱贫攻坚的伟大战役中，住房问题既是农村致贫的原因之一，也是脱贫奔小康的重要指标之一。"两不愁三保障"中明确提出要保障住房安全，住上好房子才能过上好日子。本文通过笔者在四川省岳池县住房和城乡规划建设局的三年扶贫挂职工作经历，以农村危房改造和幸福美丽新村建设为中心，从高校扶贫的工作角度出发，立足基层实际，对农村住房问题提出若干思考与建议。

关键词：脱贫攻坚；农村住房；危房改造；易地搬迁

一、背景与意义

由于城乡发展的不均衡，我国农村有大量存在安全隐患的自建房屋，国家和地方政府按照优先帮助住房最危险、经济最贫困农户，解决最基本的住房安全问题的原则，通过逐年拨款安排农村危房改造的形式不断改善农村住房条件。实施精准扶贫以来，改善贫困户住房问题成为精准识别、精准帮扶、精准管理的重要工作内容，让贫困户住上好房子是保障农村住房安全的重要目标，

---

① 作者简介：刘东昭，四川大学基建处计划管理科科长，助理研究员，研究方向为校园规划和基建管理，2013年7月至2016年8月挂任岳池县住房和城乡规划建设局局长助理。

是脱贫攻坚坚走向胜利的关键之一。

我国农村的住房政策与农村集体所有制经济的模式密切相关，农村土地归集体所有，村民以户为单位享有用于住房建设的宅基地。随着农村劳动力的转移，农村本身就存在大量空房年久失修，由于建筑质量参差不齐，加之自然灾害与自然老化，农村危房存量相当庞大。特别是在四川地区，外出务工人口众多，自然村零散分布，农村交通、市政设施投入较少，存在大量农村危房，且其中居住的大多数是没有完全劳动能力、无法自力维修房屋的空巢老人和留守儿童。

在精准扶贫工作中，精准识别建档立卡贫困户，分析致贫原因，制定因人而异的脱贫管理方案是最重要、最细致的工作。"不愁吃、不愁穿"这一最基本的温饱问题早已得到制度性解决，保障义务教育、基本医疗和住房安全三项工作作为深层次、基础性、系统性工程任重道远。

二、危房改造与易地搬迁

农村住房的问题既有住房建筑的质量问题，也有村落聚集形式的选址和基础设施投入问题。进行危房改造和易地搬迁，能够解决基层农村住房方面存在的基本问题和整体问题。

（一）危房改造解决基本问题

在住房安全方面，岳池县自2014年至2019年完成农村危房改造29 933户，其中完成建档立卡贫困户危房改造12 019户，全县建档立卡贫困户全部完成房屋改造，住房安全得到保障。在改善基本住房安全基础上，还实施改厨、改厕、改水、改圈、改路，建池、建园、建家的"五改三建"工作，让住房不仅有安全保障，还有舒适宜居的基础设施，补齐住房的基本居住功能，切实改善了贫困群众住房的基本卫生健康条件，提升了广大农村贫困群众的生活质量。

例如，岳池县裕民镇祖家院村2组利用农村危房改造政策统建农村幸福大院，安置分散特困人员16户，统建房屋建筑面积298平方米，公共院坝660平方米。配套冲凉房、公共厕所、公共厨房、食堂、花池、健身设施、太阳能路灯、电视机和热水器等基础设施。农村幸福大院的建立为该村 16 户农村分散特困人员提供了一个白天相聚交流、共同娱乐消遣、互相帮助照顾,可临时就餐、临时休息、随时使用,以及寻找精神慰藉的活动场所,很好地解决了脱贫攻坚困难群众住房安全保障的问题。农村幸福大院以离家不离村、空巢变暖巢的特点托起农村居民幸福养老梦。建成后的农村幸福大院为农村困难群众提供精神放松的场所,使他们体验到了人际交往的快乐,从精神层面让人民群众更加深刻地体会到农村幸福大院的意义,感受到大家庭的温暖。

(二)异地搬迁解决整体问题

农村危房改造是基本的改善农村住房条件的方式,一般采取就地、就近的改建、翻建,以户为对象,投资较少,收效明显。而对于房屋选址本身就存在地质安全隐患、基础设施投入不足的村落,通过易地搬迁集中安置,人口产业聚集才是摆脱农村住房条件差、基础设施落后局面的最好办法。

"十三五"时期,岳池县易地扶贫搬迁12 254人,建成搬迁户住房面积约30.6 万平方米,配套基础设施饮水管道 117.21 千米、电网 166.92 千米、道路硬化 599.59 千米,集中安置点场地平整、硬化、绿化亮化、堡坎护坡等29 260平方米(岳池县住建局,2020)。例如,岳池县白庙镇李白寺村 3 组芙蓉溪新村集中安置点占地约 20 亩,集中安置贫困户 14 户,建成房屋均为中式古典民居建筑风格,根据地势分三级台阶布局,错落有致,实现了生态、实用、美观,节省资金的建设目标。该安置点坚持规划先行,按照"小规模、组团式、微田园、生态化"模式,充分尊重群众意愿,通过科学选址,同时根据李白寺村"地处丘陵,人均耕地仅一亩,地块巴掌大,耕作不便"的实际,因地制宜,制定"发展水产、干果等特色产业,增加就业机会,助农增收脱贫"的产业规划,带动群众增收致富,确保搬得出、稳得住、能致富。

三、思考与建议

经过多年的实践,在当前的社会结构和脱贫攻坚政策下,农村危房改造和易地搬迁是解决农村住房问题行之有效的举措。由于我国幅员辽阔、人口分布不均、地方社会和民族风情差异等影响,统一政策的制定和实施必须结合当地实际。政策实施中，资金筹措压力较大是核心影响因素，需要长期财政投入逐年改善农村住房和人居环境，这严重制约了农村住房问题解决的总体工作效率，需要拓展筹资渠道，引进社会资源。另外，到位建设资金的实际利用率还受到基层县、镇、村的管理效率和廉政问题的影响。农村住房政策必须从资金、技术、管理和人才方面，引入大数据和网络化的管理机制，提升政策落地的总体效率，保障更多农村住户享受国家政策和社会发展成果，与城镇居民共同步入小康社会。

"安得广厦千万间"是古人对住房的期许，"民无房不安"是现在社会的基本情况，保障住房安全是我们全面实现小康社会，完成脱贫攻坚伟大历史使命的重要工作。从保障基本住房安全到提升农村居住环境品质，是精准扶贫工作从脱贫到致富的目标转变。建档立卡贫困户住进安全舒适宜居的新房里，能更好地投入农村生产和生活，这是基层脱贫攻坚工作中的标志性工作之一。基层为精准扶贫建立了组织、人事、项目、资金等保障制度，从第一书记到驻村工作队，从对口帮扶单位到全社会广泛帮扶，完成了大量艰辛而又耐心细致的工作，取得了优秀的工作成绩。作为高校教职工到县一级基层扶贫挂职，以一名参与者的身份就亲身经历的农村住房扶贫工作中存在的问题提出一些思考和建议。

第一，统筹资源。基层工作复杂而又系统，面对不同的政策要求需要统筹资源，有效利用项目和资金。例如，农村危房改造和异地搬迁可以与土地增减挂钩项目协同实施，在建新区保障农村居民居住品质的同时，严格按照土地和乡村建设法规规划设计，打通扶贫与国土资源、农田水利等行业项目的壁垒，整合项目与资金资源。

第二，因地制宜。不同区域经济发展、自然地理、社会风俗和民族习惯存在区别，需要扶贫工作结合地方实际，尊重扶贫对象的意愿，既做到政策宣传到位保障项目实施，又要考虑因地制宜的原则，个性化、精准化实施住房改善工作。

第三，以人为本。生产是农村的基本，不论什么产业都离不开人的参与。农村住房不能照搬设计规范和城市经验，需要考虑村民生产物资、牲畜养殖需要等因素，既保障基本生产生活，又符合安全和卫生防疫要求。以人性化的需求指导农村住房的改善提升工作，倡导村民参与乡村规划建设和产业发展，促进农村住产融合全面发展。

对于高校来说，没有企业对口扶贫的直接资金和物资资源，更多的是通过智力支持地方的脱贫攻坚工作。第一，加大"三支一扶"工作在对口帮扶地区的力度，通过学生和教职工的支援，直接为脱贫攻坚奉献教育、医疗等方面的力量；第二，加强与基层扶贫相关的社科研究，为地方政府开展脱贫攻坚和社会经济发展提供更加科学的指导；第三，通过校内建筑系和设计院，为农村提供新村规划设计，为新房提供标准化图集，提高基层建设水准；第四，通过校内后勤和工会部门，为贫困地区农副产品的销售拓宽渠道，扩大地方特产品牌影响；第五，充分利用高校校友资源，调动广泛的社会力量，为基层脱贫攻坚提供更加坚实的支撑；第六，密切人员交流，高校与地方互派人员挂职交流，增进管理水平与开拓管理理念。

参考文献：
岳池县住建局，2020．岳池县脱贫攻坚农房建设情况的汇报［R］．广安：中共岳池县委．
郑新业，2019．着力解决贫困人口"两不愁三保障"问题［N］．学习时报，2019－05－27（05）．

凉山州甘洛县农村饮水安全工程管护现状及对策研究[①]

刘怀忠

摘　要：甘洛县农村饮水工程点多面广，山区地质灾害频发，人为破坏饮水管道的情况时有发生，建后管护难度大。针对这一问题，本次调查研究深入凉山州甘洛县，以及成都市温江区，德阳市什邡市、绵竹市，调研了各地区农村安全饮水工程管护现状。调研结果表明，随着地区经济发展水平不断提高，农村饮水安全工程建设规模呈现出不断增大的趋势，饮水工程运营模式则呈现出政府管理向企业管理转变的规律，而用水户有偿用水也是经济发展的必然产物。本文进一步结合甘洛县实际情况，引入温江区、什邡市和绵竹市农村饮水安全设施的先进管护经验，提出四条对策建议：培养供水企业，管理中型集中供水工程；推动乡镇代管，服务小型集中供水工程；铺开水表安装，奠定水费收缴坚实基础；制定合理水价，推动水费收缴工作计划。

关键词：饮水安全；凉山州甘洛县；建后管护；水费收缴；运营模式

一、引　言

近年来，党中央、国务院高度重视和关心人民群众的饮用水安全问题，做

[①] 作者简介：刘怀忠，四川大学水利水电学院，助理研究员，研究方向为水利岩土工程，2019年4月至2020年5月在甘洛县水利局挂职。

出了一系列重大决策和部署（巩向华，2019）。2019年4月15日至17日，习总书记在重庆考察期间，主持召开解决"两不愁三保障"突出问题座谈会，强调"三保障"工作不扎实，义务教育、基本医疗、住房安全和饮水安全等方面还存在薄弱环节。在饮水安全方面，全国还有大约104万贫困人口饮水安全问题没有解决，全国农村有6000万人饮水安全需要巩固提升（孔季虹，2012）。而根据凉山州甘洛县"两不愁三保障"回头看大排查工作调查成果，截至2019年9月11日，全县尚有893户存在饮水安全问题，部分村民需要背水喝［见图1（a）］。此时距离甘洛县脱贫摘帽验收工作不到3个月，因此饮水安全问题一度被各级督查组认为是制约甘洛县脱贫摘帽的关键因素。为了有力推进农村饮水安全工程建设、有效解决农村群众的饮水问题，甘洛县成立了由县委副书记担任组长的安全饮水达标创建攻坚领导小组，明确责任、强化举措，对标脱贫摘帽时间节点，顺排工序、倒排工期，强力推动各项饮水工程建设在规定的时间内建设到位。2019年12月，通过各行业部门的通力合作，全县农村饮水安全问题在摘帽验收前得到有效解决，村民都喝上了方便、健康的自来水［见图1（b）］。

(a)　　　　　　　　　　　　　(b)

（a）石海乡布哈村女孩给家里提水（笔者摄于2019年9月6日）
（b）石海乡加尔村安置点村民用上了自来水（笔者摄于2019年12月10日）

图1　甘洛县村民脱贫前后取水方便程度对比

甘洛县全县饮水安全达标的成果并非一蹴而就，离不开各级党委、政府长期的关心、支持以及全县水利工作者的共同努力。2016年以来，甘洛县累计投入农村安全饮水工程建设资金22 562万元，其中上级资金3 644万元，县级整合资金18 218万元，详见表1。截至2020年，建设了千吨万人以上供水工程5处、小型集中供水工程197处，有力解决全县28个乡镇217个村20.96万人的安全饮水问题。

表1　甘洛县2016—2019年农村饮水安全工程建设情况

年度	财政投入			涉及乡镇（个）	涉及村（个）	人数		
	总计（万元）	上级资金（万元）	县级整合资金（万元）			总计（万）	建卡户（万）	非建卡户（万）
2016	817	228	589	20	69	0.8457	0.3900	0.4557
2017	4 767	313	3 754	28	107	8.2000	3.8713	4.3287
2018	2 298	1 628	670	22	61	5.4747	0.9830	4.4917
2019	14 680	1 475	13 205	28	169	14.0000	7.1247	6.8753
合计	22 562	3 644	18 218	28	217	20.9600	7.1247	13.8353

然而，甘洛县地处四川省西南部山区，行政区域面积2 150.79平方千米，农村饮水工程点多面广，山区地质灾害频发，人为破坏饮水管道的情况时有发生，如图2所示，因此甘洛县农村饮水安全设施建后管护难度大，而这也是全国贫困地区的普遍现象。

(a) 滑坡拉断　　　　　　　　(b) 滚石砸断

·实践探索·

(c) 高压爆管　　　　　　　　(d) 人为破坏

图 2　甘洛县常见饮水安全设施损坏原因
(甘洛县水利局工作人员于 2019 年拍摄)

水利行业部门既承担了农村饮水安全工程建设任务,也承担了维护任务,如何"建得好、管得好"一直以来都是水利部门及水利工作者的重要课题。为此,全国水利工作者围绕农村饮水安全设施的管护问题,深入开展农村基层调研,积极探索管护体制,并发表了相关文章。例如,寇宝峰(2020)、巩向华(2019)、张成伟(2019)、朱金水(2019)、杨约顺(2019)、张程(2019)分别分析了甘肃省秦安县、内蒙古自治区红山区、陕西省汉中市、安徽省潜山市、浙江省淳安县、河南省南阳市农村饮水安全工程管护现状、存在问题及对策。

虽然全国范围内已经累积了很多先进的农村饮水安全设施管护经验,但是这些经验是否适合凉山州彝族自治区乃至甘洛县的实际情况,还有待实践检验。因此,本次调查研究深入凉山州甘洛县,以及成都市温江区,德阳市什邡市、绵竹市,结合甘洛县实际情况,引入四川省其他脱贫或非贫困地区农村饮水安全设施的先进管护经验,重点围绕建立明晰的管护责任制度、健全高效的分类管护机制、完善相关的管护配套制度、优化多元的资金保障机制等,探索深化农村饮水安全设施管护体制改革的有效形式,为甘洛县建立科学健全的管护体制提供参考。

二、农村安全饮水工程管护现状调研

(一) 甘洛县农村安全饮水工程管护现状

针对农村饮水基础设施管护难的问题,2018年以来,甘洛县对农村饮水基础设施管护体制改革进行了探索,先后出台了农村集中供水管理办法、水利巡管员公益性岗位、大中型供水站管理岗位、小型水利维修专项资金等政策,在一定程度上解决了农村饮水基础设施的管护工作。

1. 农村饮水基础设施管护体制机制

2019年7月,甘洛县人民政府印发了《甘洛县农村集中供水管理办法》(以下简称《管理办法》),要求各乡镇人民政府应成立农村集中供水管理办公室,确定已建成饮水工程的运行管理方式,制定安全运行管理制度,负责辖区内农村集中供水工程的运行维护和水源、水质的保护工作等。

农村集中供水运行管理人员由所在乡镇人民政府聘用符合岗位要求的公益性水利巡管员担任,并按规定签订劳动用工合同,经费由县级财政解决。2019年投入资金52万元,由28个乡(镇)人民政府聘请208个贫困户担任公益性水利巡管员,分别签订了聘用合同,聘期1年,按照合同职责开展饮水工程维护工作。但由于缺乏公益性水利巡管员的考评机制,存在"只拿钱不做事"的现象,巡管员的作用并没有得到充分发挥,县水利局聘用的工程队伍仍然承担着大量的维修任务。2020年,每个行政村在1万元的标准补助下至少设置2名水利巡管员,同时对水利巡管员实行动态管理,由县水利局和乡镇人民政府共同考核,采取动态评估机制,一个季度评估一次。对政治素质差、违法违纪、不能胜任工作的,责成行政村重新选聘。

2. 管护主体和各方责任

《管理办法》明确指出,各乡镇人民政府是辖区内饮水工程的管理主体和责任主体,负责工程安全运行的日常管理工作;各行业部门各司其职,做好监督、配合工作。县水利局是全县农村集中供水工作运行管理工作的行政主管部门负责农村集中供水工程的规划、政策研究及运行管理中的技术指导,县发展改革和经济信息化局负责水价的核准与监督,县财政局负责落实县级维修基金、县级补助资金及水质监测检测费用,县卫生健康局负责对农村集中供水工程的水质定期进行水质检测及农村饮水卫生监督工作。

2019年10月,甘洛县脱贫攻坚领导小组召开会议,进一步明确了乡镇人民政府在农村饮水基础设施管护方面的主体责任和经费来源。会议指出,县水利局要精准精细拟定实施方案,及时将有关项目交付乡镇实施,县水利局做好技术业务指导和工程质量监管;对于一些管道损坏等小型维修工程,由乡镇动员组织群众,投工投劳及时抢修抢通,相关建材费用凭票据到县水利局报销。

3. 管护经费

县财政每年下拨500万元小型水利维修专项资金,用于农村饮水等水利基础设施的管护,小型维护由乡镇按程序组织实施,按照报账制程序到县水利局支出维护费用。2019年9月,经县政府常务会研究决定,由县财政按照每座供水站每年10万元的标准,保障石海供水站、巴拉供水站、干海供水站、新茶供水站、玉田供水站等5座供水站(详见表2)的运行管理经费,确保农村集中供水站高效有序运行。

表2 甘洛县5座供水站的相关数据

水厂名称	水源类型	设计日供水量(吨)	设计供水人口(万人)	运行管理单位	水费收缴状况	管理人员(人)
石海供水站	地表水	1 180	1.18	所属乡镇	未收费	4
巴拉供水站	地表水	1 900	2.05	所属乡镇	未收费	4
干海供水站	地表水	1 500	0.82	所属乡镇	未收费	4
新茶供水站	地表水	403	0.70	所属乡镇	未收费	4
玉田供水站	地表水	500	0.34	所属乡镇	未收费	4

但是在探索过程中也发现了有待进一步解决的问题。一是管护体制尚未成形。仍要积极探索"以水养水"体制,通过适当收取水费,保障饮水管网维护费用。二是管护主体责任尚未改变。水利部门仍然是管护责任主体,承担着大部分维护管理任务,需要逐步向监管责任主体过渡,并将管护主体责任移交乡

镇人民政府。三是管护办法尚未落实。乡镇对县政府出台的《管理办法》的知晓度不高,同时,受到全县行政区划调整的影响,各乡镇未按照管理办法成立农村集中供水管理办公室,负责饮水工程的日常管理工作。四是节水意识尚未形成。农村普遍存在"放敞水"的浪费现象,需要加强节水宣传,并通过收取水费从根本上遏制浪费行为。

(二)绵竹市、什邡市和温江区农村安全饮水工程管护现状

为了学习借鉴四川省其他地区先进的农村饮水工程管护经验,由甘洛县副县长带队,于2019年3月先后赴德阳市绵竹市、什邡市,成都市温江区进行考察学习,深入绵竹市新市镇水厂、什邡市双盛新水厂、什邡市洛水镇水厂、温江区水厂进行了实地考察,并与绵竹市水利局、什邡市水利局等部门业务负责人进行了座谈交流;考察了3个地区农村饮水安全工程的建设面貌,学习了农村饮水安全工程管护的先进经验。

表3 绵竹市、什邡市和温江区三地考察水厂的相关数据

水厂名称	水源类型	设计日供水量(万吨)	设计供水人口(万人)	运行管理单位	水价(元/吨)	水价定价方式	水表选型	管理人员(人)
绵竹市新市镇水厂	地下水(泵送)	0.40	3	镇办企业	1.2	协议定价	加密匙机械表	9
什邡市双盛新水厂	地下水(泵送)	0.17	1	私人企业	1.65	政府定价	磁卡表	5
什邡市洛水镇水厂	地下水(泵送)	0.25	2.2	私人企业	1.65	政府定价	磁卡表机械表	11
温江市水厂	地表水	40	120	国有控股公司	2.7	政府定价	磁卡表	—

德阳市根据水资源状况、城镇化进程、自然经济条件统筹规划饮水安全工作,立足当前,着眼长远,打破行政区划、打破用水范围、打破流域界限,规模化发展农村供水。同时,按集中供水为主、联户为辅、单户供水为补充的总体原则布局工程,在人口居住密集且有良好水源的平坝、浅丘地区,尽可能修

建跨区域、跨乡（镇）、跨行政村的集中供水工程，充分利用城镇现有供水工程延伸管网，解决周边村社农民的饮水安全问题。在人口集中程度低的丘陵地区，建设适度规模的小型集中供水工程，解决场镇、居民点的饮水安全问题。在人口居住较分散的山区，采取引泉、打井或建蓄水池等方式，建设联户、单户工程解决饮水安全问题。

在农村供水工程建后管护方面，德阳市各地区于 2015 年就开始制定农村集中供水管理办法，下属各级人民政府先后成立农村饮水安全管理办公室，明确了各乡镇人民政府是辖区内供水工程及相关国有资产的管理主体和责任主体，负责工程运行管理。可见，德阳市的农村饮水安全设施最初依然是由乡镇进行管理。同年，部分地区印发了《农村集中供水工程维修基金管理使用细则（试行）》和《农村集中供水管理单位综合考核补助办法（试行）》。

经过 5 年的发展，德阳市逐步形成了一套趋于完善的管护体制机制，按照"谁投资、谁收益"的原则，制定"以奖代补、民办公助"等激励措施、优惠政策，逐步建立多元化投融资格局，并最大限度保障城乡居民的切身利益。例如，绵竹市新市镇水厂、什邡市双盛新水厂、什邡市洛水镇水厂分别由镇办企业和两家私人企业投资、建设、运行和管理，由政府部门负责监管。并且按照有利于群众使用、有利于工程效益发挥、有利于水资源可持续利用的"三个有利于"原则，根据工程类型和规模，明晰工程产权，确定管护模式。对规模较大的集中供水工程，组建供水总站、水务公司实行专业化管理，采取"公司+协会"的方式，将专业制水和村民自主管水相结合，保障了供水质量和农户的用水权益。对以行政村或自然村为单元的小型供水工程，在受益农户民主协商的基础上，依托村民小组或村委会组建各种形式的农民用水合作组织、用水协会，实行自主管理。对一家一户的水池、旱井等微型供水工程，坚持农户自建、自有、自管、自用原则，水利部门则加强技术指导。

考察学习期间，温江区正在全力推进农村区域供水全覆盖工程，该工程由国有控股公司融资、建设、运营、管理，用水户有偿用水，每户需要支付 3 500元的安装费，区政府出台了《成都市温江区农村自来水"户表"工程补贴方案》，实行"一户一表"工程补贴。温江区这一举措，旨在将农村区域供水全覆盖工程建设成为促进温江农村区域发展、推动乡村振兴战略实施的助力工程。

从凉山州甘洛县到德阳市什邡市、绵竹市，再到成都市温江区，随着地区经济发展水平不断提高,农村饮水安全工程建设呈现出小型集中供水到大中型集中供水再到区域性大型集中供水的趋势,饮水工程运营模式则呈现出乡镇管理到中小企业管理再到大型企业管理的趋势,而用水户有偿用水则是经济发展的必然产物。

三、农村安全饮水工程运营模式分析

(一)"以水养水"运营模式

1. 乡镇运营模式

乡镇政府拥有农村供水工程的产权和经营权,负责农村供水工程的管理、运行、维护工作,有利于后期改扩建、水资源调配等工作的推动。乡镇政府成立用水管理协会或农村供水工程管理办公室,配备管理人员,建立水费基金或专户,开展水费征收工作,根据辖区的实际情况制定水价,有利于降低水价,减少群众的水费支出。例如,什邡市部分乡镇采用乡镇运营模式。目前甘洛县各乡镇均配置了一名水利员,负责日常的水利管理工作,但是大多并非水利专业人员,缺乏管道维修、水质检测等专业能力和专业设备,因此农村饮水工程的管理质量不佳,对水利主管部门、水质检测部门依赖性很强,并且乡镇工作人员缺乏收缴水费的动力,增加了推动水费收缴工作的难度,难以实现"以水养水"的运营模式。

2. 企业运营模式

地方政府将农村供水工程的经营权以拍卖、招标等形式出让给第三方企业,并约定出让期限,产权仍然归地方政府所有。出让规模可分为单个供水工程、多个供水工程、村域内供水工程、乡域内供水工程、县域内供水工程等。承包企业能够合理配置专业人员和专业设备,开展日常管护、净水消毒、水质检测、水费收缴等管理运行工作以及维护、改扩建等建设工作,并积极推进水费收缴工作,实现盈利。原则上承包企业自负盈亏,但考虑到农村供水的公益特性,地方政府可给予亏损企业适当的财政补贴。例如,什邡市部分乡镇、绵

竹市全部乡镇、温江区所有乡镇均采用企业运营模式，并且绵竹市、温江区将逐步实现全市（区）农村集中供水由同一家公司运营。因此，随着地方经济发展，企业运营模式是农村饮水工程管理的必然产物。而甘洛县现阶段经济仍然较为落后，村民缴纳水费的意识薄弱，除了几座大中型工程，其余小型供水工程并不具备盈利的条件。因此，甘洛县应逐步引进大中型供水工程的管理企业，按照"建大并小"的原则，扩展农村饮水工程企业管理的范围和规模。

3. 水表计量与选型

目前最为常用的两类水表是机械式水表和磁卡式水表。机械水表是早期计量水资源所使用的普通仪表，长久以来一直被人们所使用，可以"先用水，后交费"，具有价格实惠、前期投入低、安装简单、日常维护成本低等优点。例如，绵竹市供水公司推荐采用机械式水表，并配备加密防盗阀，可实现缴费困难户的有效断水。磁卡式水表是以智能卡为信息传递媒介而构成的高科技机电一体化智能仪表，具有机械计数和电子计数的双重功能，具有"先交费，后用水"的特点，避免了偷水、漏水、冒水事件的发生。例如，什邡市供水公司推荐采用磁卡式水表。从抄表投入的时间成本来看，磁卡式水表优于机械式水表；而从前期投入来看，机械式水表的前期投入低于磁卡式水表。甘洛县的水费征收历程相对滞后，现阶段村民缴纳水费的意识尚未形成，若强行安装磁卡式水表，村民拒绝缴费，将严重影响正常生活用水，降低群众满意度，并不利于巩固来之不易的脱贫成果；极端情况下有可能引起水表的人为破坏，制造不必要的矛盾。因此建议先安装机械式水表，一方面可以降低前期的财政投入，另一方面也能培养村民自觉缴纳水费的意识。

（三）水价制定机制

水价制定有成本核算定价和"一事一议"定价两种方式。一般情况下，发改部门应对农村供水工程管护过程中的电费、材料费、人工费等成本费用进行核算，按照"成本补偿、合理收益、公平负担"的原则，科学合理地制定水价。开展水价成本核算，可以为地方政府进行水价决策提供科学依据，促进管理单位降低生产成本，有利于鼓励节约用水的水价形成机制和调节机制的形成，为水利工程的良性运行和水利产业化创造良好的经济条件。然而，在运营管理前期，相关部门往往缺乏日常维修维护费用数据、用水户日常用水量等数据，难以进行成本核算，是以通常由村委会或者供水站联合村委会通过村民以"一事一议"的方式确定水费征收模式、基本水费和计量水价，按固定年价、固定单价或阶梯水费等方式进行水费征收，为后期的成本核算定价奠定基础。

四、甘洛县农村安全饮水工程管护对策研究

结合考察学习经验以及甘洛县农村安全饮水实际情况，提出四点管护对策建议。

（一）培养供水企业，管理中型集中供水工程

企业管理是农村饮水工程运营管理的必然趋势，偏远山区应逐步尝试农村供水工程的企业化管理，实现由无水费缴纳意识向有偿用水的巨大转变，这不仅是创建节约型社会的迫切需求，也是"绿水青山才是金山银山"的具体实践。而供水企业也需要实现从无到有，再到成熟的突破，无论是引进外地企业还是培养本地企业，都需要展开尝试以累积管理经验，因此应首先对具有盈利可能性的新茶供水站、干海供水站、玉田供水站、巴拉供水站、石海供水站5座中型集中供水工程进行企业管理模式的试点。按照"同网、同质、同价"的原则，运营前三年，由企业、乡镇人民政府、村民代表三方协议定价；运营三年后，由发改部门对供水站的运行管理维护费用进行成本核算，制定水价。首批水表安装由政府投资，为了减少地方政府财政投入，可安装机械式水表。后期运行过程中，供水企业可根据水费收取、运营情况自行更换磁卡式水表等智能水表，更换费用由企业自行承担。考虑到彝区、山区招商引资的困难性以及农村安全饮水的公益性，不建议对农村饮水工程的经营权进行拍卖，供水企业可通过招投标程序确定，或委托城投国资公司负责运营。经营权出让年限暂定为30年，可根据供水工程后期盈利的发展潜力减少出让年限。原则上建议由同一家供水企业运营全县的中型集中供水工程。

（二）推动乡镇代管，服务小型集中供水工程

除了5座中型供水站，其他小型集中供水工程分布分散，多为一村一供水站，后期盈利的发展潜力较小，不利于吸引供水企业开展管护工作，建议采用

由乡镇代管的运营模式，由乡镇成立供水协会负责收缴水费。可采用"一事一议"的方式确定水价，水表安装由政府投资，安装机械式水表。在水费入不敷出的情况下，后期运行维护由县级财政补贴。

（三）铺开水表安装，奠定水费收缴坚实基础

安装水表既是推动水费收缴工作的必要环节，也是水费收缴政策宣传到户的有效、有力途径，既能表达政府收缴水费的决心，也能反映群众对缴纳水费的态度。因此，建议尽快落实水表安装经费，推动全县水表安装工作。为了减少前期财政投入，建议安装机械式水表。为避免拖欠水费的现象，建议预收水费。

（四）制定合理水价，推动水费收缴工作计划

根据四川省水利厅印发的《四川省农村供水工程水费收缴工作方案》，要求谋划部署、扎实推动"三个责任"（即地方人民政府的主体责任、水行政主管等部门的行业监管责任、供水单位的运行管理责任）和"三项制度"（即农村饮水工程运行管理机构、运行管理办法和运行管理经费）的落实，实现"2020年4月底前，完成各种规模集中供水工程水价核定。2020年6月底前，'三州地区'千人以上供水工程收费处数达到85%以上，水费收缴率达到80%以上……2020年12月底前，'三州地区'集中供水工程收费处数达到85%以上，水费收缴率达到80%以上"的刚性目标。建议采取以下具体做法。

一是由水利和发改等部门根据省州要求聘请第三方核定各乡镇指导水价，并下发各乡镇。各乡镇在指导水价的基础上，乡镇运营的小型供水工程由村委会通过"一事一议"等方式确定执行水价；企业运营的规模供水工程由企业、乡镇人民政府、村民代表按听证等程序定价收费。

二是脱贫攻坚期间，根据《管理办法》，对所有用水户实行每户每月3吨免费配水定额，超出部分按核准后的水价收取水费。2020年首次水费收取建议预收一定数额的水费，用于日常一般维修维护。预缴水费年末按核准后的水价进行水费结算，用水超出预缴金额则补交水费，预缴金额没用完则顺延至次年。

三是落实财政补贴兜底。在水费入不敷出的情况下，后期运行维护由县级财政补贴兜底，按一定标准进行补助，用于各村巡管员工资支出，收取的水费

用于日常运行维护，以后逐年递减巡管员财政补助标准。对于规模供水工程，今年按定额标准对每座供水站进行补助，用于供区的日常运行维护和人员费用，以后逐年递减财政补助标准，逐渐完善维修资金管理等相应制度和办法。

五、结　语

农村饮水安全直接关系到广大人民群众的日常生活和身体健康，是筑牢"脱贫堡垒"的重要环节。建设是基础，运行是关键。贫困山区在全面补齐农村饮水安全基础设施短板的同时，改革创新管护机制，构建适应经济社会发展阶段、符合农业农村特点的农村饮水安全基础设施管护体系，全面提升管护水平和质量，建立安全饮水长效机制，切实保障群众饮水安全。只有"建得好、管得好"，才能不断巩固来之不易的脱贫攻坚成果，确保群众饮水安全有保障，提高群众的获得感、幸福感和安全感。

参考文献：

巩向华，2019. 农村饮水安全工程管护对策［J］. 内蒙古水利（03）：77-78.

孔季虹，2012. 德阳农村饮水走上"安全"路［EB/OL］.（2012-09-06）[2020-12-26]. https：//deyang. scol. com. cn/sdtp/content/2012-09/06/content_51278257. htm.

寇宝峰，2020. 农村饮水安全工程运行管护存在问题与对策［J］. 中国水运（下半月），20（7）：25-26.

水利部，国务院扶贫办，国家卫生健康委员会，2018. 关于坚决打赢农村饮水安全脱贫攻坚战的通知［Z］. 2018-08-01.

杨约顺，2019. 淳安县率先完成农村饮水安全管理的做法［J］. 新农村（08）：16-17.

张成伟，2019. 汉中市创新农村饮水安全工程运行管理的实践［J］. 中国水利（21）：40-42.

张程，2019. 南阳市农村饮水安全工程现状及对策［J］. 河南水利与南水北调，48（3）：29-30.

朱金水，2019. 潜山市农村饮水安全工程管护现状分析及建议［J］. 江淮水利科技（4）：34+46.

• 实践探索 •

4P营销理论视角下甘洛县旅游发展策略研究[①]

王兴伦　淳　姣

摘　要： 本文对甘洛县旅游发展的现状和存在的问题进行了分析，并且从4P营销理论的视角，提出甘洛县旅游发展策略须从产品、价格、渠道和促销角度入手，提升甘洛县旅游品牌的影响力，从而促进整个旅游产业的发展。

关键词： 4P理论；甘洛县；旅游发展策略；对口帮扶

一、引　言

甘洛县位于四川省西南部、凉山彝族自治州北部，素有"凉山北大门"之称，于1956年建县。全县面积2 156平方千米，辖28个乡镇、227个行政村、3个社区居委会。现有人口23.37万，包括彝、汉、藏等多个民族，其中彝族人口占总人口比重77.14%，是一个以彝族为主的少数民族聚居县，也是国家扶贫开发工作重点县。

近年来，甘洛县大力发展旅游产业，旅游接待人次和旅游收入实现稳步增长，2017年、2018年和2019年接待游客分别为295.3万人次、310万人次和386万人次，实现旅游收入分别为1.66亿元、1.925亿元、2.12亿元。[②] 然

[①] 作者简介：王兴伦，四川大学图书馆，副研究员、五级职员，研究方向为党务行政管理，2020年5月至2021年5月在甘洛县文化广电旅游局挂职；淳姣，四川大学图书馆馆员。

[②] 数据来源：甘洛县文化和旅游资源普查报告，2020年。

而,甘洛县旅游产业仍然面临诸多挑战和问题。这些问题包括旅游业的发展尚处于起步阶段、各类旅游发展设施和服务缺失且规模小、缺乏旅游发展资金、旅游品牌影响力较为薄弱等问题。因此,研究制定合适的旅游发展策略是甘洛县旅游发展的当务之急。本文以 4P(Product,Price,Place,Promotion)理论为基础,从产品、价格、渠道和促销四个维度为甘洛县旅游发展提供策略支持,力求为相关部门决策参考提供一定的参考价值。

二、甘洛县旅业产业问题分析

甘洛县的旅游产业总体上尚处于起步阶段,存在以下困难和问题。

(一)旅游基础设施较为薄弱

旅游基础设施薄弱主要体现在三个方面。[①]

一是交通基础设施落后。目前除 3 条出境公路,甘洛县内其他公路等级较低,尤其是能够支撑主要旅游景区开发的公路不仅级别低,而且存在"晴通雨阻"的现象。部分旅游景区地理位置较为偏僻,而且交通设施较为落后。较低的交通通达性直接影响客流量。

二是各类电网和光缆等通信基础设施十分薄弱。全县电网建设、光缆通讯、移动通信等相对落后,旅游基础设施制约情况十分明显。这直接影响了游客服务质量。

三是许多旅游资源亟待开发,保持原好风貌的景点并没有得到有效开发。

因此,总体上甘洛县旅游产业基础设施较为薄弱,这是制约其旅游产业发展的重要因素。

(二)行业专业人才极度缺乏

旅游产业属于服务产业,而且是人力资源较为集中的产业。同时,旅游产业也需要高端人才对整个旅游资源进行整合。[②] 然而,目前甘洛县整个旅游产

---

① 资料来源:甘洛县旅游发展"十三五"规划,2015 年。
② 资料来源:凉山州甘洛县文化旅游产业发展"十四五"规划,2020 年。

业缺乏足够的专业人才对旅游资源进行整体开发、设计、包装、传播等。整个行业的行业管理、经营管理等有待进一步加强。因此，如何吸引旅游专业人才加入甘洛县旅游产业建设中，促进整个产业发展也是当务之急。

（三）旅游业发展存在同质化竞争，缺乏品牌影响力

甘洛县旅游资源开发虽具备后发优势，但是从整个凉山州的旅游产业发展目标来看，彝族文化、山地自然旅游资源大致相同。甘洛县以彝族文化为特色的旅游产业面临着周边地区的同质化竞争，如果旅游开发缺乏错位和创新，这种旅游资源的同质化竞争将导致其旅游产品难有较强的社会影响力。同时，同质化竞争还会导致其品牌影响力的缺乏。甘洛县的旅游资源尚没有在全国旅游市场形成较强的品牌影响力。因此，如何打造强有力的品牌也是其当前发展面临的重要问题。

（四）招商引资难

旅游资源开发是一项系统工程，涉及的建设内容繁多，需要大量的资金投入。然而甘洛县缺乏足够的招商引资，无法有效进行资源开发。因此，急需引进外来企业和资金开发旅游资源，才能做大做强甘洛旅游产业。这也是当前甘洛县旅游产业发展面临的一大难题。

三、4P营销理论及介绍

4P理论是一种营销理论，是由4个单词"Product""Price""Place""Promotion"的缩写构成，其意分别为产品、价格、渠道和促销，由美国密歇根大学教授杰罗姆·麦卡锡（Jerome McCarthy）于1960年在其著作《基础营销学》中提出（孟金睿，2020）。4P理论营销体系认为市场营销可以从产品、价格、渠道和促销4个方面开展。产品要素是指通过产品的质量、样式、规格和服务等方式为客户创造价值，满足客户的各种需求。价格策略是指通过市场与竞争分析，对产品进行合理定价，从而使产品符合消费者购买预期。渠道策略是指通过产品营销渠道的建设，能够有效提升产品市场，让用户更加方便快捷的购买该产品。促销策略是指各类人员推销、广告推销、社交媒体、折扣等

方式，刺激消费者的购买欲望和购买行为（周思思，周发明，2020）。

四、4P营销理论视角下甘洛县旅游发展思路

为进一步加大旅游业开发的工作力度，按照全县旅游发展总体规划等措施，大力实施基础提升战略、组合优势战略、产业融动战略和区域联合战略。这些战略的实施，需要进一步加大对外宣传力度，并且需要甘洛县制定合理的旅游发展营销策略。根据4P理论，甘洛县可根据产品、价格、渠道和促销4个维度制定旅游发展策略。

（一）产品策略

甘洛县旅游发展的产品策略可从以下方面进行优化。

1. 内外结合，加大招商引资力度，优化产品

甘洛县应通过对大菩萨、大渡河大峡谷、牛角海（妻子海）、吉日波等景区项目进行专业的包装策划，将其纳入招商项目库，鼓励本地企业或民间资本参与景区开发和建设，优化丰富本区旅游产品，通过招商引资，优化产品。

2. 建立旅游投融资平台，多渠道优化产品

景区建设投入巨大，需要持续加大投入。因此必须建立旅游投融资平台，如成立大渡河旅游文化传媒公司，将包括大菩萨景区在内的优质旅游资源注入该公司，由其进行融资。融资主要用于对有关景区进行打造和建设，通过各种渠道优化产品。

3. 建立旅游产业奖励机制，优化旅游产品

甘洛县应成立旅游产业发展基金，出台旅游产业发展奖励政策，用政策杠杆撬动社会资本投资旅游项目，积极引导投资者、农户和合作社等参与旅游项目开发或大力发展农家乐、乡村酒店、乡村民宿、田园咖啡、乡村艺术馆、休闲农庄等旅游业态。利用这些旅游产业政策，促进全县旅游业的发展。

4. 发展乡村旅游，创造特色旅游产品

甘洛县应聚焦13个被纳入国家乡村旅游扶贫重点村村落，突出特色，整合资源资金，按照规划分步实施，稳妥推进，让乡村旅游成为一张靓丽的名片，使甘洛县旅游发展产品更具特色。围绕已被列入《凉山州社会事业十三五规划重点旅游项目》的4个景区建设项目以及13个乡村旅游重点扶贫村，甘洛县可从两个方面进行打造：一是进一步打造"尔苏藏族文化旅游示范村清水村"，整合本地特色文化、自然风光资源优势，借力脱贫攻坚项目，定位打造全国独有的尔苏藏族文化特色村落成为国内知名旅游目的地；二是进一步打造吉日波神山及普昌水墨梯田观光旅游景区，按照"稻法自然普昌梯田"休闲观光组团的打造思路，将普昌梯田建设成凉山州的哈尼梯田景观，创造独特的旅游产品。

5. 创新本土旅游产品

甘洛县应充分挖掘特有的彝族饮食文化和彝族手工刺绣技艺，利用丰富的黑苦荞、黑桃、大白芸豆等生态畜牧农副产品资源，采用公司带农户的模式，发展旅游食品和旅游手工艺品等特色旅游商品，培育旅游商品企业和品牌，促进农副产品增产扩销。

（二）价格策略

甘洛县旅游发展产品应具有合适的价格，从而吸引各方游客，具体可从以下两方面入手。

一是各景区价格应与其定位相匹配，并且体现出一定的价格优势。甘洛县各景区价格定位策略应与其景区级别相匹配。比如吉日波神山、普昌水墨梯田观光旅游景区、牛角海（妻子海）生态旅游示范区、大菩萨—海棠古镇景区等，在制定景区价格时，应与其景区价格相适应，体现一定的价格优势。因为过高的价格往往会给游客造成更多的经济负担，降低景区吸引度。

二是适时、应景的价格优惠措施。甘洛县的各景区可在适当的时间，采用价格优惠措施，甚至门票减免等方式，吸引更多游客。这一措施已在全国部分地区实施。比如贵州省为促进文化旅游消费，通过实施门票免费政策，在2020年对所有境内外游客实施门票五折优惠政策，从而吸引更多游客。甘洛县也可采用类似措施，通过门票优惠政策，吸引更多游客。尤其在节假日，这种适时、应景的价格优惠将有助于提升景区知名度，吸引更多游客关注。

（三）渠道策略

甘洛县旅游发展应通过网络和线下渠道，即时将旅游产品和服务传递给目标用户，有效提升产品市场，让用户更加方便快捷的购买旅游产品和服务。具体可从如下方面进行。

一是通过与各类电商平台合作，将甘洛县各类旅游产品向全国各地推送。电商平台是有效的旅游产品推送方式。甘洛县有很多旅游特色产品，如沙琪玛、芦丁香茶、苦荞米、甘洛黑山羊等。甘洛县可通过利用电商平台让更多的消费者购买这些产品。

二是通过与各类实体商超合作，进一步将甘洛县各类旅游产品输送到全国各地。除了网络实体外，甘洛县还应与各类实体商超、大型连锁超市合作，打开甘洛县线下渠道，从而提升产品的盈利能力。

三是大力推进智慧旅游建设，建设智慧旅游平台。县委、县政府将智慧旅游建设工作纳入年度目标管理考核，编制了甘洛县智慧旅游建设实施方案，完善各州智慧旅游平台建设。通过智慧旅游平台渠道，游客可以更为便捷地通过手机了解甘洛县的旅游资源，有效扩大了甘洛县旅游资源的知名度。因此，智慧旅游平台是一个很有价值的渠道推广方式。

（四）促销与宣传策略

甘洛县应采用各类宣传策略，进一步提升知名度，具体可从以下方面入手。

一是继续印制各类画册。甘洛县印制了《秘境甘洛》《大渡河畔神圣彝乡南丝路上度假天堂》《美丽甘洛》《甘洛辉煌六十年》等画册，这些画册起到了良好的推广效果。甘洛县应继续以特色旅游点为材料印制类似的画册，进一步推广景区特点。

二是围绕旅游发展特色，举办各类活动、展会，将现有文化与旅游资源进行品牌整合。比如，甘洛县每年都举办了具有甘洛特色的吉米片区和普昌彝族年、尔吉沙嘎火把节等庆祝活动和核桃采摘文化旅游节活动。这些富有民族和乡土特色的节庆活动，有效提高了甘洛县的知名度及影响力，从而进一步吸引媒体和社会公众注意力。在未来，甘洛县还应通过这些方式进行活动形式创新，吸引更多的用户关注与参与。

三是充分利用各类短视频、社交媒体，宣传推广甘洛县旅游景点。目前甘洛县已拍摄制作完成的各类宣传专题片有《秘境甘洛》《彝地之首·甲古呷洛》以及风光宣传片等。这些宣传片应通过短视频平台及社交媒体进行宣传。此外，近年来这些短视频平台也推出各类三农短视频扶持计划（李洪涛，2020）。因此甘洛县可积极抓住该措施，进一步提升利用各类短视频、社交媒体的推广效率（薛邦熠，2020）。

四是加大对重点旅游景区的宣传力度。甘洛县力求通过与投资机构的合作，推进甘洛县旅游项目宣传。尤其是县内重点旅游景区如吉日波神山及普昌水墨梯田观光旅游景区、牛角海（妻子海）生态旅游示范区、大菩萨—海棠古镇景区、青溪峡景区和格古彝家水寨旅游景区等。这些景区因具备一定的特色和资源，容易形成独有品牌。因此，甘洛县应通过加大对重点旅游景区的宣传，建议树立独特品牌，进一步促进重点旅游景区品牌形象升级。

五、结　语

甘洛县旅游发展具备了一定的生态基础、人文资源及丰富的自然资源。但是甘洛县旅游发展也存在一定的问题，比如旅游基础设施较为薄弱、行业人才极度缺乏、旅游业发展存在同质化竞争以及招商引资难等问题。从4P营销理论视角来看，甘洛县旅游发展策略须从产品、价格、渠道和促销角度入手，进一步提升甘洛县旅游品牌的影响力，促进整个旅游产业的发展。

参考文献：
李洪涛，2020. 新媒体背景下"三农"短视频传播策略研究［J］. 新农业（22）：50.
孟金睿，2020. 浅析对市场营销及4P理论的认知［J］. 市场周刊（5）：78-79.
薛邦熠，2020. 运用4P和4C营销理论浅析抖音短视频App的营销策略［J］. 新媒体研究，6（8）：68-69.
周思思，周发明，2020. 基于4P理论的生态农产品营销困境与对策［J］. 农业经济（8）：130-132.

川东北农村三产融合发展路径研究

——以岳池县为例

龚 驰

摘 要：农村三产融合是实现乡村振兴重要切入点。本文以岳池县为例，深度分析了岳池县当前三产融合所面临的难题与困境，结合其自身资源禀赋、技术特征、产业结构，最终提出了适合岳池县三产融合发展路径的对策建议——规划引领、构建交通网络支撑体系、健全要素支撑体系、完善利益联结机制、增强对外推介。

关键词：农村；三产融合；发展路径

一、引 言

乡村振兴战略背景下，实现农村三产融合发展是巩固脱贫攻坚成果，促进农村繁荣发展的必要手段，是破除城乡二元发展格局，推动乡村城镇化的客观保障，是农村高质量发展的重要前提，是农业大县实现农业现代化建设的先行条件。

岳池县是川东北经济区的重要组成部分，自古便有"川东粮仓"之称，也

---

① 作者简介：龚驰，四川大学经济学院，副教授，研究方向为宏观经济学，2018年1月至2020年1月挂任岳池县发改局副局长。

是中国农家乐的发源地、中国西部地区第一个曲艺之乡。岳池县作为四川农业大县,在建立现代农业产业体系,逐步健全农业全产业链条,推动三产融合化方面在川东北都有示范作用,故而,探索岳池县三产融合发展路径可以为川东北农村发展、提升四川省现代农业综合水平、推动四川由农业大省向农业强省跨越提供新的样板。

二、 文献综述

关于农村三产融合,学界的研究点集中于三个方面:三产融合的内涵、路径的分析以及对模式的考察。

农村三产融合概念自提出以来,理论界、实务界对其内涵、特征进行了广泛而深入的解读。相关文献目前并未对农村三产融合提出一个确切的定义,但从不同角度对农村三产融合的内涵进行了解读。苏毅清等(2016)认为农村三产融合本质上是产业间分工的内部化,我国的农村三产融合是三次产业的细分产业所形成的社会分工在农村实现内部化。赵霞等(2017)认为农村三产融合指的是以农业为依托,以农民及相关生产经营组织为主体,以技术、产业联动延伸、制度创新为手段,对要素进行跨产业集约化配置,将农业产业链及其他服务业有机整合,实现农业生产方式和组织方式的深刻变革,实现农村三次产业协同发展。肖卫东等(2019)认为"三产融合"是指农业内部各部门、农业与农村第二产业、第三产业通过相互间的融合渗透、交叉重组等方式形成农业新产业、新业态、新模式的新型农业组织方式和过程。李治等(2017)认为农村三产融合的本质是交易成本内部化,三产融合新业态、以节约交易费用为核心的制度体系推动了三产融合的发展。这些学者的研究从不同方面解释了我国农村三产融合的内涵,研究文献我们可以得出,农村三产融合不仅仅是农村产业分工内部化的结果,也是各种组织形式以及要素共同推动的动态过程。对于三产融合的特征,相关文献显示我国农村三产融合的根基是农业,现代先进要素、产业融合渗透与交叉重组、体制机制和制度完善与创新等是实现农村三产融合的路径与手段(肖卫东,杜志雄,2019;解安,周英,2017;等)。此外,更多的文献着重于三产融合的动因与路径分析。多数学者认为,制度、技术、需求、农业多功能是农村三产融合的主要动因,这几大因素也是农村三产融合关注的焦点（李治，王东阳，2017；万宝瑞，2019；赵霞，韩一军，姜楠，2017）。一些文献显示，农村经营主体不仅推动了农村三产融合，也是差异化的动因（熊爱华，张涵，2019；陈璐，李玉琴，王颜齐，2019；姜涛，2019），农村人力资本水平、农村文体娱乐固定资产投资、农林牧渔固定资产投资是推进农村三产融合的原因（曹祎遐，黄艺璇，耿昊裔，2019），户主受教育水平、家庭社会资本、是否为新型农业经营主体、村庄产业发展相关经济基础设施水平和所在地区等是农户参与三产融合的主要诱因（李姣媛，覃诚，万向明，2020）。

2015年以后，地方政府在中央的号召下，开展了农村三产融合的实践。学界也对农村三产融合进行了广泛的路径分析、模式分析。例如刘威等（2019）认为农村产业融合主要遵循产业要素融合、产业链内融合和产业链间融合三种模式，从路径上看，首先由单一业务合作向产业要素融合演变，再向产业链内融合演变，再向产业链间融合演变。熊爱华等（2019）、姜涛等（2019）从农业经营主体这一微观视角进行考察，认为农村一、二、三产业融合存在沿产业链向前后延伸、拓展农业新功能和推广应用先进技术等三种模式。杨涛（2019）发现我国农村三产融合主要实践模式有农业产业化联合体、农业"新六产"、农业全产业链增值、城乡融合四种模式。白丽等（2020）认为最大化农产品加工企业的竞争力、构建健康融合生态、打造区域公共品牌是实现农产品加工企业引领三产融合发展的创新路径。实证研究也支持了组织关系（例如农村社群关系、协作等）、关键要素（例如自身禀赋、基础设施、人才投入等）、技术与过程创新等因素对农村三产融合的推动作用（李冰，2019a；周立，李彦岩，罗建章，2020；张笃川，2019）。更多的研究集中于对农村三产融合发展的问题剖析，例如张向达等（2019）发现，农产品市场体系存在缺陷，产业结构不对称制约着东北粮食主产区三产融合发展。谭丹（2019）认为我国农村三产融合仍处于初级阶段，发展层次、程度以及水平较低，农业经营主体能力不足，资源要素流动不畅，高素质人才缺乏，利益联结机制不完善。陈学云等（2018）还发现农村三产融合度不高、提升缓慢与农村二、三产业发展水平滞后有关。李冰（2019b）认为当前农村三产融合面临村庄空心化、农产品同质、经营模式粗放等难题，文化是解决问题的关键。综合来看，程度低、层次浅、要素流动不通畅、"三链"拓展不足、质量与技术保障不够、利益协调机制不完善与政策支持乏力是当前农村三产融合发展的主要问题，科技创新、加强资源要素流动、挖掘农业多功能、发挥龙头企业作用、打造利益联结共同体是主要的解决办法（梁瑞华，2018；姜天龙，舒坤良，2020；赵放，刘雨佳，2018；等）。

部分学者对农村三产融合的模式实践进行了考察，例如赵毅等（2020）考察了碧波高效农业示范园，发现其设计按照"一心、三园、四基地、多节点"布局，使得蓝莓、蔬菜等果蔬基地形成片，发挥集聚效应；培育龙头企业，加快果蔬精深加工、旅游休闲食品加工；利用农村特色，发展休闲农业与乡村旅游。欧阳胜（2017）考察了武陵山片区的融合模式，总结出该区域存在农旅一体化带动型、纵向一体化延伸型、基层党组织引领型和电商平台助推型等四种典型的三产融合模式。梁辰浩等（2016）以浙江休闲农业旅游为考察对象，证明产业融合创意是实现休闲农业产业升级最有效途径。许华卿（2020）认为，农村三产融合助力收入提升，促进脱贫。张永勋等（2019）对云南红河哈尼稻作梯田系统的产业融合进行评价，发现各乡镇有巨大的"三产"融合发展空间，其中新街镇三产劳动力融合度领先；并且农业文化遗产地"三产"的产业融合与劳动力融合有较高的相关性。匡远配等（2017）发现湖南农业三产融合程度低、层次浅，产业组织链分割、农业基础不牢，利益联结机制松散，需要保证要素流动，进行制度、技术、商业模式创新。黄庆华等（2020）从发展主体、效益、信息化水平以及总体水平等方面评价了重庆市农村三产融合发展效果。

经纵向、横向文献对比，我们发现，当前研究对三产融合现状的解读较为深刻，但是缺乏对三产融合的实证研究。对地方政府在农村三产融合实践方面，着重分析其优缺点，缺乏对模式推广性的探讨，但却为我们探究适合岳池县的农村三产融合发展模式提供了参考。

三、岳池县三产融合发展现状

岳池县隶属于四川省广安市，位于四川盆地东北部，是川东北经济区的重要组成部分，处于川渝合作示范区与重庆一小时经济圈之内。岳池自古便有"川东粮仓"之称，因盛产水稻，享有"银岳池"之美誉，故别称"银城"。岳池是中国农家乐的发源地，地方著名节日岳池农家文化旅游节是四川十大名节之一。岳池还享有中国西部地区第一个曲艺之乡、中国输变电之乡、中国白色农业第一县、中国米粉之乡等美誉。

(一) 县域三产融合发展概述

岳池县按照"三农一体、三产互动"发展理念，积极构建一、二、三产业融合体系，正在高标准创建岳池县国家农村产业融合发展示范园，现已成功入围第二批国家农村产业融合发展示范园创建名单，是广安市唯一入选的示范园。该示范园位于岳池县域中东部、县城周边，北起白庙镇鲁班迹村，南至乔家镇董家村，西起白庙镇白龙桥村，东达顾县镇、苟角镇两个乡镇，以及大石乡马鞍山村，面积203平方公里。

示范园按照"一带两园六区"的总体布局推进园区三产业融合，实现农业供给的有效改善，农业功能、农民增收渠道的有效拓展。"一环"即百公里产业大环线，"两园"即岳池农家文化旅游产业园、现代农业休闲观光体系，"六区"即文化旅游功能拓展区、生态康养功能拓展区、休闲观光功能拓展区、农产品加工功能拓展区、创意农业功能拓展区、能源农业功能拓展区。

(二) 农村三产融合模式

岳池县按照"产业兴旺、生态宜居、乡风文明、治理有效、生活富裕"的总要求，坚持农业农村优先发展，努力探寻符合岳池县乡村振兴发展的路径，坚持第一产业为基础，以现代种养业为主导，例如中国川菜地道食材生产基地、万亩藤椒产业基地；向产后拓展加工储藏等第二产业，例如正在建设的农副产品加工园、粮食物流园等；再往后延伸至休闲观光第三产业，例如中医药健康旅游产业园、银城花海等，最终形成三产互促并进、互利共赢的发展格局。

四、岳池县三产融合发展的障碍因素

岳池县作为四川的一个重要的产粮基地，其发展将影响整个川东北片区。探寻岳池县三产融合发展的障碍因素也是解决川东北未来农业发展重要问题。通过课题组多次到岳池县农村调研，我们发现阻碍岳池县三产融合发展的因素主要有以下六个方面。

(一) 产业链条短且附加值偏低

就目前来看，岳池县仍然偏重生产种植和养殖业的初级产品，农产品加工、储存、流通等环节发展滞后，导致乡村一产向后延伸不充分，二、三产业发展不全面、三产融合发展机制不成熟、从产品到餐桌过程不完善；其次，加工环节是农业产业链的重要环节，同时也是农产品附加值的形成环节，加工环节薄弱将直接阻碍产业链进程的深化，导致农产品附加值低、利润低，进而影响三产融合发展的效率。

(二) 利益联结机制不健全且经营主体带动能力弱

由于岳池县农业产业化发展难度较大，农户自我发展能力弱，难以面对自然、市场和技术风险，因此需要建立新型利益联动机制，带动农民增收致富，增强融合示范效应。但就目前岳池县各地实行的利益联动机制来看，多数合作不紧密，土地流转不畅，效果参差不齐，一些机制和模式在实践中存在不同程度的不足，说明整体机制不健全、不规范，还须在实践中完善。此外，部分经营主体尚未建立现代企业制度，组织松散，与农民的利益联结机制还不够完善，规模普遍小，缺乏凝聚力，带动能力不强。

(三) 产业融合程度不高，新型经营主体较少

目前，农村产业融合还处于低级阶段，面临融合程度不高、层次浅等问题。虽然种植规模较大，但产业化经营程度不高，精深加工能力不足；缺少新型经营主体，现有经营模式管理粗放，缺乏创新能力及先进经验，不具备发展新模式、开发新产业的能力；第三产业发展模式单一，竞争力不强，没有与一、二产业形成良性循环关系，可持续发展能力较弱；"互联网＋"品牌建设还处于起步阶段，电子商务配套设施还不够完善，在一定程度上制约了特色产业、优势产业"走出去"。

(四) 交通联通度偏低，基础设施有待完善

"公路通，百业兴"——完善路网建设对三产融合发展具有重要意义，岳池虽处在成渝经济圈腹地，县城周边交通较为完善，但由于部分偏远乡镇及村

落基础设施建设滞后,还存在烂泥路凹凸不平,断头路行车困难,外联通道少,群众出行不便,对外交流严重受限等问题,没有形成互联互通的枢纽路网。农村地区外联内通的各条主次干道,不仅能为产业发展带去现代化的机械设备、最大化的保证城乡物资流通,还能带去企业和资金,促进产业结构调整,有利于推进三产融合发展。

(五)城镇化进程缓慢,区域中心的辐射不强

岳池县县域经济近年来加快建设,但由于多种因素影响,县域经济总体实力不强,与周边发达市县存在较大差距,难以被发达地区带动和辐射。城镇化与三产融合有着密不可分的联系,2018年,岳池县常住人口城镇化率仅为38.63%,低于四川省平均水平(52.29%)13.66个百分点,明显制约了县域经济发展;一、二、三产业结构由上年的17.8:43.6:38.6调整为17.3:42.9:39.8,虽然第三产业比值在增加,但仍然不够发达,说明产业发展对全县的经济推力较弱,不能高效的推动城镇化进程,对周围的辐射和带动能力有限。[①]

(六)人才不足缺乏专业指导

随着城市发展,大批有文化、有知识、懂技术的青年学子涌向城市,造成了农村人才流失,农村人才总量较少,集生产、经营、管理于一体的复合型人才更是寥寥无几。人才断档使得服务无法满足需求,无法及时在发展中受到专业指导,农村企业管理水平大大降低,加剧了三产融合发展的劣势。

五、结论与政策建议

(一)构建交通网络支撑体系

充分利用国家实施"交通强国战略"的历史机遇,立足实际、着眼全局,根据地域特点和产业发展需要,以建设"四好农村路"为抓手,补齐乡村交通

---

① 数据来源:岳池县统计局。

运输短板，科学规划乡道、村道、园区产业路、旅游观光路，建立安全高效、互联互通的现代交通网络体系，打开人流、物流、信息流、资金流、技术流等对外开放的通道，创造新的区位优势，为加快乡村振兴步伐、推动三产融合发展提供有力保障。

（二）规划引领

统筹城乡规划是产业融合发展的前提。结合乡村"1+6+N"乡村振兴规划和岳池县国家农村产业融合发展示范园创建方案，准确把握三产融合发展方向，充分结合自身实际和独特优势，做好产业融合发展的调整布局和功能区定位，完善相关产业政策建设，发挥规划的引领调控作用，加强分类指导，有计划、有组织地分步骤实施产业融合工程，做大做强二、三产业，提高农业效益。

（三）健全要素支撑体系

解决好三产融合问题，根本在于深化改革，最大限度地激发各种资源要素的活力。一是健全土地要素供给，加强土地流转管理，盘活土地存量资源，推动闲置资源合理利用；二是健全资本要素供给，通过强化财政投入、引导社会资本投入、向上争取项目等多种方式，完善多元化投入机制；三是健全人才要素供给，引进优秀科技人才，培养新型农民，完善人才激励机制，促进相关专业人才向三产融合发展靠拢。

（四）完善利益联结机制

鼓励和引导农民、新型经营主体、村集体之间建立有效的利益联结机制，推广"龙头企业+合作社+基地+农户、专业市场+合作社+农户、供销社+农户"等经营模式，助推三产融合，延长产业链，促使产业向规模化、精细化发展，灵活采用租赁、合同订单、股份合作等方式促使龙头企业和农民建立利益互享、风险共担的经济利益共同体。

（五）增强对外推介影响

进一步优化产业布局，完善产品从田地走向品牌，制定具体对外宣传方案，以市场为导向进行精细包装策划，安排专班及时落实，利用传统媒体和

"互联网+"等渠道多角度、大范围的推广，吸引各地的买家和游客，扩大岳池县三产融合相关系列品牌的知名度、美誉度，不断增强影响力和吸引力。

综上，本文以岳池县为例论述了川东北三产融合发展的困境，并提出了该如何推动该地区三产的良性互动及其实现路径，为农民增收、川东北农业竞争力提升及乡村振兴战略的顺利实现提供了一定的思路和建议。

参考文献：

白丽，陈曦，张孝义，2020. 农产品加工企业引领三产融合发展的路径研究[J]. 社会科学战线（4）：253-257.

曹祎遐，黄艺璇，耿昊裔，2019. 农村一二三产融合对农民增收的门槛效应研究——基于2005—2014年31个省份面板数据的实证分析[J]. 华东师范大学学报（哲学社会科学版），51（2）：172-182+189.

陈璐，李玉琴，王颜齐，2019. 新型农业经营主体推动农村三产融合发展的增收效应分析[J]. 学习与探索（3）：116-123.

陈学云，程长明，2018. 乡村振兴战略的三产融合路径：逻辑必然与实证判定[J]. 农业经济问题（11）：91-100.

黄庆华，李亚美，潘欣欣，2020. 重庆市农村三产融合发展模式选择及多维效果评价[J]. 农业经济与管理（2）：10-19.

姜涛，2019. 新型农业经营主体带动农村三产融合的动因、模式和对策[J]. 中州学刊（10）：46-52.

姜天龙，舒坤良，2020. 农村"三产融合"的模式、困境及对策[J]. 税务与经济（5）：57-61.

匡远配，杨洋，2017. 农业产业化带动湖南一二三产业融合[J]. 湖南社会科学（5）：108-113.

李冰，2019a. 农村社群关系、农业技术扩散嵌入"三产融合"的路径分析[J]. 经济问题（8）：91-98.

李冰，2019b. 提炼文化意象助力农村三产融合发展[J]. 人民论坛（24）：64-65.

李姣媛，覃诚，方向明，2020. 农村一二三产业融合：农户参与及其增收效应研究[J]. 江西财经大学学报（5）：103-116.

李珂艳，2019. 荥阳市农村三产融合发展研究[J]. 粮食科技与经济（3）：122-124.

李治，王东阳，2017. 交易成本视角下农村一二三产业融合发展问题研究[J]. 中州学刊（9）：54-59.

梁辰浩，夏颖翀，2016. 产业融合创意休闲农业旅游研究——以浙江休闲农业旅游为例[J]. 社会科学家（5）：85-89.

梁瑞华, 2018. 我国农村三产融合发展的实践探索与推进建议 [J]. 中州学刊 (3): 51-55.

刘威, 肖开红, 2019. 乡村振兴视域下农村三产融合模式演化路径——基于中鹤集团的案例 [J]. 农业经济与管理 (1): 5-14.

欧阳胜, 2017. 贫困地区农村一二三产业融合发展模式研究——基于武陵山片区的案例分析 [J]. 贵州社会科学 (10): 156-161.

苏毅清, 游玉婷, 王志刚, 2016. 农村一二三产业融合发展: 理论探讨、现状分析与对策建议 [J]. 中国软科学 (8): 17-28.

谭丹, 2019. 构建农村三产融合的动力系统 [J]. 人民论坛 (24): 146-147.

万宝瑞, 2019. 我国农业三产融合沿革及其现实意义 [J]. 农业经济问题 (8): 4-8.

肖卫东, 杜志雄, 2019. 农村一二三产业融合: 内涵要解、发展现状与未来思路 [J]. 西北农林科技大学学报 (社会科学版), 19 (6): 120-129.

解安, 周英, 2017. 农村三产融合的学理分析 [J]. 学习与探索 (12): 155-159.

熊爱华, 张涵, 2019. 农村一二三产业融合: 发展模式、条件分析及政策建议 [J]. 理论学刊 (1): 72-79.

许华卿, 2020. 三产融合助脱贫 [J]. 红旗文稿 (17): 11-12.

杨涛, 2019. 农村产业融合的实践特征与提升路径 [J]. 中州学刊 (5): 37-42.

张笃川, 2019. 以休闲农业推进三产融合研究综述 [J]. 中国农业资源与区划, 40 (8): 226-231.

张向达, 林洪羽, 2019. 东北粮食主产区三产融合的耦合协调分析 [J]. 财经问题研究 (9): 95-101.

张永勋, 闵庆文, 徐明, 等, 2019. 农业文化遗产地"三产"融合度评价——以云南红河哈尼稻作梯田系统为例 [J]. 自然资源学报, 34 (1): 116-127.

赵放, 刘雨佳, 2018. 农村三产融合发展的国际借鉴及对策 [J]. 经济纵横 (9): 122-128.

赵霞, 韩一军, 姜楠, 2017. 农村三产融合: 内涵界定、现实意义及驱动因素分析 [J]. 农业经济问题, 38 (4): 49-57+111.

赵毅, 刘春和, 刘勇, 等, 2020. 三产融合背景下碧波高效农业示范园规划设计 [J]. 中国农业资源与区划, 41 (1): 82-91.

周立, 李彦岩, 罗建章, 2020. 合纵连横: 乡村产业振兴的价值增值路径——基于一二三产业融合的多案例分析 [J]. 新疆师范大学学报 (汉文哲学社会科学版): 63-72.

提升甘洛县村文化室建设质量面临的困难与对策①

原秀云　陈炳周

摘　要：村文化室是我国基层文化事业建设中的重要组成部分，是社会主义精神文明建设的重要阵地，是巩固脱贫成效、助力乡村振兴的强力抓手。本文以国家级深度贫困县四川省凉山彝族自治州甘洛县为例，分析贫困地区农村文化室建设中所存在的主要问题，并基于此着重探讨加强农村文化室建设的对策，积极寻找解决良策，促进农村文化建设不断向前迈进。

关键词：文化室；贫困村；对策分析

村文化室是农村基层文化服务的重要平台和阵地，承担着宣传国家方针政策和法律法规、传播科学文化知识、丰富基层群众文化生活的重要职责，对提高农村群众的整体素质、发展基层文化、促进全面小康目标的实现，有着十分重要的作用（朱日保，2016）。村文化室建设是新农村建设和社会主义文化强国建设的总要求之一，也是"推动社会主义文化大发展大繁荣"和加快"农村公共文化服务体系建设"不可或缺的重要组成部分。地处偏远贫困山区的凉山彝族自治州甘洛县，作为国家级深度贫困县，受历史和现实的各种主客观条件的制约，经济、社会、文化等方面的发展都相对落后。认真研究该县村文化室建设质量面临的困难与对策，既有深远的指导意义，又有积极的现实意义。

---

① 作者简介：原秀云，四川大学计算机学院（软件学院），讲师，研究方向为思想政治教育，2019年4月至2020年5月在甘洛县政府办挂职；陈炳周，四川大学电子信息学院副处级专职组组员，副教授，研究方向为基层党建，2018年10月至2021年5月挂任甘洛县副县长。

一、村文化室建设的现状

村文化室作为农村社会主义文化与精神文明的载体,具有为农村经济和文化建设服务的功能。近年来,甘洛县委县政府及文化工作部门高度重视农村文化室建设,取得了一定成效。

(一)调研形式

一是实地调研,先后实地调研了甘洛县大多数乡镇的村文化室,调研范围涵盖甘洛县的贫困村和非贫困村。二是人物访谈,通过访谈甘洛县大多数乡镇主要负责人,了解目前村文化室建设和使用情况。三是分析2019年度甘洛县预脱贫退出贫困村在文化室建设方面的州检和暗访组反馈结果。

(二)基本情况

随着脱贫攻坚的有序开展,在各个帮扶单位的大力帮助下,甘洛县农村文化室的基础设施建设已经取得初步成效。在硬件设备方面,全县已实现227个行政村文化活动室的全覆盖,村级农家书屋为农民提供实用的图书、报刊和音像电子产品超过1500册,每村均安装有广播系统和无线应急广播设备。在软件建设方面,明确了责任主体和管理模式,每个村安排了文化室管理员,制定了管理制度并张贴在显眼位置。同时,结合民族地区实际,村文化室建筑风格和开展的文化活动都体现出浓郁的民族特色,彝族的民族文化元素几乎无处不在。

二、村文化室建设存在的问题

尽管甘洛县村文化室建设已经取得了一定成绩,农民群众的文化生活越来越丰富,但同时还存在一些短板。这些问题与全面建设小康社会的目标要求还不相符,需要引起重视。

（一）硬件设备存在短板

调研结果显示，有 199 个行政村文化室硬件设备已达标，剩余的村文化室还存在一些短板，主要表现为：少数村（13 个）文化室还未全部完善，原因为土地增减挂钩项目未完工；老活动室被拆除，未找到合适的场地作为专门的村文化室；部分已脱贫村文化室（6 个）的广播系统损毁较严重，应急广播远程操作、扩音器故障率高；有 4 个村的老综合体建设时间较早，文化室面积太小，文化活动开展受限。此外，在调研过程中发现文化室场地被占用现象较为普遍，部分文化室被当作驻村工作队的卧室。

（二）管理机制不规范

从调研结果分析来看，村文化室的管理存在明显的薄弱环节（如图 1），其中借阅管理不规范现象尤为突出，有 8 个村文化室无图书借阅记录本，13 个村文化室借阅率非常低。此外，有 15 个村文化室的图书摆放不规范、未进行分类贴标签；6 个村文化室的广播系统使用率太低。从整体来看，除了重大事情通知，广播系统并没有真正地发挥作用。

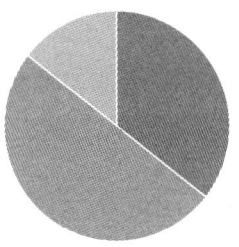

■图书管理类　　■借阅管理类　　■广播管理类

图 1　甘洛县村文化室管理问题分类图

三、产生问题的原因分析

甘洛县村文化室设施建设过程中存在上述问题的原因是多方面的，涉及村民学习意识、基层干部、资源配置等，直观表现如下。

（一）村民学习意识淡薄

甘洛县人口中彝族占比超过 75%，彝族作为"直过民族"，受多方面因素的制约，村民学习意识淡薄。在受教育程度方面，村民受教育程度普遍较低，老一代更多未受过教育，中青年一代绝大部分受教育程度在小学初中水平，且青壮一代多外出务工，农村留守人群大多为老一代，不懂汉语，不会书写汉文、彝文，处于文盲、半文盲状态。在生活生产方面，村民习惯于"日出而作，日落而息"的生活节奏和刀耕火种的生产方式，安于现状，缺乏主动学习意识和阅读意识，更多村民认为"读书无用"，不如放羊、放牛、养猪、种地，老一辈的传统观念传递给下一代。此外，部分村民习惯了被帮扶，形成了"等、靠、要"的思想，缺乏主动创造性、能动性、学习性，主动学习意识淡薄。

（二）干部重视程度不高

这主要体现在两个方面。一是在甘洛县 229 名村（社区）党支部书记中，初中及以下学历 172 名，占比 75.1%，基层党员和村组干部普遍文化水平较低，年龄结构多为中老年，村级后备干部出现断层，致使头雁效应不明显。二是许多驻村干部及村两委干部在脱贫攻坚战役中，认为带领乡亲脱贫致富、搞好经济才是他们首要的任务，文化建设是打赢攻坚战之后的事情，未能高度重视文化室建设的重要意义，使得文化室可有可无，从而造成管理混乱，设备废弃，整体使用率偏低。

（三）资源配置不合理

一是制度不完善，人员管理不到位，乡镇一级未制定文化工作的中长期规划及年度计划，致使村级落实推动相关措施不利。二是广播系统设备质量存在一定的问题。在调研过程中，不少乡镇负责人反映往年招标发放的广播系统设备配置不合理，已经损坏，如在使用过程中，经常出现扩音器因功率太小而无法使用的情况。三是由于场地有限，部分驻村队员的住房问题未能得到有效解决，致使违规占用文化室场地。

四、促进村文化室建设的对策

村文化室对农村文化建设乃至农村经济社会的发展都有着极其重要的作用。结合甘洛县文化室建设的现状和存在的问题及原因,建议村文化室建设应从以下几个方面下功夫,切实推动农村文化事业健康发展。

(一)用活用足帮扶力量

在脱贫攻坚的契机下,各个帮扶单位均投注了大量人力物力财力,用活、用足各种帮扶力量,有效整合资源才会使村文化室建设更好。特别是高校要充分发挥自身在文化、人才、科技、图书等方面的优势,因地制宜,开办一系列活动如培训、参观学习等提升村干部(包括驻村工作队)对文化建设重要性和必要性的认识,加强文化室管理意识和管理能力,提升基层干部的业务素养。在此基础上,先进的帮扶力量和当地村干部要引导村上的学龄儿童主动借阅图书、培养阅读习惯,并及时做好借阅登记等图书管理工作,形成良好学习习惯。

(二)改善村文化室硬件设施

在社会主义新农村建设过程中,要将村文化室建设列入总体规划,完善场地和设施建设。在充分调研的基础上,根据各村的人口数量、经济基础、民族习俗和村民的文化需求,完善适合本村村民活动的硬件设施,建成便于村民参加活动的综合性参与型文化活动场所(朱菊英,2013)。如四川大学利用自身优势,帮扶甘洛县斯觉镇格布村设计修建村文化室,集书刊阅览、文化娱乐、远程教育、室外健身、宣传报栏等为一体,该文化室已经成为当地的"明星文化室",成为四川大学与甘洛县同创共建项目的典范。此外,村文化室硬件设施的日常维护也应纳入重点工作,确保各项设备正常运行。

(三)健全农村文化制度

村文化室要有一套完整的管理制度,建立健全服务规范,才能保障各项设施正常运行和文化活动的顺利开展(刘道琼,2016)。乡镇一级要制定村文化室建设的中长期规划和年度计划,并督促村级贯彻落实;村级制定《文化活动室管理制度》,夯实责任,指派专门文化室管理员,负责村文化室的日常管理运营工作,及时做好各项记录,做到工作有章可循。此外,还应定期开展总结,为下一步工作的开展提供经验支撑。

(四)丰富农村活动内容

作为农村的文化活动阵地,除了发挥正常的功能外,还需要增加一些农民群众喜闻乐见和实用的活动内容,如乐器、棋牌、农民夜校等,让村民有兴趣到文化室来,树立学习意识、养成学习习惯。同时,要大力发展农村业余文化团队,由各村的文体爱好者和文化团队带领全体村民,不断创新活动内容、活动形式和活动载体,使村文化室真正成为当地村民的"精神家园"。

村文化室作为农村文化和思想政治宣传的主阵地,建设完善,不仅可以满足社会发展的要求,又可以促进社会文化整体水平提升。因此必须高度重视此项工作,克服形式主义,对村文化室进行有效的管理和高效、创新式的使用,必将改变现状,增强文化自信,在巩固脱贫成果和助推乡村振兴中发挥积极的作用。

参考文献:

刘道琼,2016. 社区文化室软件建设存在的问题与对策 [J]. 政治与社会(2):337.
朱菊英,2013. 浅谈农村文化活动室建设 [J]. 群文天地(2):93.
朱日保,2016. 农村文化室建设中的问题及对策 [J]. 办公室业务(18):64.

加强西藏自治区内高校外语师资建设的调研报告[①]
——以西藏大学外语学科的师资为例

苏德华　强巴央金

摘　要：在习近平"治国必治边、治边先稳藏"的重要战略思想及新时期"一带一路"倡议时代背景下，西藏自治区内高校外语教学具有重要的时代价值，而高校外语教学的主体就是高校外语师资。由于各种原因，西藏自治区内的高校外语师资力量存在各种问题。如何解决这些问题、加强西藏自治区内高校外语师资建设是一个亟待解决的重要课题。本文根据对西藏自治区内最具代表性的高校西藏大学的外语师资调查，提出如何加强西藏自治区内高校外语师资建设的一些切实可行的办法。

关键词：西藏自治区；西藏高校；高校外语师资建设

2020年8月，"中央第七次西藏工作座谈会"成功举行，党中央为建设新西藏规划了美好的蓝图，西藏高校的外语教育在建设新西藏的过程中有着十分重要的作用。由于西藏自治区地理位置特殊，特别是高海拔地理特征造成的低大气压及缺氧环境，对吸引人才（包括高校外语教师）有很大的制约性。如何

[①] 作者简介：苏德华，四川大学外国语学院，副教授，博士，研究方向为基督教传教史，2020年8月至2021年8月挂任西藏大学旅游与外语学院副院长；强巴央金，西藏大学旅游与外语学院院长，教授，研究方向为英语教育。

加强西藏自治区地域内高校外语师资建设是一个具有重要现实意义的课题。本文本着实事求是、解决实际问题的精神，对西藏自治区内的高校外语师资出现的一些新问题进行分析，并在此基础上提出具有可操作性的解决方案。

一、西藏自治区地域内高校规模概况

根据中国教育网统计，西藏自治区内高等学校共有普通本科4所，即西藏大学、西藏民族大学、西藏藏医药大学、西藏农牧学院；高职高专3所，即西藏职业技术学院、拉萨师范高等专科学校、西藏警官高等专科学院。① 其中西藏民族大学不在西藏自治区内，因此本文对其不做讨论。剩余高校除西藏农牧学院位于林芝，其他5所高校均位于拉萨。

在西藏自治区地域内的6所高校中，从学校规模（见表1）及学校影响力来看，西藏大学具有绝对的代表性作用，所以本文以西藏大学为例来探讨西藏自治区地域内高校的外语师资。在这6所高校中，只有西藏大学和拉萨师范高等专科学校开办有外语院系，其他学校的外语师资主要担任公共外语教学。不管是外语院系还是公共外语，主要是英语，其他语种的教学及师资极少。

表1　西藏自治区地域内6所高校规模

高校名称	教职工数量	在校生数量[1]	教职工数量占比	在校生数量占比
西藏大学[2]	1 153	23 000	42.7%	54.5%
西藏农牧学院[3]	571	8 019	21.1%	19.0%
西藏藏医药大学	190[4]	1 028[5]	7.0%	2.4%
西藏职业技术学院[6]	380	6 395	14.1%	15.2%
拉萨师范高等专科学校[7]	274	2 446	10.1%	5.8%
西藏警官高等专科学院[8]	135	1 318	5.0%	3.1%
总数	2 703	42 206	100.0%	100.0%

1 含成人教育学生。
2 资料来源：http://www.utibet.edu.cn/news/article_0_33_0.html，2020-10-08.

---

① 资料来源：http://gaokao.eol.cn/xi_zang/dongtai/201706/t20170615_1528927.shtml，2020/10/8.

3 资料来源：http://www.xza.edu.cn/main471/News_View1.asp?NewsID=291,2020-10-08.

4 资料来源：https://baike.baidu.com/item/%E8%A5%BF%E8%97%8F%E8%97%8F%E5%8C%BB%E8%8D%AF%E5,2020-10-08.%A4%A7%E5%AD%A6/22355019?fr=aladdin,2020-10-08.

5 资料来源：https://www.51ruxue.cn/bencandy-3-6781-1.html,2020-10-08.

6 资料来源：http://xwww.xzgzy.cn/list/26.html,2020-10-08.

7 资料来源：http://www.xzlssf.org/about/jianjie/,2020-10-08.

8 资料来源：https://gkcx.eol.cn/school/1916/introDetails,2020-10-08.

二、西藏大学外语师资现状与教学目标之间的矛盾

作为西藏自治区地域内高校的代表，西藏大学的外语师资在建设新西藏大背景下面临着巨大的挑战，师资现状与教学目标之间存在差距。

（一）西藏大学外语师资现状

西藏大学外语学科的师资隶属于该校旅游与外语学院。该院有旅游管理学科和外语学科，其中外语学科下设外语系及公共外语教研室，外语系下设英语专业，英语专业包括英汉翻译方向、英语师范方向及英语导游方向。外语学科无独立硕士学位授权点，但挂靠西藏大学教育学院招收课程与教学论专业（英语方向）的硕士研究生，每年招收8~10人。

外语学科共有专任教师39人，还有四五名外教，主要负责外语系的英语专业教学和全校的公共外语教学。目前外语系和公共外语教研室的师资队伍实行"打通使用"，即教师均同时承担英语专业课程和大学外语课程的教学。在职教师中主要是英语教师，有33名，另有日语教师4名，德语教师1名，法语教师1名。由于该院的日语专业已经停办，所有日语教师均转岗为英语教师。

在职称结构方面，外语教师中有教授2人，副教授9人，讲师28人，高级职称占比28%，占比较小，正高职称占比5%，占比极低。在年龄结构方面，40岁以下教师25人，占比64%，40岁以上教师14人，占比36%，年龄结构较为合理。在学历结构方面，博士学位1人，硕士学位32人，高学历层

次人才极少。在担任导师层次方面，有7名教师被聘为硕士研究生导师。

按照《西藏大学英语专业人才培养方案（师范方向）》（2018：99）的规定，该专业毕业要求中的专业课程总课时要求为1 599课时。如果照此课时量要求，英语学科按平均每年均招收3个班（1个英汉翻译方向班及1~2个英语师范方向班）计算，则每周需完成33课时的外语教学量；如果再把"实践教学"换算成课时量，则每周共需完成60余课时的外语教学量。外语教师还要承担全校60多个班的大学英语教学（班级平均人数多达约80人），每个班每周4节课，则周课时总数为240课时。加上前面的60课时，约300课时。同时，外语学科的教师还要承担课程与教学论专业（英语方向）硕士研究生教学、全校研究生公共英语教学，再加上有些教师在外进修等不能到岗的情况，实际在岗教师每周平均课时量在13课时左右。

（二）"十四五"规划中的外语师资供需矛盾

西藏大学旅游与外语学院在制定2021—2025年"十四五"规划时，根据学校的统筹安排并结合自身情况，外语学科的本科招生规模有所扩大，英语专业每年仍保持招收1个英汉翻译方向班及1~2个英语师范方向班，但拟新增1~2个本科专业（特别是尼泊尔语专业），把目前外语学科330余名在校生规模扩大至2025年的600余名在校生规模，几乎扩大了一倍；在研究生培养方面，拟增加翻译专业硕士（MTI）独立授权点，同时拟挂靠西藏大学文学院创办"比较文学与世界文学"博士点；西藏大学的招生规模在"十四五"期间亦有所扩大，公共英语每个班80人极不合理，小班教学是大势所趋，所以公共英语的教学量也会随之增加。可见，随着办学规模的扩大，外语师资数量的供需矛盾将会越来越突出。

另一方面，外语师资质量的供需矛盾也十分严峻。由于旅游与外语学院"十四五"期间拟增加翻译专业硕士独立授权点、联合创办"比较文学与世界文学"博士点，这就要求师资具有高学历、高职称，方能保证师资的整体学术水平，以满足培养硕博士研究生的要求。而目前外语学科仅有1名博士师资和2名教授，这远远不能满足外语学科培养研究生的目标需求。

三、如何加强西藏自治区地域内高校外语师资建设

不管是从数量还是从质量上讲,西藏大学外语师资都远远不能满足大学的发展及时代的需求,下面讨论如何从根本上解决师资数量及质量的短缺,每种方案都有其优缺点。

(一) 如何保证师资数量

迅速提高外语师资的数量可以通过吸引高校应届毕业生、引进高层次人才、增加援藏教师数量等途径来解决。

1. 加强对应届毕业生的吸引力

目前,吸纳应届毕业生来充实师资仍是增加师资数量的最为重要、最为直接、最为有效的手段。但这种方法的缺点是吸引进来的新师资经验欠缺,学历层次也有待提高。根据西藏大学目前的政策,新进的应届毕业生学历要求为硕士。这些新进的教师要成长为学术骨干还需要长时间的培养和锻炼,还需在入职后找机会攻读博士学位提升学历。攻读博士学位一般得花 5～6 年时间,而目前西藏大学的教职工在职攻读博士期间一般都完全脱离工作岗位,没有任何教学任务的要求,所以吸纳硕士学位的外语师资这一途径存在一定的缺陷,会给学院带来一定的教学压力。如果能够吸纳具有博士学位的外语师资是最好不过的,但一方面由于外语学科本身的博士毕业生数量就不多,普遍处于供不应求的市场格局,另一方面由于西藏大学自身先天的地理环境因素,具有博士学位的毕业生如果能够在其他省份找到合适的工作,一般更愿意留在其他省份工作,所以西藏大学应在政策层面上制定更具吸引力的政策,以吸纳优秀博士毕业生来补充外语教师队伍。

2. 引进高层次人才

根据《西藏自治区高层次人才引进办法(试行)》(藏党办发 [2015] 30 号)的指导精神,西藏大学制定了适合本校的人才引进办法《西藏大学高层次人才引进工作实施办法(试行)》(藏大字 [2019] 61 号)。其目的是"进一步

推进部区合建西藏大学工作,加强世界一流学科建设,落实'人才强校'战略,吸引国内外高层次人才,加强人才队伍建设,优化人才队伍结构,提高学校综合竞争力。"具体的引进方式分为"正式引进"和"柔性引进"。"正式引进"指"引进高层次人才的人事关系和人事档案调入我校,学校办理正式事业编制手续的用人方式";"柔性引进"指"以聘用、兼职、客座、合作研究等柔性方式引进高层次人才到我校工作,与学校签订工作目标协议,完成约定工作任务,实现高层次人才'为我所用'的用人方式"。引进的人才共分为5个层次。

从实际效果来看,"正式引进"较为困难,因为能够满足条件的各层次人才在其他省份一般都能找到对等的工作岗位。"柔性引进"方式往往更容易被各层次人才接受,因为不用转移人事关系,只要求一年在西藏大学工作两个月以上,而且还可以通过课时折算的方式来抵销在藏工作时间。西藏大学对"柔性引进"人才有相关的科研任务要求,但"柔性引进"人才在原单位同样也有科研任务,所以在进行"柔性引进"时,西藏大学应与人才的原单位进行协调,争取"柔性引进"人才的科研成果能够在两个单位都能得到互认,这样才能为"柔性引进"人才解决原单位科研任务的后顾之忧。

3. 利用援藏项目

中央组织部组织的援藏项目及博士服务团、各种校际援藏项目对西藏大学外语师资有一定的加强作用。每三年为一个周期,定期遴选援藏干部进藏工作,一般为期三年,目前已执行至第九期。这些援藏干部政治素质过硬,业务素质很强,在很大程度上可带动相关领域的发展,带领一些当地业务骨干尽快成长。西藏大学旅游与外语学院已经接受过数人次的援藏干部及援藏师资。目前该院拟新建的翻译专业硕士独立授权点及尼泊尔本科专业在一定程度上即以援藏干部为依托,充分发挥援藏干部本身的业务经验及牵线搭桥的作用,充分利用援藏干部原单位"大后方"的人才力量,通过"柔性引进"援藏干部原单位优秀人才的方式来帮助学科建设、带动学术团队的迅速成长,促进师资建设。

在中央第七次西藏工作座谈会上,习近平强调,中央支持西藏、全国支援西藏,是党中央的一贯政策,必须长期坚持,认真总结经验,开创援藏工作新局面。四川、云南、甘肃、青海四省党委要高度重视涉藏工作,承担起主体责任,加强同西藏自治区的协调配合。特别是四川大学在进入中组部的对口支持西藏大学的高校名单之后,开展了"组团式"援助西藏大学的行动,其中包括一名援派到西藏大学旅游与外语学院的四川大学外国语学院干部[①],以帮助西藏大学外语学科的建设和外语科研水平的提高。

这种援藏项目属于国家层面的顶层设计,具有很强的可靠性及可持续性。借助对口支援高校专家学者的力量,可以帮助搭建学术交流平台,优化科研和教学团队。援藏人员一方面可以把其他省份的先进经验带到西藏,另一方面还可以与西藏分享其他省份的一些资源,在一定程度上可以起到帮助带动当地业务骨干迅速成长的作用。

(二) 如何提高师资质量

师资的质量与数量同样重要,只有保证了质量才能保证高质量的教学产出及学术产出。提高师资质量可以从外部引进及内部培养,即从"内培外引"两个方面着手。

1. 引进高层次人才

西藏大学外语学科长期缺乏学科带头人,博士学历和正高职称教师比例极低,学科带头人和学术带头人的引进或培养工作始终是短板。引进高层次人才作为学科带头人及学术带头人是提高师资质量的一个重要手段,但如前所述,通过"正式引进"的方式来引进高层次人才难度较大,故目前西藏大学旅游与外语学院拟"柔性引进"两名外语学科高层次人才,院方及人才方已基本达成一致意见,手续正在办理之中。如果一切顺利,这两位高层次人才将对西藏大学外语学科的建设起到很大的推动作用,并通过学科团队及科研团队的建设带领西藏大学外语师资迅速成长。

2. 加强现有师资的科研培育

为了培养教师的学术惯性,提升学校科研人员承担高级别科研项目的能力,提升学校科研项目申报质量,服务"一流学科"建设,促进学校长足发展,西藏大学制定了《西藏大学科研项目培育计划实施办法》(藏大字〔2017〕

---

① 资料来源: http://news.scu.edu.cn/info/1135/33881.htm, 2020-10-09。

192号），建立了3个层次的科研项目培育体系（即"青苗计划""成长计划""提升计划"）。近几年，西藏大学旅游与外语学院的教师根据自己的科研特长积极申请该校级科研培育项目，每年均有所收获，比如2018年共获得4个校培项目，2019年共获得7个校培项目。在学院层面，为了培育教师的科研能力，西藏大学旅游与外院学院亦设立了院级科研培育项目，学院年均立项10余项。

  这种校级及院级科研培育项目在旅游与外语学院已经开始表现出了它的科研助推作用。该院教师在此基础上申报更高级别的科研项目时，学院还组织校内外专家对项目申报书进行指导。目前该院外语学科教师已在此基础上成功获得了3个国家社科基金立项，其中1个是在校级培育项目基础上申报成功的，2个是在院级培育项目基础上申报成功的。比如该院一名英语教师2019年的校级培育项目是《西藏自治区公共服务领域外语标识译写规范化研究》，在此项目的培育下，2020年成功获得了国家社科基金一般项目《"一带一路"背景下西藏自治区语言景观规范化建设研究》立项。可以看出，这两个项目在"语言规范研究领域"具有内在的逻辑联系，说明校级、院级培育项目对于提升教师的科研水平、培养科研惯性具有重要的推动作用。

  3. 加强现有师资的学位提升

  如前所述，西藏大学外语学科师资中只有1位教师有博士学位，这一比例实在太低。要培养出"靠得住、用得上、留得下"的外语师资，学历提升是一个重要环节，应大力鼓励外语教师在职攻读博士学位。攻读博士学位一方面是一个非常重要的学术训练过程，可大大丰富教师的学术经历、提高教师的学术水平，另一方面也是作为一个高校教师的基本要求。其他省份绝大多数高校在招收新职工时，拥有博士学位是一个最基本的要求，而且在申报高级职称时博士学位也是一个必备条件。虽然西藏大学的教师在申报高级职称时并未明文要求申报人员须具备博士学位，但这是大趋势，也是学科发展的重要推动力量，所以可能在不久的将来，西藏大学的教师在申报高级职称时也会要求必须具备博士学位。

  但是，根据目前西藏大学的政策，教师在职攻读博士学位期间，学校并未要求在职攻读博士的教师完成一定的工作量。而实际上，要成功拿到博士学位，动辄五六年，如果这几年完全不工作，势必会对学校造成很大的工作压力。因此，学校可以允许在职攻读博士学位的教师全职攻读1～2年，以完成博士修学期间的必要课程学习，而在撰写博士论文期间仍要求完成一定的工作量，即可缓解学校各项工作任务的压力。

4. 鼓励教师进修

由于西藏大学地处青藏高原，在地域上与其他省份有一定的距离，在学术交流方面不如其他省份高校活跃，师资进修的机会相对缺乏。以西藏大学旅游与外语学院外语学科师资为例，部分外语教师还没有出国访学进修的经历，非常不利于外语师资队伍的水平提升，所以应更多地鼓励和支持外语师资出国访学进修。

除了国外访学进修之外，还应鼓励教师到国内相关高水平高校进修。这一方面可吸收其他高校先进的教学科研理念，开阔教师的学术视野，另一方面成本不是太高，具有很强的可操作性。西藏大学外语学科由于取消了日语专业，部分日语教师转岗为英语教师。对于这部分转岗教师，更应提供机会让他们系统性地接受英语专业培训，甚至就在本院接受系统性英语专业培训，以帮助他们奠定坚实的专业基础，从而保证教学质量。

四、结 论

西藏自治区地域内高校外语师资力量对于建设新西藏来说十分重要，对于进一步促进"一带一路"建设，促进西藏对外交流、加强边疆建设具有十分重要的意义。本文提出的各种加强师资建设的方法各有优缺点，学校及相关主体方应综合考虑，多管齐下，才能解决师资建设问题。

·实践探索·

对"高校对口支援"实践中存在问题的一点思考[①]

胡朝浪　代振东

摘　要： 本文从管理、教学、科研三个方面对当前"高校对口支援"实践中常见的支援形式进行了梳理、分析和讨论，对这些支援形式中存在的问题进行了分析并提出了可能的解决办法，其中首次提出了"联合办学"的设想。

关键词： 高校对口支援；支援形式；人才流失；联合办学；干部流动性

一、背　景

2001年6月，教育部启动了对口支援西部地区高等学校计划，后又推出了援疆学科建设计划、对口支援民族院校等专门项目。2015年11月27日至28日，中央扶贫开发工作会议在北京召开，中共中央总书记、国家主席、中央军委主席习近平强调，消除贫困、改善民生、逐步实现共同富裕，是社会主义的本质要求，是中国共产党的重要使命。2017年10月18日，习近平总书记在十九大报告中指出，坚决打赢脱贫攻坚战，要动员全党全国全社会力量，坚持精准扶贫、精准脱贫，坚持中央统筹省负总责市县抓落实的工作机制，强化党政一把手负总责的责任制，坚持大扶贫格局，注重扶贫同扶志、扶智相结

[①] 作者简介：胡朝浪，四川大学数学学院，副教授，研究方向为计算数学，2019年3月至2020年2月挂任西北民族大学科研处副处长；代振东，四川大学研究生院综合科科长，研究方向为高等教育管理，2019年3月至2020年2月挂任西北民族大学研究生处副处长。

合，深入实施东西部扶贫协作，重点攻克深度贫困地区脱贫任务，确保到 2020 年我国现行标准下农村贫困人口实现脱贫，贫困县全部摘帽，解决区域性整体贫困，做到脱真贫、真脱贫。2019 年国务院政府工作报告指出，打好精准脱贫攻坚战。重点解决实现"两不愁三保障"面临的突出问题，加大"三区三州"等深度贫困地区脱贫攻坚力度，加强基础设施建设，落实对特殊贫困人口的保障措施。

脱贫之后不再"返贫"，根本要务在于贫困地区要拥有能够带领群众持续致富的骨干力量，要拥有支撑地方经济建设的源源不断的人才队伍。民族院校大部分生源来自民族贫困地区，是民族贫困地区人才输送的源泉，民族院校人才培养质量、人才培养类型、人才培养数量，制约着民族贫困地区脱贫致富、持续致富的能力，所以，通过"对口支援民族院校"这一专门项目帮助民族院校提高立德树人的能力，在扶贫大格局下，既是对民族贫困地区的扶志，也是对民族贫困地区的扶智。

对口支援民族院校已经进行十多年，并取得了丰硕的成果，尤其是在支援手段、支援形式、支援机制体制、支援内容等方面获得了成功的经验，已有大批学者对此进行了归纳、提炼和总结。但随着时代的变迁，受援民族院校对于受援需求也发生着深刻的变化，全国政协委员、西北师范大学校长刘仲奎指出"对口支援不仅仅是支援高校单方面的付出，也不是受援高校单方面的接受。受援高校必须找到自己的学科优势、特色特长，从而和支援高校互相取长补短，在合作过程中达到共赢"（赵小雅，张滢，赵岩，2019）。全国政协委员、北京师范大学党委书记程建平指出："支援高校要提高认识，不能仅仅停留在'支援'本身，要从命运共同体的高度来定位支援高校与受援高校之间的合作，共同解决受援高校所在地区的关键问题，从而构建新时代高校对口支援的新模式"（赵小雅，张滢，赵岩，2019）。赵小雅等（2019）、占堆等（2018）、张大伟（2013）讨论了合作共赢的支援形式是提高对口支援可持续发展的有效途径。高校对口支援项目中，常见合作是从管理、科研、教学三个方面展开。那么当前有哪些可尝试的支援形式呢？当前高校对口支援中又出现了哪些新的问题呢？本文将从如下几个方面谈谈自己的一点思考。

二、 管理方面的支援形式

支援、受援高校之间互派挂职干部已经是"高校对口支援"项目的一种成熟形式。一方面是受援高校派遣干部到支援高校挂职半年或一年，学习并带回不同的管理理念。另一方面是支援高校派遣干部到受援高校挂职半年或一年，带去先进理念。一来一往，共赢是明显的，双方都培养和锻炼了后备干部，提高了干部管理水平。挂职干部在挂职期间除了完成自身挂职岗位的业务工作，还可以对对方高校的资源情况进行观察、调研，摸清楚其特点、优点和欠缺，结合本校优势资源，为两校的深入合作和互助搭起桥梁并推动落实。这种共赢要得以实现需要一些推动条件，一是受援高校的挂职干部对本校教学科研资源有充分了解，当遇到合适的项目申报机会的时候，敢于在挂职岗位上大胆提出并争取以支援高校为主，受援高校为辅协作完成；二是从支援高校的学校层面来说，对于各二级单位有带动受援高校联合申报的项目予以单位年度考核加分；三是从国家层面来说，对于这种支受合作联合申报项目从政策上给予优先照顾，这样可以调动各方的积极性。同理，支援高校的挂职干部亦需要对本校的教学科研资源有充分了解，并能够对推动受援方薄弱环节与支援方合作起到纽带作用。这要求我们的选派干部敢于担当、作为，除干好挂职岗位的业务工作外，同时还需要自觉额外承受一定的"项目合作"的协调、推动压力以便更好地促进"对口支援事业"并锻炼自己。

互派挂职干部是对口支援中被证实的一种成熟有效的支援形式，当前仍然值得继续坚持和推广。

三、 教学科研方面的支援形式

笔者在受援高校挂职期间曾经在全校范围内做过一次主题为"高校对口支援中二级学院最希望获得哪些方面的支持？"的调研。各学院反馈信息从高频到低频显示如下：

（1）科研项目的合作机会。如相同专业之间进行项目合作，共同申报、共同立项，共同承办学术会议，学术资源共享等；加强科研团队的建设，促进科研团队的形成。

（2）在申请各类基金项目方面进行指导。尤其是国家自然科学基金，能够得到支援高校教师的帮助，希望对申请书进行把关，提出修改意见；亦可考虑合作申报的可能性。

（3）支援高校相关的国家重点实验室、国家工程技术中心、省级重点实验室等科研平台的开放基金能放宽对受援高校教师的申请政策或是向其倾斜，如每年能批一到两个确定的项目。

（4）联合申报科研项目或者在申请科研项目时给予指导建议。

（5）创造更多交流机会，选派青年教师到支援高校进修、访学、攻读学位、参与科研项目。

（6）创造更多交流机会，选派优秀研究生进入支援高校的科研团队，进行为期一年或者半年的学习交流。

（7）创造更多交流机会，考虑承认学分的本科生联合培养。

（8）建立一个"支援高校－受援高校学术论坛"，支援高校和受援高校选派专家学者或者优秀研究生到论坛做学术报告，增进学术交流。这种交流既可加深支援高校与受援高校相同研究方向师生之间的联系（论坛地点在支援高校和受援高校间轮流选择），又可及时掌握和了解相关专业的学术前沿。

（9）通过支援高校名师名家来校讲座、授课等方式进行交流，短期驻地指导教学改革和课程建设，帮助教师提高教学思路和教学方式，在教学上营造良好的研究氛围，提升教学能力和水平，加强教学团队的建设或促进教学团队的形成，为团队带来新的教学理念。

（10）骨干教师能获得更多的交流、实习、培训和深造的机会，不仅使教学方式方法得到提升，教学理念也能与时俱进。

（11）考虑联合申报科技奖和教学成果奖。

由上可见，受援高校二级学院的需求点还是不少，援助方式选择面大，虽然短时间内不可能全部实施，但根据双方各自的具体情况有选择地优先实施还是可行的。就科研项目合作而言，从共赢的角度看，并不是每一个科研团队都有合作的动力，如果各部委或基金委对于这种科研合作有优先支持的政策，将会大大提高合作的动力。此外，某些支援高校不便单独进行的发源于独特区域的研究内容，只能由拥有区位优势的受援民族院校领衔，此时合作动力凸显。

所以，对口支援的科研合作不仅需要国家层面的政策支持，也需要学校层面去深入挖掘，既要挖掘需求点，也要挖掘合作点，而这个具体的挖掘者非挂职干部莫属，挂职干部需要具体协调双方的团队进行对接和交流。对于师资培训，需要挂职干部协调教务处在举办教学竞赛和教学研讨的时候扩大其参与范围，把受援高校教师也邀请进来，这既提高了活动的影响力，也照顾了兄弟院校的需求。对于"年度学术论坛"，则需要挂职干部协调双方团委，把此类活动纳入每年的年度计划并大力宣传以召集更多师生参与，"年度学术论坛"的好处是一旦形成，双方二级学院领导和教师便有一个沟通的平台，能及时了解双方的发展态势，找到合适的合作点位，是一种长效机制，但是各二级学院需要有专人将其作为各自工作的一部分来协调论坛的召开。联合举办有影响的学术会议更是支援高校带领受援高校崭露头角的好方法，不但可以提高学校的知名度，而且可以让学术圈更多地了解本校中青年教师在本专业的学术贡献，而"联合举办"能否实现，除了政策倾斜，更多在于我们挂职干部的桥梁作用。"选派青年教师到支援高校进修、访学、参与科研项目；选派优秀研究生进入支援高校的科研团队，进行为期一年或者半年的学习交流"，笔者认为这是一个实实在在的双赢选项，短期的交流对访学者来说扩大了学术视野，提高了科研能力，获得了学术友谊；对于受援高校来说，由于这一客观的访问通道长期存在，可能会逐年提高其生源质量；对于接收方团队来说，也会以相对较低的成本增加成员数量，提高团队力量。

综上，科研团队合作、青年教师访学、教学交流、学术报告、学术论坛是当前阶段成熟而可行的支援形式。

四、存在的问题和解决办法

（一）受援高校人才流失问题

支援高校为受援高校开辟定向委培研究生的绿色通道，帮助受援高校在职教师提升学位和提高教学科研水平已经是一种成熟的形式，并成为受援高校补充高端人才的源头之一。然而，通过绿色通道拿到学位之后的教师是选择继续留在原校工作，还是"远走高飞"已经成了一个不容忽视的问题。支援高校往往是"双一流"高校，拿到博士学位后的教师见识更广，视野更宽，"跳槽"也更容易，部分教师会在拿到学位之后离职。虽然这种现象的本质是人才提升速度与地方经济整体发展速度不匹配造成的，但给人的表面直觉却是"学位提升支援"反倒加大了受援高校的人才流失，所以如何给西部的受援高校留下"定向培养"的人才是一个急需各方深思的新问题。

"孔雀东南飞"现象已经存在多年，根源在于西部整体发展落后，个人收入偏低，普通教师向往美好生活环境，针对上述问题，可以在"西部大开发"这一大战略下逐渐提高教师收入加以解决，同时受援高校也可辅以科学的管理形式延缓人才流失。

(二) 对口支援项目的经济压力问题

前述各种支援形式都有一个共性的问题没有讨论，那就是每一种形式的开展除了人力成本压力之外，还有额外的财务成本压力，这种压力对支受双方都是存在的。如果没有充足的国家专项经费的支持，这种互助合作不可持续，质量也会打折扣，所以，多方位筹措补充资金显得尤为重要。

解决办法一是大力宣传对口支援的意义，争取社会各界的"专项赞助"，尤其是发动校友的力量，争取获得校友的支持。

另外一个可行方式就是创新，在国家政策的许可下自力更生，发挥自我造血功能——比如联合办学培养本科生。

民族地区的建设更多需要依靠民族地区的生源，而民族院校则是培养民族地区人才的摇篮，提高民族院校的人才培养质量，其重要性不言而喻。支援高校如何帮助受援高校提高人才培养质量是一项具有时代意义的课题。目前常见的支援方式包括共享网络慕课、支援、受援高校教师之间的教学研讨、面向师生的学术报告、学生夏令营、本科生短期访学等。还有没有可行方法呢？或许可以借鉴目前许多"双一流"高校的中外联合办学的做法。常见的中外联合办学项目有"2+2"形式或者"3+1"形式，即两年在国内＋两年在国外读书或者三年在国内加一年在国外读书，两所学校互认学分。这种中外联合办学吸引了众多学子，其优势此处不再赘述。如果能够借助支援高校的软实力，借鉴这种互认学分的联合培养形式，使之成为支援受援高校之间的联合办学，好处是显而易见的。假如联合办学成立，那么支援方会有少部分专业课老师长期或短期驻扎在受援方任教，不但利于双方教师的相互学习和深度融合，并为后期的教学科研合作打下基础，而且利于受援方提高生源质量、扩大学校影响。这种合作还可以解决民族院校某些专业培养条件不足的问题，比如医学专业的"规培"，需要实习医院，需要临床经验丰富的医生和老师的指导；比如某些工科专业的实验，需要高精尖设备和器材，需要熟悉这些高端设备的指导教师。

受援高校参与联合培养的学生需要比普通学生支付稍高的培养费，以抵消联合办学的额外成本，这样一来对口支援的项目完成了，经济成本也解决了。到目前为止，笔者还没有发现有文献讨论国内高校之间的联合办学形式，所以可行性需要进一步论证，政策法规上也还有许多问题亟待解决。但作者认为如果教育部鼓励认可这种形式并出台相关指导性文件的话，"国内高校联合办学"值得在对口支援中尝试实践。

(三) 挂职干部的流动性弊端

目前的支援形式主要是干部挂职（1~3年任期）及师资队伍培训，干部限期挂职及挂职替换具有一定局限性。对口支援高校间常有不同部门和不同干部的替换，容易出现刚掌握一些问题的症结，摸索出相应的具备解决问题的可行性方法，挂职干部的期限已满，不利于后续的跟进。

高校可以考虑对对口支援挂职干部挂职期满后的持续而灵活工作机制进行探索。可建立以项目为导向的灵活对口支援的机制，充分调动挂职期满的干部的主观能动性，实现优势资源的共享。进而对"对口支援西部民族院校"的支援形式进行创新实践和发展。

五、结语

"高校对口支援"实践取得了丰硕的成果，但随着时代的前进也出现了一些亟须解决的问题，本文从管理、教学、科研三个方面对当前"高校对口支援"实践中常见的支援形式进行了梳理、分析和讨论，并给出以下建议。互派挂职干部是对口支援中被证实的一种成熟有效的支援形式，当前仍然值得继续坚持和推广；科研团队合作、青年教师访学、教学交流、学术报告、学术论坛是当前阶段成熟而可行的支援形式；关注"对口支援"中与"人才提升"有关的人才流失并尽快给出解决方案；为缓解"对口支援"中的经济压力，创新性地考虑开展"支受援高校之间的联合办学";积极探索高校对口支援挂职干部挂职期满后持续而灵活的工作机制。

参考文献:

陈红,樊均明,史冰川,等,2009. 对口支援西部地区高等学校的体会与思考[J]. 成都中医药大学学报(教育科学版),11(4):39—41.

黄奂,2009. 关于"对口支援"西部地区高等学校工作若干思考[J]. 经济与社会发展,7(3):192—193.

刘晓光,董维春,唐昕,2006. 对口支援西部高校政策的问题与建议[J]. 中国高教研究(12):42—44.

王露,2015. "核心-边缘"理论视域下的高校对口支援工作研究[J]. 兵团教育学院学报,25(6):30—33.

魏兆丰,张宏伟,2014. 对口支援西部高校:基于基尼系数的意义解读与实施建议[J]. 高等农业教育,(4):13—16.

新华社记者,2015. 脱贫攻坚战冲锋号已经吹响,全党全国咬定目标苦干实干[N]. 人民日报,2015—11—29(01).

新华社记者,2017. 习近平提出,提高保障和改善民生水平,加强和创新社会治理[EB/OL]. (2017—10—18)[2020—12—26]. http://www.gov.cn/zhuanti/2017—10/18/content—5232656.htm.

新华社记者,2019. 李克强说,对标全面建成小康社会任务,扎实推进脱贫攻坚和乡村振兴[EB/OL]. (2019—03—05)[2020—12—26]. http://www.gov.cn/guowuguan/2019—03/05/content—5370671.htm.

燕晋峰,蔡文伯,2014. 关于构建东西部高校对口支援长效机制研究[J]. 兵团教育学院学报,24(2).

占堆,李梦珂,毛改玲,2018. 对口援藏政策研究[J]. 西藏大学学报(社会科学版),33(2):182—186.

张大伟,2013. 东部高校对口支援民族地区高校的历史考察[J]. 西部学刊(11):31—33.

张雪,2014. 基于市场机制的东西部高校对口支援工作探讨[J]. 江苏科技信息(13):71—72.

赵小雅,张滢,赵岩,2019. 高校对口支援如何向纵深发展[J]. 中国民族教育(4):9—11.

大数据战略助力安顺市产业扶贫成绩、问题与对策浅析①
——贵州省安顺市挂职实践纪实

李 川

摘 要：贵州省把"大扶贫、大数据、大生态"作为三大发展战略。本文总结了笔者在贵州省安顺市挂职工作期间基层实践的粗浅体会，尝试分析政府基层部门大数据发展助力产业扶贫的成绩与不足，探究原因，并提出改进的对策建议，抛砖引玉。

关键词：大数据战略；安顺市；产业扶贫

习近平总书记指出，产业扶贫是稳定脱贫的根本之策。要突出产业扶贫，防止产业选择盲目跟风，提高组织化程度，培育带动贫困人口脱贫的经济实体。党的十九大报告指出：建设现代化经济体系，必须把发展经济的着力点放在实体经济上，把提高供给体系质量作为主攻方向，显著增强我国经济质量优势。加快建设制造强国，加快发展先进制造业，推动互联网、大数据、人工智能和实体经济深度融合，在中高端消费、创新引领、绿色低碳、共享经济、现代供应链、人力资本服务等领域培育新增长点、形成新动能。结合贵州省脱贫

---

① 作者简介：李川，四川大学计算机学院（软件学院），副教授，研究方向为数据库、数据挖掘、大数据分析，2017年6月至2019年6月挂任贵州省安顺市工业和信息化局（大数据发展管理局）党组成员、副局长。

攻坚、改革发展的实际，省委省政府提出"大扶贫、大数据、大生态"的三大战略部署，深入推进大数据战略行动，引领与带动产业发展与供给侧结构性改革，发掘大数据政用、民用、商用价值，更好推动经济转型升级与高质量发展、提升政府治理能力、改善服务民生水平，最终助力脱贫攻坚工作再上新台阶。

一、安顺市脱贫攻坚及产业发展概况

贵州省是全国脱贫攻坚任务最为艰巨的省份，贫困人口最多、贫困程度最深、脱贫难度最大，地处贵州省中部的安顺市又是贵州省脱贫攻坚的重点地区，是喀斯特地形集中连片贫困区的正中心，是全国14个集中连片贫困区中体质条件最困难的一个。安顺市距离贵阳市70公里，全市所辖的西秀区、平坝区、普定县、镇宁布依族苗族自治县、关岭布依族苗族自治县、紫云苗族布依族自治县均为贫困县。2017年6月，全市有18.9万贫困人口，有4个国家贫困县、53个贫困乡镇、569个贫困村。打赢脱贫攻坚战时间紧迫、责任重大，特别是深度贫困县、极贫乡镇和深度贫困村的群众还长期生活在困难当中，是贵州脱贫攻坚任务最艰巨的地区之一。习近平总书记指出，产业扶贫是脱贫攻坚的根本之策。从产业结构看，安顺市以工业为主，能源、化工、建材、特色工业包含烟、酒、食、药、茶等，有较好基础，煤炭、石材资源丰富，同时是国家"三线建设"时期布局的航空工业城市，有贵飞、安大、安吉等8家中航工业重点企业，装备制造与军民融合发展具有较大潜力。但由于历史原因，安顺市在经济发展过程中面临一些长期存在的问题，在贵州全省经济排位垫底，产业扶贫任务艰巨。作为实体经济转型发展引擎的大数据产业，面临着巨大的挑战和空前的机遇。

二、安顺市大数据产业发展背景和现状

2017年以来，安顺市委、市政府遵循"数据是资源、应用是核心、产业是目的、安全是保障"的理念，全力实施"聚通用"攻坚战，为安顺市大数据

发展打下了较好的基础。

（一）组织统筹方面

一是成立了由市委副书记、市长为组长，市委常委、常务副市长为常务副组长，分管副市长为副组长，各县（区）人民政府（管委会）主要领导和市直有关单位、有关企业主要负责人为成员的"安顺市大数据发展领导小组"，明确了领导小组工作职责及各成员单位工作职责，指导并开展大数据工作。二是成立安顺市大数据发展中心，为市工业和信息化委管理的副县级事业单位，具体承担大数据产业行业管理工作。三是成立安顺大数据发展有限公司，引进中国联通公司作为新的投资者，全面负责安顺市大数据产业体系的建设和市场化运作。通过"中心＋公司"的模式，探索全市大数据发展的体制机制。

（二）信息化、整合方面

2017年全面接入省电子政务网，确保了上联省，下联市、县、村的多级网络畅通，实现了政务互联互通、联动协同、移动办公的目标。同时积极推进政务信息整合共享工作，已完成全市11个政府应用系统迁入"云上贵州"工作，并开展数据资源目录梳理及数据资源开放共享工作，建设"安顺市数据开放平台"和"安顺市数据共享交换平台"。

（三）数据应用方面

安顺市开发了一批大数据应用。市法院建设法官数据智能辅助决策系统，初步实现了审判流程信息化、审判管理系统化；市检察院构建"智慧检务"，积极推进公、检、法互联互通；市国土资源局的"数字安顺地理框架"项目，探索实现全市地理空间信息资源共建共享；市规划局的"多规融合"项目，力图实现全市"一张图"精准管控；市司法局通过"智慧安顺·司法行政在线服务"，以统一对外提供司法行政便民服务相关各类数据和资源服务；各县区结合实际，开展大数据应用项目建设。如平坝区建设"社会信用信息管理系统"，综合35个县级政府部门信息，着力实现客户信息精准识别，努力提升金融贷款服务范围。

三、安顺市大数据助力脱贫攻坚的成绩

在安顺市工业和信息化局工作期间,笔者曾先后协助分管了两化融合、大数据产业、规划投资、军民融合、地特产业、对外交流等7个科室。作为负责人主持安顺市委重大调研课题"大数据与实体经济融合研究"[①]。在大数据助力产业扶贫方面,在市工信局陈应武、徐杰两任主任带领下,全市工信系统干部职工不忘初心、感恩奋进,取得了巨大的成绩。

(一)"网络扶贫"助力"小康讯"脱贫攻坚工程

2018—2019年,全市信息基础设施建设投资完成2.87亿元,光缆长度累计达到10.23万千米,FTTH覆盖家庭数达170.5万户,固定宽带接入端口数达90.6万个,固定宽带接入用户数达44.83万户,固定宽带普及率50.74%,移动基站(包括2G、3G、4G)累计达到1.79万个,公共免费WIFI热点数达2200个,IPTV用户数达21.25万户,广电云"户户用"用户数达11.6万户,高清交互数字电视用户达9.65万户,30户以上自然村实现4G网络覆盖数4734个,覆盖率达80.80%。全市"网络扶贫"攻坚工程小康讯行动实现30户以上自然村4G覆盖率85%。这为农村电商、交通物流、民生服务等产业扶贫关键环节夯实了信息基础设施。

(二)"农村电商"助力地特产业发展带动农户脱贫

根据全市工业经济发展实际,结合产业扶贫的需要,将地方特色工业作为重点发展方向,做好农特产品价值挖潜和产业链条延伸。通过农村电商的建设,协助解决供需对接问题,带动农特产品的规模化、集约化生产,实现产业体系支撑和就业岗位供给。2018年,安顺市春来茶叶有限公司带动农户约1 000余户4 000余人,其中贫困户约210户,贫困人口900余人。2018年,镇

---

① 项目就大数据助力产业发展、脱贫攻坚、政府管理、社会民生等主题走访调研了20余家地方部门与重点企业,就信息化发展状况、数据资源规划、数据分析应用、数据运营等进行了详细调研,项目成果以排名第一获评安顺市2018年优秀理论成果。

宁金瀑农产品开发有限公司在镇宁自治县革利新建古茶树保护茶园基地4 300余亩，整合建档立卡户800余户通过"特惠贷入股"，对茶园的管护每年带动农户830余户，对外加工收购茶青带动2 500余户。

（三）信息化平台融合"一二三产业"助力农户增收

通过信息化平台融合种养殖、农产品加工、物流服务等环节，构建"线上＋线下"销售模式，加快了农业科技创新开发、推广与应用，延长产业链与价值链，贵州昊禹农产品开发有限公司与32户建档立卡贫困户签订利益建接协议，每户每年可分红3 000元，解决建档立卡贫困户长期就业12人，季节性用工56人，提高了"老孃孃"产品知名度、助力脱贫攻坚。

（四）"万企上云""安顺彩云"化解中小企业经营困难助力脱贫攻坚

市工信局联合市金融办、银行业金融机构、融资性担保机构进行贷款模式的改革创新，通过银行、企业信息化改造工作，以风险代偿补偿的增信方式与合作银行和合作融资担保机构合作，按照10倍放大的比例撬动银行的信贷资金向工业领域内有融资需求的小微企业投放，搭建了行业主管部门、银行业金融机构、融资性担保机构、贷款企业风险共担，合作发展的融资服务平台。按程序纳入"创业贷"目标支持企业名单企业284户，涉及融资37.98亿元，2017年5月27日实现首次放贷，放贷企业5户，放贷资金3 580万元。

（五）特色信息平台助力特色产业价值链升级

针对安顺市旅游资源丰富的特点，通过招商打造"黔物志"等社交网络平台，线下与黄果树、龙宫等景区加盟共建，不仅使游客提升旅游体验，同时大幅提高了景区营业额，给景区周边贫困村的脱贫攻坚工作带来巨大支持。关岭工业产业园区信息化服务平台建设靠前服务火龙果产业，强化培育以火龙果产业种植为主的13家农民专业合作社及3家企业，2017年关岭县火龙果产业种植面积达2.4万亩，投产面积8 000余亩，总产量8 000余吨。紫云农商平台对紫云红芯薯品牌市场拓展产生积极作用，紫云县现有红芯红薯种植合作社5家，种植大户10余户（种植面积30亩以上），在深圳注册了"香贵栗"的品牌，主要在零售市场和淘宝、京东、天猫等几家全国大型网站上销售。结合安顺石材产业基础雄厚的特点，指导晨春实业石材有限公司进行"贵石网"平台的建设，将大理石的生产、深加工、设计、销售、物流、服务进行整合，提升企业价值链管理水平与盈利能力，有力提升企业经营，推动企业吸纳建档立卡贫困户，助力当地脱贫攻坚工作。

四、存在的不足与问题

(一) 全市信息化建设水平参差不齐

在数据采集方面，某些部门仍然采用手动、纸质传递的方式，导致采集数据的质量不高。数据融通方面，有些单位信息化部门，信息部门完全跟随业务部门走，内部系统各自独立、互不兼容。单位内部数据"聚""通"状况不佳，对外则缺乏数据开放的动力。某些部门的业务应用系统和相关数据，由省级厅局或者国家部委统筹管理，市属部门仅做采集、查询，根据各相关部委和厅局的要求，数据对接存在保密性、安全性等政策限制，且应用系统接口、数据导入功能开放有较大限制，无法对接应用系统和相关数据。因数据资源的"聚""通"、开放工作进展不佳，自然影响到数据的"用"，也自然影响到大数据与实体经济深度的、实际的融合。大数据与实体经济的融合有时困顿于"无米之炊"。有些部门信息化建设主要侧重于内部事务处理和行政管理需要，支撑政府决策和面向公众互动服务的信息化能力有所欠缺。

(二) 思想观念与认识水平有待提升

某些部门缺乏发展大数据工作的远见卓识重视程度低：话讲得多，实际动作少；小算盘多，对于大局的关切和考虑少；顾虑较多，建设性的建议、意见少。有的部门存在保守观念，不愿意本部门的资源和渠道被别人分享，实现信息互联互通存在较大困难。

(三) 缺乏数据资产意识

对于数据资源、数据资产的调研没有开展或开展的不够深入。某些单位不了解本单位的数据资源状况，说不清楚本单位的数据规模、数据分布、数据质量、数据价值、数据应用等情况，导致数据资源处于无人关心、无人整理、无人负责的状态。

(四) 缺乏统一建设规划

数据孤岛、信息系统烟囱广泛存在。一方面,部门信息系统没有经过足够充分的调研和合理的论证,就进入投建。同时因前期规划不足,未考虑到可能的管理流程的变化,项目建设完成之后容易出现使用频率低、效益差等问题,造成资源浪费。另一方面,由于部门、系统间的协同机制不够完善,导致相互之间协同成本高、数据收集质量差以及数据规模小造成的使用效益低下。同时,在大数据相关项目的实施过程中,由于建设论证等专业性环节的持续完善是一个过程,项目建设与投入成本高、资金使用效益低下、系统兼容性、扩展性、安全性等问题仍时常出现。

(五) 企业与政府开展工作的边界与协同有待探索

某些部门在信息化建设过程中,与企业沟通不畅,导致自身的职能定位不够清晰,包揽需求、设计、部署等职责,容易引起管理上的复杂化。

(六) 大数据项目的标准体系须加紧探索

从数据开放交换规程上来看,有的部门不知道怎样开放、开放什么、管理方式是什么、考核评价标准是什么等。从数据技术标准上来看,数据结构不一致、系统数据访问接口不统一。从数据管理、安全标准上来看,有的行业应用涉及公民个人隐私、财产安全甚至国家安全,然而缺乏相应的管理实施办法,导致数据安全隐患增加。从数据交易上来看,缺乏有效的数据交易市场机制和运营机制,数据商品定价困难等。从系统评估标准来看,由于缺乏合理的系统平台的评价标准,也导致系统使用效益不高。

(七) 财政资金限制

近年来,地方财政较为紧张,在信息化建设的规划、投入方面受到一定制约,总体趋紧的情况下,要求信息化建设有大局观念,减少不必要甚至是重复的项目建设,破除条块分割、数据孤岛、信息烟囱的痛局。但有的单位、部门仍部分的存在信息化建设规划缺乏论证、不科学,资金投入不高效的问题。另一方面,对如何开源,引入新资源,尤其是数据资源,如何进行模式创新,缺乏深入思考与探索。

(八) 大数据产业指标存在潜在风险

手机、显示器等电子信息制造业在促进本地工业投资、提升就业、增加税收等方面对安顺市做出巨大贡献,目前引入统大数据产业,但当下的产业模式与大数据本质相关性不强,手机的制造过程基本不产生数据,也不消费数据,由数据挖掘应用产生的外部价值微乎其微,一旦大数据产业统计模式发生变化,我市的大数据产业指标则可能下降。对此,应居安思危,长远计议。

(九) 粗放管理导致"数据孤岛"与"信息系统烟囱"

目前存在的主要问题有:(1)部门间协调不力带来系统乱上乱建、重复建设(项目建设前期调研不足,导致大量重复建设);(2)信息碎片、数据孤岛、系统烟囱(部门、组织间沟通、联系不足导致信息系统难以做到互联、互通);(3)系统建设与投入成本过高,系统使用效益低下,部门系统建完就丢弃,资金使用效益低下(第三方项目评估监理等服务长期缺位或弱化导致信息系统建设难以达到预期目标;合同技术含量大多过低,流于意向,导致项目实施进度、质量难以得到法律保障);(4)项目规划与建设过程的偏差问题较为普遍(有的软件开发费用过高,有的重复收费问题过于严重,有的系统不提供基本的扩展接口与开放能力,有的不提供基本的后期服务);(5)招标与验收两个环节缺乏技术性把关(专家委员会、部门联系会议未能有效参与相关监理环节);(6)恰当处理购买服务问题。

五、深层的思考与探究

在推进大数据与脱贫攻坚及产业发展方面缺乏充分的顶层设计与系统规划,现有的相关计划、规划多是"照葫芦画瓢",省上有何提法,直接对应到地方,缺乏结合安顺市实际,针对实际工作痛点问题、经审慎研究提出的落地路径,实践当中往往"听风就是雨",缺乏主动谋划项目的积极性与能力。工作中,大数据产业推进的痛点问题解决不够理想:(1)资金问题:未充分利用5大渠道(垂直行业、市级财政、两化与大数据专项、平台融资、市场融资)

的政策支持；(2) 实施问题：企业与政府开展工作的边界与协同问题（企业做需求、设计、实施、部署，不需要各个部门都设编制配人）解决得不好，停留于表面，很多系统投资效益远低于预期，有的建了就死，有的长期无法投入使用，有的投入明显大于实际需要；(3) 数据开放问题久拖不决（不开放、开放、有条件开放）；(4) 数据立法问题长期滞后（明确政府数据国有产权属性，厘清数据运行收益、数据隐私保护、数据风险责任、数据流转、价值增值收益分配等问题，解决好数据定价这个关键问题）；(5) 政府与市场关系问题；(6) 大数据公司的角色定位问题；(7) 第三方专家委员会实际作用发挥问题；(8) 为避免信息系统乱上乱建而进行的信息系统前置审批问题。上述政策层面问题虽然在各地不同程度存在，但不应成为无所建树的理由。

　　大数据工作的显著特征在于对融合的深刻理解与把握（必须既深刻理解新技术、新业态、新模式、新思维，同时深刻理解本地企业转型升级、政府提升治理水平、改善民生服务具体需求），因此必须强化调研，调研新的思路、技术、模式、经验，调研安顺市装备制造、全域旅游、农业信息化、产业扶贫等的发展痛点、资源状况、能力与阶段，综合决策实施大数据融合工作的步骤与力度，实事求是、重点突出、放眼全局与长远的进行发展谋划。针对安顺市大数据工作在实施层面出现的典型问题，如软件开发费用过高问题，重复收费问题，系统不提供基本的扩展接口与开放能力问题，公司不提供基本的后期服务问题、招标与验收两个环节缺乏技术性把关导致的后期系统无法使用或使用效益低下问题等，提出实施层面行之有效的对策建议。

　　大数据是新经济的基础，数据问题是决定发现与开掘新的经济增长动能与价值创新的基础，针对安顺市大数据与脱贫攻坚及实体经济深度融合的数据问题，如缺乏面向全市的数据资源规划、缺乏数据质量标准、体系、缺乏数据开放、交换规程、缺乏数据安全管理体系等问题，经广泛调查与深入研讨，形成如下粗浅的认识与初步的对策建议。

六、 对策建议

（一）立足安顺市实际，走自己的路

建议立足安顺市实际，针对安顺市在推进大数据相关工作过程中暴露的痛点问题，深入调研大数据与实体经济融合重点与难点问题，站在全面推进脱贫攻坚、"新型城镇化＋"，以"万企融合"及"数字攻坚战"的实施为主线，扎实做好安顺市优势产业如通航装备、全域旅游等方面与大数据的深度融合，切实推进大数据在制造业改造、农业、服务业转型升级等方面的支撑引领作用，更好服务党委政府科学决策研究，提出相关政策建议，切实解决大数据工作推进工程中的痛点问题。

（二）加强学习

建议组织市直部门的信息口分管同志进行大数据基本知识、国家大数据相关战略、省市政策的学习。督促相关干部提高大数据的"本领恐慌"。没有危机感，就没有责任感，没有紧迫感，就没有使命感，应加强学习，抓住大数据国家综合实验区契机，坚定不移地开展国家战略行动，真正深挖"钻石矿"、培植"智慧树"，把大数据真正变为安顺市经济发展的战略引擎。

（三）信息化项目前置审批

建议依据贵州省相关文件精神设置全市信息系统规划建设的前置审批程序。具体包括：（1）建设单位对新规划的信息系统查新。对规划新上的信息系统，建设单位须进行先期调查，看国家、部、委、省、市等相关单位有无现成或功能类似的系统，再考虑新系统规划，杜绝相关信息系统的重复建设，查新报告须经由建设单位负责人签字。（2）审批单位牵头组织相关政府部门、高校、研究院所、行业协会的相关专家组成专家委员会，对新规划建设的系统进行网上在线评审，评审专家由专家库随机抽取，留足评审的时间，建立专家的信用档案。（3）专家委员会通过评分、加权、投票等机制决定是否通过新规划项目的建设评审。（4）专家委员会决定同意建设的信息系统再报市领导批准。

(四) 强化组织领导

建议增设市委副秘书长一职，专事协调市大数据办公室、大数据公司开展面向市直部门、相关事业单位、国有企业、行业企业单位的数据"聚、通、用"工作。具体的工作建议如下。

第一，摸清家底，组织协调大数据办、大数据公司及职能部门、行业企业广泛扎实的开展数据资源调研。绘制安顺市数据资产地图。搞清楚数据分布、规模、质量、溯源、业务关系。

第二，数据聚通，协调大数据办、大数据公司及相关职能部门，结合省大数据管理局信息系统自查、填报、政府数据资源登记、共享开放的要求，扎实推进相关工作，通过召集、召开多部门联席会议，切实落实制定跨多部门的数据、业务、管理的"聚""通"、开放协同协议，切实打破信息孤岛、破解部门壁垒、切实推进安顺市数据产业可落地的具体项目计划。

第三，"四库"建设，协调大数据办、大数据公司及相关职能部门结合安顺彩云建设，切实推动"四大库"建设，即人口、工商、自然资源、经济统计，切实推进数据开放，加快推进政府与公共数据资源的聚集。

第四，数据开放，协调大数据办、大数据公司及相关的职能部门实施政府数据资源共享。利用安顺学院、四川大学等省内外高校、行业协会等相关"产学研"的力量，积极组织应用调研，制定政府数据资源的开放共享规划，积极出台数据开放的细则规范。按照"谁拥有、谁定级、谁使用、谁负责"的原则，积极推进安顺市数据安全评估管理体系建设，保障数据资产的政策安全、管理安全、技术安全，探索大数据资产立法工作（包括明确政府数据国有产权属性，厘清数据运行收益、数据隐私保护、数据风险责任、数据流转价值增殖收益分配等问题，解决好数据定价这个关键问题）。

第五，数据应用，协调大数据公司及相关职能部门以"138方案"为基础，扎实推进大数据应用。通过建设一批大数据深化应用，提升数据在应用领域的发展，为政府、各行业、市民提供各项分析、决策和预警等服务。通过数据应用的实际效益和价值，吸引各部门、各领域参与其中，提升数据共享开放的主动性，提高共享数据的数量和质量。（1）结合"安顺彩云"综合云平台，切实推进政府大数据应用的建设，借助"数据铁笼"试点对扶贫资金、财政资金、国有资产、政府采购、公共资源等数据的大数据监管，对权力的有效运用进行规范；(2) 结合安顺彩云，切实推进大数据＋税务、经济运行、电煤治超监管、国土、警务、环保、健康、教育、旅游、交通、社保、文新、养老、精准扶贫等应用研发。

(五) 探索第三方评估

建议成立第三方专家委员会。委员会成员由高校、科研院所、行业协会、相关大数据公司组成。以问卷调查、实地探访、统计分析方式对市、县两级政务大数据工作落实情况开展第三方评估。

(六) 多举措拓宽资金渠道

建议认真研究财政政策，准确把握财政资金支持方向，积极配合相关部门争取省财政、部委专项资金（大数据专项资金、两化资金）支持。积极搭建融资平台。积极同市安投集团、市大数据公司对接，建立项目库，设立产业基金，鼓励私营企业、民营资本有序参与政府公共服务建设，带动产业扶贫换挡提速增效。

(七) 积极谋划重大项目

建议结合安顺市产业的优势积极进行项目谋划、推动，如军民融合、全域旅游。将安顺市8大军工企业及配套的大量民企的技改工作，融入中国制造2025、"千企改造"，引领大数据分析在精密加工制造、生产流程优化、产业价值链优化整合等方面的融合应用与产业提升。

(八) 积极推动校地"政产学研用"协同创新平台的建设

建议通过四川大学、贵州大学等高校与安顺市企业、部门创建"校地"合作的信息平台，切实发挥高校在人才、技术、成果、平台、外联等方面的优势，共同建立创新服务平台，在人才引进、人才培养、项目实施、技术研发、成果转化、法律服务，企业的管理培训、创新创业、联合项目申报、项目评审、专利申报、知识产权申请保护等方面建立全面合作关系，破解本地大数据产业发展的短板与问题，更好服务安顺市经济社会建设，加快推动企业转型与产业扶贫工作。

（九）全力推进大数据招商

建议通过四川大学校友会网络，大力推进蓉、渝、深、厦、杭等地的大数据企业（重点招引智能制造、机器人、数据挖掘、共享经济等和我市产业基础有互补性的数据经营类企业）来安投资、合作发展。建议招商宣传突出数据资源、发展潜质、软环境等和大数据产业发展相关的核心要素。

七、继往开来

习近平总书记强调，"实现第一个百年奋斗目标，重中之重是打赢脱贫攻坚战。已经进入倒计时，决不能犹豫懈怠，发起总攻在此一举"。打好打赢脱贫攻坚战，是头等大事和第一民生工程，是必须完成的重大政治任务，不讲条件、没有退路。产业扶贫是稳定脱贫的根本之策。要突出产业扶贫，防止产业选择盲目跟风，提高组织化程度，培育带动贫困人口脱贫的经济实体。我们必须通过进一步深化改革，理顺大数据发展的政策、管理、实践矛盾与问题，充分借助"大数据"这一新技术革命的契机，进一步助力产业扶贫，推进扶贫产业的高质量发展，弯道取直，从实际出发，苦干实干、感恩奋进，在新时代脱贫攻坚的事业中实现新担当、新作为，以决胜同步小康的实绩向党委和贵州人民交出一份满意答卷。

参考文献：

习近平，2017. 决胜全面建成小康社会 夺取新时代中国特色社会主义伟大胜利——在中国共产党第十九次全国代表大会上的报告［EB/OL］. （2017-10-27）［2020-12-28］. http://www.gov.cn/zhuanti/2017-10/27/content_5234876.htm.

冉斌，成嘉廷，许邵庭，2017. 中国共产党贵州省第十二次代表大会隆重开幕 陈敏尔作报告［EB/OL］. （2017-04-17）［2020-12-28］. http://cpc.people.com.cn/n1/2017/0417/c117005-29216480.html.

高校援疆工作的粗浅分析与思考[①]

——以新疆师范大学援疆工作为例

宁 芊

摘 要：回顾三年深入高校学院基层的援疆工作及高校援疆工作，从新疆高校的人才培养、科研与学科建设、师资队伍等方面，粗浅分析在援疆工作中遇到的各类情况，尝试给出建议，期待高校援疆工作持续长效发展。

关键词：治疆方略；援疆工作；高校援疆；对口支援

新疆自古以来就是伟大祖国不可分割的一部分，历史、地域、文化、民族，交汇交融。进入 21 世纪，新疆处于我国反恐怖、反分裂、反颠覆的重要前沿阵地，战略地位更是日益凸显。党中央援疆政策的实施，有利于维护新疆的稳定和中国西北的安全，事关中华民族复兴大业。在这宏大的背景中，2017 年作为中国共产党中央委员会组织部第九批援疆大军中的一支高校援疆分队，包括四川大学在内的 8 所高校的 12 名援疆教师先后来到新疆师范大学，从事为期 3 年的高校援疆工作。在这里粗浅分析、交流高校援疆工作情况，是期待高校援疆工作能够持续长效发展，新疆高校能够迎头赶上，源源不断为边疆建设培养、输送高层次人才，促进新疆的繁荣稳定。

[①] 作者简介：宁芊，四川大学电子信息学院，副教授，研究方向为智能信息系统，2017 年 8 月至 2020 年 8 月挂任新疆师范大学物理与电子工程学院副院长。

一、对高校援疆工作的粗浅分析

2005年6月,教育部"援疆学科建设计划"正式启动。作为教育部为落实西部大开发战略而采取的一项重要举措,以中央部属高校为主体的40所国内重点高校对口支援新疆大学、新疆师范大学、新疆农业大学、石河子大学、新疆医科大学等11所高校的82个一级学科建设。[①] 对深化对口支援工作,优化新疆高校学科结构,促进学科建设,加快新疆高等教育内涵发展,提高新疆高等教育质量切实起到了重要作用。这里仅从微观的层面,从援疆3年可感知的角度对高校援疆工作进行粗浅分析。

(一) 加强宣传——文化润疆

往返于新疆和其他省份,往往会遇到一些对新疆及援疆工作的误解和片面认识,这多多少少会影响到援疆教师更顺畅地发挥桥梁纽带作用,不利于新疆地区持续获得更多支援。这次中央新疆工作座谈会丰富了治疆方略内涵,在依法治疆、团结稳疆、长期建疆基础上加入了文化润疆、富民兴疆,更加彰显了新时代党中央治疆方略的广度和温度。借由"文化润疆"的东风,教育部门、宣传部门以多途径、多形式、全方位的讲解,大力宣传新疆,突出新疆在国家的重要战略地位,让新疆众多民族团结一家亲的生动故事在祖国大地广泛传播、深入人心。宣传教育方式可以灵活多样,例如将其纳入思政课程内容、新媒体、影视、音乐舞蹈、文学作品等。希望越来越多其他省份的人都能如援疆干部一样感同身受,将新疆情怀上升为一种家国情怀,理解新疆在中华民族复兴大业中的重要战略地位,理解援疆工作的深层意义,而不仅仅是将新疆作为风光大美的旅游目的地,让更多力量为援疆工作提供持续支撑。

(二) 优化高校援疆力量——长期建疆

目前有对新疆大学、石河子大学等少数高校实施的组团式援助,而其他新

---

① 数据来源:《教育部关于实施"援疆学科建设计划"的通知》,中华人民共和国教育部网站,2005-04-15。http://www.moe.gov.cn/srcsite/A22/s7065/200504/20050415.60806.html。

疆高校的援疆力量都相对分散，难以实施组团式、长期稳定的有力援助。同时，支援高校往往承担多个援助任务，输出力量分散。另一方面，高校对口支援精准度有待提高，当前存在学校类型、专业、学科不匹配的现象。

建议建立高校援疆协调联络机制，进一步统筹优化高校对口支援架构，促进援受间校际联络，聚焦支援力量，提高学科匹配度。例如，高水平师范高校对口支援新疆的师范类高校；根据学科建设规律，优势学科组团支援相应学科等。

（三）促高校毕业生就业——富民兴疆

新疆高校毕业生就业面相对狭窄，就业观念有待更新，高校毕业生普遍面临很大就业压力。一方面各行业、各部门普遍"人手紧"，另一方面高校毕业生就业难。仅从援疆的角度，建议利用好各领域、各行业的援疆资源，通过中组部援疆干部及省市对口支援联络沟通，建立援疆干部促高校毕业生就业机制，帮助拓宽新疆高校毕业生的就业信息与渠道。

二、对新疆高校情况的粗浅分析

新疆高校作为各民族人才培养的重要基地，其定位和发展对新疆的社会稳定和长治久安总目标具有重要战略意义，分析新疆高校在办学中存在的问题及原因，促进高校结合自己的办学传统和办学条件来确立正确的办学定位，是提高新疆高等教育水平的重要途径。

（一）人才队伍建设

人才发展是高校事业发展的基础性工程。在新疆工作很大的感受是"缺人"。高校缺高层次师资人才，缺专职行政人员，辅导员队伍不强。新疆高校普遍人手紧，生师比极高，均大于12：1。在职教师除去扶贫、驻村、南疆支教、内派等任务，实际在岗的生师比甚至在20：1以上（此数据为工作数据，无法标注来源）。而高层次人才引进困难，留人困难，待遇相对不高。建议立足于自我，以举措培养高层次师资，例如优选本校学生，通过与支援高校的联合培养、定向本硕博或硕博连读等方式，培养储备师资，充实师资队伍。

与内地高校不同，新疆高校大部分非领导行政岗由教师兼任，结果造成行政岗不稳定、不延续、不够专业。同时，教师需要承担学生管理、驻村、支教、内派等多重任务，身兼数职，难以做到对学生的精准管理，也无更多时间提高自身的教学质量，无足够精力开展学科内涵建设。激励机制和学术氛围不够，科研缺乏后劲和持续性，不利于以环境留人。建议增加专职行政岗，建设一支专业化、专职化且稳定的行政队伍，提高行政职能部门服务意识，提升行政规范性。

目前学生管理任务重与辅导员队伍不强不稳之间还存在很大矛盾。鉴于新疆学生管理工作的重要性，新疆高校已经在部署加强和稳定辅导员队伍，保证每个本科年级至少有1名在编专职辅导员，增设研究生专职辅导员。借鉴内地高校学生管理先进办法，例如辅导员及其助理担负起主要的学生管理工作，而由教师兼任的班主任承担学业与学分指导，让教师们有更多时间投入教学与科研工作，有利于提高人才培养质量。另一方面，稳定辅导员队伍，明确辅导员升级、升职、职称评审等机制。

（二）科研与学科建设

加强科研与学科建设是高等教育内涵发展、提高教育质量的重要举措，从中、微观的角度来看，也是学院长远发展的基石。

1. 加强顶层设计

目前，新疆部分高校学科建设存在顶层设计滞后、发展不平衡的问题。以新疆师范大学为例，历史上有重文轻理倾向。建议结合自身特点、基础与新疆社会需求，借鉴支援高校多年积淀的学科建设经验、教训与科学做法，加强顶层设计与制度建设，有利于可持续发展。以援疆工作所在的物理与电子工程学院为例，学院认真梳理自2006年起先后建设的光学、理论物理、凝聚态物理和无线电物理等物理学下设的二级学科，特别是已在新疆形成特色与优势的光学学科基础，瞄准新疆资源与高端人才需求，积极申报光学工程博士学位授权一级学科点，为学科的长远发展创造空间与条件。

2. 保障教师有足够的时间潜心开展研究工作

以受援高校新疆师范大学为例，3年工作中最突出的感受是老师们日常教学与管理工作量大，严重缺乏系统的时间潜心开展科学研究，时间问题是制约学院科研与教研发展的最大问题。

学校从机关部处到各学院，专职行政人员很少，90%以上的老师轮流兼任行政岗位，几乎100%的老师承担班主任工作；每周的集中教育学习活动没能很好与教学、科研工作结合；另外有约20%的教师驻村、外派，留下在岗的每位老师承担了较大的教学工作量。以上种种因素导致教师用于科学研究、团队学术交流、科研团队建设的时间非常少。但目前岗位数受限、人才引进难的问题短时间内难以解决，从学院层面可以采取以下可行措施：(1)在现有条件下尽量提高时间利用效率；(2)优化学院集中学习活动，做好集中教育学习与教学科研工作交流的有机结合，在全院、系、党支部等集中学习时段抽出10~20分钟时间，交流沟通学科发展与各类项目研究开展情况。

3. 提升学院学术氛围，凝练研究方向

科学和教学研究是促进学院学科内涵发展的基础，但因为各种原因制约了部分教师申报项目、开展研究的积极性，制约了学院学科发展；老师们虽有开展研究的积极性，但研究方向较分散，缺乏浓厚学术氛围。可行对策措施包括：(1)加强院内学术交流与沟通，促进研究方向的凝练与聚焦，集中教育学习与教学科研交流活动有机结合，优化时间安排，增加学科发展与各类项目开展情况的交流沟通；(2)尝试开展"结对子"活动，有科研工作基础与经验的老师与新入职或缺乏研究经验的老师结对子，传授研究经验、指导研究方向，丰富学院的科研及教学研究；(3)积极主办、承办学术交流活动，提升学院学术氛围及学术影响力；(4)借鉴内地高校的可行做法，积极开展各级、各类科研项目的申报动员工作与科研成果的报奖工作。

4. 改善科研与教研条件

加强和重视对实验室条件及实验室队伍的建设；普通教师的实验及办公环境较差，亟待改善；部分教师因为实验室的条件与研究方向不匹配而无法开展研究工作。可行对策措施包括：(1)利用好中央支持地方高校发展专项资金项目，积极争取科研与教学平台建设仪器设备预算；(2)利用已有自治区级、校级科研平台，向全院教师开放平台招标课题申报，为新入职教师、年轻教师开展研究创造启动条件。

（三）对口支援工作

教育部已构建起高校对口支援工作架构，即以学科建设为重点，采取名校牵头，多所一流大学参与，高校团队化工作组的模式进行，形成"以点带面、点面结合"的对口支援格局，带动新疆受援高校整体实力和水平的提高。以下讨论几点具体落实举措。

1. 互访增进了解，促进合作

四川大学连续两批（中组部第八、九批）选派援疆干部赴新疆师范大学从事为期共 6 年的高校援疆工作。自 2016 年以来，双方学校、学院互访交流，就学科建设、人才培养等方面进行合作洽谈，促成了院级两期合作协议的签署及落地实施。

援疆期间，在新疆师范大学的统一安排部署下，学院领导随同校领导一行于 2018 年 12 月到访四川大学，与四川大学校领导、职能部门负责人、学院负责人进行座谈交流，在人才培养、学科建设、队伍建设、科学研究等方面进行深入探讨，推动校际协议进入议事日程，并签署了电子、化学、中文、思政等各学科对口学院间的院际合作协议。于 2019 年 1 月到访中国科学技术大学，同样就学科建设、人才培养等方面进行广泛交流与合作洽谈，并签署校际、院际合作协议，为各具体领域长效稳定的合作奠定了基础。

2. 人才联合培养

以新疆师范大学物理与电子工程学院为例，通过合作协议及双方共同努力，学院与四川大学、中国科学技术大学、大连理工大学、江西师范大学开展了本科生联合培养；2008 年以来，学院与中国科学技术大学持续开展硕士研究生联合培养，并于 2019 开启博士研究生的联合培养工作。师资培养方面，利用中科大的教育部对口支援博士单列指标，每年选拔优秀硕士毕业生攻读中科大博士学位，并进入新师大师资储备与培养计划人选。利用好"西部少数民族骨干人才培养计划"等政策及定向委培形式，支持在职优秀青年教师攻读博士学位。这在一定程度上破解了高层次人才引进难的问题。

3. 科研合作与学术交流

充分利用新疆的地缘优势联合申报科研基金项目，如国家自然科学基金的 NSFC－新疆联合基金、地区科学基金、自治区区域协同创新科技援疆计划等专项基金，促进协同创新研究。近年，受援学院每年与四川大学、中国科学技术大学、大连理工大学、北京邮电大学、中国科学院等高校及科研院所联合申请国家自然科学基金 NSFC－新疆联合基金及地区基金项目，其中，2019 年度立项 NSFC－新疆联合基金重点项目 1 项、地区基金多项。同时，与四川大学、天津科技大学、中科院武汉物理与数学研究所等联合申请自治区区域协同创新科技援疆计划专项基金多项，其中，2019 年度立项 2 项，2020 年度立项 1 项。通过双方教师对科研项目的联合申报与合作的开展，拓展学术交流的深度、广度，并使之具有可持续性。

科研平台与资源方面，积极争取中国科学技术大学、华东师范大学两所教育部对口支援新疆师范大学的高校资源，向受援学院研究生、教师开放共享实验室、学术网络平台、文献数据库检索等资源，提供实验室建设指导；鼓励研究生、教师积极申报对方重点实验室的开放基金项目。例如，中科大以其在量子信息与量子通讯研究领域的国际领先优势指导并协助受援学院在相关研究方向的科学研究、学科平台建设及师资队伍建设。另一方面，受援学院积极配合并协助中科大"墨子号"卫星新疆天文台南山观测站的相关工作。

援疆干部充分发挥桥梁纽带作用，积极邀请内地高校、科研院所院士及专家学者，进疆开展系列学术讲座与交流活动，合作举办学术会议，协助参与国内外学术交流与合作，坚持筹办好每年度的援疆学术周活动，提升学术氛围。

4. 支援学科建设

在新一轮的新增博士点申请工作中，中科大、中科院、四川大学、苏州大学等支援单位指导受援单位一级学科博士学位授权点的申报准备工作，对标申报指标，突出已有优势学科，凝练研究方向。作为师范类高校，教育学学科建设方面，亟须开辟与高水平师范高校的合作，一方面引进教育学博士人才，另一方面争取教育部直属师范高校的对口支援博士单列计划，充实该学科领域高层次人才队伍，弥补研究生导师的不足，补齐学院学科发展不够均衡的短板。

5. 信息化助力高校管理

大部分新疆高校的校园信息化程度还不高，各职能部门间数据流转不畅，工作效率低。可以直接引入内地校园信息化建设的成功经验与成熟技术，建设学校各部门数据共享的先进信息管理系统，替代繁复的人工数据统计和整理，提高管理效率。同时提升校园数据的应用价值，例如提高学校基于数据的决策速度和质量、简化教职工的考评流程、利用大数据做到对学生的精准管理和对贫困生的人性化资助，等等。

三、援疆教师真诚投入——团结稳疆

对于援疆教师自身来说，应与新疆本地各民族师生员工同甘共苦，深入"三进两联一交友""民族团结一家亲"等活动，全身心投入工作、融入岗位角色，不旁观，不游离。珍惜援疆经历，干在其中、爱在其中、乐在其中，磨炼、收获、成长！

参考文献：

陈宏，2015. 中央实施援疆工作的历史考察和经验总结 [M]. 乌鲁木齐：新疆人民出版社.

侯亚文，2020. 新疆高校人才发展路径探析 [J]. 新疆师范大学学报（自然科学版），39（1）：92－96.

邵祥理，2020. 行走克青孜：一位中央国家机关援疆干部驻村记录 [M]. 北京：中国大百科全书出版社，知识出版社.

王媛，2008. 关于加快新疆高校办学发展的几点思考 [J]. 产业与科技论坛，7（8）：100－101.

新华社记者，2020. 习近平在第三次中央新疆工作座谈会上强调 坚持依法治疆团结稳疆文化润疆富民兴疆长期建疆努力 建设新时代中国特色社会主义新疆 [EB/OL].（2020－09－26）[2020－12－27]. http://www.xinhuanet.com/politics/leaders/2020－09－26/c_1126544720.htm.

临潭县高原中药材产业升级路径与具体对策[①]

张俊然

摘　要：本文是笔者在对口帮扶挂职阶段针对挂职单位所在地区贫困县的中药材产业现状进行分析，对存在问题提出了相应的发展对策并给出其产业升级路径，为促进该贫困县的中药材产业健康发展，助力当地药农脱贫致富奠定了基础。

关键词：挂职干部；临潭；中药材；产业升级；脱贫

2018年初，在教育部的统一部署下，四川大学和西北民族大学签订了对口支援的第二阶段协议，按照协议内容：从2019年开始，四川大学每年选派3名干部到西北民族大学挂职，首批挂职干部从2019年3月到2020年2月在西北民族大学进行对口支援，笔者担任西北民族大学电气工程学院院长职务。来到西北民大的第二个月，笔者在各项工作会议上了解到，西北民大也有自己帮扶的贫困县，西北民大党委没有安排挂职干部进行对口扶贫的任务，经我自己主动申请，参加西北民大2019年度的对口帮扶任务，对口到流顺镇汪家咀村，驻村第一书记是西北民大电气工程学院派驻的马国仁同志，在马书记的介绍下，我初步了解了汪家咀村的基本情况。汪家咀村是回、藏、汉等多民族的杂居村落，全村100多户家庭的家庭年平均收入在1万元以下，在甘肃也属于

[①] 作者简介：张俊然，四川大学电气工程学院，教授，研究方向为人工智能与大数据，2019年3月至2020年2月挂任西北民族大学电气工程学院院长。

比较贫困的地方，其主要经济来源是外出务工和近几年兴起的中药材种植业务，其中中药材种植、加工业务在当地是最有可能脱贫致富的渠道之一；但其瓶颈在于当地中药材没有形成粗加工的产业，种植技术、品种也比较单一，导致中药材产品绝大部分以原始中药材的形式、比较便宜的价格卖给了邻县（勉县等）的具有成规模加工企业的经销商。针对这些情况，笔者采取多方面的实地调查研究、文献调研、请教行业专家、上下游客商访谈等方式，针对临潭县的中药材产业，撰写了一份当地中药材产业升级的路线与具体对策的建议报告，并在挂职结束时，呈交给西北民族大学党委，下面是这份建议报告的具体内容。

一、背景介绍和研究意义

（一）背景介绍

临潭县位于甘肃省南部、甘南藏族自治州东部，系青藏高原东部的延伸段，位于青藏高原与黄土高原的结合部，牧区与城市的交汇处，地处东经103°10′~103°52′，北纬34°30′~35°05′。全县辖8镇8乡141个村委会，总人口15万人，其中农业人口13.8万人，居住着汉、回、藏等10个民族。全县土地面积1557.68平方千米，东西长约60千米，南北宽约83千米，境内地形属高山丘陵山区，地势西高东低。海拔在2209~3826米之间，平均海拔2825米，年均气温3.2℃，极端最高气温29.6℃，最低气温-27.1℃，年均降雨量560毫米，年均日照时数2324小时，年均相对无霜期84天，年均绝对无霜期10天左右，属高寒阴湿山区，境内有野生中药材150多种，土壤肥力良好，中药材资源极为丰富。尤其是野生中药材如柴胡、羌活、党参、黄芪、芍药等，因疗效独特，开发潜力极大。因此，大力发展中药材产业已经成为临潭县助农增收、振兴农村区域经济、构建和谐社会的主要抓手。

据2018年临潭县国民经济和社会发展统计公报，全县农作物播种面积总计23.3万亩，比上年增加1.84万亩。其中粮食作物播种面积9.57万亩，比上年增长5.9%；经济作物播种面积13.74万亩，比上年增长10.4%；中药材种植面积6.67万亩，比上年增长1.1%。但是由于受地方经济发展的制约，良种及肥料的生产投入严重不足，加之中药材科技处理措施还处于摸索阶段，良种、科技推广力度不够，且生长周期长，致使县中药材产业发展长期处于生产规模"扩不大"，产品"出不来"，供不应求的状况，形成了自给自足的封闭型生产格局。此外，科技经费不足，生产种植不规范、产前投入不足，导致种植药材产量不高或不能增收，严重影响了种植积极性，从而导致扩展基地困难重重，土地利用率极低，生产难以实现优化配置，严重阻碍了中药材产业化进程。

（二）研究意义

研究如何尽快建设规模化的中药材加工厂，依靠科技进步，优化品种结构，打开销路，解决农户出售难等问题，提高市场占有率和竞争力，推进临潭县中药材产业化进程，具有十分重要的意义。

1. 对调整临潭县农村经济结构的意义

临潭县地理环境特殊，经济发展滞后，二、三产业发展缓慢，在农业产业化发展上，缺乏覆盖面广、影响大的龙头企业，加之临潭县社会经济相对落后，科技含量高的产业化项目推广难度大。以中药材人工栽培收购加工为建设内容，以龙头企业为主体，带动广大山区农户在退耕地和坡耕地上人工栽培中药材，符合临潭县的实际情况，可切实调整项目实施地的农业产业结构和农村经济结构，并为区域内农业产业结构和农村经济结构调整提供示范。

2. 对增加农民收入的意义

临潭县社会经济的发展远远落后于全国、全省的平均水平，贫困人口主要分布在山区和半山区，值得关注的是山区农户还未找到一条脱贫致富的好路子。中药材市场潜力巨大，通过中药材育种、标准化种植和加工项目的实施，可极大增加山区土地的产出效益，达产后每亩山地每年收益远远超过种植传统粮食作物。这对解决当地老百姓脱贫致富，巩固生态工程建设成果有重要意义。

3. 提高农业科技含量，增强龙头企业的辐射带动能力

开发临潭县特色产业是县委、县政府发展农村经济的重点之一。中药材是

具有重要生态与社会经济价值的特色资源，开发前景广阔，通过示范项目建设，可大大促进其开发。因此，充分发挥临潭县自然生态优势，尽快建立临潭县中药材收购加工基地，必将有利于提高农业科技含量和企业效益，培育壮大特色产业，增强龙头企业的辐射带动能力。

二、临潭县中药材产业现状

临潭县分东、南、西、北、中五区，各区域海拔、气候差距较大，农作物面积1.77万公顷，适宜种植的中药材有当归、黄芪、党参、柴胡、羌活、大黄等。近年来，临潭县以专业村建设为重点，加大了药材种植专业户和专业合作社的培育，中药材面积不断扩大，品种不断增加，效益不断提高，中药材已经成为农民收入来源的重要组成部分。

(一) 临潭县中药材产业现有情况

1. 中药材资源现状

据20世纪80年代初期的中药材普查资料显示，全县分布有197科1096种中药材品种，临床常用药物365个品种中，临潭县内就有230种，占63%，丰富的资源为中药材发展奠定了良好的基础，具备规模化生产中药材的良好资源条件。

2. 中药材产业发展现状

第一，中药材基地建设初具规模。近年来，临潭县中药材产业得到省、州以及当地政府的高度重视和大力支持，每年安排中药材标准化种植基地建设项目和中药材标准化示范园建设项目，扶持中药材标准化种植基地建设，促进了临潭县中药材产业化发展。

经过近几年的发展，临潭县中药材产业形成了一定规模，年种植面积保持在0.8万公顷以上，其中，当归种植面积在0.4万公顷以上，柴胡种植面积在0.2万公顷以上，党参种植面积667公顷以上，羌活和黄芪等药材种植面积在0.13万公顷以上，药材年总产量在2.5万吨以上，产值达3亿元以上，每年建成中药材标准化示范基地面积在667公顷以上。近几年,临潭县又加大了新品种药材的引育、推广,尤其是对大黄、秦艽、芍药等药材新品种的推广,使得全县道地特色药材品种种植面积迅速扩大,药材总产量不断提高。

第二,中药材加工业发展迅速。近年来,临潭县通过政府的引导和扶持,开展中药材生产的企业数量不断增加,目前临潭有中药材加工企业2家,开展中药材种植和初加工的合作社达到300多家,年加工中药材5 000吨以上。

第三,中药材专业销售市场逐步形成。随着中药材产业的快速发展,逐步形成了以王旗镇、新城镇、羊永镇三乡镇为重点的中药材专业购销市场,促进了中药材产业化发展。目前,从事各类中药材运销的经营主体、大户有300多家,从业人员达到了1.2万多人。

第四,中药材无公害产地认定稳步推进。长川乡、羊永镇、城关镇、新城镇、店子乡、流顺乡等乡镇被认定为中药材无公害产地的种植面积达0.53万公顷,基本涵盖了临潭县大部分中药材种植重点区域。

第五,中药材种植经济效益不断提高。随着中药材种植新技术、新品种的推广运用,种植技术得到了大幅提升,产量不断增加,加上近年来中药材行情稳中有增,为中药材种植带来了可观的经济效益,进而种植面积逐年扩大。

(二) 临潭县中药材产业发展中存在的问题

第一,种植规模偏小,产业优势不明显。临潭县中药材种植大多数以农户分散种植为主,且种的中药材品种繁多,种植规模普遍小而散,连块成片面积小,规模化程度低,中药材资源优势还没有转化成规模优势。

第二,重茬种植普遍,药材品质有所下降。由于近年来临潭县中药材种植面积逐年扩大,约占全县耕地面积的一半,连作问题无法得到有效解决,重茬种植现象普遍存在,致使中药材病害较为严重,品质下降。

第三,市场对接不够,药材价格波动大。中药材价格素来不稳定,市场价格波动性大,而临潭县又没有很好地与国内中药材市场形成有效对接,加之市场对中药材品质要求越来越高,临潭县生产的中药材品质已经逐渐不能适应市场的需求,中药材产业增产不增收的现象较为严重。

第四,品牌建设滞后,产品影响力不高。一是临潭县中药材加工企业少、规模小,没有深加工的产品,大多以原材料和初加工产品直销外地,效益不高;二是品牌意识淡薄,没有知名度高的区域公用品牌,中药材主导产品均无注册商标，主要以散包装或无包装直接外销。由于没有自己的品牌，市场竞争力弱，好的产品卖不出好的价格，产品的附加值低，阻碍了临潭县中药材产业的可持续发展。

第五，缺少龙头企业，产业带动力不强。临潭县虽然有中药材生产企业，但是由于企业自身发展能力不足，加工、贮藏和销售等体系不健全，使得中药材产业链条较短，企业的带动作用不明显。加之大部分药农受小农经济思想的束缚，基本上延续传统的种植经验摸索种植，处于一种自发、随意状态。行情看涨时，一哄而上，市场疲软时，一哄而下，缺乏对市场的理性认识。此外，药材信息不畅，经常导致药材销售滞后、积压，挫伤了药农生产积极性。

第六，资金技术缺乏，产业发展后劲不足。由于受资金、技术和市场等因素的影响，新品种的引进、试验示范以及中药材栽培技术的指导、培训等工作难以开展。同时，缺乏科技人才和中药材科研机构，无法开展中药材种类、种质资源、药用植物品种、生长发育特性、药理性、环境对药用植物影响、培训等工作。

三、临潭中药材产业升级路径与对策

（一）高原中药材育种

建设中药材规范化种植基地，是中药产业可持续性发展的重要保证。而中药材的种质资源（在产业上体现为种子、种苗）是中药材规范化种植（GAP）最基本的生产资料，是目前实施中药材GAP过程中最重要却又最薄弱的环节之一。

中药材的选种、育种是GAP的源头短板，就某一种具体植物而言，药用植物的种质资源包括其栽培品种（类型）、野生种、近缘野生种和特殊遗传材料在内的所有可利用的遗传材料；在中药产业上，则具体体现为种子、种苗。

药用植物作为一类具有特殊用途的经济植物，长期以来以采集野生植株为主，但由于多年来对中药资源的合理开发利用认识不足，对中药资源过度经营和利用，加上城镇化、工业化的迅猛发展、生态环境污染等因素的影响，致使中药资源面临品种萎缩、退化和部分品种枯竭的困境。由于中药材品种繁多，对其产量和重量均有较高要求，以及其独特的生态生物学特征等特殊因素，大多数中药材种子、种苗尚未建立质量标准及检验的技术体系，至于技术推广更无从谈起。此外，种质资源的培育还缺乏中药企业的参与，缺少良种中试基础建设和良种繁育基地。许多中药企业往往在准备进行中成药原料药材规范化产业化种植基地建设时，才发现所缺少的并不是资金、土地，而是优良的种子、种苗。

而与传统农业相比，中药材种子、种苗的繁育技术与产业化十分薄弱。在常用的中药材中，经选育的优良品种不多，大多数中药材没有进行系统的种质资源的调查、收集、整理、保存和评价工作，缺乏遗传育种学各项遗传参数、生长发育规律、种子特征、药材质量药效与栽培因素的关系等基础数据的积累，长期以来主要是参考、移植和应用农作物的传统常规育种方法，中药材育种总体技术薄弱。

因此，大多数中药材没有良种生产基地和严格的制种技术，生产上使用的种子、种苗多是沿袭多年的农家品种或被引种驯化的野生类型。由于未能提纯、复壮，多数种子、种苗的种性退化，抗逆性差，变异分化较严重，丰产性能低；采集的野生药材种子成熟度不足，种性混乱；假种、劣种屡见不鲜；不少种子、种苗携带病菌、虫害。

中药材的种子、种苗与一般农作物的种子、种苗相比具有其特殊性。从基源来看，相当一部分中药材属多来源（占《中国药典》收载品种的约1/4），即使来源于同一植物也往往由于栽培类型的不同而在生产性状上呈现出较大的差异，而中药材的有效性、安全性与其植物基源有着十分密切的关系。筛选和培育遗传性能稳定、高效优质、抗病性强的栽培品种，已成为提高中药材质量和产量的主要途径之一。同时，中药材种子本身具有多样性和复杂性，包括种子、种苗的外部特征、内部构造、休眠和萌发习性、寿命习性等。因此，中药材优良品种是生产优质中药材的基础，只有通过良种的选育才能实现中药材品种的生物学性状整齐、遗传基因稳定、产量稳定、药用成分含量高且稳定可控；中药材种子、种苗是整个中药产业"源头"的"源头"、"瓶颈"的"瓶颈"，是实施中药材规范化种植需要解决的首要问题。

（二）种质研究亟待破冰

中药材的良种繁育工作意义重大，包括新品种的选育、优良品种种子的繁殖等工作，最终的目标是实现优良种子、种苗的产业化，这是中药材规范化产业化基地建设应该重视的第一个问题。随着我国中医药现代化步伐的加快，中药材规范化种植的大力推行，中药材种源问题、优良品种的选育工作已日益受到重视，特别是通过引进各种生物技术开展药用植物的品种选育工作。近年来，国家组织了中药材种子、种苗和标准平台建设，开展常用中药材种子、种苗的质量标准研究与制订。

（三）育种实例方法

以穿心莲种子、种苗为例。可以结合规范化产业化基地的建设，开展穿心莲种子、种苗质量标准的研究与制定，并为其他种子、种苗培育研究提供借鉴。首先，在技术上进行了穿心莲种子检验规程的研究，制定出了穿心莲种子的扦样、品种真实性、种子净度、发芽试验、生活力测定、水分测定、千粒重测定、种子健康度的检验方法和实施规范；其次，制定了穿心莲种子的质量标准，以千粒重、种子净度、种子发芽率和种子含水量、药材的产量和品质标准为标准，获得种子等级划分参数；第三，制定了穿心莲种子、种苗生产标准化操作规程，包括适宜生长的生态环境（气候和土壤）、隔离要求、栽培方式、田间管理、留种方式、收获时间和加工方法、贮藏与保存方法等，并将进一步建设穿心莲种子、种苗良种规范化生产基地。

通过建立穿心莲种子、种苗的品质鉴定与评价技术标准体系，建立起系统的穿心莲原种保存—原种繁育—良种繁育的种子、种苗生产供应链，实现批量、快速、经济地提供优质纯正的穿心莲种子、种苗，将促进穿心莲种子、种苗商品规格化、质量标准化；还将进一步通过专利、专有技术、认证、品牌等手段，构建起自我的技术壁垒和市场经营壁垒，产生较大的社会、经济效益。而这种种子、种苗的研究与培育产业链条式的发展模式，正是我国现阶段种子、种苗研究的弱项，应该不断推而广之，确保规范种植不断链。

（四）建立合理的中药材、农作物轮作、间作机制

轮作倒茬耕种措施是药农千百年来总结出来的先进经验，有其科学内涵，是合理利用土壤中的养分和水分，改善土壤结构，提高土壤肥力，增加有机质含量的重要方法，有利于防除杂草、减轻病虫害及消除根系有毒分泌物的积累。依据临潭县统计年鉴（2017—2018年），全县马铃薯、小麦、蚕豆等作物

种植面积减少，占耕地面积的42%，可以看出种植业结构的布局适宜当归生长的前茬作物比例失调，轮作倒茬不尽合理。经深入基层调查得知，倒茬方式多为当归－黄芪－马铃薯－当归，或当归－黄芪－燕麦－当归。就这几种根类作物周而复始，有的连续两年重茬，产量上不去，病害较为严重。另一方面，种植粮食作物效益低下，农民不愿意种，因此轮作倒茬形成了恶性循环，中药材种植"轮作倒茬必须三年以上"成了一句空话。

第一，当归－大蒜的间作与临夏皮胎果－当归－大蒜的轮作。由于最近几年在临夏州和政县试验的成功，临夏皮胎果－当归－大蒜高产高效栽培技术已经得到证实和推广。另外，按照西北农林科技大学李林强等人的研究文献的观点：轮作种植当归，M2模式下当归和大蒜间作，可以做到当归质量较好的维持（李林强，邱黛玉，贾雪，2017）。

第二，高秆与矮秆之间的间套模式。高秆的农作物与矮秆的中药材进行有效的合理种植，可以依据相应的复合群体，发展其垂直分布空间，增强相应的复合种植数量，依据前熟为后熟、后熟为全年的种植原则，增加土地和光能的应用能力，从而更好地提升经济效益。例如将板蓝根与玉米、柴胡实施复合间套种植，依据一年三种两收的种植模式，提升中药材和农作物的产量，以此达到双赢的需求。同时，还可以结合白芷、桔梗、丹参等。

第三，试验验证过的前作模式。在中药材的合理轮作倒茬中，对藿香、大黄、党参来说，前作以黄普为好；对欧当归、黄誉、冬花、朱砂七、商陆来说，前作以地黄为好；对除虫菊、怀牛膝、薄荷、地黄、牛芬子来说，前作以怀牛膝为好，以上均可获得较大幅度的增产效果。

现阶段，我国可以应用的耕地面积是有限的，而应用药材和农林生物的间套作复合种植理念可以有效地解决土地问题。有效的应用这种种植模式有助于拓展中药素材的数量，以增加农民收入，提高综合效益，调动提高农民种植中药材的积极性。运用群落的空间结构原理，充分利用光能、空间和时间资源，开展果树与中药材，农作物与中药材，中药材与中药材套种、间作、轮作等不同的种植方式及立体种植科技示范，以及采用乔、灌、草本种植技术，以增加复种指数和种植空间。

在实际发展的过程中需要科学合理的实施中药材与农林生物的间套作复合种植理念，努力提高种植综合经济效益。

（五）高原中药材标准化种植

近年来，我国政府不断推出对中药材的利好政策，全国各地开始兴起中药材种植热潮，中药材种植业也成为许多农民的首选经济作物，但其种植不规范、技术水平落后、管理粗放等，往往造成中药材品质良莠不齐，如重金属含量超标、农药残留等一系列问题，药材质量难以达标。那么，中药材种植存在哪些标准化问题呢？在未来的发展又如何呢？在此我们梳理了中药材种植标准化建设存在的主要问题。

第一，种植分散，规模效益较差、标准化生产程度较低。由于药农实力有限，种植分布分散，成片种植少，集约化程度较低，如江西泰和县的车前子，家家户户像种花生一般，难以标准化。另外，药材种植区域多在山区，信息和交通落后造成种植难以规模化，好比曾为"药材生产红旗县"的重庆巫溪，其太白贝母、大宁党参等特色品种目前种植规模太小，批量供应能力很低，在市场交易中难以形成优势。

第二，重视生产，不重技术与管理，造成质量较次。很多药材基地重产量轻质量，滥用化肥、农药，导致中药材品质下降，同时也缺乏技术指导和跟踪服务，不能保持对中药材在正常生长过程中的监测预报与田间管理。如石柱黄连基地，很多药农忽略基地管理，出现各类黄虫病害，甚至出现了农户将政府在黄连种植基地上给予的化肥补贴用于种菜的情况。

第三，只管生产，不管市场行情，信息闭塞。一些基地或盲目跟风，重复建设，如三七高价位时，许多人卖厂卖房凑钱去文山包地。或埋头发展生产，不进行深入的市场调研与前景分析，种植品种单一，价贱滞销，如江西栀子丰产不丰收。

第四，买卖双方不透明，种植与销售脱节。中药材种植生长管理较为粗放，供需信息交流不畅，缺乏长期的利益供给机制，价格起伏幅度过大，阻碍了中药产业健康发展。

四、高原中药材标准化种植的对策

关于高原中药材标准化种植，拟提出以下对策。

第一，严格遵循中药材等级标准。中药质量评价的基础，中药质量等级客观存在，但一直未建立科学、可行的质量评价标准体系。长期以来，因为缺乏等级标准和评价体系，产业界重产量、轻质量，重真伪、轻优劣。

第二，中药材标准化种植应以合作社和加工企业作为重要载体。在中药材标准化绿色种植中应以中药材合作社或大型种植企业为主体，完善、夯实技术措施和管理体系。

第三，规范生产过程，完善药材质量评价体系，建立品牌。按照中药材种植养殖、采集、贮存和初加工的技术规范、标准，应加强对中药材生产流通全过程的质量监督管理，保障中药材质量安全。以有机肥为主，按标准限量施用化学肥料，鼓励药农挖掘潜力，发挥优势，积攒有机肥料，并给予奖励和补助。建立道地中药材评价体系，支持道地中药材品种选育，扶持道地中药材生产基地建设，加强道地中药材生产基地生态环境保护，鼓励采取地理标志产品保护等措施保护道地中药材。

五、中药材的加工及仓储物流

临潭县是国家扶贫工作重点县，山高坡陡，海拔高差悬殊，地形结构复杂。农民收入很低，"三农"问题特别突出。中药材产业在临潭县农业结构中具有资源丰富、生态环境优越的优势，因此在发展中药材种植产业时，可通过中药材的加工、仓储和物流进行产业化升级，增加农民收入，加快全县建设小康社会的步伐。

建设中药材收购加工厂，采用"公司＋基地＋农户"的运行机制，依托临潭县特有的自然资源、人力资源，以市场为导向，以增加山区农民收入为出发点和落脚点，切实调整农村种植和生产结构及农村经济结构，使脱贫致富落到实处。

以下为建设中药材加工企业的几个注意事项：

(1) 根据市场需要，按照集约化、企业化、市场化、商品化的经营模式，定向建设基地；

(2) 加工厂要以现有条件为出发点，注意节约，因地制宜；

(3) 生产工艺的制定，不仅要注意先进性和实用性，还要同时考虑企业将来的发展，力求在功能和总平面布置上达到简捷流畅；

（4）扶持龙头企业，创造名牌产品，把中药材产业建设成为有数量、有质量、有效益的新型产业；

（5）将项目建设与增加农民收入紧密结合；

（6）将项目与示范推广紧密结合，并辐射、带动临潭县中药材产业发展；

（7）实现社会效益、经济效益和环境效益的统一，使之具有可持续发展的潜力。

六、中药材加工的规范及工艺流程

中药材饮片按《中国药典》和《中药饮片炮制规范》组织生产，按 GAP 要求，规范甘草、当归、板蓝根等中药材的生产、加工过程，进一步改善基地生产环境，提高药材的种植加工水平，生产出符合 GAP 标准的中药材来满足市场需求。

图1 中药材饮片生产工艺流程

建设中药材仓储、物流企业的几点建议有：临潭县每年种植中药材10万亩以上，产量在3万吨以上，邻县中药材产量在10万吨以上。完全有条件在县域内建设占地约50亩左右的汉藏药材储备库一座，总建筑面积45 000平方米，具体建设内容可以包括：建设30米×60米的标准化库房若干，2 000～5 000平方米的晾晒棚一座，办公场所面积在1 000平方米左右；建设有机药材展示厅、交易大厅、培训中心、健康体验馆及其他附属建筑和质检中心；建设20～40亩旅游观光以及教学实习药材基地；建设临潭县珍有、特有中药材的野生驯化试验室/车间等；加入"西北药材交易和物流"的电商平台，构建本地的信息上报和分析工作间；建设交易平台，配套建设其他附属设施。

项目可以采取的运营模式为"公司+基地+农户"的形式。具体而言，可由公司承担培训、提供技术等费用，农户与公司达成干药材收购协议，产品由公司统一进行收购，收购价实行最低保护价。公司通过对项目投入获得优质原料，并通过加工统一标准、品牌集约化销售获得效益。

项目可以采取的资金管理模式为严格按照财务管理的规定，实行专款专用、专户储存，单独建账，不得挤占、挪用、转移、截留。资金支付严格按照计划进行，坚持验收制度，凭单据报账，同时接受上级和国家财政等部门的监督检查和审计部门的审计，确保项目资金的合理使用。

积极发展有特色的优势产业，是国家实施西部大开发战略的重要内容，该项目建设符合国家开发战略，符合国家农业产业政策。依托临潭县特有的道地药材种质资源，以市场为导向，以科技为支撑，以增加山区农民收入为出发点和落脚点。项目建设地点是我国中药材传统栽培中心区，产业优势比较明显、开发潜力大。项目建设可切实调整农村种植和生产结构及农村经济结构，使脱贫致富落到实处，成为项目区农村经济发展新的增长点。实施该项目符合国家农业产业政策，符合当地经济发展方向。项目技术规范，产品市场前景广阔。项目投资少、见效快、回报高、风险小，具有良好的经济效益、社会效益和环境效益，对增加农民收入和调整农业产业结构有着十分重要的意义。

参考文献：

马宝泉，2009. 临潭县中药材产业发展现状及对策［J］. 甘肃农业科技（4）：47—49.

王耀华，2019. 临潭县中药材产业发展现状及对策［J］. 基层农技推广，7（4）：96—98.

本网编辑，2019. 临潭县高原中藏药材仓储物流中心建设项目［EB/OL］.（2019-01-23）［2021-1-6］. https：//www.yuanlian365.com/project/detail-12272.html.

李林强，邱黛玉，贾雪，2017. 连作轮作模式下当归大蒜间作对当归质量的影响［J］. 干旱地区农业研究，35（3）：53—58.

徐惠琴，2019. 岷县中药材标准化种植存在的问题及建议［J］农家参谋（16）：93.

詹若挺，2012. 中药种质产业化繁育挽救 GAP 断链危机［EB/OL］.（2012-01-26）［2020-11-6］. https：//www.kmzyw.com.cn/news/20121024/1351059385000.8195.html.

本网编辑，2018. 中药材种植标准化存在的问题和未来发展方向［EB/OL］.（2018-01-26）［2020-11-6］ https：//www.kmzyw.com.cn/baike/20180126/1516946163000.6367.html.

张冬琳，2016. 中药材与农林生物的间套轮作等复合种植模式. 农业与技术，36（16）：2，4.

临潭县统计局，2019. 2018 年临潭县国民经济和社会发展统计公报［EB/OL］.（2019-05-15）［2020-11-6］. http：//tjj.gnzrmzf.gov.cn/info/1045/1356.htm.

03 工作案例

践行使命担当　助力脱贫攻坚[①]

魏　忠　彭嘉淇

摘　要：四川大学全面贯彻落实党中央、国务院和教育部的决策部署，聚焦脱贫攻坚目标不放松，充分整合各方面资源，创新帮扶模式，助力定点帮扶县成功脱贫摘帽。一是加强组织领导，形成强大合力；二是坚持教育当先，推进扶智扶志；三是发挥医疗资源优势，不断拓展健康扶贫深度广度；四是加大智力输出，为地方经济社会发展出谋划策；五是推进产业发展，夯实乡村振兴基础。

关键词：脱贫攻坚、教育扶贫、健康扶贫、智力扶贫、产业发展

四川大学深入学习贯彻习近平总书记关于扶贫工作的重要论述，全面贯彻落实党中央、国务院和教育部的决策部署，自2012年来定点帮扶国家级深度贫困县凉山州甘洛县，并承担四川省扶贫任务，定点帮扶广安市岳池县，聚焦脱贫攻坚目标，围绕解决"两不愁、三保障"突出问题，坚持"百姓所需、政府所急、川大所能"，充分整合各方面资源，创新构建教育、人才、智力、科技、医疗等精准帮扶模式，助力定点帮扶县成功"脱贫摘帽"。

[①] 作者简介：魏忠，四川大学定点帮扶工作领导小组办公室专职副主任；彭嘉淇，四川大学对外联络办公室扶贫管理科科长，讲师。

一、学校定点扶贫工作总体成效

2016年以来，四川大学总计支持甘洛县经费7 125.82万元，其中，直接投入帮扶资金2 284.67万元，引入帮扶资金2 361.31余万元，直接采购农产品885.98万元，帮助销售农产品1 593.86万元；培训地方党政干部2 122人、专业技术人员2 997人，通过远程教学方式培训甘洛医护人员4 129人次；累计向甘洛县派驻帮扶干部20人。

精准帮扶的格布村如期实现150户719人全部脱贫，建成"甘洛乌金猪繁养基地""智能气雾培蔬菜大棚基地"等产业项目，人均纯收入由2015年的2 230元增长至2019年的7 684元。作为国家级深度贫困县，甘洛在2019年成为凉山州首批率先实现脱贫摘帽的县，实现71 623名贫困人口减贫、208个贫困村全部脱贫，贫困发生率从2014年的31.88%降至0.11%。2020年底，甘洛县的建档立卡贫困人口将全部清零。

除定点帮扶甘洛县外，四川大学还支持岳池县经费5 714.11万元，其中，直接投入帮扶资金448.98万元，协调引入帮扶资金5 165万元，直接采购农产品46.10万元，帮助销售农产品54.03万元；培训地方党政干部889人、专业技术人员4 482人，通过远程教学方式培训医护人员16 571人次。学校精准帮扶的安家坝村、红朝门村、石板坡村，实现138户444人全部脱贫。岳池县于2019年4月"脱贫摘帽"，实现了89 968名贫困人口减贫，280个贫困村全部脱贫，贫困发生率从2014年的8.9%降至0%。

学校定点扶贫工作得到了广泛认可：在国家相关扶贫考核中多次获"好"的评价；2017至2019年，连续荣获"四川省定点扶贫先进单位"称号；学校扶贫办荣获2020年度"四川省脱贫攻坚先进集体"；华西医院王文涛、刘启望两位老师荣获2020年度"四川省脱贫攻坚先进个人"；校党政办冯鸟东、华西口腔医院赵少峰荣获2019年度"四川省脱贫攻坚先进个人、优秀第一书记"；华西医院陈立宇荣获2019年度四川省脱贫攻坚先进个人优秀综合帮扶队员；华西临床医学院刘宗鑫荣获2019年度四川省脱贫攻坚先进个人优秀驻村工作队员。同时，学校外联办杨彬荣获2018年度四川省脱贫攻坚贡献奖，心理中心董薇荣获2019年度凉山州脱贫攻坚优秀帮扶队员；"医疗扶贫彩虹桥救助儿童先心病患者项目"被评为教育部第四届十大精准扶贫典型项目之一。学校精准帮扶的格布村2020年6月被评选为"凉山州集体经济发展示范村",入选《凉山州发展壮大村级集体经济案例选编》。

学校还组团式医疗援藏援疆。派出13名干部赴西藏地区挂职,9名教师赴西藏大学进行教育支援;"一院帮一系"援助藏大医学院,帮助藏大建立口腔医学系,实现西藏口腔医学人才培养零的突破;对口支援和帮扶西藏自治区人民医院及口腔分院、西藏大学医学院附属医院、西藏自治区人民政府驻成都办事处医院及其他西藏自治区医疗机构,为西藏基层医疗机构培训医务人员8 381人次,帮助西藏成办医院成功评选为"国家三级甲等综合医院",有力地提升了西藏地区的医疗卫生水平。2012年以来,学校共选派32名干部人才参加援疆工作,其中,27人先后赴新疆医科大学、克拉玛依市人民医院开展医疗援助工作,为新疆地区的经济社会发展贡献了力量。

二、加强组织领导,全面汇聚扶贫工作强大合力

一是完善领导体系。将定点扶贫工作作为重大政治任务,成立以书记、校长为组长、所有副校级领导为副组长的扶贫工作领导小组,明确1名副校级领导专门分管扶贫工作,下设定点扶贫工作办公室,统筹协调日常扶贫工作。校领导班子成员坚持每年分赴定点扶贫县开展调研督导和推动脱贫攻坚工作。据不完全统计,2016年至目前,校领导班子成员赴定点帮扶县开展扶贫工作59人次,各级领导干部及专家教师等达2400余人次。

二是完善制度明确责任。建立并坚持校党委常委会会议定期研究扶贫工作,每周召开扶贫工作调度会制度,健全部门、学院联络员制度和二级单位"一对一"帮扶机制,编制学校《进一步推进定点扶贫工作的实施办法》,面向校内80余个参与扶贫工作的学校二级单位,分解年度帮扶项目任务,将扶贫工作成效纳入单位年度考核指标体系。

三、坚持教育当先，为帮扶县教育发展注入新活力

学校立足高校扶贫特色，构建县、镇、村三级全覆盖的教育帮扶体系，让教育帮扶成为推动当地教育发展和打赢脱贫攻坚的动力引擎。

一是精准投放，着力改善格布村基础办学条件。累计投入400余万元，对村教学基础设施进行硬、软件改造优化。选派建筑环境领域专家，对格布村的幼教点、农民夜校培训室、阅览室、村史馆、卫生室、党群活动中心等进行整体规划设计，将现代建筑环境理念与彝族文化特色有机融合，建成约2000平方米的多功能活动中心，成为当地标志性建筑。搭建远程智慧教育平台，实现格布村幼教点、培训室、党群活动中心与川大校区"零距离"互动教学。同时，通过乡村容貌改造、捐建上学路，安设路灯，修建感恩教育长廊，捐赠图书、电脑、学习用具等项目，为当地群众更好地开展学习培训和各类活动创造必要的物质条件。

二是实施"语言扶贫"，支持斯觉镇中心幼儿园建成幼教示范园。以甘洛县推行"一村一幼"为契机，充分利用校内幼教资源优势，创新开展"校地合作教育扶贫之幼儿教育"项目。定期选派川大幼儿园优秀教师到中心幼儿园驻园支教，大力推广普通话教学，举办汉语朗诵比赛、讲故事等活动，将当地少数民族孩子学习普通话时间从小学阶段前移到幼儿学前阶段，实现3~6岁学龄前在园幼儿95%能流利讲普通话。村民对此赞不绝口："川大老师来了之后，孩子学会了普通话，还会在家里模仿老师的样子给我们上课。"学校这一做法成为国家"民族地区学前推普"项目典型成果，受到了中央电视台等国内主流媒体专题报道。斯觉镇中心幼儿园在办园思路、园务管理、教学水平等方面得到了显著提升，已发展成为甘洛县幼儿教育示范园，被当地领导和村民称赞为凉山州最好的幼儿园，成为校地共建教育扶贫项目的典范。

三是全方位加大关爱力度，助力学生圆梦成才。2013年，四川大学成立四川大学研究生支教团甘洛分团，赴甘洛职业技术学校支教。截至目前已累计派出研究生支教团成员53名，承担数学、英语、历史、物理、电子等教学科目以及通用技术等素质课程的教学任务，覆盖15个班级，授课5万余课时，受益学生近5000人次。2017年起开办两届"川大梦想班"并承担其教学任

务，第一届"川大梦想班"学生高考升学率达100％。支教团成员四方筹集善款，共定向帮扶62名贫困学生圆了读书梦。实施"雏鹰"成长计划，以夏令营、冬令营活动方式，组织当地71名师生走出大山，赴成都市和四川大学游学参访，近距离接触历史文化、现代科技等，开启认识新世界的大门，种下远大梦想的种子。深入调研了解甘洛县"留守儿童"心理问题日渐突出情况，成立四川大学心理健康教育培训甘洛工作站，邀请专家举办当地教师与儿童心理健康专题培训，开展心理辅导，引导留守儿童树立自信心、乐观向上、健康成长，着力解决留守儿童心理健康问题。深入挖掘校友资源，邀请校友企业家实地考察，推动校友创办的职业技术学校及企业与甘洛县开展的"控辍保学"职业技术教育和就业合作联动，帮助解决劝返学生"留得住""学得好""能成才"等关键难点问题，以帮扶点格布村为例，该村因贫辍学39人被全部劝返。

四是以人才培训为切入点，持续夯实脱贫攻坚根基。实施甘洛县乡镇村各级干部"圆梦川大"学历继续教育项目，设立"学业有成"奖学金，对圆满完成学业的予以奖励，以吸引更多的县、乡、镇、村各级干部进一步提高学历，提升专业技能和综合素质。截至目前，共开展"圆梦川大"学历继续教育项目7期，其中甘洛县3期，共190人参加，取得了良好的效果。针对帮扶地区党政干部和专业技术人员普遍存在能力不足的问题，采取多种方式，开展专题培训，累计培训党政干部3 011人、专业技术人员7 479人，减免培训费用697余万元，逐步提升当地干部和专业技术人员基层治理能力和水平，培养更多用得着、留得住、能干事的实用型、高素质人才。启动"翻转课堂教师培训"项目，提供以微课资源包为核心的数字化资源，为甘洛县中小学教育信息化等方面提供支援，提高专业教师的水平。开展以"农民为中心、以问题为导向、以实效为着力点"助推脱贫攻坚的主题培训活动，结合当地农民的实际情况和现实需要，通过专题讲座、现场指导、送学上门、有奖问答与竞猜等方式，以通俗易懂的语言宣传扶贫惠民政策，讲授禽类养殖、水稻种植和水产养殖等方面的农技知识，解决群众遇到的实际问题，激励他们用自己辛勤劳动实现脱贫致富、创造幸福生活。

五是加强宣传，积极引导，营造乡村新风貌。注重从思想上引导、从物质上帮扶，让村民真真切切地感受到党和国家的关怀，切实帮助贫困群众改变不良习俗和落后观念。加强思想引导，学校帮扶工作队始终把感恩教育融入日常工作中，在彝历新年村民乔迁新居、返乡过年之际，上门为村民拍摄幸福定格

"全家福",拍摄的照片经过统一制作,印上百姓对美好生活的向往和对党和国家的感恩话语,分发到每家每户,广受群众欢迎,群众对党的政策连连叫好。开展健康向上的群众文化活动,组织40余名师生开展文艺下乡惠民演出,走访22个村落,举办25场演出,为6 100名乡村群众送去了文艺盛宴。加强宣传推广,策划并指导甘洛县拍摄《我和我的祖国》,充分展现"绿水青山·大美甘洛";组织专家撰写《大凉山的回响》报告文学、《新凉山民族志》;拍摄纪录片反映彝区人民在脱贫过程中的新生活;组织学者以第三者视野,从人类学的学科研究角度,对凉山脱贫的中国意义和世界意义进行理论提升;调动资源,多方协调,讲好彝区脱贫攻坚故事,多渠道宣传中国共产党带领人民取得脱贫攻坚举世瞩目的成就。开展环境卫生整治,深入贫困户家庭宣传家庭卫生知识,促使他们从扫地、摆放家具、勤洗衣、叠被子等小事做起,养成讲卫生、爱干净的好习惯;在精准帮扶村添置卫洁设施,增设卫生督导员等公益性岗位,分片区对村卫生进行督导和清洁;改以往"捐赠式"帮扶为"引导式"帮扶,实施"以奖代补",组织开展"新风超市"卫生评比奖励活动,半月一查、每月一评,实行积分兑换制度,根据卫生环境评定结果,对干净整洁的家庭给予奖励,发放可以换购超市物品的激励券,引导村民逐渐形成保护环境讲卫生的良好习惯。

四、坚持医疗同行,不断拓展医疗扶贫广度与深度

学校充分发挥华西医疗资源优势和卫生服务优势,承担教育部直属高校定点扶贫任务,承担中组部干部援疆任务,承担国家卫生计生系统对口援藏任务,承担国家三级医院对口帮扶贫困县县级医院任务,承担省委、省政府深度贫困县定点扶贫帮扶等21家老、少、边地区县级医院医疗卫生对口支援任务。四川大学与教育扶贫同向同行,不断拓展医疗扶贫广度与深度。

一是建立医疗人才帮扶"绿色通道"。畅通当地医务人员赴华西进修渠道和门槛,2016年以来,常规培训县级医务人员982人,派出专家对223名乡村计生卫生人员开展实地业务培训,接收帮扶县一线医疗卫生人员到学校附属医院进修,与凉山州卫健委合作编印《乡村基层医生实操系列丛书》。通过远程教学等方式,累计培训甘洛县医护人员4 129人次、岳池县医护人员16 571人次。

二是推进医联体及重点专科建设。通过赴受援地提供专家门诊、带教查房、专题讲座等服务,促进优质医疗资源下沉和行业资源整合。集中指导诊治大病、疑难病141人次,开展门诊诊治3226人次,开展远程医疗会诊16例次,手术85例,义诊服务群众190人次。开展实施新技术11项,向甘洛县捐赠核磁共振成像装置等医疗设备和器械价值逾千万元,分别在4个精准帮扶村建立标准化村卫生室4个。2020年,在新冠肺炎疫情防控吃紧、医疗资源急缺的情况下,向甘洛县支援防护服及一批红外体温枪,并通过远程会诊体系帮助提高防控水平,助力甘洛打赢疫情防控阻击战。

三是对贫困地区地方病和多发病开展"靶向治疗"。2014年以来,华西第二医院儿童先心病筛查治疗团队创新开展"医疗扶贫彩虹桥救助儿童先心病患者项目",坚持以自身医疗资源为基础,联合社会公益力量,对包括甘洛县在内的西部贫困地区儿童义务筛查,已累计筛查儿童2.5万余名,募集救助资金3 000余万元,免费救治先心病儿童1 200余名,扶持7支先心病介入手术团队,构建西部先心病筛查网络,建立了"儿童先心病精准扶贫"全新模式,该项目入选了教育部第四届十大精准扶贫典型项目。华西医院医疗团队针对实地发现的甘孜藏族自治州石渠县肝包虫病患病率高达12.09%,存在死亡率高、全球罕见的现实,2006年以来持续加大医疗科技攻关,深入基层开展巡回义诊,通过讲座、培训、手术等各种方式,不断帮助当地医疗人员提高医技水平,大幅提高了当地肝包虫病的筛查率、治疗率,创造了肝包虫病治疗基本不出州的医疗成绩。2018年起,华西医院开始对口帮扶凉山州昭觉县医院,指导县医院率先建立了凉山州先进的以同伴教育为特色的个案管理模式,还建立了全州首家为艾滋病患者提供宣传教育、督导服药、心理咨询、健康娱乐、职业技能培训等全方位服务的社区健康活动中心,建立科研团队、艾滋病防治研究平台,配备了能在本地长期工作的患者随访、样本保存与运输、信息管理、实验室检验的科研队伍,在"防、诊、治"方面与县医院开展合作,为艾滋病防治做出了重要贡献。

四是牵头筹建成立高校"健康扶贫联盟"。在教育部的指导下,牵头筹建成立了高校"健康扶贫联盟",在首批成员单位中,共15所"双一流"高校。作为牵头单位,四川大学积极促进各成员高校交流协作,组织开展医疗健康扶贫论坛,推进健康扶贫组团式帮扶,为更好服务脱贫攻坚和乡村振兴贡献高校智慧和力量。

五、加大智力输出，为地方经济社会发展出谋划策

学校充分发挥人才、学科等优势，认真对接定点帮扶县重点领域人才需求，加大智力支持，服务地方经济社会发展。

一是创设实施"1+N"人才帮扶模式。在选派1名县级领导和1名"第一书记"的基础上，积极选派经济、城市规划、水利、计算机、医疗等学科领域的专家学者、优秀干部，创新构建了1名县级副职+3至4名县局级副职+1名乡镇副职+1至4名驻村干部，覆盖县、乡镇、村三级的"1+N"干部人才精准扶贫新模式。已累计向定点帮扶县派驻帮扶干部30人，平均年龄37岁，具有硕博士学历人员占80%，为地方脱贫攻坚、经济社会发展提供人才支持。

二是协助做好县域经济新发展顶层设计。把脉"县域经济新发展"重点，组织专家帮助甘洛县编制"4·20"芦山地震灾后恢复重建项目总体规划、"十三五"经济社会发展规划、"十四五"经济社会发展规划、贫困村脱贫发展规划等县、镇、村级专业规划143个，完成帮扶项目分析报告8份。为当地农副产品的输出提供市场营销策划，撰写《2017年国家级电子商务进农村综合示范县申报书》，帮助甘洛县成功申报国家级电子商务进农村综合示范县，获得中央财政补助资金1500万元。持续跟进政府和社会资本合作的技术解决方案，指派专业团队帮助开展PPP项目策划、包装、入库等工作。完成《岳池农家生态文化旅游区核心区修建性详细规划》《岳池长滩寺河污染初步治理方案》。帮助争取到总投资5000万元的红星大桥建设项目，建成岳池县近50年第二大桥梁。

三是助力地方科学高效防灾减灾。2019年，甘洛县遭受暴雨泥石流严重灾害，学校及时组织水利专家团队，就甘洛河、田坝河流域管理与防灾减灾与当地政府进行对接，投入资金100万元，开展"山区河流智慧管理及防灾减灾平台"合作项目，帮助实现水情、灾情信息的采集与共享，提升当地河流管理和灾害预警防控能力。2020年甘洛县再次遭遇"7·16""8·30"暴雨灾害，基础设施受损严重，对甘洛县巩固脱贫攻坚成果和推动经济社会高质量发展带来了极大挑战。学校迅速筹集资金支援抗灾，同时组织心理学教师赶赴灾后现场疏导受灾群众，并选派专家指导灾后恢复重建规划编制工作。

六、助力产业发展，推进脱贫攻坚与乡村振兴有效衔接

乡村产业的发展和集体经济的壮大是夯实脱贫攻坚成果的"打桩机"，是乡村振兴的基础。学校坚持因地制宜，充分考虑贫困地区农业发展起步晚，劳动力不足，缺乏资金与技术，但气候适宜、阳光充沛、水源环保等特点，有针对性地做好产业帮扶。

一是引进一批高附加值的农业养殖和种植示范项目。以产业帮扶形式向甘洛县格布村捐赠380余万元，采取"村集体合作社＋公司＋基地＋农户"模式，引入企业和技术，培养致富带头人，陆续建设起"特色乌金猪繁育示范基地""智能气雾培蔬菜大棚示范基地""稻菇轮作种植示范基地""香椿种植示范基地""药用菊花种植基地"等养殖种植基地。特别是"特色乌金猪繁育示范基地"项目，由四川大学、广东佛山市、甘洛县教科局、斯觉镇党委政府、甘洛森谷食品加工科技有限公司合作开发，占地面积23.8亩，总投资800万元。目前种猪舍一栋存栏量100头，育肥舍四栋存栏量1 600头，年出栏量达4 000头，预计年最大产值达1 400万元。通过探索构建村集体经济"产业＋商贸"发展之路，实现了农民、当地农产品企业、集体经济和消费者多赢。2019年格布村分红10万余元，村集体经济实现了从无到有，开辟出了一条村集体经济"破冰之路"。2020年，四川省人民政府官网以及《学习强国》《四川在线》《凉山日报》等媒体专题报道格布村集体经济"脱空"记，2020年6月格布村被评选为"凉山州集体经济发展示范村"，7月入选《凉山州发展壮大村级集体经济案例选编》。

二是以扩大贫困人口受益面为宗旨积极开展消费扶贫。通过学校后勤直接采购、设立学校超市扶贫专柜、开辟实体门店直销、举办现场和网上平台展销会等一系列方式，直接采购农产品932.081余万元，帮助销售农产品1647.8904余万元，实实在在帮助贫困群众增收脱贫。

当前，脱贫攻坚战取得决定性成果，进入收官阶段。四川大学将始终坚守初心使命，自觉践行责任担当，以"不获全胜不收兵"的姿态，着力构建长效机制，继续加大帮扶力度，确保帮扶县脱贫指标全面巩固提升，县域经济全面稳定增长，百姓生活持续增收不返贫，为实现乡村振兴，全面建设社会主义现代化国家做出四川大学新的贡献。

夯实乡村振兴基础　助推彝区脱贫攻坚[①]

——四川大学扎实推进脱贫攻坚与乡村振兴有效衔接，谱写格布村彝家新画卷

魏　忠　彭嘉淇　周　宁

摘　要：四川大学将定点扶贫工作作为重大整治任务，发挥综合性大学优势，创新帮扶模式，帮助甘洛县格布村建设平安智慧乡村。主要从以下几个方面着手：一是搭建智慧远程教育、远程医疗平台；二是建设安全网络，打造平安乡村；三是强化人居环境整治，建设美丽宜居农村；四是发展村级产业，夯实乡村振兴基础。四川大学建立了扶贫工作的长效机制，探索出了高校精准扶贫的"川大模式"，为帮扶县打赢脱贫攻坚战、实现区域经济社会可持续发展做出了积极贡献。

关键词：定点扶贫；智慧；平安；乡村振兴

近年来，四川大学坚守初心使命，践行高水平大学时代重任，将定点扶贫工作作为学校党政工作的重大政治任务，自2012年开始对口定点扶贫凉山州甘洛县以来，坚持以"百姓所需、政府所急、川大所能"为原则，充分发挥综合性大学优势，聚焦"两不愁三保障"问题短板，创新帮扶举措，建立长效机

[①] 作者简介：魏忠，四川大学定点帮扶工作领导小组办公室专职副主任；彭嘉淇，四川大学对外联络办公室扶贫管理科科长，讲师；周宁，四川大学团委社团工作部部长，实验师，2020年5月至2021年5月挂任甘洛县政府办主任。

制,探索出高校精准扶贫的"川大模式",为帮扶县打赢脱贫攻坚战、实现区域经济社会可持续发展作出了积极贡献。

凉山州甘洛县格布村深处山高路远、环境恶劣的边远山区,是我校定点精准帮扶村。全村常住户籍人口 246 户 1162 人,党员 28 名,全村村民 99.9%是彝族,是国家重点关注的深度贫困地区。2015 年,格布村贫困发生率高达 50%以上,全村农民家庭人均纯收入不足 3000 元[①],绝大多数农户仍保持着传统落后的生活方式,人居环境较差,基础设施和公共服务严重滞后,贫困问题尤为突出。在各级党委政府和学校的倾力帮扶下,格布村大力开展人居环境综合整治,发展壮大产业和村集体经济,致力将格布村打造成美智慧、平安、宜居新村,促进脱贫攻坚与乡村振兴有效衔接,在甘洛县形成了以格布村帮扶为核心,以县、镇联动为体系的全面帮扶格局。

一、 创新实施乡村治理, 建设智慧平安乡村

为深入贯彻落实党的十九大精神和《中共中央、国务院关于实施乡村振兴战略的意见》部署要求,四川大学积极推进格布村智慧平安乡村建设,不断增强当地村民的获得感、幸福感、安全感。在四川大学的协同帮助下,格布村在深度贫困地区率先探索用互联网理念和思维布局"智慧平安"乡村建设。

一是搭建智慧教育,启动智慧医疗。格布村搭建智慧教育,共享优质资源,以发展远程教育、共享优质资源为突破口,利用"宽带、视频、远程互动教学"等现代化教育手段,将学校的优质教育教学资源充分辐射到全村。目前已依托格布村新建成的多功能活动中心,实现了斯觉镇中心幼儿园、格布村幼教点与学校三所附属幼儿园的互动教学。继续开展幼教特色"影子跟岗培训"活动,把原来属于中下水平的斯觉镇中心幼儿园打造成为甘洛县示范幼儿园。四川大学将进一步完善成人继续教育、党建活动等远程教育、远程活动观摩等功能模块,实现成人教育、党建培训工作"线上"互动,让乡村教师有同步网络研修的机会,让农村党建在支部共建互动下不断提高工作水平。同时,为方便群众看病就医、提升医疗服务质量和效率,格布村启动智慧医疗,开通绿色

---

① 本文所涉数据来源于四川大学 2020 年定点扶贫工作报告。

通道。医务室通过远程系统实现了与四川大学校医院合作和通过信息技术下沉优质医疗资源的目标。格布村村民可通过视频问医就诊，有效节约了看病时间，减轻了就医负担，病情也得到了及时诊断。通过学生医生的在线指导和培训，拓展了村医视野和业务技能，进一步提高了村级医务室的紧急处理能力和村医基层的卫生服务能力。

二是建设安全网络，打造平安乡村。进一步加强村互联网基础设施建设，建立公共安全监控系统，动态监测村内主要交通道口、产业基地、异地移民点等重点防控区域的实时情况，加强风险防范，做好应急管理，为百姓的生产、生活保驾护航。通过网络和摄像头接入村民家庭，"解决精准扶贫到村入户的'最后一公里'问题"，建立以家庭为单位的视频监控系统，让外出务工人员能通过手机客户端实时了解家居环境变化与家人动态，让特殊人员遇到困难能及时寻求帮助，让关心不再受时间地域限制。同时，面向村民提供防疫、防火、防汛、公共安全卫生管理等多方面信息服务，搭建起综合治理平台。

二、强化人居环境整治，建设美丽宜居农村

推进格布村人居环境整治，是以习近平同志为核心的党中央从战略和全局高度做出的重大决策，是四川大学践行习近平生态文明思想的重要举措，是建设生态宜居美丽乡村、全面建成高质量小康社会的迫切需要。

四川大学深入学习贯彻习近平生态文明思想和习近平总书记关于改善农村人居环境的重要指示精神，全力开展农村人居环境整治，多措并举将格布村建设成为美丽宜居乡村。一是建设多功能一体化活动中心。学校建筑设计领域专家积极投身格布村村容村貌打造，通过科学规划和整体打造，将村"两委"会议室、全村党群活动中心、村阅览室、农民夜校培训室、村幼教点、村卫生室、村史走廊等集为一体，高标准建设格布村多功能一体化活动中心，将其打造成为甘洛县乃至凉山州村级活动室的标志性建筑，改变了过去村级活动室、村幼教点、村医务室距离过于分散的现状。二是建设感恩文化长廊。格布村新建富有彝族文化特色的感恩文化长廊，为村民们提供茶余饭后看书读报、强身健体的场所，也起到引导宣传"自力更生""饮水思源""感恩国家和党的政策"作用。三是实施"三建四改"提升工程。在"三建四改"基础上，为村民

修建洗漱台，为每一户贫困户添置五件套实木家具，绘鼓励村民对房屋进行美化，在村主干道和村民聚居区安装路灯，打造"微田园"等，为村民生产生活提供便利的同时改善乡村宜居环境。四是开展"新风超市"家庭卫生评比。整合各类帮扶资源建立"新风超市"，采用星级评定办法，组织专人按照评定标准，采用每半月一查、每月一评的方式，对本村家庭户开展星级评定，根据评定结果向群众发放激励券，供其换购超市物品。通过积分兑换制度，发挥示范效应，引导村民逐渐形成讲卫生的好习惯。五是组织以"学校跟你手牵手保护环境"为主题的环保活动。动员当地学生参与，小朋友们携带垃圾袋等，上学回家沿途捡拾垃圾，对表现较好的小朋友给予学习用具作为奖励，逐步培养下一代自觉维护环境卫生的意识。

三、 大力发展村级产业， 夯实乡村振兴基础

乡村振兴是党的十九大提出的一项战略任务。农村是乡村振兴的主战场，扶持产业发展壮大村级集体经济，促进农民增收，逐步实现村村都有稳定的集体经济收入，进一步增强村集体自我保障和服务群众能力，是乡村振兴的重要内容和主要任务。习总书记指出："中国要强，农业必须强；中国要美，农村必须美；中国要富，农民必须富。""农业强不强、农村美不美、农民富不富，决定着亿万农民的获得感和幸福感，决定着我国全面小康社会的成色和社会主义现代化的质量。"特别是脱贫攻坚已经进入攻坚拔寨的关键期，更需大力推动产业发展，增加可持续收入。

随着脱贫攻坚工作的不断深入，学校积极谋划格布村产业发展和集体经济壮大，采取"村集体合作社＋公司＋基地＋农户"模式，为村民增加创业就业岗位，探索出一条内容接地气、经验可复制的"产业＋商贸"发展之路。一是建立特色乌金猪繁育基地。2018年6月，学校以产业帮扶形式向格布村捐赠180万元，联合甘洛县本地企业成立了"甘洛森谷食品加工有限公司"，建设了甘洛县第一家集配种、繁育、育肥为一体的规模化乌金猪繁育基地，年出栏量可达4 000头，格布村集体经济占股35.29％。二是建立智能气雾培蔬菜大棚。学校以产业帮扶形式向格布村捐赠约150万元，引进四川珍稀农业科技有限公司的专家智能操作系统，建设占地8亩的气雾培大棚，用于种植水果番

茄、黄瓜和其他高附加值农产品，同时作为菊花、竹荪、香椿等产业育苗基地，预计每年为村集体经济增收 10 万余元。三是引入稻菇轮作种植项目。学校以产业帮扶形式向格布村捐赠 20 万元，引入甘洛县智海农业科技有限责任公司，种植长裙竹荪、赤松茸（又名大球盖菇）、水稻，预计为村集体经济增收 5 万余元；四是建设香椿种植基地。学校以产业帮扶形式向格布村捐赠 27.5 万元发展香椿种植产业，并引进四川珍稀农业科技有限公司提供技术指导、香椿种苗和保底收购等支持，预计第三年及以后丰产期每年可实现集体经济纯收入约 5 万元。五是发展药用菊花种植项目。格布村引进成都四季花语农业开发有限公司，在斯觉片区种植万寿菊、金丝黄菊等 1 300 余亩，同时建设药用菊花加工厂，预计 2020 年助农增收约 30 万元。

依托学校消费市场，积极发展商贸经济，拓展集体经济收入渠道。格布村村集体经济合作社收购甘洛县域内优质农产品进行加工、包装，打造"格布村"品牌，借助学校帮扶研发的"甘洛格布"销售平台，向以学校为主体的四川高校提供优质农产品，并逐步走向自由市场，实现农民、当地农产品企业、集体经济和消费者多赢。2019 年，特色农产品"阿尔镶·竹荪"以购代捐销售收入 15 万余元，实现利润 25 098 元。2020 年，格布村集体经济合作社在学校"520 以购代捐"专场活动上代销大凉山车厘子、凉山雪、大凉山纯牛奶等产品，为村集体经济增收 8 万余元。针对县域内部分农产品滞销，格布村联系川大后勤集团，将产品供给食堂，目前每周向学校提供蔬菜约 12 吨，增收约 3 万元，其中本村集体经济和货源组织村集体经济分别每周增加纯收入约 3 000 元。

经过长期艰辛地探索，格布村集体经济实现从无到有、从弱到强，因地制宜开辟出了一条"破冰之路"。集体经济 2018 年、2019 年实现分红 6.68 万元、10 万余元，预计 2020 年可实现分红 30 余万元。2020 年以来，四川省人民政府官网及《学习强国》《四川在线》《凉山日报》专题报道了格布村集体经济"脱空"记，2020 年 6 月格布村被评选为"凉山州集体经济发展示范村"，7 月入选《凉山州发展壮大村级集体经济案例选编》。

在双方的共同努力下，格布村实现了由封闭走向开放、由隔绝走向联系的转变，推进了脱贫攻坚与乡村振兴战略有效衔接。下一步，四川大学还将与格布村一道，进一步完善格布村智慧、平安、宜居新村建设，发挥脱贫致富示范带动作用，为扎实推进乡村振兴战略、绘制格布村新画卷贡献川大智慧和力量。

压实扶贫责任，发挥人才优势，为决战决胜脱贫攻坚提供坚强组织保证①

王智猛　管清贵

摘　要：四川大学党委组织部通过健全管理机构，进一步压实脱贫攻坚责任；主动深入谋划，选优配强脱贫攻坚干部人才队伍；划拨专项党费，加大对脱贫攻坚支持力度；加强联动配合，统筹做好第三方评估工作；广泛组织动员，总结凝练扶贫成果与经验等举措，充分发挥学校干部人才的资源优势，推动扶贫工作创特色、上水平、出实效。

关键词：压实扶贫责任；发挥人才优势；决战决胜脱贫攻坚；坚强组织保证

四川大学党委组织部全面贯彻落实中央的决策部署和习近平总书记关于脱贫攻坚的重要战略思想，从严从实按照学校关于脱贫攻坚的统一部署，以高度的政治使命感和强烈的社会责任感，紧密结合凉山州甘洛县（中央定点扶贫任务）、广安市岳池县（四川省定点扶贫任务）脱贫攻坚实际需要，充分发挥学校干部人才的资源优势，推动扶贫工作创特色、上水平、出实效。

---

① 作者简介：王智猛，四川大学党委组织部常务副部长，副教授；管清贵，四川大学党校常务副校长兼党委组织部副部长，副研究员。

一、健全管理机构，进一步压实脱贫攻坚责任

根据上级单位最新要求，结合学校工作实际，在学校原有扶贫工作领导小组的基础上，及时调整扶贫工作领导小组，先后印发《关于调整四川大学脱贫攻坚工作领导小组机构组成及成员名单的通知》（川大委［2018］22号）、《关于调整充实四川大学定点扶贫工作领导小组的通知》（川大委［2019］19号），以学校党委书记、校长为组长，以全体副校级领导为副组长，以多个职能部门主要负责人为成员，全力构建确权定责、清单明责、制度履责、严肃问责的"四责一体"定点扶贫工作责任体系，形成了纵向上各级主要领导亲自挂帅、横向上各职能部门和学院统筹推进的工作格局。在健全管理机构的同时，进一步完善工作机构，将定点扶贫工作领导小组办公室设在对外联络办公室，主任由对外联络办公室主任兼任，增设专职副主任1名，成立扶贫管理科，设置科长1名、副科长1名，进一步压实脱贫攻坚工作责任。

二、主动深入谋划，选优配强脱贫攻坚干部人才队伍

学校严格按照中组部、教育部和四川省委组织部的选派要求，先后为甘洛县选派1名县级领导、1名"第一书记"、1名乡镇党委副书记挂职，在"规定动作"之外，主动深入谋划，积极探索"创新动作"，加大精准帮扶力度。在结合学校人才资源、学科优势的基础上，根据甘洛县、岳池县的重点领域、紧缺行业的人才需求，创新构建1名县级副职（副县长/副书记）+3至4名县局级副职（副局长）+1名乡镇副职（副书记）+1至4名驻村干部（第一书记+帮扶队成员）的"1+N"干部人才精准扶贫模式，得到教育部、四川省脱贫攻坚领导小组、帮扶县的高度认可。自2015年以来，学校严格按照选人标准和工作程序，采取组织遴选、基层党委推荐和个人主动报名等方式，在全校符合条件的中层领导人员、管理干部、专业教师中进行推荐选派，共计选派30名干部人才分赴甘洛县、岳池县挂职，平均年龄37岁。其中，中共党员28人，党外人士2人；处级、科级干部8人；高级、中级职称19人；硕博士研

究生学历24人；管理干部21人、专业技术人才9人。学校先后制订挂职干部人才管理暂行办法、工作生活保障办法，加强制度规范和激励保障，旗帜鲜明地树立实干的扶贫工作导向和选人用人导向，对在扶贫期间表现突出、成绩显著、群众认可的人员，在干部选拔任用、职务职级晋升、评先评优等方面予以优先考虑。通过开展行前谈话、加强日常管理、开展期满考核等方式强化管理考核，通过建立联系人制度，加强跟踪了解，提供一定的生活补贴、一次性补助、艰苦边远地区津贴，购买保险、报销探亲差旅费，看望慰问挂职干部人才家属等措施强化激励保障。此外，校领导、组织部门领导和校内派出单位还不定期组织到帮扶县看望慰问挂职干部人才，协调解决工作中遇到的困难和问题，关心关爱挂职干部人才。通过该模式，形成了"'1+N'+N"的资源集聚效应，推动了学校扶贫工作取得重要成效。

三、划拨专项党费，加大对脱贫攻坚支持力度

根据中组部的文件精神，按照学校党委的统一部署，学校划拨党费共计410万元，用于支持脱贫攻坚工作。其中，2017年，从党费收缴工作专项检查中清理收缴的党费中划拨150万元，主要用于修建甘洛县格布村党员活动室并配备必要的设施设备，建立"四川大学·甘洛县党员干部教育培训中心"，培训当地脱贫攻坚干部和基层党组织书记以及改造岳池县村级活动室等。2018年，从四川省委教育工委下拨的清缴党费中划拨260万元，重点精准帮扶我校对口支援的甘洛县格布村和岳池县红朝门村发展壮大村集体经济，并由对外联络办公室牵头，组织校内专家对甘洛县格布村、岳池县红朝门村集体经济现状进行评估，制订村集体经济发展壮大规划方案。

四、加强联动配合，统筹做好第三方评估工作

2016年、2017年，按照四川省委要求，四川大学党委组织部积极配合对外联络办公室，推荐20余名专家作为评估专家、评估员进入四川省脱贫攻坚第三方评估专家库，并积极组织参与四川省脱贫攻坚验收考核第三方评估工

作，先后抽调文、理、工、医专家人才和职能部门管理类人才近200名，组织赴甘孜藏族自治州少数民族贫困县、南充市嘉陵区等17个县（区、市）开展脱贫成效第三方评估、摘帽脱贫县省级验收检查和年度脱贫攻坚成效考核等工作的专家共计330余人次。

五、广泛组织动员，总结凝练扶贫成果与经验

2018年，在校内广泛组织动员的基础上，我校积极向国务院扶贫办推荐报送"习近平扶贫思想"主题征文12篇，向四川省扶贫办推荐报送"扶贫改革40周年"主题征文6篇，其中，有5篇入选国务院扶贫办主题征文获奖名单。2019年，组织申报"教育部直属系统挂职干部扶贫专项课题"，1个课题获得立项。牵头组织编著《脱贫攻坚与乡村振兴的理论与实践》一书，组织相关专家学者、扶贫干部人才、参与扶贫工作的相关单位参与，以更好地总结凝练、宣传展示我校在脱贫攻坚方面的理论研究、实践帮扶等方面的成果与经验等。

以扶贫干部人才为支点，创新探索构建高校"1+N"干部人才精准扶贫模式①

范 瑾 张云华

摘 要：四川大学坚持以扶贫干部人才为支点，严格选派标准和工作程序，创新探索构建高校"1+N"干部人才精准扶贫模式，并坚持"严管"与"厚爱"相结合，有效推动学校扶贫工作取得重要成效，为地方打赢脱贫攻坚战，为区域经济社会可持续发展贡献川大智慧和力量。

关键词：扶贫干部人才；"1+N"；精准扶贫模式

四川大学全面贯彻落实党中央决策部署和习近平总书记脱贫攻坚的战略思想，自觉担当时代重任，将定点扶贫工作作为重大政治任务，充分发挥学校综合优势，探索实践了智力扶贫、教育扶贫、人才扶贫、科技扶贫、医疗扶贫等高校精准扶贫模式。特别是以扶贫干部人才为支点，创新探索构建了"1+N"干部人才精准扶贫模式，推动援派工作创特色、上水平、出实效。

一、主要做法

近年来，学校共计选派 30 名干部人才到帮扶县挂职，平均年龄 37 岁，其

---

① 作者简介：范瑾，四川大学党委组织部副部长兼人才办副主任，副研究员；张云华，四川大学人才工作领导小组办公室副主任，助理研究员，研究方向为马克思主义中国化和党的建设。

中，中共党员 28 人，占比 93.3%；处级 5 人、科级 3 人；高级职称 8 人、中级职称 11 人；博士研究生学历 13 人、硕士研究生学历 11 人；管理干部 21 人、专业技术人才 9 人，确保尽锐出战。

（一）严格选派标准和工作程序

坚持党管干部、党管人才原则，校党委组织部牵头负责挂职干部人才的派出、管理、考核、服务工作。坚持严格把关，根据挂职人选的资格条件和脱贫攻坚岗位工作的特殊性、重要性，严格选人标准和工作程序，采取组织遴选、基层党委推荐和个人主动报名等方式，在全校符合条件的中层领导人员、专业教师、优秀年轻干部中进行推荐选派，并参照中层领导人员选拔任用相关程序，优选强配脱贫攻坚干部队伍。

（二）探索构建干部人才精准扶贫模式

结合学校人才、学科等优势和扶贫地区实际，坚持将贫困村作为扶贫的主攻方向和突破口，突出重点、兼顾全局，在中组部要求选派 1 名县级领导和 1 名"第一书记"、省委组织部要求选派 1 名乡镇党委副书记的基础上，根据甘洛县、岳池县的重点领域人才需求，积极选派农业、水利、城市规划、计算机、电子商务等学科领域方面的专家学者、优秀年轻干部到基层一线挂职锻炼，形成了覆盖县、乡（镇）、村三级的梯队式干部扶贫工作格局，创新构建 1 名县级副职＋3 至 4 名县局级副职＋1 名乡镇副职＋1 至 4 名驻村干部的"1＋N"干部人才精准扶贫模式。教育部思政司网站、全国高校思想政治工作网、四川机关党建网、四川省脱贫攻坚领导小组《脱贫攻坚简报》等详细报道了四川大学探索构建干部人才精准扶贫的相关经验和做法。

（三）坚持"严管"与"厚爱"相结合

坚持严管厚爱，强化管理考核，狠抓激励保障，先后制定出台《四川大学挂职干部人才管理暂行办法》（川大委[2018]71 号）、《关于〈四川大学挂职干部人才管理暂行办法〉的补充规定》（川大委[2019]20 号）。2020 年，根据教育部最新文件精神，并结合学校实际，在原有文件的基础上，新修订出台《四川大学援派挂职干部人才工作生活保障暂行办法》（川大委[2020]41 号），推进援派挂职工作制度化和规范化，进一步激励和保障扶贫干部人才干事创业。

一是强化管理考核。在挂职派驻前，校党委组织部和派出单位均要对挂职干部人才开展行前谈话，明确工作要求和工作纪律，并提出工作期望。在日常管理中，结合调研督导、座谈会等方式了解掌握挂职干部人才的工作情况，并明确要求挂职干部人才应定期向组织书面汇报工作情况，同时，组织相关人员参加中组部、中国干部网络学院以及四川省教工委举办的各类扶贫干部能力素质提升培训班等，共计30人次，不断提升扶贫干部人才履职能力。在挂职期满时，校党委组织部组织考核工作组赴挂职单位开展期满考核工作。2020年，专门组织开展主题为"追寻红色足迹，传承革命精神"的重走长征路党性锻炼活动，激励挂职干部人才不忘初心、砥砺前行，为打赢脱贫攻坚战贡献自己的力量。

二是强化激励保障。在跟踪了解和建立联系人制度方面，校领导、组织部门领导和校内派出单位不定期组织看望慰问挂职干部人才，同时，由党委组织部和校内派出单位明确专人作为联系人，及时掌握情况，并积极协调帮助解决问题。在福利待遇保障方面，在保留原有工资福利待遇的基础上，提供生活补贴60 000元/年、一次性补助2 000元~8 000元/人，报销本人、配偶、未成年子女以及未婚援派干部人才父母的探亲差旅费，为援派干部购买人身意外保险、重大疾病保险。此外，自2020年起，学校每年以组织名义看望慰问挂职干部人才家属，并在干部人才及家属生病住院期间主动关心慰问。学校对在扶贫期间表现突出、成绩显著、群众认可的人员，在干部选拔任用、职务职级晋升、评先评优等方面予以优先考虑，旗帜鲜明地树立实干的扶贫工作导向和选人用人导向。2016年以来，共新提拔优秀干部9名，其中，处级1人，科级8人；职称职级方面，有10余人获得晋升；在奖励表彰方面，有21人次获得省级、校级、市州级表彰奖励。此外，编印11期《挂职干部人才工作简报》，并会同宣传部撰写多篇扶贫干部新闻报道或人物报道稿件，在学校主页、"大川"官微、《四川大学报》等宣传20余次，广泛宣传扶贫先进典型。

二、重要意义

人才资源是综合型大学的突出优势，也是贫困地区比较缺乏的重要资源之一。"1+N"干部人才精准扶贫模式坚持问题导向与实现资源的有效对接，对推动实现校地双赢的局面具有重要的现实意义。

一是有效补充地方专业人才的不足。学校根据凉山州甘洛县、广安市岳池县等帮扶县的重点领域人才需求，积极选派农业、水利、城市规划、计算机、生物医药等学科的专家学者赴县农业局、水务局、发改局、住建局等单位挂职锻炼，有效补充和解决了地方在这些领域专业人才的不足，为帮扶县编制了"十三五"规划纲要以及水利建设、村容改造等各类规划，制定帮扶县《关于贯彻落实国家创新驱动发展战略的实施意见》《关于加强政务诚信建设的实施意见》等制度文件，组织开展课题研究《岳池县建设现代化经济体系的现实障碍与对策研究》《关于岳池县区域发展研究》，完成扶贫数据开发平台项目、研发"以购代捐"App等，为地方重点领域的经济社会发展贡献了智慧和力量。

二是形成县、乡（镇）、村三级联动机制。学校以1名县级副职为团长，在县级部门、乡镇、村挂职的N名干部人才为团员，以"组团式"的精准扶贫方式，形成了县、乡（镇）、村三级联动机制，尤其是以贫困村为重点，形成县、乡（镇）、村的"同心圆"组织架构，为推动贫困村的脱贫攻坚工作作出了重要贡献。贫困村驻村干部发起召开农特产品推介会、"以购代捐"和"暖心行动"等活动，"1+N"干部人才帮扶队伍立即响应，充分发挥专业优势、单位优势、平台优势等，共同出谋划策、形成合力。在凉山州甘洛县格布村出现水源问题时，该县水务局帮扶干部积极通过水利渠道多方争取，县级其他部门帮扶干部通过争取政策支持、多方筹措资金等方式，共同为解决水源问题贡献力量，确保"一竿子插到底"，助力贫困村的脱贫攻坚工作。

三是以"1+N"干部人才推动帮扶项目落地生根。"1+N"干部人才作为学校和帮扶县之间的重要纽带，在推动学校帮扶项目落地生根、开花结果方面起到了重要的作用。"1+N"干部人才背靠学校这个"大后方"，通过整合、联动在校师生、毕业校友、学生支教团、社会企业家等各方面力量，构建多方联动的大帮扶格局，并通过逐家逐户走访调研深入了解当地干部群众的需求，积极将当地的需求同学校的资源进行有效对接、精准施策，确保"帮到点子上，扶到关键处"，推动学校的智力扶贫、教育扶贫、人才扶贫、科技扶贫、医疗扶贫等各类项目取得实效。

四是有利于加强学校干部人才队伍建设。学校党委将"1+N"干部人才精准扶贫模式作为干部人才培养锻炼的重要方式，拓宽优秀干部人才的成长路径，达到锤炼作风、丰富阅历、增长才干的目的；将"1+N"扶贫干部人才队伍建设纳入学校干部人才队伍建设总体规划，作为学校年轻干部队伍建设的一支重要力量，对于在扶贫期间表现突出、成绩显著、群众公认的，在干部选拔任用、职务职级晋升、评先评优等方面予以优先考虑，旗帜鲜明地树立实干的扶贫工作导向和选人用人导向，切实加强学校干部队伍建设。

三、工作成效

学校以"1+N"干部人才为支点，通过他们架起学校和帮扶县的"连心桥"，整合、联动在校师生、海内外校友、学生支教团、社会企业家等各方面力量，全力支持"1+N"干部人才打好脱贫攻坚战，构建了多方联动的大帮扶格局。在逐家逐户走访调研的基础上，"1+N"干部人才积极将帮扶县干部群众最迫切、最关切的需求同学校的资源优势进行有效对接、精准施策，真正"帮到点子上，扶到关键处"，取得了显著成效。

近年来，我校扶贫干部人才积极落实我校各类帮扶项目50余项，对接捐赠图书4 000余册，协调捐赠衣物和文体生活用品价值100余万元，整合落实帮扶捐赠资金1 000余万，积极推动落实产业发展，借助"以购代捐"平台，推动产业帮扶，推进两县农特产品入驻川大超市、宾馆、食堂等等，推动贫困户实现整体搬迁，使得乡村硬件设施和乡貌乡风乡俗都得到极大的改善，多措并举帮助贫困户的人均纯收入从2 300多元增长至8 000多元，年集体经济收入从几乎为零逐渐增长到13.6万元。

四川大学以"1+N"干部人才为支点，撬动各类资源汇聚整合，形成了"'1+N'+N"的资源集聚效应，有效推动学校扶贫工作取得重要成效，为地方打赢脱贫攻坚战，为区域经济社会可持续发展贡献川大智慧和力量。学校精准帮扶的4个村均已脱贫"摘帽"；学校先后在中央及国家机关等单位定点扶贫考核中荣获评价"好"，在国务院扶贫办的"第三方"评估中，学校得分排名四川高校第一位，荣获"四川省扶贫攻坚'五个一'驻村帮扶先进集体"称号、全省高校定点扶贫先进单位称号、全省脱贫攻坚集体奖，多名扶贫干部获得四川省优秀第一书记、凉山州优秀帮扶队员、广安市优秀共产党员、四川大学优秀共产党员和先进个人等称号。

深研学理经新世小康　躬身践行济彝民脱贫[①]

——四川大学经济学院智力扶贫工作案例

龚勤林　余川江

摘　要： 精准扶贫不只需要物质扶贫，更需要智力扶贫。四川大学经济学院坚持以智力扶贫为主的工作方针，形成了以学科建设培育精准扶贫内生动力、以贫困问题引领学科建设扎根中国大地的精准扶贫特色模式。首先，在实地调研走访基础上，科学规划扶贫工作方案，确保各类扶贫政策措施落准、落细、落实；其次，瞄准贫困问题导向，以理论研究推动精准扶贫可持续深入发展；再次，统筹校内外资源，为精准扶贫引智引资；最后，以帮扶规划编制为抓手，培育地区脱贫致富的内生动力。

关键词： 智力扶贫；马克思主义反贫困理论中国化；引智引资；规划帮扶

如期完成脱贫攻坚任务、全面建成小康社会是在"建党一百年"时要实现的宏伟目标，是中国特色社会主义事业取得阶段性胜利的重要战役，也是我们党向全国人民的庄严承诺。近年来，四川大学经济学院积极响应党中央、国务院和教育部的号召，在学校党政机关的正确领导和统一部署下，始终将精准扶贫、精准脱贫作为学院工作大局和重要政治任务，高度重视、精心组织、科学谋划，充分发挥学科优势，突出专业优势，秉承经济学"经世济民"的使命担

---

① 作者简介：龚勤林，四川大学经济学院副院长，教授，博士生导师，研究方向为区域经济、城市经济、生态经济；余川江，四川大学经济学院，助理研究员。

当，坚持以智力扶贫为主的工作方针，形成了以学科建设培育的精准扶贫内生动力、以贫困问题引领学科建设扎根中国大地的精准扶贫特色模式。

一、科学规划引领，制订精准扶贫工作方案

为扎实做好精准扶贫工作，学院党政领导班子严格按照学校的统一部署和要求，高度重视，精心组织，多次召开专题会议进行研究部署，保质保量地完成了学校各项工作安排。尤其是新班子上任以后，把帮扶贫困群众脱贫与发展作为己任，站在全局的高度，成立了精准扶贫工作领导小组，由书记、院长亲自挂帅，多次召开党政联席会专题研究部署对口帮扶工作，组织各方力量到对口帮扶单位、结对帮扶农户进行实地调研走访，了解村情民意，科学规划扶贫工作方案，完善机构建设，建立健全定点精准扶贫工作责任制，在明晰工作路径、强化后勤保障、创新工作机制上不断拓展工作思路和办法，通过物质扶贫、智力扶贫、专业扶贫等方式，有效解决帮扶谁、怎么扶、扶什么这个"最后一公里"问题，确保各类扶贫政策措施落准、落细、落实，让困难群众满意，得实惠。

图 1　经济学院党委书记熊兰教授带队赴甘洛县斯觉镇格布村看望学院对口帮扶困户

图 2　经济学院院长蒋永穆教授带队赴甘洛县斯觉镇格布村与当地干部群众交谈

二、瞄准贫困问题导向，以理论研究推动精准扶贫可持续深入发展

反贫困问题一直是经济学界的重要理论问题之一。在解决中国贫困问题的具体实践中，历届中央领导集体继往开来、创新发展，不断把马克思主义反贫困理论中国化推向前进。经济学院拥有马克思主义政治经济学的历史传统和学科优势，从20世纪90年代开始，就坚持以马克思主义的立场、观点和方法为指导，开展反贫困与扶贫、脱贫等方面的系列科学研究，尤其是对西部地区、四川省老少边穷地区、农村地区、少数民族地区的贫困状况、贫困原因和扶贫开发对策进行了系统研究。张衔教授围绕人类贫困问题开展了一系列研究，相关成果发表在《经济研究》《四川大学学报（哲学社会科学版）》等多个高水平学术期刊上，多次被"反贫困与国际区域合作"等国际学术研讨会的论文集收录，在学术界产生了较大影响；青年教师贺立龙副教授所撰写的论文《中国历史性解决绝对贫困问题的制度分析》入选《习近平关于扶贫工作的重要论述学习文集》（2020），龚勤林教授在《光明日报》上发表重要文章《产业协作助力稳定脱贫》，蒋永穆教授的论文《基于政府集成的中国特色减贫之路（1978—2018）：历史进程和逻辑主线》在"中国扶贫改革四十周年"征文活动中获奖，

贺立龙、刘丸源等合作撰写的论文《精准扶贫的经济学思考》在2018年"习近平总书记关于扶贫工作的重要论述"征文活动中获奖。

图3　蒋永穆教授主持的2018年国家社科基金重大项目
"精准扶贫思想：生成逻辑、内容体系和实践效果研究"开题报告会

十八大以来，习近平总书记加强顶层设计，把精准扶贫事业上升到国家战略高度，对贫困问题的真实情况作出了符合当下实际的科学判断，提出了扶贫开发重要思想。经济学院教师积极行动，聚焦产业精准扶贫、反贫困与精准扶贫创新模式、贫困动态统计与监测、城乡建设用地增减挂钩政策创新、新时期扶贫开发面临的现实问题及政策建议等方面，取得了较为丰硕的成果。蒋永穆教授主持的国家社科基金重大招标项目"精准扶贫思想：生成逻辑、内容体系和实践效果研究（18ZDA035）"、朱方明教授主持的国家社科基金重点项目"深度贫困的结构性分布与高质量退出研究（18AJL013）"、贺立龙副教授主持的"精准扶贫的瞄准机制与施策效率研究（15CJL057）"以及其他诸多省部级项目均聚焦农村问题和反贫困问题，为农村地区脱贫致富提供重要的理论支撑和实证经验。朱方明教授主持的四川省政务调研课题聚焦四川山区农村跨越式发展面临的"贫困锁定效应"，所提出的破解之策得到了省委省政府的肯定。此外，邓玲教授、龚勤林教授、邓翔教授长期致力于区域经济问题的研究，为西部地区尤其是长江上游的云、贵、川三省贫困地区和少数民族地区的经济社会发展做出了积极贡献。

通过深厚的科研传承与新时代的政策创新，经济学院在反贫困与扶贫开发、精准扶贫等方面积累了大量的研究成果和实践经验，为进一步推动精准扶贫的可持续发展奠定了良好的基础。

三、统筹校内外资源，为精准扶贫引智引资

在全员动员、广泛参与的基础上，学院十分注重发挥校内外资源优势，统筹资源，借助广大校友平台，发布甘洛民生、经济、扶贫等信息，呼吁更多川大校友到甘洛投资发展，助推甘洛经济社会发展，同时借助社会媒体的力量，加强对帮扶地区的宣传和文化帮扶，以增强社会影响力。

2017年8月，经济学院第三届博研校友论坛聚焦民族地区精准扶贫在甘洛县举行，院长蒋永穆教授带领来自全国各省份的专家学者、知名企业家共赴甘洛聚焦精准脱贫，为甘洛县精准脱贫出谋划策。通过举办此次论坛，经济学院创新性地提出了一种新的扶贫策略，即将脱贫智慧从高校带到贫困地区，将高校的校友资源介绍到贫困地区，充分发挥了高校的智力资源优势和社会纽带作用。2018年8月，为进一步贯彻落实中央决策部署和习近平总书记关于脱贫攻坚的重要战略思想，经济学院充分整合相关资源，在凉山州甘洛县成功举办"纪念改革开放四十周年暨反贫困高峰论坛"，对改革开放以来我国的反贫困问题及精准扶贫战略展开了全面深入的研讨。

图4 2017年四川大学经济学院在凉山州甘洛县举办第三届博研论坛"民族地区精准扶贫研讨会"暨甘洛县投资推介会

图5 2018年四川大学经济学院在凉山州甘洛县举办
"纪念改革开放四十周年暨反贫困高峰论坛"

两次论坛吸引了来自全国各地的教授和企业家以及经济学院多名教授参加。论坛上，与会专家分别就脱贫供给侧补齐短板十项建议、民营企业在精准扶贫中的作用、大力发展产业带动精准脱贫、围绕政府需求利用党媒搭建精准脱贫平台、企业家在精准脱贫中的社会责任、四川省"十三五"时期易地扶贫搬迁规划解读、PPP模式对欠发达地区的经济带动效应及对贫困区域的积极影响、解读最新土地政策助推甘洛精准扶贫等主题进行了发言。

论坛期间，与会专家们还深入四川大学定点扶贫的甘洛县斯觉镇格布村进行了实地调研，走上村民劳作的田间地头、走进贫困户生活的家中，详细了解各贫困户家庭生产力情况、致贫原因、家庭实际和脱贫需求，对扶贫对象实行精准化识别，做到底数清、任务清、责任清，并结合实际情况现场研究定点扶贫工作方案，明确帮扶内容、途径方式、时间进度和实现目标等，为他们开出致富良方，激发当地脱贫致富的内生动力。

图6 蒋永穆教授带领专家团队走访田间地头

图 7 蒋永穆教授带领专家团队深入贫困户家中,调研农村贫困问题

四、以帮扶规划编制为抓手,培育地区脱贫致富的内生动力

在精准扶贫工作中,四川大学经济学院特别注重发挥专家团队智力作用,实施"凝智"计划,先后帮扶编制甘洛县"十三五"规划、138个村级脱贫规划和"十四五"规划,将其作为智力帮扶贫困地区的重要内容。

自2015年开始,按照学校统一安排,应甘洛县要求,学院组织邓玲教授、龚勤林教授、黄勤教授为代表的教授团队为甘洛县编制全面建成小康社会的决战阶段的《甘洛县国民经济和社会发展第十三个五年规划》《甘洛县国民经济和社会发展第十四个五年规划》,作为智力帮扶甘洛县的重要内容。"十三五"规划工作于2015年9月启动,按照五年规划编制的一般程序和专业要求,经过实地调研、基本思路研究及规划纲要撰写,历时4个月,顺利完成规划编制任务,为甘洛县在"十三五"期间的经济社会发展作出了总体规划,并对精准脱贫作出了合理安排。"十四五"规划编制工作依然由老专家邓玲教授领衔,也已于2020年5月正式启动,历时10个月,通过集体调研、规划《基本思路》及《纲要》的撰写,与当地各部门一起梳理"十四五"时期的重大项目,明晰发展思路,"十四五"规划编制工作于2021年3月底按期完成。

图8 邓玲教授带队赴甘洛县开展"十四五"规划调研

图9 龚勤林教授带队赴甘洛县乡镇开展"十四五"规划调研

2017年5月,为进一步贯彻落实四川大学定点扶贫"一对一"帮扶项目工作计划,学院组建教授团队前往甘洛县斯觉镇格布村对11户对口帮扶贫困户进行了走访摸底,并就甘洛县招商引资规划、电子商务规划、国家生态功能区建设规划和138个贫困村脱贫规划项目的优化设计与县委县政府进行了商讨。此次调研和讨论,为接下来制定因户而异、因村而异、因县而异的精准帮扶策略奠定了基础。

图10 2017年5月经济学院部分教师赴甘洛县斯觉镇调研

图11 2017年5月经济学院部分教师赴甘洛县斯觉镇调研

2017年5月,学院两位青年教师帮助甘洛县完成了《2017年国家级电子商务进农村综合示范县申报书》的撰写,在57个申报县中脱颖而出,最终成功申报成为2017年国家级电子商务进农村综合示范县。根据相关政策,甘洛县正式成为国家级电子商务进农村综合示范县,可获得中央财政补助资金1500万元,验收合格后将再拨付500万元,这些专项资金将用于农产品电子商务发展、建立完善物流配送体系以及农村电子商务培训等方面,助推甘洛县脱贫致富。

2017年7月至8月,为确保如期完成138个村级脱贫规划,经济学院部分老师利用暑假带领学生深入甘洛县各贫困村开展实地调研,为制定因村而异的脱贫规划采集一手数据。调研结束后,历经3个多月的数据处理和分析,2017年11月,基于调研数据的138份高质量村级脱贫规划正式交与甘洛县政府。

附录:重要媒体发布及部分新闻报道

1. 人民网:精准脱贫,川大经济学院在行动

    http://soviety-people.com/html/GB/2017/08/04/20184.html

2. 新华网:精准脱贫,川大经济学院在行动

    http://nwxsxinhuanet.com/politics/2017/08/04/c_15214.html?from=singlemessage&isappinstalled=0

3. 光明网:30名经济专家在扶贫现场开出致富良方 http://share.gmw.cn/local/sc/2017/08/13/content_25606433.htm?from=singlemessage&isappinstalled=0

4. 中国青年网:精准脱贫,四川大学经济学院在行动

    http://finance.youth.cn/finance_cyxfgsxw/201708/t20170808_10469316.htm

5. 人民日报海外网:精准脱贫,四川大学经济学院在行动

    http://chanjing.haiwainet.cn/n/2017/0807/c3542714-31056873.html

6. 中国网:精准脱贫,四川大学经济学院在行动

    http://dz.china.com.cn/jy/2017-08-07/63075.html

    http://yuqing.china.com.cn/show/195127.html

7. 中国商务新闻网:精准脱贫,川大经济学院在行动

    http://fz.comnews.cn/jj/2017/zhxw_0804/20048.html

8. 新浪网:四川大学经济学院赴甘洛开展精准扶贫

    http://news.sina.cn/2017-08-04/detail-ifyitayr9129254.d.html?from=singlemessage&isappinstalled=1

9. 搜狐网:四川大学经济学院赴甘洛开展精准扶贫

    http://m.sohu.com/a/162840402_459828/?pvid=000115_3w_a&_once_=000022_shareback_wechatfriends_uc&from=singlemessage&isappinstalled=1

10. 四川新闻网:精准脱贫,四川大学经济学院在行动

    http://finance.newssc.org/system/20170807/002242923.html

11. 西南传媒网:精准脱贫,四川大学经济学院在行动

    http://www.xncmw.cn/2017/domestic_0807/11538.html

12. 华西都市网：精准脱贫，四川大学经济学院在行动

    http：//news. huaxi100. com/qiye/20170807/12842. html

13. 南方政法网：精准脱贫，四川大学经济学院在行动

    http：//www. nfzfxw. com/20170807/1992. html

14. 石家庄新闻网：精准脱贫，四川大学经济学院在行动

    http：//yzwb. sjzdaily. com. cn/qynews/jiaoyu/2017－08－07/7679. html

15. 四川经济网：川大30名经济专家在甘洛县为脱贫建言献策

    http：//www. scjjrb. com/html/xwpd/msgc/100619. html？from＝singlemessage ＆ isappinstalled＝0

16. 四川经济日报：30名经济专家开出致富良方

    http：//scjjrb. newssc. org/html/2017/08/23/content＿2381918. htm？from＝singlemessage ＆ isappinstalled＝0

17. 四川大学新闻网：四川大学经济学院赴甘洛开展精准扶贫

    http：//news. scu. edu. cn/news2012/cdzx/webinfo/2017/08/1501723975729534. htm

18. 四川在线：纪念改革开放四十周年暨反贫困高峰论坛在凉山州召开

    https：//sichuan. scol. com. cn/fffy/201808/56472425. html

甘洛县斯觉镇格布村多功能活动室建设项目工作案例[①]

李沄璋

摘 要：本文介绍了李沄璋教授的精准扶贫项目——甘洛县斯觉镇格布村多功能活动室建设项目。从实施背景、重要意义、主要做法、基本经验四方面，阐述项目建设过程，介绍设计理念，分析项目特色，总结经验教训。设计团队对本项目寄予期待，希望这栋建筑能够慢慢融入格布村村民的日常生活中，成为这一代人的记忆。

关键词：甘洛县；精准扶贫；公益项目

凉山彝族自治州甘洛县位于四川省西南部，是国家级扶贫工作重点县之一。多年来，甘洛县长期受到经济发展缓慢、基础设施滞后、普惠性幼儿园覆盖不足等问题的困扰。笔者团队聚焦西南民族地区，发挥专业科研优势，深入甘洛县格布村进行了十余次走访调查，挖掘彝族传统建筑特点，主持承担了甘洛县斯觉镇格布村多功能活动室建设项目。

一、实施背景

自党的十九大提出乡村振兴战略以来，"三农"问题倍受社会关注。而精

[①] 作者简介：李沄璋，四川大学建筑与环境学院副院长，教授，博士生导师。

准扶贫战略的提出则更早于乡村振兴战略，两大战略的相互衔接，能够保证并推动农村工作的有序展开。

在精准扶贫战略的实施过程中，高校应发掘自身优势，探索参与精准扶贫的有效模式。四川大学在 2012 年 9 月就与凉山彝族自治州甘洛县建立了定点帮扶关系。多年来，坚持多角度推进县经济发展，完善基础设施建设。2020年 2 月 18 日，甘洛县已经正式退出贫困县行列。

本项目作为四川大学对外援建的最大工程项目，位于凉山州甘洛县斯觉镇格布村，包括对村幼儿园、党群活动中心及活动广场进行综合设计。

二、重要意义

首先，本项目建设地点为四川大学的定点帮扶村，属于精准扶贫对口支援的公益项目。

其次，设计团队充分发挥高校精准扶贫项目具有研究性的特点，结合学科专业优势，通过对彝族地方文化的研究，将彝族传统建筑特征融入建筑设计。不仅多次到达现场，为项目建成提供技术支持，而且注重激发当地村民对自身文化的认同感。

最后，在精准扶贫战略的实施道路上，设计团队紧跟党中央的领导，积极响应，深入基层推进落实，体现了高等院校的政治担当。

图 1　活动室外景远眺（张磊　摄）

三、主要做法

设计以格布村的实际需求为首,强调兼顾建筑的实用性和美观性,对设计理念展开细致及精准的推敲后,再着手建筑设计。下面从项目设计理念、基地选址、集成彝族传统建筑特征、构建开放空间、团结多方合作的角度进行详细介绍。

(一) 设计理念

设计团队经研究后发现当地的彝族传统文化别具一格,尤其体现在传统建筑的木结构构架、窗格图案及细部装饰等方面,因此在建筑设计上要融入设计者对彝族地方文化的理解。一方面,通过赋予建筑较为华丽的个性,使其与彝族传统建筑的性格比较吻合。另一方面,运用现代抽象的方式,将传统建筑的特征充分表现,使得新建建筑能够融入当地环境。

设计团队考虑为格布村村民创造能够进行公共社交的场所,因此注重表现建筑的开放性和交流性。通过将开放的建筑二层平台、过廊空间、活动广场三者相结合,把设计场地塑造为全体村民的公共客厅。

(二) 独具匠心的基地选址

项目所在地格布村群山环绕,河水潺潺,环境优美,景色宜人,因此在选址方面应充分考虑村庄的山水格局。设计团队将建筑建于高差近10米的坡地之上,通过梯田层层向上。同时注重维护基地的原始生态环境,保留原有树木,村民可沿两侧台阶从广场到达建筑,不仅能欣赏优美的乡土景观,而且避免了建筑与广场产生的干扰。

图2 建设前场地状况（李沄漳 摄）

图3 活动广场（张磊 摄）

（三）别具一格的彝族传统建筑

由于格布村的常住人口主要是彝族，且甘洛彝族传统民居建筑特点鲜明，设计团队在对当地传统民居进行深入研究后，提取特征元素，再将其融入设计。采用传统木结构构架作为装饰，以交错的坡屋顶形式，增强建筑的律动性，赋予建筑活泼的灵魂，既强调民族地域特色，又与周边民居协调。

图4 活动室建筑（张磊 摄）

图5 活动室建筑侧面（张磊 摄）

（四）公共开放的场所空间

首先，保证建筑对周边环境的开放，远眺可欣赏村落美丽的山水。第二，保持建筑对自然的开放，阳光通过玻璃以特定的形式形成影子，风和空气在过廊空间自由穿过。

图6 活动室二层公共空间（张磊 摄）　　图7 活动室二层公共空间（张磊 摄）

图8 活动室二层公共空间（张磊 摄）　　图9 活动室二层公共空间（张磊 摄）

第三，建筑对村民开放，建筑东侧的二层平台也可服务村民社交活动。台地下的活动广场作为公共空间，既可用于日常活动，又可以在重要的节日进行集会和表演。

图10 活动广场建设前（张磊 摄）　　图11 活动广场（张磊 摄）

图 12　从屋顶平台看活动室建筑（张磊　摄）　　图 13　活动广场（张磊　摄）

（五）团结一致的多方合作

本项目最终能够顺利落成，离不开设计团队、施工队伍、驻村干部等的共同努力。考虑到当地的工程技术水平还较为初级，设计团队多次前往村内勘察建筑的建设情况，积极与地方部门沟通，指导施工队伍。在此过程中，施工方不仅提高了技术，而且增长了信心，并逐渐产生了投身家乡建设的自豪和荣誉感，这点尤其难能可贵。

图 14　活动室建筑侧面局部（张磊　摄）　　图 15　从道路侧看活动室建筑（张磊　摄）

图 16　活动室建筑室内（张磊　摄）　　图 17　活动广场围墙（张磊　摄）

四、基本经验

第一，精准扶贫项目的展开必须要有针对性，时刻注意因地制宜，做好实地调研，要符合当地的实情，具有地域特色和可实施性。

第二，高校参与精准扶贫，应当依托自身优势，充分结合学科特色，发挥高校的研究性，通过创新要素、项目需求与项目实施等相结合，建设具有实际意义的扶贫项目。

第三，在精准扶贫工作的推进过程中，要克服当地条件简陋、建造成本高、建造难度大等方面的困难，积极与各地方部门及实施团队交流沟通，频繁联动对接，寻找平衡点，与当地民众一起推动扶贫工作的落实及展开。

海纳才智汇甘洛　吉日坡上百花开[①]
——四川大学商学院智力援助凉山州甘洛县精准脱贫美丽实践

巫　科

摘　要：2018年以来，为推动四川省凉山州甘洛县"真脱贫""脱真贫"，四川大学商学院聚合院内外"人—财—物"优势资源，通过实地调研、论证评审、产业帮扶、项目巡诊、专题培训、援派挂职、志愿服务、"以购代捐"等工作方式，聚力形成以"党政协同＋机制创新""对口帮扶＋志愿服务""智力援助＋产业帮扶""调研巡诊＋项目评审""人才扶志＋教育扶智""公益捐赠＋以购代捐"为主要特征的"6＋6"特色精准扶贫模式，书写了"海纳才智汇甘洛，吉日坡上百花开"凉山州甘洛县精准脱贫的美丽实践。

关键词：四川大学商学院；精准扶贫；定点帮扶

有道是"山不在高，有仙则名"，在凉山彝族自治州（简称"凉山州"）素有"北大门"之称的甘洛县石海乡境内，有一座酷似金字塔、高度仅1500米左右的山坡，这就是因美丽传说而遗世独立、被彝族人民奉为"神山"的"吉日坡"。近几年来，得益于各帮扶单位的精准助力，吉日坡下穷困多年的彝乡人民生活条件得到极大改善，不仅年人均纯收入达到脱贫标准，同时还实现了"两不愁三保障"的"真脱贫"。曾经，彝族民间谚语有着"吉日坡顶山鹰成群自由飞，山腰草坪灌木丛中野鸟欢，山底河流鱼儿欢乐游"的说法；如今，在

[①] 作者简介：巫科，四川大学商学院党建办公室主任，讲师。

众多帮扶单位中也有着"海纳才智汇甘洛,吉日坡上百花开"的说法,而这说法指的就是四川大学商学院智力援助凉山州甘洛县精准脱贫的美丽实践。

一、案例背景

凉山州是全国"三区三州"深度贫困地区之一,隶属于凉山州的甘洛县贫困程度深,脱贫难度大,存在许多现实困境:一是财政资金有限。县域经济的第二产业和第三产业薄弱,财政税收支撑乏力,政府转移支付比重较高,资源开发严重受阻。二是城际交通不便。交通基础设施建设不足,仅有普通铁路和公路,路程较远、路面颠簸,不利于引进外部投资。三是服务设施落后。受自然灾害频繁等因素影响,全县公共基础服务设施建设少、匹配差的问题突出。四是招商引资困难。甘洛县为农业资源大县,缺乏农民增收致富的支柱产业,亦为工业弱县,二、三产业发展比例失衡。五是适龄劳力不足。青壮年劳动力大量流出,当地资源难以充分利用。六是经济结构失衡。自然地理条件先天不足,工农业基础薄弱,投资环境较差,市场发育缓慢,财政入不敷出。

甘洛县地处四川盆地西缘向青藏高原地势过渡的高山峡谷地带,是以彝族为主体的民族聚居县,也是国家级深度贫困县,精准脱贫实践具体面临五大问题:(1) 造血能力不足。甘洛县作为深度贫困地区,产业结构不协调、工业基础差,短期内尚无法自给自足,亟须高校给予智力援助、企业给予资源扶助。(2) 脱贫意识不强。甘洛县为民族地区,部分彝族群众文化素质较低、思想较为保守,主动脱贫意识不强,接受新知识、新技术的能力差,发展动力不足,持续脱贫任重道远。(3) 产业人才缺乏。甘洛县的产业发展规划缺乏一体化的战略考量,导致产业之间出现衔接差、联系不紧密等情况。此现象很大程度上源于县内人才的多流出和县外人才的难引进。(4) 招商引资瓶颈。甘洛县财政收入和计划招商引资的规模有着较大差距,可能导致招商引资项目的实施出现瓶颈,给本来就稀缺的资金资源带来更大的压力。(5) 旅游发展受限。甘洛县各类基础设施较差,虽然有较好的人文自然资源优势,但知名度低、基础设施差,导致发展以文旅经济带动的第三产业受到较大限制。

"冰冻三尺非一日之寒",凉山州甘洛县脱贫攻坚任务面临着现实困境与艰难挑战,如何充分发挥自身综合优势、积极参与学校定点帮扶工作、精准助力甘洛县决胜脱贫攻坚，成为四川大学商学院面对的一场"硬仗"。

二、主要做法

在积极参与四川大学定点帮扶甘洛县脱贫攻坚的工作实践中，商学院深入学习领会习近平扶贫思想，深入贯彻落实党中央、国务院及学校关于脱贫攻坚的重大决策部署，按照年度定点帮扶甘洛县的工作计划，紧密结合甘洛县脱贫攻坚的实际需要，充分发挥"双一流"建设高校商学院优势，以定点扶贫工作领导小组、党建办、校友办及"博士先锋"实践团等为载体，整合校内外优势资源，聚力形成以"党政协同＋机制创新""对口帮扶＋志愿服务""智力援助＋产业帮扶""调研巡诊＋项目评审""人才扶志＋教育扶智""公益捐赠＋以购代捐"为主要特征的"6＋6"特色精准扶贫模式，凝心聚力为决战脱贫攻坚、决胜全面小康、助力经济社会发展贡献力量。

（一）"党政协同"＋"机制创新"

商学院党政领导班子一直高度重视甘洛县等地的扶贫工作，专门成立定点扶贫工作领导小组，由院党委书记李晓峰、常务副院长邓富民任组长，将扶贫工作纳入学院党委会、党政联席会的议事范围；年初制订工作计划，年内定期工作研判，年末进行工作总结；在具体实践中形成"院党委书记亲自主抓，院党委副书记具体分管，院党政领导协力支持，院党建办居中联络，院内部门（系）协同配合"的扶贫工作机制，着力整合院内资源与校友资源，切实加强组织保障与机制创新，统筹推进各项扶贫工作。例如，联合校友会成立孔子教育基金，设立"千名农村中小学校长培训项目"，提高甘洛等省内贫困县农村学校校长专业发展与管理能力，该项目累计培训400余人次，产生了良好的社会效益。

（二）"对口帮扶"＋"志愿服务"

商学院坚决履行帮扶单位主体责任，党政领导率先垂范，确定帮扶责任人和联络员，压实对口帮扶责任；同时在院内组建"博士先锋"实践团，广泛招募教师志愿者、博士研究生志愿者及校友会志愿者，将对口帮扶责任与"三下乡"社会实践及志愿服务精神有机结合，走好扶贫工作的群众路线，有力推动了扶贫工作高质量发展。例如，校长助理、院长徐玖平每年赴甘洛县格布村实地调研并看望慰问学校长驻当地的扶贫干部和支教团师生；院党委书记李晓峰每年定期带领学院定点帮扶工作队、专家组及"博士先锋"实践团赴甘洛县等贫困地区开展调研慰问及精准扶贫工作，先后立项校党建特色活动2项，其中赴甘洛开展的志愿服务实践活动多次获学校优秀社会实践表彰；常务副院长邓富民、院党委副书记张黎明、副院长米德超、院党委副书记兼纪委书记李小平分别带队，赴甘洛县斯觉镇格布村调研慰问对口帮扶的贫困户；2018年以来，院党建办主任、定点扶贫工作小组办公室主任巫科，院团委书记郑洪燕，院校友办罗雪等多次赴甘洛县等贫困地区开展定点扶贫工作及志愿服务活动。"对口帮扶"与"志愿服务"的相关行动为深入贯彻落实学校、学院定点扶贫工作决策部署奠定了扎实基础。

（三）"智力援助"＋"产业帮扶"

依托丰富的人才资源储备，商学院充分发挥智力资源聚合效应，针对地方经济社会发展需求，积极开展智力援助工作，主动参与产业帮扶项目，切实履行社会服务责任，为决战决胜脱贫攻坚、服务地方经济社会发展源源不断地贡献智慧与力量。例如，由常务副院长邓富民教授牵头完成的研究报告《数字经济红利下的脱贫攻坚战》为互联网企业在扶贫中实现红利最大化提供决策支持，中央网信办、四川省政府通报，《人民日报》、中央人民广播电台等20余家媒体对扶贫工作开展报道；全国PPP领域专家、我院教师陈传教授研究团队为甘洛县"一水两污"PPP项目落地开展了大量工作，多次深入实地调研，开展多次专题培训，有效提升了当地政府PPP项目实践运作能力；我院教师刘海月、杨安华、卢毅、黄璐、甄伟丽等专家为甘洛县产业经济发展提供了不同专业领域的规划方案。其中，甄伟丽于2019年毅然接受组织选派，赴甘洛县商务经济合作和外事局挂职，为当地招商引资、对外推广等积极贡献自己的智慧与力量。

（四）"调研巡诊"＋"项目评审"

根据不同时期不同阶段扶贫工作需要，商学院适时成立专家组，坚持实事求是，理论联系实际，通过实地调研、项目巡诊及论证评审相结合的工作方式，为甘洛县的扶贫项目落地、落实、落细提供了大量针对性强、具有可操作性的专业咨询建议，有力推动了学校、学院定点扶贫任务的责任落实、政策落实及工作落实。例如，我院教师晁祥瑞、吴邦刚、朱江、徐玉宽组成专家组深入甘洛县格布村，对"乌金猪养殖""智能气雾大棚""稻菇轮作""菊花种植"等产业帮扶项目开展了实地调研和项目巡诊，为解决相关产业帮扶项目遇到的瓶颈提供了可行性较强的项目诊断咨询报告。

（五）"人才扶志"+"教育扶智"

近年来，商学院涌现了一批积极投身扶贫挂职干部的博士党员，如颜锦江、刘苹、杨安华、甄伟丽，他们扎根地方，内培外引，献计献策，将商学院优秀人才的智慧与汗水播撒在扶贫地，用自己的实际行动影响并带动当地干部群众"撸起袖子加油干"，践行并诠释了"人才扶志"之真义。同时，商学院还涌现了一批竭力推动教育扶智的教师，如张黎明、余伟萍、钟丽霞、黄璐、张欣莉等，她们是当中的优秀代表，长期为甘洛县等贫困地区的党政干部、企事业人员及村镇致富带头人等开展各类教育培训等社会公益活动，成效显著。其中，院党委副书记张黎明教授于2018年荣获四川省政府颁发的"慈善工作奖"。

（六）"公益捐赠"+"以购代捐"

"公益捐赠"和"以购代捐"既是商学院积极参与学校定点扶贫工作的重要渠道，同时也是深入推动甘洛县精准脱贫的重要实践。据统计，近年来我院教职工"公益捐赠"金额累计逾14万元，"以购代捐"金额累计逾20万元，不仅圆满完成相关工作任务，更彰显大爱。例如，2018年秋季，我院积极支援甘洛县易地扶贫搬迁工作，捐资帮扶14户易地搬迁贫困户添置家庭基本用具；2020年春季，积极动员教职工及校友参加爱心捐赠活动，共计筹集善款11.7729万元，有效解决了学院定点帮扶甘洛县格布村贫困户的孩子罹患白血病、全家面临返贫风险的问题。

三、工作成效

一是脱贫目标达成。2018年12月，甘洛县斯觉镇格布村顺利达成脱贫目标，年人均收入超过3600元，顺利实现脱贫摘帽。2019年、2020年成为持续巩固脱贫攻坚成果、为接续实施的乡村振兴奠定基础之年。

二是经济效益可观。商学院精准帮扶甘洛县建立的以森谷农业为代表的特色农业，发展有力、持续向好，年终分红惠及当地贫困人口，同时为当地群众提供稳定的就业岗位，有效实现稳定增收，更重要的是探索了一条政产学研协同创新、以产业扶贫实现精准扶贫的新路。

三是社会效益良好。商学院积极同当地政府、企业和民众进行深入沟通，探索建立了"三扶"志愿服务模式，为高校开展精准扶贫志愿服务积累了可借鉴推广的经验，同时，积极整合校友资源，发挥校友力量，在凝聚社会力量精准帮扶"三区三州"深度贫困地区方面树立了示范案例，并通过新闻媒体和群众口碑有效传播。2019年6月，卢毅副教授指导的研究团队的成果《"元－链－群"精准扶贫项目规划模式——以凉山州甘洛县为例》，在第十五届"挑战杯"四川省大学生课外学术科技作品竞赛中荣获一等奖，取得良好社会效益。

四是文化素质提升。商学院为甘洛县、斯觉镇和格布村等各级干部、企业人员和群众个体开展义务培训20余场，受益群众达千余人，有效提升当地干部群众的专业知识和文化素质。同时，利用"以购代捐"帮扶的家具家电以及村内宣传画、宣传标语推动了乡风文明建设。

四、案例总结

2018年以来，四川大学商学院以定点扶贫工作领导小组、党建办、校友办及"博士先锋"实践团等为载体，聚合院内外"人－财－物"优势资源，先后投入逾200余人次（教授、副教授、博士及博士研究生），通过实地调研、论证评审、产业帮扶、项目巡诊、专题培训、援派挂职、志愿服务和"以购代捐"等工作方式，聚力形成以"党政协同＋机制创新""对口帮扶＋志愿服务"

"智力援助+产业帮扶""调研巡诊+项目评审""人才扶志+教育扶智""公益捐赠+以购代捐"为主要特征的"6+6"特色精准扶贫模式,奉献了"海纳才智汇甘洛,吉日坡上百花开"凉山州甘洛县精准脱贫的美丽实践。

  现在,甘洛县彝乡人民与全国各族人民一同过上了幸福的小康生活,他们的笑靥如百花盛开,奔走在乡村振兴的康庄大道上。未来,四川大学商学院将进一步深入贯彻落实习近平新时代中国特色社会主义思想和党的十九大及十九届中央历次全会精神,秉承"海纳百川,有容乃大"之校训及"行健厚德,格商致道"之院训,为决战脱贫攻坚、决胜全面小康、服务地方经济社会发展不断奉献智慧与力量。

坚持需求导向　多措并举
扎实开展教育扶贫，决战精准脱贫攻坚[①]
——四川大学成人继续教育学院坚守扶贫第一线

张婧怡　刘禹池　杨富坤

摘　要：成人继续教育学院深度参与扶贫工作近9年，学院引导和帮助贫困地区找准发展定位，为贫困地区按需定制高等学历继续教育和非学历继续培训项目，组织开展成人继续教育"扶贫＋扶智"项目、网络教育"圆梦川大"项目等；同时找准地方社会经济发展薄弱环节，通过干部培训、专业技术人员培训、教师培训等，为贫困地区定制专项非学历培训项目，大幅提升了帮扶地区干部人才学历、治理能力、知识水平和专业技能。学院帮扶工作中特别注重统筹推进脱贫攻坚与乡村振兴的有效衔接，协助帮扶地区探索建立乡村产业振兴长效机制。

关键词：知识扶贫；脱贫攻坚；培训；乡村振兴

2012年9月以来，四川大学成人继续教育学院积极参与推进扶贫工作，竭尽所能，扶危济困，先后帮扶了甘洛县斯觉镇与岳池县古坟梁村、安家坝村、红朝门村，为两县硬件设施改善、教育事业发展、人才队伍建设、县域经济提升、乡村振兴、招商引资规模壮大等出策出力，取得了丰硕成果。在多年

---

① 作者简介：张婧怡，四川大学成人继续教育学院党政办公室主任；刘禹池，四川大学成人继续教育学院继续教育基地办公室副主任；杨富坤，四川大学成人继续教育学院学生工作部副部长。

的扶贫工作实践中，学院不断提高政治站位、强化使命担当，在扶贫工作中"真扶贫、扶真贫"，坚持以需求为导向，倾尽全力、多措并举，形成了与学院办学定位相结合，与学院办学资源深度契合，与学院办学优势相融合的独具特色的扶贫工作模式。

一、主要做法

（一）扶贫＋诊断：按需定制，精准助力脱贫攻坚

自扶贫工作开展以来，为使帮扶切实落到实处、真正发挥作用，学院主要负责人先后多次与帮扶地区领导、部门专题研讨，结合当地实际需求，坚持"扶贫扶智扶志"相结合，以强化地方人才支撑为切入点，为扶贫地区打造了适应地方经济社会发展需求的高等学历继续教育和非学历继续教育项目。

学院充分发挥学历继续教育办学资源优势，在广泛调研的基础上，开设了满足贫困地区需要的学历继续教育项目。通过"扶贫＋扶智"工程，组织开展"圆梦川大"学历继续教育项目，仅甘洛县就有165人报读学习，提高了县乡镇村各级干部的学历水平、专业技能和综合素质。为鼓励在读学生完成学业，还对完成学业的学生设立了"学业有成"奖学金，吸引更多的县乡镇村各级干部提升自身的学历水平，助力扶贫工作持久、深入开展。

充分发挥学校在人才培养、教学资源等方面的综合优势，开展满足贫困地区需要的非学历继续教育项目。在广泛调研的基础上，梳理贫困地区党政干部普遍存在管理能力较弱的问题，结合专业技术人员业务能力的提升需求，针对基层党政干部、专业技术人员开展专题培训，进一步提升基层党组织组织力，筑牢脱贫攻坚战斗堡垒；通过党政干部培训，提升各级党政干部管理服务水平；组织一线医疗卫生人员到四川大学附属医院进修，提升当地医疗技术水平；组织当地农技人员参加养殖、防疫培训，提升当地农技水平。探索出"送教上门"、到校培训、现场教学、线上教学、电视直播等方式，以多种渠道和方式强化培训力度，扩大培训受众面，增强培训质量和效果。

扶贫工作开展以来，四川大学成人继续教育学院累计投入资金165万余元，减免学费302万余元，培训党政干部5 275人，培训专业技术人员7 268

人,为脱贫攻坚工作培养了一批用得着、留得住、能干事的干部人才。

(二) 扶贫＋特色项目：靶向治疗，解决痛点问题

在精准扶贫工作中,学院急群众之所急,充分利用各方资源,助力解决帮扶地区实际困难,做到真扶贫、扶真贫。

协助做好甘洛县"两不愁三保障",助力"控辍保学"工作。充分利用学院校友资源,推动校企联动,主动与粤东校友会联络,陪同校友会的企业家到现场实地考察,组织双方互访交流,推动校友创办的职业技术学校、校友企业,与甘洛县开展"控辍保学"职业技术教育和就业合作联动,着力解决了劝返学生"留得住""学得好""能成才"等关键环节的难点问题。

为解决好农民生产生活中的实际困难,学院以"农民夜校"为载体,在岳池县开展了农民夜校主题活动,用通俗易懂的语言讲授扶贫惠民政策,引导农民常怀感恩之心;在甘洛县通过专题讲座、现场指导、"送学上门"等方式讲授禽类养殖等方面的农技知识,解决群众烦心事;以有奖问答、竞猜等方式,充分调动农民学习积极性。

为进一步提升帮扶地区基础教育质量,学院以"教育者提升"为着力点,先后组织举办贫困县中小学（幼儿园）校（园）长、骨干教师教育信息化专题培训班等,培训教师2000余人。通过"翻转课堂教师培训"、微课程资源共建共享联盟等方式,助力甘洛县教育迈上了新台阶。学院主动接洽,与华南师范大学合作,在岳池县开展"岳池县脱贫攻坚教育扶贫骨干教师网络培训""四川大学－岳池县2020年中小学骨干教师网络研修班",帮助骨干教师提升教学水平。下一步,学院将继续整合资源,通过培训专业教师,探索设立远程课堂等方式,助力帮扶地区提升义务教育阶段教育教学质量。

为解决好留守儿童的心理健康问题,以"心理辅导"为切入点,组织设立四川大学心理健康教育培训甘洛工作站,邀请专家进行情感矩阵与儿童心理健康专题培训,引导留守儿童树立自信心,使其乐观向上,健康成长。

在新型冠状病毒肺炎疫情发生后,学院迅速响应,战"疫"战"贫"两不误、两手抓,在完成常规帮扶工作的基础上,在甘洛县召开四川大学—甘洛县教育卫生扶贫工作对接会,率先启动了凉山州甘洛县疫情防控和脱贫攻坚教育帮扶系列工作,组织完成了医疗卫生远程教学1850人次;组织医疗专家通过电视讲座等方式开展疫情防控知识讲座,普及疫情防控知识,增强当地疫情防控

能力；在甘洛县斯觉镇格布村开展公共卫生防疫讲座活动，引起了当地群众强烈的反响。针对一线医疗人员防疫工作压力大等问题，学院组织了"最美逆行者压力与情绪管理专题培训"，帮助奋战在疫情防控工作一线的干部职工调整状态，使其以热情饱满的情绪继续投入抗疫工作。学院还组织了教职工和校友防疫物资捐赠等活动，筹集了口罩、体温计等防疫物资，甘洛县校友会负责人、斯觉镇中心医院院长罗霄等"逆行者"，手捧学院捐赠物资，激动万分地说："四川大学总是在我们需要的时候送来'及时雨'呀！"

图1　四川大学—甘洛县教育卫生扶贫工作对接会议（马铎钊　摄）

图2　学院发放捐赠物资（马铎钊　摄）

（三）造血＋圆梦：暖众人心，共筑梦想同舟济

学院在做好扶贫工作的基础上，特别注重统筹推进脱贫攻坚与乡村振兴的有效衔接，注重做好产业扶贫与产业振兴衔接，协助帮扶地区探索建立乡村产业振兴长效机制。

学院充分发挥学校办学优势，围绕帮扶地区乡村振兴人才需求，打造了一批精品课程，对农业技术人员、新型职业农民、新型农业经营主体负责人、农村实用人才以及"三农"党政干部等开展培训，重点加强对在基层工作的扶贫干部、高校毕业生、返乡农民工、退伍军人等生产经营主体的专业技术技能和科技素质的培训，让帮扶地区老百姓真真正正感受到扶贫带来的获得感，让扶贫行动真正走到老百姓心里去。

学院在组织专家进行调研和考察后，认为学校定点帮扶的甘洛县斯觉镇格布村海拔和气候条件适合种植优质水稻。农民通过种植优质水稻、进行稻田养殖和开展小春时种经济作物，既能保证稻田种稻让农民增收，也可以通过稻田养殖和小春经济作物形成产业致富。在与当地扶贫干部沟通后，在第七个国家扶贫日到来之际，学院组织开展了对格布村农技人员和村民的第一期"种稻致富"的电视电话培训，获得了一致好评。

二、重要意义

"扶贫先扶智"是习近平总书记新时期对坚决打好、打赢脱贫攻坚战的新论断之一。与扶持生产、转移就业、移民搬迁、低保政策、医疗救助等扶持方式比较，教育扶贫被誉为"输血式"扶贫。在脱贫攻坚工作中，当地的干部、专业技术人员队伍需要发挥巨大作用，通过对公务员、干部、教师、专业技术人员进行系统培训，让他们深入理解党的政策、接受新的理念，这对造福贫困地区群众、儿童具有十分深远的意义。

三、基本经验

在教育扶贫工作中，要坚持以贫困地区实际需求为导向。通过实地走访调研等方式，摸清贫困地区症结，分析贫困地区实际需求，针对痛点提出解决方案；协助当地政府部门做好教育培训规划，有组织、有计划、分步骤地开展教育培训。搭建纵横交织的培训体系，在对当地人员进行分类培训的同时，还要在横向上进一步拓宽培训受益面，在契合广大农民需求的基础上可探索通过农民夜校、电视讲坛等方式开展农业技能等培训。

助力健康中国，勇于责任担当，精准健康扶贫的华西实践[①]

杜 晨　曾利辉　唐绍军　张茜惠　曾 锐

摘　要：四川大学华西临床医学院（华西医院）作为大型委属委管综合性医院，充分发挥"国家队"公益性区域辐射及引领作用。主攻"因病致贫、因病返贫"的健康扶贫硬骨头，在"精准"上下功夫，通过精准定区域、精准攻关主要病种，推进"一地一策"精准健康扶贫模式建立，因地制宜地探索出"12233"的精准健康扶贫华西实践道路，促进帮扶地区医疗卫生事业再上新台阶。

关键词：四川大学华西临床医学院（华西医院）；精准扶贫；健康扶贫

四川大学华西临床医学院（华西医院）作为西南地区唯一——所委属委管综合性医院，切实贯彻党中央、国务院关于脱贫攻坚工作的重要决策部署，直面最难"攻克"深度贫困地区，针对"因病致贫、因病返贫"突出问题，积极担负起"国家队"的责任和使命，助力健康中国战略在西部偏远贫困地区的推广实施。

为进一步落实中央及上级精准扶贫相关要求，统筹协调院内资源，探索扶贫攻坚长效机制，打造党委管总，党办牵头，组建专班，经费保障，建立深度

[①] 作者简介：杜晨，四川大学华西临床医学院（华西医院），助理研究员；曾利辉，四川大学华西临床医学院（华西医院）党办科长；唐绍军，四川大学华西临床医学院（华西医院）党办副主任；张茜惠，四川大学华西临床医学院（华西医院），助理研究员；曾锐，四川大学华西临床医学院（华西医院）党办主任。

扶贫、精准扶贫、智慧扶贫、党建扶贫的华西扶贫体系。我院于2017年成立院扶贫工作领导小组、工作小组。扶贫工作领导小组组长由医院党政一把手担任，成员由院领导班子组成。扶贫工作小组组长由医院党委副书记兼纪委书记担任，成员由各相关职能部门及科室主任组成，办公室挂靠在党委办公室。制定《健康扶贫实施方案》，明确扶贫目标、范围及方式方法，配套制定《健康扶贫工作流程及说明》《健康扶贫分级诊疗流程》《健康扶贫联动图示》，设置扶贫专项资金，并出台《健康扶贫专项资金管理办法》，对帮扶团队行使管理职责，规划组织帮扶活动，及时解决帮扶工作中的人、财、物需求，考核帮扶人员工作成效等。同时，对我院帮扶团队人员的工资福利待遇、岗位职务予以保留；在晋升专业技术职务、职员职级、评先评优时，同等条件下优先推荐（杜晨，曾锐，张伟，2019）。

在健康扶贫实践中，我院聚焦民族贫困地区，充分结合扶贫地区现状、自身临床及区域优势，坚持需求导向、构建顶层设计，从健康筛查着手，根据地区需求开展医院管理、多学科协作、医护一体化建设，以及"双组团"式帮扶、分层分级培训、远程医学教育，将"输血"与"造血"相结合，帮助当地构建现代医院管理、技术、人才体系，推进"一地一策"精准健康扶贫，形成"华西－甘孜""华西－昭觉""华西－马边""华西－新疆""华西－西藏""华西－镇雄"特色健康扶贫模式。

一、以最典型最需要解决的地方疾病为切入点，形成甘孜州－县－乡－村四级卫生医疗机构多级联动的"华西－甘孜"模式

四川大学华西临床医学院（华西医院）的扶贫工作主要聚焦民族地区开展。四川有全国最大的彝族聚居区、第二大藏族聚居区和唯一的羌族聚居区。甘孜州以藏族为主体民族，下属18个县（市）均为深度贫困县。地方病病种多、分布广、防治难。由于当地乡镇医疗水平较低，无法充分发挥华西的优势，因此，我院调整帮扶计划，以甘孜州人民医院为核心，形成甘孜州－县－乡－村四级卫生医疗机构多级联动模式。精准到科，专科结对子，打造11县22个特色专科；精准到人，"双组团式"技术帮扶，分层分级培训，培养带不走的"华西队伍"；以最需要解决的地方疾病为切入点，实现深度扶贫，"手把

手"＋互联网＋成立中国藏区包虫病防治中心。

肝包虫病在甘孜州病情严重，患病总人口数约 3 万人，患病率为 1.86%，其中石渠县患病率高达 12.09%，个别乡甚至高达 80%，全球罕见。我院派出专家到甘孜州人民医院挂职，指导实施开展新技术，"手把手"培训肝包虫病手术技术；借助互联网平台指导制定包虫病患者治疗方案；牵头成立中国藏区（四川大学华西医院）包虫病防治中心，做到早期预防、早诊早治、规范治疗，并使患者术后得到全面的康复指导。在我院的医疗帮扶下，石渠县患病率下降至 6.421%，本需转至成都的包虫病患者 90% 能在当地得到治疗，基本做到了肝包虫病治疗不出州（曾利辉，田美蓉，张茜惠，等，2020）。

二、以树立健康卫生习惯为抓手，建立艾滋病防治"三级组织、五位一体"的"华西-昭觉"综合帮扶工作模式

凉山州是我国最大的彝族聚居区和国家深度贫困地区"三区三州"之一，有 11 个国家级深度贫困县。我院对口支援的昭觉县彝族占总人口的 97.6%。[①]针对当地艾滋病疫情和防控特点，我院组建了由传染专业医师、行政及后勤保障团队及多学科协作临床技术团队组成的"三级组织"综合性帮扶形式，采用"构建团队、推广模式、督导培训、提升学术、搭建平台"的"五位一体"综合帮扶模式，改变当地饮食习惯、生活方式，改变思想面貌、精神面貌，实现"精神脱贫"。艾滋病三项核心指标治疗覆盖率由 39% 上升到 89%，抗病毒治疗有效率由 71% 升至 86%，母婴传播率由 7.12% 降至 4.43%，全面助力昭觉县艾防工作（陈立宇，杜凌遥，唐红，等，2020）。

三、以培养基层"健康卫士"为目标，打造"华西-马边"模式

马边彝族自治县是国家扶贫开发工作重点县、大小凉山综合扶贫开发县、

---

① 《2018 年国民经济和社会发展统计公报》，凉山彝族自治州人民政府网，2018－09－13. http://www.stats.gov.cn/tjsj/zxfb/201902/t20190228_1651265.html.

乌蒙山片区区域扶贫开发县和省级深度贫困县。华西医院与马边县人民医院创造性地提出建立嵌合型医联体模式,明确主体、原则、要素(品牌、技术、管理)、形式(输血、造血)、内容、保障机制。采取"请上来、走下去"的"双组团"模式,派驻院长及管理团队,出台完善了专家管理、人员晋升、考勤等管理办法及规定。参照华西医院的管理经验,完善工作制度,优化办事流程,优化修订绩效分配方案,职工绩效工资随医院收入增长整体有所增加,职工工作积极性和满意度明显提升。

针对当地实际需求,我院持续系统地提升民族地区基层医院的技术水平、服务能力、管理水平。将新技术运用到远程网络平台,开展国内首例 5G+AI 远程消化内镜诊断及实时远程指导。我院帮助马边县人民医院创立第一个三级学科骨科,常态化开展胃肠镜、肾脏透析,快速提升该院急诊急救能力,并帮助该院成功创建二级甲等医院,使当地群众医疗满意度由 56% 提升至 92%,成为马边彝乡群众最值得信赖和托付的"健康卫士"(唐绍军,李大江,王淼,等,2020)。

四、探索"多学科组团,以科技为支撑,精细化管理平台"相结合的"华西—援疆"医院管理新模式

新疆自古以来就是一个多民族聚居的地区,现有 55 个民族,少数民族约占 63%。医疗卫生援疆是我国大型公立医院的一项重要工作,我院形成了医、护、药多学科援疆与科技援疆互为支撑的"华西"模式。

我院选派近 10 个学科、20 名援疆专家赴新疆克拉玛依市中心医院任科主任,帮扶当地医院护理人才培养,建立克拉玛依循证药学学科、平台、梯队。华西医院科技援疆从大数据领域出发,以克拉玛依市为切入点,通过系统平台建设、数据分析,为当地流行病及传染病的防治、疾病诊断预警预测、临床路径优化以及医院精细化管理提供了理论与数据支撑。与新疆克拉玛依市中心医院合作开发完成符合当地经济发展水平及疾病变化情况的疾病诊断相关分组(DRGs)医院医保精细化管理平台。与新疆通过双方远程医学网络平台异构高清视频系统的对接,实现 1080P 质量的点对点会诊视频图像传输。完成了双方异构平台之间的会诊申请、会诊影像、会诊结论传输过程自动化。实现了

当地"数据驱动"的医院管理新模式（白雪，李春漾，蒲剑，等，2019）。

五、为"近邻"提供健康保障，"三级联动、辐射帮扶"，构建"华西—援藏"的"健康维护网络"

西藏是以藏族为主体的少数民族自治区，藏族和其他少数民族占91.83％。四川毗邻西藏，我院一方面通过打造紧密型医联体——"西藏成办医院"，助力医教研管的全面提升。另一方面通过科技项目助力技术、人才、管理提升，实现区市县"三级联动、辐射帮扶"（曾锐，曾利辉，郑源，等，2019）。

华西医院将西藏成办医院作为定点扶持医院，实行一个机构、两块牌子（成办医院、华西分院）的联合办院模式。选派包括院长、副院长在内的管理团队，将先进的医院管理理念和方法输入到成办医院，使成办医院在医疗管理、行政管理、财务管理上与现代化医院管理接轨，2018年成功获评"国家三级甲等综合医院"。

通过"智慧医疗与健康服务在藏区的应用示范"项目，打通华西医院与当地医院的数据通路，完成"健康维护网络"的初步构建。该网络构建完成后，双方可对监测者进行实时生命体征监控，并基于监测数据及时预警干预、指导诊疗，将有效降低心血管疾病的发病风险，保护身体健康，具有重要的社会意义和政治意义。

六、首创由党委领导、农工民主党华西支部主导、其他民主党派和党外知识分子专家共同组建"华西—镇雄"模式

镇雄县隶属于云南省昭通地区，是国家扶贫开发重点扶持县，有彝、苗等17个少数民族，贫困人口基数大，贫困面积广，贫困程度深，截至2018年还有建档立卡贫困人口29.6万。在全国人大常委会副委员长、农工党中央主席、中国红十字会会长陈竺的倡议下，我院首创以农工党为主的多民主党派、党外知识分子、中国共产党党员与当地政府共同开展镇雄精准健康扶贫工作，建立

扶贫统一战线联盟。形成一种同心同行的帮扶模式，一套协同整合的帮扶方案，一份久久为功的帮扶计划，一组在线在位的帮扶载体的"华西同心行动"，获得陈竺委员长的高度肯定（刘琴，王淼，廖志林，等，2020）。

精准扶贫是党中央、国务院高瞻远瞩，从党和国家战略全局出发做出的重大决策，是促进贫困地区和谐稳定、实现长治久安的战略举措，是缩小区域发展差距、全面实现小康社会的重要途径，也是发挥社会主义制度优越性、巩固和发展各民族大团结的重要体现。我院结合自身临床及区域优势，以"聚焦民族地区、坚持问题导向、构建顶层设计、落实精准施策"为主线，探索出"12233"的精准健康扶贫华西实践道路："1"是学科与人才为核心，"2"是"在线与在位""输血与造血"的两种结合，"3"是技术、管理、信息的"三个统一"，也是需求导向、顶层设计、精准施策的"三个布局"。"12233"之路为民族地区人民的健康，为扶贫事业的发展做出了应有的贡献。

参考文献：

白雪，李春漾，蒲剑，等，2019. 四川大学华西医院"多学科组团式"医疗卫生援疆模式探索与实践 [J]. 华西医学，34（12）：1352-1355.

陈立宇，杜凌遥，唐红，等，2020. 四川大学华西医院帮扶昭觉地区艾滋病防治工作的实施及成效 [J]. 华西医学，35（1）：73-77.

杜晨，曾锐，张伟，2019. 助力健康中国，勇于责任担当，精准健康扶贫的华西实践 [J]. 华西医学，34（12）：1335-1339.

刘琴，王淼，廖志林，等，2020. 医疗精准扶贫"华西－镇雄模式"的探索 [J]. 华西医学，35（2）：210-214.

唐绍军，李大江，王淼，等，2020. 少数民族地区精准健康扶贫的"华西－马边模式"探索与构建 [J]. 华西医学，35（1）：67-72.

曾利辉，田美蓉，张茜惠，等，2020. 以需求为导向的甘孜健康扶贫模式探索与实践 [J]. 华西医学，35（2）：215-219.

曾锐，曾利辉，郑源，等，2019. 助力健康中国，构建援藏精准健康扶贫"华西模式" [J]. 华西医学，34（12）：1348-1351.

·工作案例·

发挥华西口腔医疗服务优势　助力四川三州贫困地区口腔医疗跨越式发展[①]

赵少峰　杨　征

摘　要：华西口腔医院发挥自己的技术和专业优势，科学规划、精准施策，助推四川三州贫困地区口腔医疗事业实现跨越式发展。通过打造三个州级同质化口腔诊疗中心和48个县52家县级医疗机构的标准化口腔科，实施"输血"到"自身造血"的转移，同时通过构建远程医疗服务网络和口腔三级诊疗模式等方式，持续提高三州地区口腔医疗服务能力。目前三州口腔诊疗中心已建成，52家县级医疗机构的感控能力、影像能力标准化建设已完成，远程医疗能力正在提档升级。三州各级口腔医疗人员技术能力得到较大提升，能够开展对绝大部分口腔常见病、多发病和部分疑难病例的诊治，三州老百姓在州内就可以享受到优质口腔医疗服务，获得感和满意度得到较大提升。

关键词：华西口腔；四川三州贫困地区；口腔医疗；脱贫攻坚

一、背　景

四川西部少数民族地区的甘孜州、阿坝州、凉山州（以下简称"四川三

[①] 作者简介：赵少峰，四川大学华西口腔医学院（华西口腔医院）医务部副部长兼门诊办公室主任，助理统计师；杨征，四川大学华西口腔医学院（华西口腔医院）副院长，主任医师。

州"），在国家层面深度贫困的"三区三州"中就占有两席。四川三州共计48个县，基本上都是国家级贫困县。四川三州自然条件艰苦，交通不便，经济发展相对滞后。三州口腔医疗服务现状表现为硬件配置不规范，设备匮乏，医护等专业技术人员缺乏，加之地理条件的限制，三州县级医疗机构口腔医护人员的继续教育机会较少，亦未建立与上级医疗机构的口腔远程医疗联系，这进一步限制了该地区口腔医疗技术水平的提升。三州的医疗服务能力尤其是口腔医疗服务能力较差，不能满足当地人民群众的需求，加之牧区口腔健康知识缺乏，口腔疾病发病率高、就诊率低，儿童口腔疾病发病早，预防保健意识差。医疗服务能力水平低下已经成为限制民族地区、基层地区脱贫奔小康的短板。

根据国家精准扶贫和健康扶贫精神，加强基层能力是核心，分级诊疗、远程医疗是重要方法，基层群众对口腔医疗的需求越来越大，实现就近就医，大病不出县，提高基层口腔医疗服务能力是关键。华西口腔医院积极响应党和国家号召，主动承担历史使命，发挥自己的技术和专业优势，科学规划、精准施策，助推四川民族地区口腔医疗事业跨越式发展，提升四川三州贫困地区口腔医疗服务能力，提高当地群众口腔健康意识和健康水平，努力实现"三减三健"中的口腔健康，为健康中国和健康四川贡献华西力量，为脱贫攻坚贡献华西口腔力量。

二、方法

四川大学华西口腔医院结合持续帮扶的经验和自身专业特点，以四川省健康服务业项目为契机，深入调研、了解四川三州地区口腔医疗事业的发展现况，积极探索攻坚克难方案，与当地卫生行政部门及医疗机构共同制定口腔医疗建设方案，因地制宜，精准施策。在前期帮扶工作经验的基础上，逐渐总结出"提升四川西部少数民族地区口腔医疗服务能力，帮助人人享受口腔健康服务"的专业扶贫工作思路以及多层复合工作策略，即着力打造少数民族中心地区同质化口腔诊疗中心，形成中心辐射点；以软硬件同时提升为抓手，实施"输血"到"自身造血"的转移，稳定医疗队伍；针对县域口腔医疗突出的薄弱点，重点对口腔感控能力、口腔影像能力、口腔远程医疗能力进行标准化建设；以网络方式串联，进行远程会诊和远程教育，持续提高医疗能力。

三、主要做法

（一）建州级中心，打造三州同质化口腔诊疗中心

三州地域广阔，州内各县经济社会发展水平及口腔医疗服务参差不齐。在此条件下进行全覆盖、拉网式的能力提升，从经济层面和技术层面来看都是不可行的。选择州内经济条件较好、交通便利、影响辐射面广的城市打造全州口腔诊疗中心，以点带面，是现有基础下可行且有效的路径。经我院积极申报，2015年四川省卫生和计划生育委员会、四川省健康服务业发展推进小组立项"阿坝、甘孜、凉山州华西口腔医院标准化连锁分院基本医疗服务能力提升项目"，省财政拨款1000万，华西口腔医院作为项目单位推进项目建设，通过精心准备、认真谋划，分别在甘孜州人民医院、凉山州第二人民医院和阿坝州汶川县人民医院建设华西口腔标准的口腔诊疗中心。建设内容包括医院感染控制能力及流程改造，口腔科专用正负压和水路改造，购置口腔医学专业设备、器械和材料，对相关医务人员进行技术培训等。

（二）加强技术培训，提升医务人员技术水平

专业设备、器械更新换代之后，使其发挥最大作用，对医务人员的技术培训是关键。相对于硬件提升，人员技术培训面临的困难更大，周期更长。三州地区基层口腔医师年龄阶段以中年为主，学历水平以大专及以下居多，且参加继续医学教育的学习机会少，知识结构老化。面对三州口腔医师基础差、学习能力差、集中培训困难的现实，我院采取派驻骨干医生驻诊指导，接收学员进修学习，举办继续教育培训班、专题培训班、远程教学、远程MDT、远程口腔知识库等灵活多变的培训方式，以提高基层医师培训的可及性。同时在培训内容的选择上，以基层口腔适宜技术为主，同时对口腔新技术、新进展进行介绍，更新口腔医师的知识结构和观念。在培训课程的设置上，针对口腔医疗以操作为主的特点，采取理论讲授与手术示教、实操演练相结合的方式，切实提高基层口腔医师技术水平。我院5年共举办适宜技术继续教育培训班17次，为1000余人次的当地学员进行免费培训；接收50余人次到我院进修学习；派

驻 40 余名医疗骨干驻诊帮扶,进行技术的"传帮带";派出专家 200 人次前往甘孜、阿坝、凉山州进行技术指导。同时,远程医疗教学、远程 MDT、远程口腔知识库正在帮助三州地区 100 余名基层口腔医师持续提升技术水平。

在"互联网+"时代,我院也非常重视运用互联网手段推动医疗帮扶工作。在三州口腔诊疗中心建设电子病历系统,建设远程医疗系统,实现与华西口腔医院连线进行的远程教学和远程会诊。以"在线+在位"模式,持续对其进行帮扶。

(三) 补县域短板,提升县级医疗机构口腔医疗服务能力

四川三州 48 个县的县级医疗机构的口腔医疗水平普遍低于全省平均水平,尤其在口腔影像、口腔感控等方面基础条件薄弱,短板明显。在前期建设三个州级口腔诊疗中心的基础上,我院拓展三州每个县的帮扶深度和宽度,积极向四川省卫生健康委申报项目,获财政补助 600 万元。为每个县配置数字化口腔影像设备、口腔感控设备、远程医疗设备,并进行全域口腔医学培训,从而逐步提升三州贫困地区县域口腔疾病诊治能力、口腔疾病预防能力,提高口腔感控能力和口腔质控水平。

(四) 建分级诊疗模式,构建华西口腔—州口腔诊疗中心—县级医疗机构口腔科三级网络

三州地区口腔医疗机构较少,口腔医疗服务尚未覆盖到乡镇一级,甚至个别县都没有口腔临床科室和口腔医师。县级医疗机构口腔科实际上承担着三州口腔医疗服务网底的功能。建设三州与华西口腔同质化的口腔诊疗中心,并通过该中心对县域医疗机构进行辐射。按照分级诊疗的原则,我院帮助三州建立了华西口腔—州口腔诊疗中心—县级医疗机构口腔科分级诊疗网络,确保大部分口腔常见病、多发病在县域内能得到有效治疗,部分疑难重症在州口腔诊疗中心治疗;我院主要救治转诊的疑难重症患者,并指导州口腔诊疗中心开展救治工作。

(五) 建质控体系,指导建立州级口腔医疗质量控制中心

我院在帮扶三州口腔医疗设备设施和技术提升的同时,高度重视三州口腔医疗质量控制体系的建设。我院派出专家团队帮助其梳理各项诊疗流程和质控

标准，指导当地口腔医务人员开展口腔质控工作。在四川省卫生健康委员会和当地卫生健康委员会的大力支持下，我院帮助甘孜州、阿坝州、凉山州建立了三个州级口腔质量控制中心，带动三州地区不断提升口腔医疗质量。

（六）重预防宣教，开展牙病防治进校园、进村社活动

三州民族地区群众口腔保健意识差，口腔健康知识欠缺，不重视口腔疾病的预防。我院联合当地医务人员多次开展牙病防治进校园、进村社活动。5年来，我院在三州组织义诊活动超过20次，义诊患者约3000人次。多次携带口腔移动诊疗装备深入阿坝州特殊教育学校、甘孜州祖庆福利学校开展牙病防治活动，开展常规化的适龄儿童涂氟、窝沟封闭、预防性树脂充填等牙病防治项目，初步制定基于口腔移动诊疗装备的儿童牙病防治实施参考，指导基层开展牙病宣教和预防活动。

四、取得成效

（一）专科能力逐步提升，硬件条件持续改善

通过帮扶，三个州级口腔诊疗中心建立了牙体牙髓、牙周、齿槽外科、正畸、种植、儿童口腔等亚专业，实现了口腔医疗技术领域多个零的突破，比如显微根管治疗技术、机扩技术、热牙胶技术、GBR技术、翻瓣刮治技术、贴面技术、微创树脂修复技术、嵌体技术、种植牙技术等。目前，甘孜州人民医院口腔科获批四川省重点专科建设项目，凉山州第二人民医院口腔科正在申报四川省重点专科建设项目，其专科能力不断提升，并形成对全州所有县级医院口腔科的帮扶和培训能力。2015年至今，三个医院的口腔医疗业务量翻番，服务能力得到极大提升。48个县52家县级医疗机构数字化牙片诊断技术推广机构覆盖率，从2018年的约20%提升至2020年的95%以上；52家县级医疗机构口腔科院感管理规范化的推广覆盖率，从2018年约30%提升至2020年的95%以上。三州县级医疗机构的口腔医务人员能够掌握数字化牙片拍摄和诊断技巧、规范开展口腔科院感控制，逐步开展现代牙体牙髓技术、现代修复技术和现代拔牙技术。目前，三个州级口腔诊疗中心的硬件条件已经超过多数

综合医院口腔科，拥有口腔全科治疗单元、牙种植治疗单元、口腔三合一CT、数字化牙片机、口腔显微镜等现代化诊疗装备；48个县的县级医疗机构也全部配备了口腔数字化牙片机、口腔感控相关设备。三州全域医疗机构口腔设备器械的提档升级，有力地支撑了其医疗服务能力的不断提升。

（二）医疗信息互联互通

我院与三州建立起远程会诊与教学系统，通过远程教学持续进行医疗帮助，并进行远程教学。现在每周进行一次病案讨论，每周进行一次教学。三州各县级医疗机构口腔科与我院的远程会诊系统已在测试、调试，预计2021年年底上线使用，届时三州各族群众在家门口就可以和华西专家"面对面"看牙病。

（三）医务人员及群众满意度、获得感持续提升

群众在州内就能享受到优质的口腔医疗服务，复杂的牙拔除术、现代根管治疗术、数字化口腔修复技术及种植牙手术都能在三州常规开展，实现了口腔大病不出州，口腔常见病不出县，群众满意度大大提高。通过设备实施提升和技术培训，当地口腔医务人员的工作条件得到明显改善，技术水平也得到持续提升，医务人员的成就感和满意度不断提升。这极大扭转了当地口腔医护人员流失的局面，同时良好的工作环境和先进的设备也不断吸引新的力量投入三州口腔医疗服务事业。

五、结　语

在看到近几年四川三州贫困地区口腔医疗跨越式发展的同时，也要看到其与内地口腔医疗服务水平的差距，我院将持续帮扶和推动四川三州贫困地区口腔医疗事业的发展。

文化扶贫助力脱贫攻坚

——四川大学定点扶贫甘洛、岳池工作案例

陈 森 冉红艳

摘 要：随着扶贫工作的推进，文化扶贫已逐渐成为国家扶贫开发战略中的重要内容。四川大学积极响应党中央号召，以脱贫攻坚为己任，在对口扶贫甘洛、岳池的过程中，充分发挥综合大学优势，整合校内外资源，通过支部共建、教育帮扶、讲座培训、习惯培养、文艺下乡等举措开展文化扶贫，引导、激发贫困群众的内生动力，增强自我"造血"功能，以使脱贫攻坚实现从授人以鱼到授人以渔的转变。

关键词：文化扶贫；支部共建；教育帮扶；文艺下乡

习近平总书记在决战决胜脱贫攻坚座谈会上强调，到2020年现行标准下的农村贫困人口全部脱贫，是党中央向全国人民作出的郑重承诺，必须如期实现。治贫先治愚，扶贫必扶志。脱贫攻坚，口袋富起来很重要，脑袋富起来更为关键。要彻底改变贫困地区的贫困状态，必须改进扶贫方式。随着扶贫工作的推进，文化扶贫已逐渐成为国家扶贫开发战略中的重要内容。文化扶贫是通过在文化设施建设、文化产品供给、公共文化服务、文化产业扶持、精神文明建设等方面，开展因需而异、因地制宜的扶贫活动，从而有效提升人口文化素

---

① 作者简介：陈森，四川大学党委学生工作部（处）部（处）长，副研究员；冉红艳，四川大学党委学生工作部民族学生事务办公室主任，讲师。

养和知识技能，逐步改善和推动贫困地区的经济、文化发展。

四川大学自 2012 年开始对口定点扶贫凉山州甘洛县、广安市岳池县以来，充分发挥综合大学优势，整合校内外资源，探索实践高校精准扶贫模式，为帮扶县打赢脱贫攻坚战、实现区域经济社会可持续发展作出了积极贡献。本文将介绍四川大学通过文化扶贫助力甘洛、岳池脱贫攻坚的情况。

一、基本情况

四川大学是教育部直属全国重点大学，是国家布局在中国西部的重点建设的高水平研究型综合大学，也是国家"211 工程"重点建设大学和"985 优势学科创新平台"高校之一。长期以来，四川大学深入贯彻党的十九大精神和习近平总书记关于扶贫工作的重要论述，认真落实中央决策部署，自觉担当时代重任，将定点扶贫工作作为重大政治任务，在扶贫路上践行初心使命，全力做好对口甘洛和岳池的扶贫工作。

甘洛县位于四川省西南部、凉山彝族自治州北部，全县辖 28 个乡镇、227 个行政村、2 个社区，居住着彝、汉、藏、回、苗等多个民族，总人口 22.37 万人，其中彝族人口占 77.14%，是一个以彝族为主的少数民族聚居县，也是国家扶贫开发工作重点县和四川省深度贫困县之一。该县共有 208 个贫困村、占行政村总数的 91.6%，贫困人口达 71 838 人，贫困程度深、脱贫难度大、攻坚任务重。[①]

岳池县位于华蓥山西麓，毗邻重庆。全县辖 22 个镇、21 个乡、1 个翠湖景区管委会，有 861 个村民委员会、40 个居委会、6271 个村民小组、155 个居民小组，总人口 116 万，面积 1457 平方公里，有耕地面积 5.3 万公顷。岳池县有贫困村 280 个，占全县 825 个行政村的 33.9%，建档立卡贫困户 26 857 户 89 968 人，占全县农业总人口的 8.9%，贫困村、贫困人口数量分别居全省第 2 位、第 17 位。[②]

---

① 以上数据来源于国务院新闻办公室网站，2020—09—10。
② 以上数据来源于《广安日报》电子版，2020—07—01。

二、主要做法

（一）甘洛扶贫重在改变当地村民特别是彝族人民的思想和习惯，提升其精气神

扶贫重在扶志。甘洛县是全国最大的彝族聚居区，针对当地村民的特点，四川大学在对甘洛县的扶贫过程中，以帮扶贫困户的所思、所向、所需、所求为落脚点，通过支部共建、教育帮扶、拍摄全家福、改变卫生习惯等方式，鼓足当地村民特别是彝族人民的精气神，为其铺平脱贫路。

1. 通过支部共建，提升当地基层党组织能力

农村基层党组织是党在农村工作的基础，是党联系贫困群众最扎实的纽带。2018年，四川大学党委学生工作部（处）、心理健康教育中心党支部与甘洛县格布村共建结对党支部。自结对以来，支部多次给格布村发放十九大读本、党章、党务工作基本丛书、党支部工作手册以及笔记本等，适时发去彝族新年慰问信和脱贫攻坚慰问信，以十九大精神的宣讲、积分兑换超市、建立卫生公益岗位等方式开展活动。支部共建增强了基层党组织能力，提升了村干部的宗旨意识。在脱贫攻坚工作中，干部们心往一处想，劲往一处使，拓展思路、创新做法，为村民解忧排难，引导贫困户不等不靠，激发贫困群众自身的致富动力和能力，使格布村的全面脱贫迈出了坚实步伐。

2. 开展教育帮扶，激发文化脱贫内生动力

治贫先治愚。要把下一代的教育工作做好，特别是要注重山区贫困地区下一代的成长。古人有"家贫子读书"的传统。把贫困地区孩子培养出来，这才是根本的扶贫之策。自开展对口扶贫以来，四川大学全面支持斯觉镇中心幼儿园建设，选派幼儿教师到当地支教，并培训幼师；自1993年起，选派研究生组成支教团在凉山州扶贫支教工作，其中，在甘洛县的扶贫支教自2013年起已持续7年；举办"爱心课堂"，鼓励孩子们发奋读书，飞出大山；开展暑期希望课堂和村广播站运营培训活动；设立心理健康教育培训甘洛工作站，开展

心理健康教育培训；协助当地政府开展辍学劝返工作，将格布村因贫辍学的39人全部劝返，为教育脱贫贡献点滴力量。

3. 拍摄全家福，记录彝家人的幸福新生活

凉山人民的幸福是习总书记最牵挂的事。2018年10月起，凉山州甘洛县格布村150户贫困户通过国家的易地扶贫搬迁和彝家新寨项目，陆续搬进新居，村民们将在新居过第一个彝族新年。彝历新年期间，四川大学组织师生前往格布村，为村上200多户彝族农户拍摄全家福，见证和记录国家精准扶贫给当地带来的巨变，分享彝家人的幸福感和获得感。格布村新民组、阿呷一组、阿呷二组、格布组的村民们披上查尔瓦，戴上五彩的瓦盖头帕，穿上绚丽的百褶裙，或站在房前，或背靠大山；志愿者们举起手中的镜头，定格温暖、幸福的瞬间，记录下彝家人的幸福新生活。

4. 改变卫生习惯，推动农村家庭文明建设

汉彝两族在生活习惯、风俗文化等方面存在差异，针对当地彝族居民的健康卫生意识薄弱问题，四川大学在甘洛县先后发起了"小手拉大手"共同维护环境卫生、"群山回响"小小广播员、积分兑换超市等活动，让孩子们养成讲卫生、爱环境的良好生活习惯。志愿者们也利用暑期希望课堂传授相关知识，通过卫生教育、带头示范、全员清洁等多种方式来帮助孩子们建立良好的卫生行为习惯。此外，由四川大学教育基金和甘洛县财政共同支持，设立了21个卫生公益岗位，对格布村公共卫生区域进行卫生打扫和卫生监督，学工部利用支部共建活动每年对卫生公益岗位进行总结和表彰，进一步改变当地村民的卫生习惯。

（二）岳池扶贫重在丰富当地文化活动，调动群众积极性，加强新农村建设

打赢脱贫攻坚战，实现持久发展，不仅要重视物质脱贫，还要重视精神脱贫。四川大学在对岳池县的帮扶中，通过开展主题宣讲、讲座培训、暑期实践、文艺下乡等多种形式的活动来推进文化扶贫，丰富群众精神文化生活，引导群众树立自立自强意识，将扶贫与新农村建设结合起来，助力乡村振兴。

1. 进行主题宣讲，凝聚奋进力量

四川大学"党的十九大精神"学生宣讲团走进岳池县苟角镇石板坡村，结合习近平新时代中国特色社会主义思想和党的十九大精神，以朴实真挚的情感、生动贴切的案例，就教育扶贫、健康扶贫等方面与村民做分享，宣讲教育、医疗在乡村振兴战略中的意义重大。宣讲团成员伊孜孜江·阿布力克木以"新思想，新农村"为主题，带领村民回顾了中华人民共和国成立以来农村的巨大发展变化，讲解了十九大报告中提及的各项惠民政策，结合岳池县的具体情况宣传了习近平新时代中国特色社会主义思想中"坚持以人民为中心"的发展思路，帮助村民深入理解党的方针政策和思想理念。宣讲团成员还在村里进行调研，与村民们进行了深入的交流。

2. 举办培训讲座，助力教育扶贫

为助力岳池县教育事业的发展，四川大学师生前往岳池县举办系列教育讲座，马克思主义学院的石立春老师开展了学习贯彻习总书记在纪念五四运动100周年大会重要讲话精神的主题讲座，就业指导中心曾滔、钟科先后为岳池中学的高三学子开展了高考志愿填报专题讲座并现场答疑，学工部卢希芬解读国家资助政策，心理健康教育中心刘昌波为留守儿童开展了心理健康辅导，被推免到北京协和医学院的崔鹏程同学进行分享交流，第六届全国自强模范彭超同学用亲身经历鼓励中学生以奋斗创造美好生活，一系列的培训讲座推进了岳池教育事业的发展。

3. 开展暑期实践，实施精准帮扶

随着国家精准扶贫任务的开展，许多贫困家庭被列入"建档立卡"及"低保"家庭，从而获得政府的保障性资助和对口帮扶。四川大学的师生利用暑假前往对口扶贫的岳池县和甘洛县走访贫困学生家庭，了解学生的生活环境和家庭经济状况，让家长知悉学生的在校表现，并宣传学校资助政策。同时，学校面向贫困村村民开展资助政策宣讲、法律知识普及活动，介绍国家和高校提供的各种经济资助举措和成才支持体系，进行普法教育。志愿者们也利用暑假前往岳池县开展短期支教活动，为岳池县脱贫攻坚和教育事业的发展持续助力。

4. 开展文艺下乡，助力乡村振兴

为丰富和活跃农村群众文化生活，将优质文化资源送到岳池县，传递积极向上的思想和观念，四川大学高水平艺术团师生组成的"大川文艺轻骑兵"多次深入岳池县农村开展文艺演出。声乐、舞蹈、曲艺、朗诵、小品、地方戏等节目，展示出新时代农村面貌的巨大变化和人民群众对美好生活的向往。高水平艺术团师生与村民共同创作脱贫攻坚主题墙绘，道路两旁悬挂起崭新的道旗，"砥砺奋进奔小康，脱贫攻坚谱新篇"，醒目的标语正是四川大学与岳池县共同推进脱贫攻坚工作的目标与愿景，它集中展现了校地并肩作战，建设美丽新农村的决心。

三、经验启示及下一步工作计划

文化扶贫是新时代扶贫工作的重要内容，四川大学将继续结合甘洛和岳池的自然及人文特点，加强文化扶贫的力度，有针对性地扶志与扶智，推动当地的经济发展和民生改善。

（一）加强共建党支部合作，提升支部战斗力

脱贫攻坚与基层党建的有机结合，是打通脱贫道路"最后一公里"的重要保障。致富关键在于带头人，村党支部是村民致富的带头人。四川大学学生工作部（处）、心理健康教育中心党支部将继续加强与共建党支部——甘洛县格布村党支部的联系，联合开展共建活动，进一步提升格布村党支部的凝聚力和组织力。

（二）继续开展支教活动，推动地方教育发展

要推进教育精准脱贫，重点帮助贫困人口子女接受教育，阻断贫困代际传递，让每一个孩子都对自己有信心、对未来有希望。扶贫必扶智，只有让贫困地区的孩子们接受教育才能阻断贫困代际传递。四川大学将继续加强甘洛县斯觉镇的幼儿教育，让彝族小朋友从幼儿开始接受普通话等方面的教育，持续做好研究生支教团扶贫支教和志愿者暑期支教工作，提升地方基础教育水平。

(三) 继续开展讲座培训，转变群众思想

扶贫的关键在于转变贫困人口的"等、靠、要"思想。四川大学将继续采取主题宣讲、现身说法、讲座培训等多种措施改变贫困群众的思想，激发内生动力，增强自我"造血"功能，促进观念的转变，使脱贫攻坚实现从授人以鱼到授人以渔的转变。

(四) 持续文艺下乡，传递积极向上正能量

要满足人民对美好生活的期望，必须提供丰富的精神食粮。四川大学将继续以文化下乡的形式扶贫惠民，让农村群众共享文化发展的成果，为打赢脱贫攻坚战役、实现全面建成小康社会的宏伟目标添砖加瓦。

四川大学在定点扶贫甘洛和岳池的过程中，通过文化扶贫引导当地老百姓转变观念，推动了地方经济和社会的发展。在未来的工作中，四川大学将以习近平新时代中国特色社会主义思想为指导，肩负好时代使命和社会责任，在巩固脱贫攻坚成果上持续用力，不断促进甘洛和岳池两地的经济社会发展和群众生活改善，为全面建成小康社会做出新的更大贡献。

探索扶贫新模式"艺术+"助力脱贫攻坚[①]
——四川省大学艺术学院开展艺术扶贫工作案例

熊 伟 吕志刚 赵 怡

摘 要：精准扶贫有着重要的战略意义，对于国家发展、民生改善有着十分突出的作用，结合当前发展的新形势，不断地丰富精准扶贫开展的模式，在精准扶贫中引入新理念、新方法、新思路，是促进精准扶贫有效开展与发展的关键。结合社会文化事业发展实际，在精准扶贫的过程中，有效地引入艺术文化的元素，开展相应的艺术扶贫工作，其积极意义十分深远。本文结合四川大学艺术学院在2018至2020年进行艺术扶贫的工作实践，分析了精准扶贫中开展艺术扶贫工作的必要性；结合精准扶贫的四川省岳池县、甘洛县、峨边县等地的发展实际，分析精准扶贫视角下的艺术扶贫工作，为今后精准扶贫工作提供依据。

关键词：精准扶贫；定点扶贫；艺术扶贫；帮扶；实践

2020年是全面建成小康社会的决胜之年，在这一年，"十三五"即将收官，"十四五"正待起航。这一年，全国上下同心协力、顽强奋战，完成了决胜全面建成小康的"脱贫答卷"。"艺术扶贫"也成为本年度扶贫工作的关键词之一。艺术在通常情况下满足的是温饱之后的精神需求，如何在脱贫攻坚战中运用艺术形式帮扶老百姓？这是艺术扶贫面临的重要问题。为此，四川大学艺

---

① 作者简介：熊伟，四川大学艺术学院党委书记，副教授；吕志刚，四川大学艺术学院副处级专职组织员，教授；赵怡，四川大学艺术学院党政办副主任，讲师。

术学院践行新理念,融合新发展,开展了一系列的艺术扶贫实践,在城乡公共文化建设、艺术扶贫工作中探索出一条别开生面的道路。

一、艺术学院开展艺术扶贫的主要做法与工作成效

四川大学艺术学院深入贯彻党的十九大精神和习近平总书记关于扶贫工作的重要论述,认真落实中央决策部署,在扶贫路上践行初心使命,全力做好对口扶贫工作,按照四川大学关于"精准扶贫""定点扶贫"的工作要求和安排,2018至2020年多次组织相关领导、教师及优秀的学者、学生赴岳池县、甘洛县、峨边县等地,利用我院专业特色进行艺术扶贫相关工作。工作主要分为四个部分,分别是设计帮扶、教育帮扶、文艺汇演和帮扶沟通交流总结。

(一)利用专业特长,结合当地特色文化开展设计规划,改善当地贫困痛点困扰

艺术学院利用其设计学科在技术、教育与信息方面的独特优势,组建调研小组多次前往岳池县、甘洛县、峨边县等地调研精准扶贫。艺术扶贫涵盖乡村人居环境改造、乡村产品创意设计与品牌构建、乡土文化传播等方面,打通高校与乡村贫困地区的边界,帮扶贫困地区产业、产品升级,构建贫困地区文化复兴与传播。在实践中,艺术学院切实调研了解当地的艺术发展水平和制约因素,根据当地艺术发展的短板制定艺术精准扶贫的方向与具体措施。

图1 2019年艺术学院赴甘洛县开展定点扶贫工作
(图片来源:四川大学艺术学院官网)

1. 利用环境艺术设计学科，规划文化地标与旅游景点，打造乡村人居环境

四川大学艺术学院利用其环境艺术设计学科的专业特长，前往岳池县与甘洛县调研考察，进行环境设计规划。在岳池县苟角镇帮助设计具有苟角文化特色的标识景观；在岳池县安乐寨村，帮助将石崖打造成以苟角镇历史发展特色产业为主题、以书法为表现形式的摩崖石刻；在岳池县石板坡村的"文化大院"，帮助规划设计将该民居打造成具有历史主题、文化内涵主题和书法特色的乡村旅游景点；在甘洛县斯觉镇、格布村和则拉乡等地，深入各集中安置点，结合地方特色，对当地村容村貌的设计和生态环境规划等提出合理的意见与建议。

图 2 艺术学院党员代表赴岳池县苟角镇调研精准扶贫项目

图 3 艺术学院党员代表赴岳池县苟角镇调研精准扶贫项目

图 4 艺术学院教师赴甘洛县斯觉镇、格布村和则拉乡等地实地调研

图 5 艺术学院教师赴甘洛县斯觉镇、格布村和则拉乡等地实地调研

（图片来源：四川大学艺术学院官网）

2. 利用视觉传达设计学科，助力品牌构建，促进资源推广

艺术学院成立创作团队，通过对甘洛县刺绣产品市场的调研与定位分析，参考当地已有的彝族刺绣产品，以当地特有符号为主，做出针对甘洛县刺绣服饰的包装设计研究，旨在通过包装设计的角度对甘洛县的彝族刺绣文化进行推广与研究，也借此机会提升甘洛县彝族刺绣产品的包装设计水平，为当地包装设计提供帮助。此外，艺术学院还成立调研小组前往峨边县农产品大数据中心及峨岭云边电商学院调研参观，针对峨边县扶贫攻坚重点工程"农产品电商交易平台"进行调研并给予建言，从艺术创作的角度分析农产品的品牌打造，帮扶产业升级。

图6 艺术学院创作团队对甘洛县刺绣产品市场开展调研

图7 艺术学院创作团队对甘洛县刺绣产品市场开展调研

图8 艺术学院党员、教师赴峨边调研

图9 艺术学院党员、教师赴峨边调研

（图片来源：四川大学艺术学院官网）

3. 利用影视编导学科，改造贫困文化宣传路径，扩大社会传播影响力

四川大学艺术学院专家、师生组成的"以精确扶贫新形势下的小大凉山'贫困文化'改造"课题小组多次前往甘洛县调研，运用田野调查、历史比较、实证分析等研究方法，研究贫困文化的区域内涵，通过对广播电视内容和渠道进行设计，深入挖掘文化扶贫的重点内容，对贫困文化的宣传内容路径进行改造，以实现精准扶贫在社会传播方面的深入落实和准确反馈。学院师生还通过实地拍摄的形式，深入贫困地区，助力当地脱贫工作，将约嘎村在脱贫攻坚中的故事进行发掘整理，拍成多个微纪录片以图文故事的形式在媒体平台传播，并为当地出产的生态产品营销出谋划策。

图 10　艺术学院影视与戏剧系师生开展文化扶贫考察活动

图 11　艺术学院影视与戏剧系师生开展文化扶贫考察活动

图 12　艺术学院影视与戏剧系师生开展文化扶贫考察活动

图 13　艺术学院影视与戏剧系师生开展文化扶贫考察活动

（图片来源：四川大学艺术学院官网）

（二）利用专业特长，结合当地实际开展教育培训，增强当地艺术教育能力

四川大学艺术学院走在校地紧密结合的扶贫道路上，艺术类专家学者、教师及学生参与农村艺术教育精准扶贫，成为农村艺术教育精准扶贫的助力，在为社会节约成本的同时又将扶贫的效果最大化。在过去两年内，艺术学院充分发挥艺术类学科特点和专业优势，多次前往甘洛县进行教师艺术培训。培训课程采取授课与实践交流相结合的方式，面向贫困地区中小学的艺术教师培训，内容涵盖美术、书法、音乐、舞蹈四个方面，对所有进修教师进行分专业、有针对性地精准艺术专业培训。此类艺术扶贫可以提升贫困地区儿童的艺术文化修养，以点带面，用实践促进甘洛县青少年的艺术学习的发展，提升当地艺术文化氛围，对促进教育公平，阻止贫困代际相传，意义深远。

图14 2018年艺术学院师生赴甘洛县开展艺术培训扶贫

图15 2018年艺术学院师生赴甘洛县开展艺术培训扶贫

图16 2019年艺术学院师生赴甘洛县开展艺术教育师资培训

图17 2019年艺术学院师生赴甘洛县开展艺术教育师资培训

（图片来源：四川大学艺术学院官网）

(三) 利用专业特长，结合当地扶贫故事开展文艺汇演，提升当地艺术文化氛围

艺术学院积极组织本单位各艺术专业师生在扶贫地开展扶贫慰问演出活动，共走访了 21 个村落，举办了 24 场演出，为 6000 名乡村群众送去了一场场文化盛宴，用多种多样的艺术表达形式创作出切合主题的文艺节目，并制定出以歌舞、曲艺、小品等多形式宣传精准扶贫政策的措施，把身边的扶贫故事创作编排成节目搬上了当地舞台，其创作不仅贴近当地民众的日常生活，更通过艺术的独有魅力和展现方式将扶贫及脱贫的坚定信念传递到千家万户。

图 18　2019 年四川大学艺术学院赴甘洛县开展文艺下乡惠民演出

(图片来源：四川大学艺术学院官网)

(四) 沟通交流，补短板、谋发展，确保实现决战决胜脱贫攻坚的目标任务

四川大学艺术学院除了从以上角度开展扶贫工作以外，还积极组织沟通交流会，与贫困县当地政府积极探讨扶贫举措。2019 年 10 月 14 日，在四川大学－甘洛县定点扶贫工作对接座谈会上，双方交流了甘洛县脱贫攻坚工作开展的总体情况，并对四川大学进一步精准帮扶甘洛县脱贫攻坚进行了探讨。这是对艺术学院在四川省甘洛县开展"川大'艺术＋'助力脱贫攻坚"工作的肯定，为艺术学院制定下一步扶贫计划指明方向，即推动艺术与扶贫工作的深入

契合，进一步提升甘洛县中小学教师艺术教育教学能力，开展村容村貌的改造、道路规划以及扶贫宣传等工作，助力甘洛县艺术教育课程的改革，推动甘洛县文化事业的发展。

图 19　四川大学－甘洛县定点扶贫工作对接座谈会

（图片来源：四川大学官网）

图 20　艺术学院赴甘洛县开展"川大'艺术+'助力脱贫攻坚"工作

（图片来源：四川大学艺术学院官网）

二、艺术学院近两年开展扶贫工作的经验总结

艺术学院在艺术扶贫的实践中，积累了许多宝贵经验，主要包括以下5个方面。

第一，艺术学院党委的高度重视、全面领导，强化扶贫的组织保证。学院党委充分发挥党的领导作用，在艺术扶贫工作中履职尽责，不辱使命。艺术学院在分管领导、相关部门的通力合作下，整合分析贫困地区存在的问题，充分发挥党员的先锋模范带头作用，确保扶贫攻坚的深入推进。

第二，发挥艺术学院专业特长进行精准扶贫，深化精准扶贫方针。艺术学院充分发挥本院专业特长，从环境艺术设计、视觉传达设计、影视编导、舞蹈、表演等专业方向出发，各取所长，制定艺术扶贫方案，从多方面培养人才，发扬和继承传统文化产业，实现智力扶贫，让贫困地区的人民富起来。

第三，坚持以人民为中心的教育帮扶理念，确保扶贫价值取向。艺术学院坚持贯彻落实党中央提出的"以人民为中心的发展思想"，确保"以人民为中心"成为制定教育扶贫政策的根本价值取向，使教育扶贫直接惠及人民大众，围绕"人人受教育，个个有技能，家家能致富"的要求，着力解决贫困地区在艺术教育方面薄弱的重点问题，努力让每个人都有人生出彩的机会，高度体现以人民为中心的教育扶贫观。

第四,结合贫困地区文化实际,关注非物质文化遗产保护,提升当地文化实力。艺术学院关注贫困地区的文化实际,因地施策,开发挖掘当地丰富的民间文化资源,赋予非物质文化遗产一定的经济属性,提升当地文化软实力,这成为脱贫致富的重要手段。例如,结合当地文化特色打造旅游景点,打造当地精品文化宣传片以吸引海内外人士前来旅游等,以此为观光旅游、投资置业造势。

第五,落实贫困地区惠民演出,增强当地文化服务。艺术学院为进一步提升公共文化服务效能,更好地保障贫困地区人民群众分享基本文化权益,大力推广举办文化娱乐节目,开展一系列老百姓喜闻乐见、雅俗共赏的文化活动进行义务演出,并将扶贫政策等内容融入节目中,以"润物细无声"的方式向贫困地区劳动人民输出文化知识。

三、总　结

党的十九大报告明确提出,我国正处在全面建成小康社会、脱贫攻坚的关键时期,因此,提升扶贫工作的质量与效率成为当前的首要任务。传统扶贫工作主要从经济以及物质层面帮扶贫困地区人民,以此改善贫困地区落后的生活状态。艺术扶贫则从精神层面提升贫困地区人民的自身素养,催生脱贫的内在动力,改善当地居民的思维方式。在目前脱贫攻坚的关键时期,我们要在经济扶贫的前提之下,加强精神层面的扶贫工作,通过传播知识、改善思维、建立自信的方式提高扶贫工作的质量,逐渐实现乡村城镇化。

高校作为人才培养的中坚力量,在精准扶贫中起着重要作用。四川大学艺术学院自2018年起,积极响应号召,对甘洛县、岳池县、峨边县等地针对脱贫摘帽、疫情风险叠加、巩固脱贫成果压力大等工作实际开展精准扶贫工作,使在校学生通过参与国家精准扶贫实践消化理解所学理论知识并服务社会,弥补贫困地区艺术人才缺失的短板,将创新思维融入民间艺术中,通过挖掘、宣传民间艺术资源,促进文化遗产的传承与创新,普及美育,提升贫困地区人民的文艺修养,增强其文化自信,使精准扶贫具备可持续性。2021年,艺术学院将继续发挥专业特色和优势,积极参与脱贫攻坚工作,紧跟学校统一部署,立足四川大学扶贫攻坚战略,全面助推精准扶贫、精准脱贫工作。

扛责任 勇担当 精准扶贫路上的后勤人

陈 琼 陈 锜

摘 要：四川大学后勤保障部在扶贫攻坚的路上，充分发挥后勤的优势，在产业扶贫、幼教扶贫、医疗扶贫、消费扶贫等方面精准施策，不遗余力地帮助对口地区实现脱贫摘帽，助推当地农业、经济、教育、文化的振兴和发展。

关键词：后勤；发挥优势；精准扶贫

四川大学后勤保障部（原后勤管理处、后勤集团）认真贯彻落实《中共中央国务院关于打赢脱贫攻坚战的决定》和《中共中央国务院关于打赢脱贫攻坚战三年行动的指导意见》精神，主动扛起政治责任，高度重视、勇于担当，深入基层开展调研工作，实行"对症下药、精准滴灌、靶向治疗"的精准扶贫原则，充分发挥下属各单位的业态优势和特点，因地制宜，制定出切实有效的扶贫计划；深度挖掘后勤在消费扶贫、产业扶贫、教育扶贫、医疗扶贫、公益扶贫等方面的巨大潜力，对甘洛县斯觉镇格布村、岳池县苟角镇石板坡村、安家坝村、红朝门村进行对口帮扶，聚焦精准扶贫并持续发力，助力扶贫和发挥地区特点相结合，促进贫困地区自我造血，推动乡村农业经济、教育、文化的振兴和发展。

---

① 作者简介：陈琼，四川大学后勤保障部党办副主任；陈锜，四川大学后勤保障部工会主席兼党办主任。

一、全校吃"土豆宴"背后的感人真相——农校对接助扶贫

　　四川大学对口帮扶地区甘洛县，地处凉山边远偏僻的彝族山区，是国家级深度贫困县。根深蒂固的传统观念、落后的发展方式、短缺滞后的文化知识等，造成这里的经济发展缓慢，人民的生活水平很低。为了帮助甘洛县摘掉贫困的帽子，走可持续发展的生态脱贫之路，后勤保障部领导多次深入甘洛县田间地头，走访农户、调研企业、科学论证，确立了"依托学校食堂优势，将地方特色的农副产品引进川大，同时为师生员工提供特色的绿色农产品菜品服务，支持甘洛县的脱贫攻坚工作"这一扶贫思路。当地最主要的农作物——地处高寒地带的大凉山绿色生态土豆，自然被首先引入川大各个食堂。川大的"扶贫土豆"在师生中引发热议，也受到社会各界的广泛关注，四川电视台、新浪网、澎湃新闻等多家媒体竞相报道，网络上出现"四川大学全校吃'土豆宴'真相很感人"的报道。

　　"扶贫土豆"的成功也为后勤保障部精准扶贫工作打开了思路，饮食中心又与另一个对口帮扶地区岳池县合作，在食堂开设岳池县特色农产品莲桥米粉的销售窗口。随后，甘洛县的牛羊鸡肉、核桃、蜂蜜，岳池县的猪牛羊肉、冬瓜、南瓜、新米、土豆、萝卜、米粉等悉数进入川大食堂，原后勤集团还与甘洛县农投公司签订为期3年的土豆采购协议，与甘洛森谷食品加工公司签订每年300万元以上的猪牛羊肉直接采购配送协议，帮助销售农副产品300万元以上，有效地促进了当地经济的发展，并使农户收入显著增长。寒冬腊月，一碗碗热气腾腾、醇香扑鼻的羊肉汤成为全校师生最抢手的美味佳肴。

・工作案例・

图1　后勤保障部饮食中心"大凉山土豆宴"
（图片来源：四川大学后勤保障部饮食管理服务中心）

农校对接实现了扶贫地区的农产品从农户直接到餐桌的对接，让川大师生尽情享受这场绿色生态产品盛宴带来的欢愉，也看到了自己的微小发力可解决当地农产品的销售问题，解除农户种植养殖的后顾之忧，它还激发自主造血脱贫的信心，扶植地方企业的快速成长和发展壮大。如此的暖心之举也给师生们做了一个好的榜样。扶贫不是空谈口号，要从身边的点滴小事做起。

二、"苔花如米小，也学牡丹开"——扶贫先扶志、扶智

教育扶贫是脱贫攻坚的重中之重，后勤保障部充分发挥四川大学三所市级示范性幼儿园的优势，实施了名师讲座、"影子跟岗"教学培训、选派优秀教师定点支教等教育扶贫举措，开展"情系甘洛 让爱传递"公益捐赠、结对共建幼儿园等活动，帮扶甘洛县、岳池县等对口地区幼儿教育的发展。李恒文、刘天作为首批定点支教的骨干教师，经过长途跋涉和一路颠簸，终于来到牵绊已久的大凉山甘洛县斯觉镇中心幼儿园，开启了这段难忘的支教经历。

面对斯觉镇幼儿园课程设计不完善、教学活动不规范、教学方法不丰富、教师积极性不高等问题，两位老师发扬"团结、敬业、拼搏、创新"的后勤精神，勤思考、强动手、多谈心，开展了一系列切实有效的幼教活动：针对体能

训练不足的现状，编排了不同班级、不同时间段、不同类型的早操，在有限的条件内进行最大化的体能锻炼；幼儿园硬件条件虽然达标，但缺少特色，两位老师带领当地幼儿教师们加班加点开展环创设计改造，因陋就简，就地取材——营养餐的盒子、后山松果、枯树的枝丫在老师们的手中仿佛有了魔力，可爱的动物头饰、松果风铃、树枝挂饰等把教室、走道装扮得焕然一新；开展一日课程规范、每周工作计划、安全知识等大量涉及园建管理、课程设置、环境创意的工作，提升教师们的幼教思想认识，逐步培养孩子们的良好学习、生活、卫生、饮食习惯，希望以孩子们的点滴改变来影响贫困地区落后的习惯和思想。扶贫路上的相互帮助和融合交流也提升了后勤干部员工的团队意识和集体荣誉感，李恒文说："这段经历让我无数次的感动、无数次的满足、无数次的热泪盈眶、无数次的寂静欢喜，同时也让我快速成长，让我在今后的时光里对自己坚持的事情更有信心，让我更加珍惜一切来之不易的生活，我希望这里所有的孩子在童年的时光里都有这段最美好的回忆，而回忆的某个小小角落里有着往后人生最年轻的那个身影。"他还说："我还要回去看孩子们。"刘天则在支教日志中这样写道："支教让我站在最亮的地方，活成了自己渴望的样子，在动员大会上喊出的口号、许下的承诺逐渐得以实现，而这一切的付出是作为每一位教育者最本初的美好情感——爱与关怀。'苔花如米小，也学牡丹开'，苔花虽小，静静开放，也能用自己平凡的人生，去开创一份不平凡的天地，像牡丹一样盛开。"

2020年，突如其来的疫情使原计划的支教活动不得不暂停下来，但是，扶贫工作一刻也不能停，后勤保障部党委果断提出了远程幼儿教育平台建设的创新思路，在学校和相关部门的大力支持下，远程教学硬件设施很快安装完毕并调试成功。2020年6月，李恒文再次踏上征程。此次，他是随着前往甘洛县调研扶贫工作开展情况的李言荣校长一行来的，他的任务是完成远程幼儿教育平台的首次教学活动。当屏幕上传来四川大学第二幼儿园的小朋友们的现场画面和热情的问好声时，李恒文和斯觉镇中心幼儿园的小朋友们一样激动不已。远程幼儿教育平台的成功建设，为我校的幼教扶贫事业开启了新的篇章。

·工作案例·

图 2　焕然一新的斯觉镇中心幼儿园（刘天、李恒文　摄）

图 3　远程幼儿教育平台架起川大幼儿园与斯觉镇中心幼儿园资源共享的桥梁
（侯瑾、彭倩、叶长娟　摄）

扶贫先扶智，扶智当从幼儿抓起。让贫困地区的孩子们接受良好教育，是扶贫开发的重要任务，也是阻断贫困代际传递的重要途径。后勤保障部的幼教工作者定不辱使命、尽己之力、主动担当，以高度的责任心和使命感，为川大的精准扶贫工作作出自己的贡献。继李恒文、刘天之后，2019 年 9 月第二批支教幼儿教师柳静怡、叶磊，2020 年 10 月第三批支教幼儿教师侯瑾、彭倩等先后奔赴甘洛县斯觉镇幼儿园，教育扶贫正薪火相传……

三、授人以鱼不如授人以渔——精准扶贫医先行

在距离成都千里之外的四川西北角有个小城白玉县，平均海拔在 3500 米以上，年平均温度 7.7℃，是四川省卫生和计划生育委员会医疗扶贫的重点区域。来自四川大学校医院的杨茂克服高原缺氧和极其恶劣的自然环境条件带来的困难，毅然决然地奔赴甘孜藏族自治州国家级深度贫困县白玉县盖玉乡中心卫生院开展长达一年的医疗帮扶工作。

杨医生深知，要彻底改善当地的医疗水平，首先要培养自己的医疗工作者，只有提升他们的职业素养、业务能力、技术水平，让他们成为独当一面的业务骨干，才能把当地的医疗工作长久有效地开展起来。为此，他制订了一套"传帮带"教学计划，在临床工作中，他对当地医疗工作者严格要求、耐心指导、倾囊相授，开展学术讲座、教学查房、急救培训，培养"徒弟们"的临床思维习惯和独立动手能力，很快，"徒弟们"都能在工作中独当一面。

在盖玉乡医疗扶贫的日子里，杨茂医生带领当地医生开展巡回医疗及义诊，累计诊疗患者 800 余人，开展学龄前儿童的疫苗注射接种及健康讲座 10 余场，宣讲传染病疾控知识，普及健康知识，潜移默化地培养藏区群众良好的卫生、生活习惯；针对当地匮乏的医疗资源，他发挥个人专业优势，新建了一个骨科诊疗室，开展针灸、推拿、小针刀、玻璃酸钠关节腔注射、闭合性骨质脱位的手法整复、小夹板外固定等新疗法，深受当地患者的欢迎；他在危急面前始终冲在救死扶伤的最前面，多次参与塌方、车祸等急救救援，成功救治、转运了数名急重伤员。在他的带动和帮助下，盖玉乡的医疗条件显著提高，当地人民不用忍受病痛折磨的煎熬，不用跋山涉水远赴山外就医，医疗扶贫给当地人民带来了最大的福利和感动。

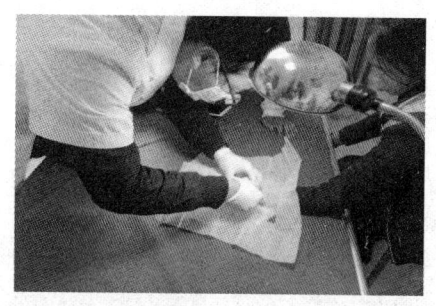

图4　杨茂医生在白玉县开展微创手术治疗（图片来源：四川大学校医院）

四、富不富看干部——驻村扶贫追梦人

习近平总书记在东西部扶贫协作座谈会上指出"致富不致富，关键看干部"。在脱贫攻坚战场上，基层干部在宣讲扶贫政策、整合扶贫资源、分配扶贫资金、推动扶贫项目落实等方面具有关键作用。

学校下达选派驻村干部任务后，老革命后代、复转军人席旸玺主动请缨，满腔热血地来到凉山彝族自治州甘洛县斯觉镇格布村担任驻村干部。近三年来，他克服家庭困难，战胜高山高寒地带水质恶劣等自然条件的挑战，不忘为民脱贫初心，牢记带民致富使命，铭记习近平总书记对全国扶贫干部的千般叮咛和重托，深入田野、农户、群众，一方面积极宣传党和国家的扶贫政策，宣传川大和后勤的帮扶措施，激励贫困户自力更生、脱贫光荣、勤劳致富的信心与斗志；一方面依托"学校＋政府＋校友企业＋贫困户"联合模式推进产业扶贫建企业的契机，鼓励乡民发挥自身特长，主动参与工厂建设、经营和养殖，从"输血"转变为"造血"，解决就业问题、增加收入并实现早日脱贫。他深入田间地头，快速摸清全村情况，完成了《格布村贫困户基本信息表》《四川大学对口帮扶甘洛县斯觉镇格布村贫困户脱贫需求清单》等，为今后扶贫攻坚工作的开展铺路助力。他躬耕实践、克服困难、不辞劳苦，与当地的村干部一起加强支部的党建工作，组织党员的理论学习，关心孩子的教育问题，培养村民的卫生习惯，引导村民意识的更新转变，对接各方扶贫进度，把村民脱贫的呼声传递出来，把社会各界的扶贫努力带进山村，也把川大后勤保障部"团结、敬业、拼搏、创新"的精神带到了格布村，带领全村上下齐心脱贫摘帽。

在甘洛县事业单位脱贫攻坚专项奖励评比中,经过全镇干部群众盲投,席旸玺获得嘉奖。"脱贫攻坚战不打完,我就不离开。"这就是席旸玺——一个后勤基层扶贫干部的初心和使命。

图 5　席旸玺同志在甘洛县斯觉镇格布村开展驻村帮扶工作（2018 年 4 月至 9 月）

(图片来源：四川大学驻凉山州甘洛县斯觉镇格布村帮扶工作队)

五、 校内特色商品推介会——消费扶贫来助力

后勤保障部在攻坚扶贫工作中发现甘洛县、岳池县两地企业生产的原生态绿色农副产品品质好,但因销售渠道有限、宣传覆盖面小等原因,产品销量不大,企业产能无法提高,下游农户收入不高。后勤保障部商贸中心得知此事后积极与当地企业接洽,探寻扶贫新思路、新方法,结合教育超市等商超平台设立专柜,销售大凉山黑苦荞茶系列产品、高山蜂蜜、老腊肉、核桃、米粉、酒等 20 多个品种的土特产。同时组织开展"甘洛县农特产品义卖活动",协助学校开展"同心精准扶贫　携手脱贫奔康"等多次甘洛县、岳池县优势产业暨特色商品推介会。教育超市的展示推广和学校推介会的有力宣传,使甘洛县、岳池县优势产业暨特色商品的知名度和认可度逐步提高,销售额稳步增加,企业

产业规模扩大、农户收入也随之提升。此举不仅有助于贫困地区的经济发展和人民生活的改善,而且进一步增强了贫困地区脱贫致富的信心,也教育了广大师生从点滴生活小事开始,养成关爱贫困地区群众、以向贫困地区群众提供援助为己任的帮扶意识。

图6 甘洛县农特产品展销会(2018年1月 邓毅 摄)

六、党政工联动齐发力——"以购代捐"满爱心

为了打好精准脱贫攻坚战,后勤保障部党委积极响应学校党委的号召,充分发挥党建领航作用,制定扶贫工作计划及实施方案,设立扶贫专项基金,党政一把手齐抓共管。注重激发各级干部的责任意识,把脱贫攻坚落实到行动上;注重激发各个部门的参与意识,形成脱贫攻坚强大合力;注重激发后续部门的追赶意识,把整个后勤保障部帮助贫困群众脱贫致富的积极性调动起来;注重激发党团组织的担当意识,为坚决打赢脱贫攻坚战提供组织保障。自开展精准扶贫工作以来,后勤党政一把手带头深入甘洛县、岳池县进行实地调研,班子成员、工会主席、支部书记积极响应,纷纷深入田间地头农户家中,积极探索扶贫方式,创新工作方法,形成"党建+扶贫""农校对接""以购代捐""校企联动"等扶贫模式。后勤保障部以党支部为单位,和岳池县苟角镇的贫困户结对进行帮扶,购买当地产的大米、乌鸡、米粉;后勤保障部工会积极对接当地农户和企业,引入岳池县白凤乌骨鸡等农副产品,做好后续加工、储存运输、便捷选购等细节工作,大力宣传绿色生态农副产品的营养价值和特点,

自身需要、扶贫助人、奉献爱心的理念也在教职工中引起强烈反响,广大教职工积极认购、供不应求。"以购代捐"增加了贫困农户的收入,解决了农副产品的销售渠道问题,农户的种植、养殖积极性空前高涨,激励着贫困户脱贫减贫的信心和决心。后勤保障部广大职工深感自己也是精准帮扶大军中的一员,在积极购买消费两地原生态绿色猪、乌金鸡、大米、核桃、竹荪、黑苦荞粉、黑苦荞面条、大凉山老腊肉、原生态蜂蜜等农特产品的同时,也为国家扶贫攻坚战贡献了一份绵薄之力。"我以我微薄之力表示我一点爱心,就是我的心意"的认识在师生间引起强烈反响,一人之力有限,但集腋可以成裘、聚沙可以成塔,聚集微力也可以发挥强大力量,我们都可以成为精准扶贫路上的一分子。

图7 后勤保障部工会组织"以购代捐"活动(2020年5月 陈琼 摄)

脱贫攻坚　服务社会[①]

——以四川大学教育基金会为例探索高校教育基金会扶贫模式

王汾雁　蒋良宵　贾秀娥

摘　要：慈善组织是我国社会主义现代化建设的重要力量，是联系爱心企业、爱心人士等社会帮扶资源与农村贫困人口的重要纽带，是动员组织社会力量参与脱贫攻坚的重要载体，是构建专项扶贫、行业扶贫、社会扶贫"三位一体"大扶贫格局的重要组成部分。在打赢脱贫攻坚战中，作为慈善组织的重要组成部分，高校教育基金会在凝聚社会力量、支持教育扶贫中一直发挥着积极作用。长期以来，高校教育基金会作为慈善组织的重要力量，积极参与脱贫攻坚工作，发挥行业优势，为教育脱贫工作提供了强有力的支持。

关键词：高校；基金会；扶贫模式

党的十八大以来，以习近平同志为核心的党中央把坚决打赢脱贫攻坚作为全面建成小康社会、实现第一个一百年奋斗目标的底线任务和标志性指标，确定了精准扶贫、精准脱贫的基本方略。为国家脱贫攻坚事业贡献力量，是高校教育基金会义不容辞的社会责任。四川大学教育基金会自成立以来，始终践行"心向至善　胸怀苍生"的公益理念，汇聚各界爱心力量，发挥高校智力资源、

[①] 作者简介：王汾雁，四川大学对外联络办公室（校友总会、教育基金会）基金管理科科长，讲师；蒋良宵，四川大学对外联络办公室（校友总会、教育基金会）基金管理科副科长，助理研究员；贾秀娥，四川大学对外联络办公室（校友总会、教育基金会）副主任（副秘书长），副研究员。

志愿者资源等优势，积极投身扶贫脱贫工作。在近几年的实践中，四川大学教育基金会坚持党建引领，共同参与，协同推进，在四川大学党委的统一领导下，立足资金募集和资源协调，凝聚各界爱心力量，逐步构建起高校教育基金会扶贫新模式。

一、主要做法

（一）党建引领、高度重视

四川大学教育基金会高度重视脱贫攻坚工作，注重将基金会与学校党委、政府脱贫攻坚的总体安排对标，统一部署、协同推进，积极推动脱贫攻坚任务有效落实。定期在基金会员工大会、秘书处例会上组织学习习近平总书记关于脱贫攻坚的重要论述，并结合本基金会特点制定工作计划，作出具体部署。基金会理事长、秘书长、副秘书长多次与四川大学赴岳池县、甘洛县挂职的干部商谈具体捐助事项，带领秘书处工作人员赴两县上山入村走访、座谈，研究解决实际困难和问题。

（二）设立扶贫专项基金，统一协调、共同管理

2018年4月，四川大学教育基金会召开第二届理事会第三次会议，根据学校前期扶贫工作中出现的资金需求，统一规划，从自有资金中出资设立四川大学扶贫公益活动专项基金，支持学校脱贫攻坚。该专项基金由扶贫工作小组统一协调，筹资、项目管理、品牌宣传、财务、综合行政等多部门共同管理。此举可有效组织资金、项目及其他外部资源，做到真抓实干、精准施策、有的放矢，根据脱贫攻坚区域特点，按照民生帮扶、教育助学等大类落实项目。

（三）深入开展扶贫调研，精准策划实施扶贫公益项目

四川大学教育基金会利用在公益项目策划、组织、实施等方面的工作经验和资源支撑，设立四川大学教育基金会社会公益部，统一协调配合，深入调查研究，积极参与四川省岳池县、甘洛县定点脱贫攻坚工作，注重实地调研，加强与当地党委和政府的积极沟通，根据脱贫的实际需求，安排资金支持和帮扶

项目，充分发挥了慈善组织在弱势群体帮扶上的专业性、及时性和多样性等方面的优势，服务更多有需要的困境人群，成为学校开展扶贫工作的有力助手。

1. 关注民生帮扶，助力美丽乡村建设

四川大学教育基金会定期赴对口帮扶地区走访和调研，在调研中发现问题、解决问题，并及时调整工作方向与应对措施，长期聚焦民生帮扶，推动基础设施、美丽乡村建设等项目，有力推动帮扶县改善民生。

(1) 居民一家亲——新建多功能活动室。

为了改善甘洛县格布村幼儿没有学习运动空间、老人没有活动休憩场所、党员群众没有学习基地的状况，四川大学教育基金会投入100万元助力格布村多功能活动室民生项目的建设。格布村多功能活动室包括格布村幼教点、党群阵地、培训基地、民俗活动坝子4个子项目，是集景观与使用为一体的标志性建筑。对于格布村来说，多功能活动室不仅丰富了社区群众的文化生活，保障了广大人民群众的基本文化权益，更成为格布村所有居民们的一个共同的"小家"。

(2) 让前路不再黑暗——安装太阳能路灯。

甘洛县斯觉镇九年制学校的夜晚总是黑漆漆的，除了教室里点亮的一盏盏求知的灯火，每到下课放学，学生们只能伴着窗外墨一般的夜色踏上回家路。四川大学教育基金会经过前期认真调研，注意到教育扶贫中的这一细节，为斯觉镇九年制学校购置了路灯9盏，方便师生们的教学与生活。此后，在灰白交织的学校外面，终于亮起了明亮的路灯，照亮了孩子们回家的脚步，更照亮了孩子们求学的坦途。

(3) 知识不该有壁垒——修建上学路。

对于甘洛县斯觉镇的孩子们来说，最难的就是要走一条条泥泞不堪的道路，比一遇到雨天就难以下脚的泥土路更难走的是隐藏的高低不平的岩石的土路，是崎岖又倾斜的山坡道。四川大学教育基金会经过多次实地调研，与驻村干部对接修路的具体需求，历时半年，为甘洛县斯觉镇的孩子们将泥泞的山坡道修建成结实的水泥路。

2. 关注青少年儿童，助力健康成长

从目前来看，贫困地区城乡教育水平差距太大，如任其朝这个方向发展下

去，对那些本身处于贫寒家庭的少年儿童而言有失公平，不利于他们接受教育及提高自身的能力；从长远来看，改善农村少年儿童的受教育条件，提高农民自身素质，是落实我国乡村振兴政策不可缺少的步骤之一。教育扶贫是最根本的精准扶贫，"幼有所育"是人民群众共同的期盼。目前，教育仍然是贫困地区发展的薄弱环节，四川大学教育基金会基于这一认识，发起一系列教育扶贫公益项目。

(1) 雏鹰成长计划。

为助力凉山彝族自治州甘洛县教育脱贫，四川大学教育基金会会同四川大学团委共同发起"雏鹰成长计划"，坚持扶贫与扶智、扶志相结合，通过组织访学活动，开展第二课堂，设立奖、助学金等形式，帮助凉山学子改善学习条件、增长人生阅历、树立远大理想，在他们心中播下梦想的种子。2019年7月和12月，川大研究生支教团分别以"在川大相遇·与时代同行"和"同筑川大梦想"为主题，带领所在支教地的甘洛县中、小学生走进川大校园，开展了系列访学活动。

(2) "五彩石"志愿者活动。

四川大学教育基金会支持的"五彩石"作文辅导活动，以促成大学生和灾区等困难地区中小学生进行作文结对交流为切入点，为困难地区的孩子们提供心理支持，构建良好心理环境，促进困难地区孩子心理的健康发展与成长。此举将活动从学校、学生辐射到家庭，以家庭为中心，辐射到社区，开展社区的心理援助和文化建设活动。

(3) "微爱筑梦"大学生暑期社会公益社会实践活动。

"微爱筑梦"暑期公益实践活动依托四川大学育人体系，发挥当代大学生的公益理念和社会责任感，通过短期支教的形式付出点滴力量，回报社会。2019年7月，四川大学教育基金会主办"微爱筑梦"大学生暑期社会公益社会实践活动，招募22名大学生志愿者分赴四川省凉山州甘洛县斯觉镇及四川省达州市宣汉县白马镇开展为期15天的社会公益实践活动，为长期生活在农村而没有父母陪伴的留守儿童带去爱与关怀。

(4) 暖冬行动。

为了帮助山区里的孩子度过一个温暖的冬天，四川大学教育基金会已连续数年成功举办暖冬行动，为山区的孩子募集冬衣和学习生活物资，为他们送去更多温暖。2019年11月，基金会再次发起"暖冬行动——凉山甘洛行"活动。基金会购买602套全新秋衣秋裤、围巾手套和帽子等衣物，同时于2019年10月25日正式向四川大学第一幼儿园、四川大学第二幼儿园、华西幼儿园、伊顿幼儿园、锦官拔萃幼儿园等发起爱心捐赠倡议。本次爱心捐赠公益活动共有1341位小朋友参与，共为凉山州甘洛县斯觉镇幼儿园捐赠3079件冬衣。

(5) 为梦想奔跑——甘洛儿童素养教育资助计划。

在四川大学124周年校庆之际，四川大学教育基金会联合四川大学校友总会策划发起了"为梦想奔跑——甘洛儿童素养教育资助计划"公益子项目。2020年是打赢脱贫攻坚战的收官之年，凉山州甘洛县的小朋友现在都吃得饱、穿得暖，下一步我们将更多地关心小朋友的素养教育。该公益项目将公益、体育与校庆活动相结合，前1 600名跑够124公里的校友将为凉山州甘洛县斯觉镇的小朋友赢得一个梦想大礼包。大礼包内装有美术、音乐、体育类学习用品，由捐赠方认捐。该活动得到校友和社会各界爱心人士的积极参与，共筹集善款20余万元，有力地支持了甘洛县斯觉镇少年儿童的素养教育。

3. 广泛宣传，充分动员社会力量广泛参与

四川大学教育基金会积极加强脱贫攻坚宣传，在基金会全媒体平台不定期发布重点脱贫攻坚地区项目实施情况，呼吁爱心企业和爱心人士共同助力，带动社会帮扶资源向贫困地区、贫困人口精准汇聚，精准对接，营造了良好的社会氛围。基金会动员四川大学创业家联谊会捐赠10万元用于斯觉镇幼儿园条件改善，校友企业马良神笔教育捐赠17 800元用于购置幼儿园硬件设施。

二、基本经验

慈善组织是联系社会帮扶资源的重要纽带，是构建大扶贫格局的重要组成部分。参与脱贫攻坚是慈善组织服务国家、服务社会、服务群众、服务行业的重要体现，是慈善组织发展壮大的重要舞台和现实途径。高校教育基金会作为慈善组织的重要组成部分，应当积极承担公共服务、提供智力支持、实施帮扶项目，为脱贫攻坚战贡献坚强力量。

在多年的脱贫攻坚实践中，四川大学教育基金会立足资金募集和协调支持

功能，形成了"资金支持＋志愿者帮扶"的高校基金会扶贫模式，同时有效整合捐赠人、大学师生和校友等资源，切实履行服务职能，持续巩固脱贫成果。

第一，依托捐赠人、校友等资源为脱贫攻坚提供资金支持。高校基金会通过吸纳社会资源，积极支持高校各项事业的发展，特别是在服务国家战略、回应社会需求等领域，积极贡献高校基金会的力量。四川大学教育基金会依托捐赠人、校友等资源积极为脱贫攻坚公益事业筹集资金，带动社会帮扶资源向贫困地区、贫困人口精准汇聚。

第二，依托大学生青年志愿者资源为脱贫攻坚提供智力支持、人力支持。作为社会中接受高等教育的群体，作为社会未来的中坚力量，大学生是参与社会慈善公益活动的主要群体。一直以来，四川大学教育基金会依托奖助学金资助体系，成立奖助学金受助学生社团，倡导受助学生积极参与志愿服务活动、参与脱贫攻坚事业。通过开展一系列扶贫公益活动，引导大学生青年志愿者投身扶贫的第一线，为脱贫攻坚事业贡献自己的青春与力量。

三、重要意义

四川大学教育基金会依托"资金支持＋志愿者帮扶"的高校基金会扶贫模式，把握角色定位，发挥职能优势，想办法、出实招，踊跃投入四川大学脱贫攻坚工作。

第一，"资金支持＋志愿者帮扶"的高校基金会扶贫模式有利于构建大学生青年志愿者助力脱贫攻坚项目体系。通过开展雏鹰成长计划、"五彩石"志愿者活动、"微爱筑梦"大学生暑期社会公益社会实践活动、暖冬行动、为梦想奔跑——甘洛儿童素养教育资助计划，进一步发挥四川大学青年大学生志愿者优势，围绕服务领域、日常运行、管理评估等方面，提升整个公益项目的扶贫效能，逐步形成日常服务、精准服务与假期活动相结合，形成可复制、可推广的项目经验。通过加强对扶贫志愿服务项目的具体指导和服务支持，不断提升四川大学青年大学生志愿者的志愿服务能力及志愿服务水平，逐步构建大学生青年志愿者助力脱贫攻坚项目体系。

第二，"资金支持＋志愿者帮扶"的高校基金会扶贫模式有利于搭建乡村青少年儿童素养教育赋能平台。根据在中西部学校中做的随机调查，现在贫困地区存在多种问题：贫困家庭的家长鲜有时间和精力陪伴孩子成长，且缺乏正确、有效的教育方式；现行学校的教育内容更重视学生的成绩表现，难以为学生提供心理健康、美术、音乐类素养的习得条件；学校大多面临教育资源匮乏或教育质量薄弱的挑战。基金会通过将乡村青少年儿童带出大山，走进大城市、大学校，为他们开拓视野；通过作文指导等方式，与乡村青少年儿童共同面对、解决心理问题；通过购买美术、音乐类学习用具，开设美术、音乐类课程，为乡村青少年儿童素养教育赋能。经过持续的资金投入及志愿者帮扶，基金会逐步搭建起青少年儿童素养教育赋能平台。

第三，"资金支持＋志愿者帮扶"的高校基金会扶贫模式有利于探索和建立社会公益资源有效配置的平台，构建现代公益慈善、社会救助和社会工作相结合的模式。党的十九届四中全会首次明确以第三次分配为收入分配制度体系的重要组成，确立慈善等公益事业在我国经济和社会发展中的重要地位。这为高校教育基金会提出了新的挑战，高校基金会行业应借此充分借鉴国内外公益慈善组织的发展经验，积极参与建设扎根中国大地的第三次分配制度，探索和建立社会公益资源有效配置平台，引导更多社会资金投入脱贫攻坚事业。

后　记

自 2012 年承担定点扶贫工作以来，四川大学充分发挥综合性大学的资源优势，汇聚整合学校在基层党建、教育培训、医疗保障、城乡规划、水利建设、电子商务、信息化建设、产业发展、后勤保障等方面的各类资源，构建多方联动的大帮扶格局，形成高校扶贫的"川大模式"，有效推动脱贫攻坚工作取得重要成效。

"时代造就英雄，伟大来自平凡。"在这场持续接力帮扶的脱贫攻坚战中，有这样一群人，他们无私奉献、不计得失，主动深入扶贫一线，积极架起学校和帮扶县的"连心桥"，在宣讲扶贫政策、整合扶贫资源、推动扶贫项目落实等方面，发挥了重要的作用。在学校每一个脱贫数字、每一个产业发展、每一个脱贫成效的背后，都离不开我校"1+N"精准扶贫干部人才的心血。在这个特殊时刻，我们应该向这些扶贫干部人才致敬！借此机会，希望大家能够记住他们的名字：魏忠、陈炳周、陈森、何琪、胡腾、廖勇、董薇、吴先国、冯鸟东、席旸玺、任良科、吴永超、范刚、耿天玉、赵邱越、周娓、刘怀忠、原秀云、甄伟丽、王兴伦、孟玉川、董凯宁、周宁、刘东昭、张艳茹、龚驰、张杰、胡义双、张丹、李云飞。下一步，学校还将持续选派干部人才投身到推进乡村振兴的伟大事业中。

在本书的策划、组织、编印的过程中，不仅得到了校领导的关心指导，还得到了学校相关职能部门、学院（医院）、业务单位，尤其是扶贫办、基金会、出版社等单位的大力支持与配合，相关领导干部、专家学者和工作人员也为此地区存在多种问题：贫困家庭的家长鲜有时间和精力陪伴孩子成长，且缺乏正确、有效的教育方式；现行学校的教育内容更重视学生的成绩表现，难以为学生提供心理健康、美术、音乐类素养的习得条件；学校大多面临教育资源匮乏或教育质量薄弱的挑战。基金会通过将乡村青少年儿童带出大山，走进大城市、大学校，为他们开拓视野；通过作文指导等方式，与乡村青少年儿童共同面对、解决心理问题；通过购买美术、音乐类学习用具，开设美术、音乐类课程，为乡村青少年儿童素养教育赋能。经过持续的资金投入及志愿者帮扶，基金会逐步搭建起青少年儿童素养教育赋能平台。

第三，"资金支持＋志愿者帮扶"的高校基金会扶贫模式有利于探索和建立社会公益资源有效配置的平台，构建现代公益慈善、社会救助和社会工作相结合的模式。党的十九届四中全会首次明确以第三次分配为收入分配制度体系的重要组成，确立慈善等公益事业在我国经济和社会发展中的重要地位。这为高校教育基金会提出了新的挑战，高校基金会行业应借此充分借鉴国内外公益慈善组织的发展经验，积极参与建设扎根中国大地的第三次分配制度，探索和建立社会公益资源有效配置平台，引导更多社会资金投入脱贫攻坚事业。

后　记

自2012年承担定点扶贫工作以来，四川大学充分发挥综合性大学的资源优势，汇聚整合学校在基层党建、教育培训、医疗保障、城乡规划、水利建设、电子商务、信息化建设、产业发展、后勤保障等方面的各类资源，构建多方联动的大帮扶格局，形成高校扶贫的"川大模式"，有效推动脱贫攻坚工作取得重要成效。

"时代造就英雄，伟大来自平凡。"在这场持续接力帮扶的脱贫攻坚战中，有这样一群人，他们无私奉献、不计得失，主动深入扶贫一线，积极架起学校和帮扶县的"连心桥"，在宣讲扶贫政策、整合扶贫资源、推动扶贫项目落实等方面，发挥了重要的作用。在学校每一个脱贫数字、每一个产业发展、每一个脱贫成效的背后，都离不开我校"1+N"精准扶贫干部人才的心血。在这个特殊时刻，我们应该向这些扶贫干部人才致敬！借此机会，希望大家能够记住他们的名字：魏忠、陈炳周、陈森、何琪、胡腾、廖勇、董薇、吴先国、冯鸟东、席旸玺、任良科、吴永超、范刚、耿天玉、赵邱越、周娓、刘怀忠、原秀云、甄伟丽、王兴伦、孟玉川、董凯宁、周宁、刘东昭、张艳茹、龚驰、张杰、胡义双、张丹、李云飞。下一步，学校还将持续选派干部人才投身到推进乡村振兴的伟大事业中。

在本书的策划、组织、编印的过程中，不仅得到了校领导的关心指导，还得到了学校相关职能部门、学院（医院）、业务单位，尤其是扶贫办、基金会、出版社等单位的大力支持与配合，相关领导干部、专家学者和工作人员也为此

后 记

书的编印工作付出了智慧和心血、辛劳和汗水。其中，荣建国、魏忠、白鹏在项目策划阶段给予了大力支持，熊兰、张洪松、纪志耿、张学昌、刘锐对文章提出了宝贵的修改意见，张云华全程参与了组织协调工作，桑启源、李烨、周磊、吴柳雪、宁凯、彭嘉淇、杨彬、王汾雁、蒋良宵、冯玘瑄、高莉、李彦红、曹薇、董贞贞、张婧、曹真明、杨晚霞、彭俊铭等同志参与了相关的协调配合工作。在此，谨向所有为本书编辑和出版付出辛勤劳动的同志表示诚挚的谢意。

由于时间仓促、水平有限，疏漏之处在所难免，恳请广大读者批评指正。

编　者

2021 年 6 月